Handarbeiten

Häkeln · Stricken
Sticken · Quilten · Patchwork

Mosaik Verlag

Lieber Leser,

tragen Sie am liebsten Selbstgestricktes? Haben Sie gerne schöne Handarbeiten um sich? Macht es Ihnen Spaß, sich in Ihrer Freizeit kreativ und sinnvoll zu beschäftigen? Dann ist »Handarbeiten« das richtige Buch für Sie! Denn es steckt voller Ideen und ist schon beim ersten Durchblättern ein optischer Genuß. Bei näherem Studieren wird Ihnen sicher schnell klar, daß Sie ein Standardwerk vor sich haben, das alle behandelten Handarbeitstechniken sehr genau Schritt für Schritt erläutert. Gleich, welches Kapitel Sie aufschlagen, ob Stricken, Häkeln, Patchwork, Quilten oder Sticken: Sie erfahren alles, was Sie im Detail dazu brauchen, wie Sie die Handarbeit erlernen, welche Grundtechniken und Muster es gibt – immer verständlich und übersichtlich dargestellt durch Fotos und Phasenzeichnungen. Und ehe Sie sich versehen, kommen Sie zu den schönsten Modellen, die diese Handarbeiten überhaupt zu bieten haben, und die Sie nun, bestens ausgerüstet, nacharbeiten können.
Blättern Sie viel und ausgiebig, ehe Sie sich für ein Modell entschließen! Denn: Wäre es nicht jammerschade, wenn Sie, nur als Beispiel, eine Häkeldecke beginnen, während eine traditionelle Patchworkdecke zwei Kapitel weiter viel besser in Ihre Wohnung paßt? Oder stricken Sie lieber? Dann schlagen Sie dort nach, und Sie werden eine Decke mit irischem Muster entdecken, um die man Sie beneiden wird.
Jedes der fünf Kapitel ist eine eigene Schatztruhe. Und alles, was ein »Handarbeitsherz« höher schlagen läßt, liegt dort verborgen: Strick- und Häkelsachen mit Mustern, die nicht jeder kennt, Patchwork und Quilts, wie sie ursprünglich von amerikanischen Siedlerfrauen gemacht wurden, kostbare Gobelin- und Stickarbeiten, usw. Dazu kommen noch tausend Ideen und gute Vorschläge zum Anziehen, für die Wohnung und zum Verschenken.
Lassen Sie sich mit diesem Buch also wieder zum Handarbeiten verführen. Sie werden sehen, wieviel Spaß es bringt, selbst kreativ zu sein.
Und wenn Sie das Buch gut finden und damit zufrieden sind, empfehlen Sie es Ihren Freunden und allen, die schöne Handarbeiten mögen und schätzen.

Der Verlag

Inhalt

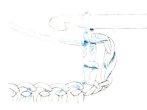

Seite 6
Häkeln

- Material und Zubehör
- Grundmaschen
- Technik
- Beginn einer Arbeit
- Fertigstellung
- Modelle

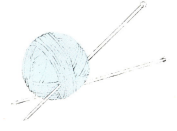

Seite 70
Stricken

- Material und Zubehör
- Grundmaschen
- Technik
- Beginn einer Arbeit
- Muster
- Fertigstellung
- Modelle

Seite 130
Sticken auf Stramin

- Material und Zubehör
- Sticharten
- Die Gestaltung von Mustern
- Arbeitsbeginn
- Schöne Stickarbeiten

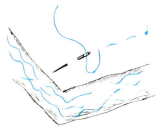

Seite 198
Quilten

- Material und Zubehör
- Technik
- Modelle für Anfänger
- Muster
- Modelle

Seite 266
Patchwork

- Material und Zubehör
- Technik
- Muster
- Modelle

Seite 334
Register

Häkeln

Häkeln

Material und Zubehör

Zum Häkeln benötigen Sie kein sperriges oder teures Zubehör. Für den Beginn sind lediglich Häkelnadel, Garn, Schere, Maßband und eine stumpfe Nadel zum Zusammennähen und Vernähen der Garnenden notwendig. Wer sehr viel häkelt, sollte noch folgende Gegenstände parat haben:
1. Verschiedene Größen von Häkelnadeln, tunesische Häkelnadeln, Häkelgabeln (davon eine verstellbar), Ahle, rostfreie Stecknadeln, Fingerhut, große Sicherheitsnadeln und Maschenhalter.
2. Bügeleisen, Bügeltuch, Bügel- und Ärmelbrett, Rauhkarde, Knäuelwickler, Garnhalter.
3. Notizblock, Bleistift, verschiedene Farbstifte, Schnittzeichenpapier, Zirkel, Winkelmesser, verschiedene Quadrate und Dreiecke. (Taschenrechner kann manchmal sehr nützlich sein – keine Angst, Mathematik wird nicht verlangt – man kann ihn bei einigen Mustern zur Hilfe nehmen.)

Garne

Die Auswahl an Garnen ist heute so groß wie nie zuvor. Als Rohmaterialien dienen die aus Tierfellen und Pflanzenfasern hergestellten Naturfasern, die sehr häufig mit Synthetikfasern gemischt werden. Das Gewebe der Garne kann weich oder fest, matt, glänzend, leuchtend, glitzernd, steif oder flexibel, glatt, flaumig, haarig, kraus oder unregelmäßig sein. Es gibt Garne in verschiedenen Stärken. Die Farbskala reicht von natur bis zu uni gefärbten Schattierungen und Melange-Effekten.
Man könnte sich ein halbes Leben lang nur damit beschäftigen, die Unterschiede der Garnqualitäten kennenzulernen. Ein fundiertes Wissen ist jedoch lohnend, da der Erfolg aller Häkelarbeiten ebensoviel vom verwendeten Garn wie von der Arbeit selbst abhängt. Es gibt leider keine Regeln, an die Sie sich bei der Garnauswahl für eine geplante Arbeit halten können. Eine Vielzahl von praktischen und ästhetischen Faktoren müssen dabei berücksichtigt werden. Glücklicherweise ist dies meistens eine ganz persönliche Entscheidung, die mehr Instinkt als kühle Überlegungen erfordert. Die praktischen Überlegungen, die Sie jedoch anstellen sollten, beziehen sich auf Pflege, Haltbarkeit, Gewicht, Bequemlichkeit, Wärme und Widerstand gegen Mottenbefall. Natürliche Fasern fühlen sich besser an, sehen schöner aus und tragen sich angenehmer. Allerdings sind sie teurer und benötigen mehr Pflege als Synthetikfasern. Synthetikgarne sind dagegen billiger, leichter im Tragen und haltbarer. Doch sollte man sich darüber nicht zu viele Gedanken machen. Entscheidend sind in erster Linie Struktur, Farbe, Qualität, Lichtempfindlichkeit und die Eignung des Garnes für ein bestimmtes Muster und Modell.
Es ist auch nicht nötig, sich nur auf Strick- oder Häkelgarne zu beschränken; die verschiedensten Materialien können verwendet werden, besonders für effektvolle Accessoires, Wandbehänge und kunstvolle Arbeiten. Raphiabast, Bänder, Leder und Wildleder in Streifen geschnitten, Seil, Teppich- und Webgarne, ja sogar Schnürsenkel, Stroh, Kabeldraht, Acetat- und Papierstreifen, die gedreht sind, Gummibänder und Plastikschläuche sind auch als Häkelmaterial geeignet.
Obwohl das Angebot an Häkelgarnen und Wolle enorm ist, fällt die Farbauswahl oft sehr schwer. Viele Häkelanhänger und alternative Handarbeiter färben daher ihre Garne selbst und greifen sogar zum Spinnrad.

Färben

Färben ist eigentlich nicht schwerer als Kaffee zu kochen, sofern man nicht eine ganz ausgefallene Farbschattierung herstellen will; Voraussetzung sind nur Geduld und Kenntnisse der Materie. Es ist einfacher, mit Synthetikfarben zu arbeiten, die es in kleinen Mengen zu kaufen gibt. Doch werden durch das wachsende Umweltbewußtsein vieler Menschen gerade Naturfarben bevorzugt. Diese natürlichen Färbemittel sind pflanzlichen Ursprungs und werden aus

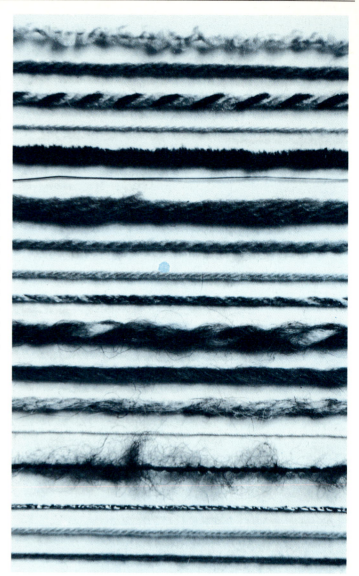

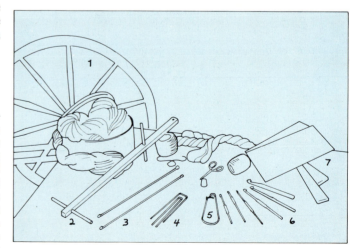

Häkelzubehör Seite 6/7
1. Spinnrad; 2. Garnwickler; 3. Tunesische Häkelnadeln; 4. Häkelgabeln; 5. Maschenhalter; 6. normale Häkelnadeln; 7. Karden

Blumen, Blättern, Beeren, Zweigen, Halmen, Holz, Rinde und Wurzeln hergestellt.
Für das Färbeverfahren schneidet man die Pflanze klein und kocht sie in Wasser. Dann legt man die zu färbenden Garne oder Stoffe in die Flüssigkeit, bis sie Farbe annehmen. Bei einigen Pflanzenarten, hauptsächlich bei Verwendung von Flechten, ist damit der Färbevorgang beendet. Die Mehrzahl der Pflanzenfarben benötigen jedoch als Zusatz eine Beize, um die Farbe zu fixieren. Zu den Beizmitteln gehören: Alaun (Kalium-Aluminiumsulfat), Chrome bzw. Chromate (Kaliumchromat, Dichromat), Zinn (Pinksalz), Kupfer (Kupfervitriol – giftig!) und Eisen (Eisensulfat).
Jedes Beizmittel hat eine unterschiedliche Wirkung auf die Fasern und gewünschte Farbe. Alaun gibt blasse Schattierungen und macht die Fasern weich, Chromate geben leuchtende Farben, Zinn prägnante, Kupfer und Eisen dunkle Töne. Natürliche Farbstoffe ergeben feine, warme Farben. Ein Teil des Vergnügens bei ihrer Verwendung liegt darin, die verschiedenen Wirkungen der Pflanzenfarbstoffe auf das Garn zu beobachten. Wenn beispielsweise mehrere Garndokken mit verschiedenen Beizmitteln behandelt und dann in das gleiche Farbbad getaucht werden, erhält man wunderschöne harmonische Farbabstufungen. Dabei kann man die exakte Farbschattierung einer Farbstoff-Beiz-Kombination unmöglich voraussagen, da sie von vielen verschiedenen Faktoren abhängt, Klima und Bodenbeschaffenheit eingeschlossen. Auch ist es verwirrend, daß zwischen der Farbe einer lebenden Pflanze und den Farbstoffen, die diese Pflanze abgibt, kein Zusammenhang besteht. Im allgemeinen erzeugen die meisten Pflanzen Gelb- und Brauntöne. Grau-grüne Farbtöne kommen relativ häufig vor, rosa und lila Töne dagegen selten. Klare Blaufarben gewinnt man aus Indigo, Rotfarben gibt die Koschenillelaus und die Krappwurzel ab.

Spinnen von Hand

Der maschinelle Spinnvorgang verändert alle natürlichen Rohmaterialien in gleichförmige Produkte. Materialabweichungen werden dabei systematisch entfernt, wodurch die typischen Eigenarten zum Teil oder ganz verloren gehen.
Dagegen ist das Spinnen von Hand eine kreative Arbeit, die viel Gefühl voraussetzt, mit dem Ziel, individuelle Garne in kleinen Quantitäten für eine bestimmte Handarbeit herzustellen. Dabei wird die natürliche Schönheit der Fasern voll ausgenutzt.
Nach dem Sortieren des Rohmaterials wird es gereinigt, zu bestimmten Arrangements zusammengestellt oder gemischt durch Kämmen oder Kardieren. Dann kann das Garn mit Hilfe eines einfachen Spinnrades gesponnen und gedreht werden, ehe es in Docken aufteilt, gewaschen, getrocknet und zu Knäueln gewickelt wird.
Vielen Menschen bringt die Arbeit am Spinnrad Entspannung und kreative Erfüllung. Auch hat sie den Vorteil, dabei mehr Wissen über die Eigenschaften und Verarbeitung von verschiedenen Fasern und Garnarten zu bekommen. Dieses Wissen ist sowohl bei der Auswahl von maschinengesponnenem Garn, als auch bei der Verarbeitung des Garns zu einem Gewebe von großer Hilfe.

Häkelnadeln

Häkelnadeln werden aus allen möglichen Materialien und in allen Größen hergestellt. Es ist gut, eine Auswahl an Größen zu besitzen, um zu jedem Garn die entsprechende Häkelnadel zu haben, damit man die angegebene Gewebedichte der Musteranleitungen einhalten kann. Häkelnadeln gibt es in Standardgrößen. Die nach dem Internationalen Normungsverband gefertigten Nadeln haben eine aufgedruckte Nummer, die in Millimetern den Durchmesser am breitesten Teil des Schaftes angibt, wie es die nebenstehende Tabelle zeigt.
Tunesische Häkelnadeln sind gewöhnlich länger als die normalen und sollten am Ende einen Stopper haben. Die praktischen Häkelgabeln sind fest; man erhält sie in verschiedenen Breiten, zum Teil auch verstellbar. Gabeln mit verbogenen Zinken sind nicht mehr verwendbar.

Häkelnadeln in allen Größen mit Millimeterangaben

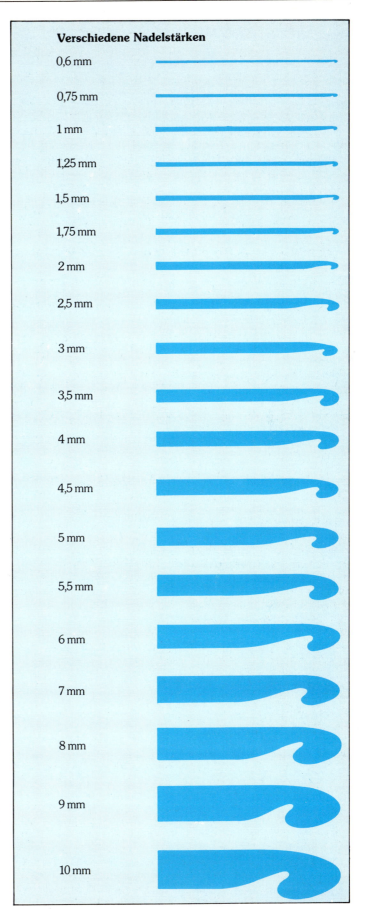

Verschiedene Nadelstärken

0,6 mm
0,75 mm
1 mm
1,25 mm
1,5 mm
1,75 mm
2 mm
2,5 mm
3 mm
3,5 mm
4 mm
4,5 mm
5 mm
5,5 mm
6 mm
7 mm
8 mm
9 mm
10 mm

Grundmaschen

Wie jede Handarbeit so hat auch das Häkeln eine eigene Sprache. Es ist zwar möglich, ohne vorherige Kenntnis zu häkeln, doch wenn Sie nach Musteranleitungen arbeiten oder die Techniken, die hier erklärt werden, lernen oder eigene Entwürfe festhalten möchten, sollten Sie sich mit der Häkelsprache vertraut machen. Dabei braucht man nicht alle Fachausdrücke auf einmal zu behalten, da man sie nach und nach beim Häkeln selbst erlernt. Außerdem kann man sich auch das Symbol der verschiedenen Maschen (siehe Tabelle) einprägen.

Abkürzungen

abw. = abwechselnd; abn. = abnehmen; Anschl. = Anfangsschlinge; beg. = beginnen; Bü. = Bündel; Bschl. = Büschelstäbchen; ca. = ungefähr; cm = Zentimeter; F = Farbe; fortlfd. = fortlaufend; folg. = folgend; g = Gramm; Hf. = Hauptfarbe; inkl. = inklusiv; Kr. = Kreuz; LS = linke Arbeitsseite; Lü. = Lücke; Lftm. = Luftmasche; Lftm.-Anschlag = Luftmaschenanschlag; mm = Millimeter; Must. = Muster; M. = Masche; R = Relief (Vorzeichen zu Maschen, z.B. R-Stb. = Reliefstäbchen); restl. = restliche; Rd. = Runde; Rh. = Reihe; RS = rechte Arbeitsseite; Umschl. = Umschlag des Fadens um die Nadel; W-Lftm. = Wendeluftmaschen; wiederh. = wiederholen; zuneh. = zunehmen; ✶ = Wiederholungszeichen für Musterrapport.

Maschentabelle

Masche	Abkürzung	Symbol
Luftmasche	Lftm.	
Kettmasche	Kettm.	
feste Masche	fe. M.	
halbes Stäbchen	hlb. Stb.	
Stäbchen	Stb.	
Doppelstäbchen	Doppelstb.	
3fach Stäbchen	3f. Stb.	
4fach Stäbchen	4f. Stb.	
Muschel	M.	
Büschelmasche	Bü.	
Reliefstäbchen vorn eingestochen	R-Stb. v.	
Reliefstäbchen hinten eingestochen	R-Stb. h.	
Salomons Knoten	SK	
Wickelmaschen	WM	
Arbeitsrichtung		
Reihenrichtung		
Reihenzahl		
Fadenmarkierungen		
Reihenenden		

Der erste Versuch

Für Anfänger ist es am leichtesten, die Häkelmaschen, mit einer großen Nadel (z. B. Nr. 5) und einem weichen, einfarbigen hellen Garn zu lernen. Die Versuchsmaschen können Sie durch den Rand eines lose gestrickten oder gewebten Materials oder um einen Gardinenring oder eine Schlaufe häkeln. Die rechte Hand hält und führt die Häkelnadel, während die linke die Arbeit hält und den Faden führt. Mit der Zeit wird man zwar eine eigene Technik entwickeln, doch ist es zu Beginn gut, sich an die abgebildeten Schritte zu halten.

Die Anfangsmasche

Beim Häkeln beginnt man immer mit einer Anfangsschlinge, die die erste Masche bildet (die Masche ist durch den Arbeitsfaden adjustierbar).

Häkeln für Linkshänder

Die Anleitungen und Illustrationen in diesem Buch sind für Rechtshänder angegeben. Linkshänder arbeiten spiegelbildlich und benötigen daher einen Spiegel, um die Abbildungen zu prüfen. Sie lesen »rechts« statt »links« und umgekehrt (außer den Angaben für rechte oder linke Seite der Häkelarbeit).

Grundmaschen

Grundmaschen

Luftmasche (Lftm.)

Kettmasche (Kettm.)

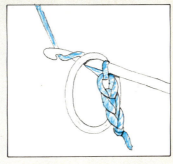

1. Schlagen Sie den Arbeitsfaden gegen den Uhrzeigersinn um die Nadel (Linkshänder im Uhrzeigersinn) oder, falls Sie dies vorziehen, die Nadel um das Garn.

2. Nun den Faden durch die Anfangsmasche auf der Häkelnadel ziehen. Damit ist eine Luftmasche gehäkelt und eine neue Arbeitsschlaufe für die nächste.

Die Kettmasche gleicht fast einer Luftm., nur führt man die Häkelnadel zunächst – wie abgebildet – durch einen Vorhangring oder den Rand eines Gewebes.

Im Gegensatz zur freien Luftmasche ist die Kettmasche dadurch mit dem Teil verbunden, durch den man die Häkelnadel zuvor geführt hat.

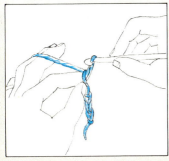

3. Zur Übung arbeitet man einige Luftmaschen. Zu Beginn sehen diese vielleicht noch unschön und ungleichmäßig aus und sind meistens auch zu fest gearbeitet. Ein gleichmäßiges Ergebnis erzielt man durch Übung.

Luftm. und Kettm. haben einige wichtige Funktionen, die man beim Arbeiten schnell entdecken wird. Doch sind sie bei der Herstellung dichter Gewebe von geringem Nutzen.

Häkeln

Feste Maschen und Stäbchen

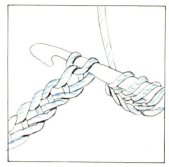

Grundmaschen-Übersicht

Masche	Stufe 1 Umschläge	Anzahl der Schlingen nach Stufe 3	Anzahl der Schritte in Stufe 4
feste Masche	0	2	1
Stäbchen	1	3	2
Doppelstäbchen	2	4	3
Dreifachstäbchen	3	5	4
Vierfachstäbchen	4	6	5

Es gibt vier bestimmte Stufen für das Häkeln von Grundmaschen:
1. Mit der Häkelnadel macht man einen oder mehrere Umschläge (diese Stufe kann auch übersprungen werden). In der Zeichnung wurde der Faden dreimal um die Nadel gewickelt.

2. Die Häkelnadel von vorne nach hinten durch einen vorher gehäkelten Teil der Arbeit führen. (In diesem Fall wurde sie durch eine Masche des Lftm.-Anschlags gesteckt. Später werden noch viele Möglichkeiten gezeigt, wo man die Nadel einstechen kann.)

Beim Üben sollten Sie zunächst versuchen, feste Maschen um einen Vorhangring oder an den Rand eines Gewebes zu häkeln. Zu Beginn arbeitet man ohne Umschlag, d.h. Stufe 1 wird weggelassen. Nach Stufe 3 gibt es 2 Maschen auf der Nadel und dadurch gibt es in Stufe 4 nur noch einen Schritt. So ist die fertige Masche kurz und fest. Danach wendet man sich den Stäbchen zu, die in der Länge je nach Anzahl der Umschläge variieren können (5- oder 6fache Stäbchen sind die oberste Grenze).

Feste Masche

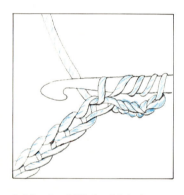

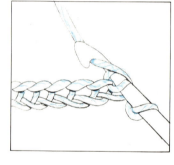
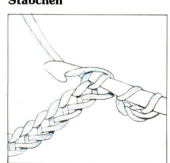

3. Mit der Häkelnadel holt man den Arbeitsfaden und zieht ihn nur durch den Einstich (mit den 3 Umschl. von Stufe 1 und der Anfangsschlaufe hat man jetzt 5 Schlaufen auf der Nadel).

4. Wieder holt man den Arbeitsfaden und zieht ihn durch 2 dieser Schlaufen. Dies wird wiederholt, bis man nur noch 1 Schlaufe auf der Nadel hat, die gleichzeitig die neue Anfangsschlinge ist. Das Stäbchen ist beendet.

Stäbchen

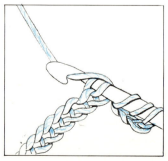
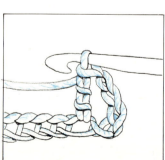

Doppelstäbchen

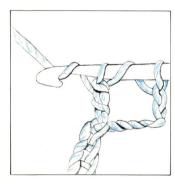
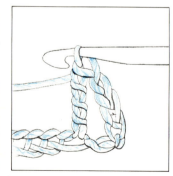

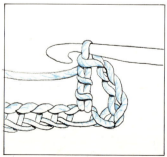

Zur Erleichterung wurde dieser Vorgang in einzelne Maschen zerlegt, die je nach Anzahl der Umschläge genau definiert sind. Je mehr Umschläge Sie machen, um so mehr Schlaufen sind nach Stufe 3 auf der Nadel, um so mehr Schritte müssen in Stufe 4 durchgeführt werden und um so länger wird das Stäbchen.

Grundmaschen

Dreifachstäbchen

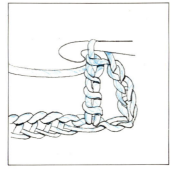

Vierfachstäbchen

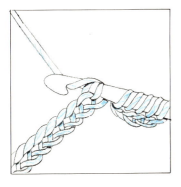

Halbes Stäbchen

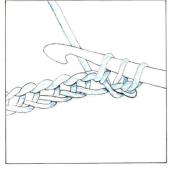
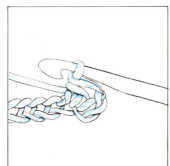

Es gibt eine Ausnahme zu der eben beschriebenen Grundmethode für Stäbchen: das halbe Stäbchen. Für diese Masche arbeitet man Stufe 1, 2 und 3 wie bei einem Stäbchen, so daß nach der 3. Stufe drei Schlingen auf der Nadel sind, durch die man in Stufe 4 den Arbeitsfaden auf einmal zieht, statt erst durch 2 und nochmal durch 2 Schlingen. Das halbe Stäbchen liegt in der Höhe zwischen einer festen Masche und einem Stäbchen.

Häkeln in Reihen

Der einfachste Weg zur Herstellung eines Häkelgewebes ist das Arbeiten in Reihen, wobei man jeweils eine Reihe an den oberen Rand der vorhergehenden Reihe arbeitet. Für die erste Reihe ist Voraussetzung, daß man die Häkelnadel durch etwas hindurchführen kann. Dies kann ein gehäkeltes, gestricktes oder gewebtes Material sein, Leder mit eingestanzten Löchern, ja sogar Holz oder Keramikplatten, solange sich darin Löcher einbohren lassen. Bei reinen Häkelarbeiten beginnt man mit dem Luftmaschenanschlag.

Luftmaschenanschlag

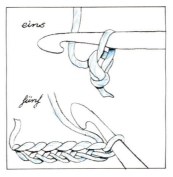
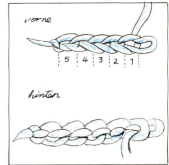

Wenn eine bestimmte Anzahl Lftm. für den Anschl. zu häkeln ist, zählt man die Anfangsschlaufe nicht mit, sondern beginnt mit der 1. Lftm. Beim Nachzählen muß die Arbeit von vorne betrachtet werden (die Kette verdreht sich leicht). Die Arbeitsschlaufe auf der Nadel läßt man fallen, und zählt die Maschen zurück bis zum Beginn, diesmal mit Anfangsmasche. Der Knoten der Anfangsmasche sollte fest und klein sein, damit er nicht mit einer Masche verwechselt wird.
Sollte selbst nach viel Übung der Lftm.-Anschl. noch zu fest gelingen, können Sie diesen entweder mit einer größeren Nadel, mit einem doppelten Faden oder mit einem doppelten Anschlag arbeiten.

Doppelter Anschlag

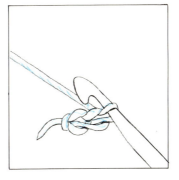
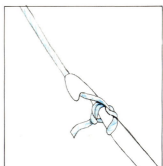

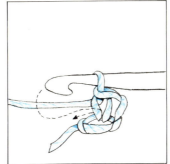

2 normale Luftmaschen häkeln, dann die Nadel durch die erste führen und eine feste Masche häkeln. Ab jetzt arbeitet man feste Maschen durch den einzelnen linken senkrechten Faden der letzten festen Masche.

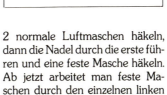

Tunesische Häkelei

Häkelmuster mit Webeffekt

Häkeln

Die erste Häkelreihe

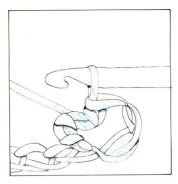 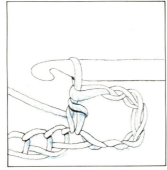

Häkeln Sie einen Luftmaschenanschlag z.B. mit 6 Luftmaschen. Im nächsten Schritt führt man die Häkelnadel durch eine der Luftmaschen, macht vorher einen Umschlag, sofern dies notwendig ist. Die Frage, in welche Luftmasche Sie häkeln, hängt von der Masche ab, die folgt. Wenn der Abstand zwischen Nadel und Luftmasche kürzer als die zu häkelnde Masche ist, kann diese nicht gerade stehen; ist der Abstand länger, werden die Luftmaschen eine Schlinge und damit eine recht unschöne Kante bilden.

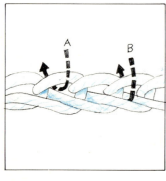 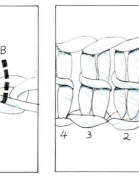

Die korrekte Anzahl von Wendeluftmaschen ist nicht festgelegt, doch gibt es ein gutes System: für fe. M. und hlb. Stb. sticht man in die 3. Lftm. von der Nadel (Arbeitsmasche nicht mitgezählt), für Stb. in die 4. Lftm., für Doppelstb. in die 5. Lftm., für Dreifachstb. in die 6. Lftm., usw. Für eine bestimmte Maschenzahl häkelt man einen Luftmaschenanschlag nach dieser Zahl plus eine Masche für fe. M. und hlb. Stb., plus 2 für Stb., plus 3 für Doppelstb., usw. Das Beispiel basiert auf einem Anschlag von 6 Lftm. und unter Verwendung von Stb. (fe. M. sind schwer zu sehen und zu zählen). So gibt es in der 1. Reihe 4 Maschenarten.
Gehäkelt wird 1 Stb. in die 4. Lftm. von der Nadel (Arbeitsmasche nicht mit eingeschlossen). Dabei ist es unwichtig, ob man die Nadel nur unter den vorderen oder vorderen und hinteren Oberfaden zusammen hindurchführt, solange man bei einer Methode bleibt. Nun Stb. in die nächsten 2 Lftm. häkeln; jetzt sind es 3 Stb. Mit den Wendeluftmaschen gibt es 4 Maschen in der Reihe.

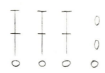

Die Häkelschrift erläutert das darüber abgebildete Beispiel und gibt eine exakte Anleitung. Sie zeigt, daß ein Anschlag von 6 Lftm. gehäkelt worden ist und je 1 Stb. in die 4., 5. und 6. Lftm.
Dann wendet man die Arbeit, so daß die Nadel wieder auf der rechten Seite liegt.

Die zweite Häkelreihe

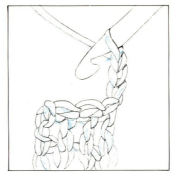 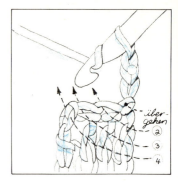

Wendeluftmasche. Zu Beginn jeder Reihe muß man Lftm. bis zur Höhe der folgenden Masche häkeln: für fe. M. eine Lftm., für halbe Stb. zwei Lftm., für Stb. drei Lftm., für Doppelstb. vier Lftm., usw. Diese Luftmaschen heißen Wendemaschen, die als 1. Masche der neuen Reihe gelten. Da wie beim Beispiel Stb. gearbeitet wird, macht man mit 3 Lftm.
Bei den Maschen der 2. und den der folgenden Reihen führt man die Häkelnadel von vorn nach hinten unter den beiden Fäden hindurch, die den Abschluß der vorhergehenden Masche bilden. Für ganz bestimmte Effekte sticht man auch anders ein, doch für eine normale Häkelarbeit wird diese Technik verwendet.
Nun wird die 1. M. übersprungen und 1 Stb. in die 2. M. und 3. M. gehäkelt und in die oberste Wendeluftm. der Vorreihe, wo man die Nadel unter 2 von 3 Fäden hindurchführt. Die Nadel nicht unter einem Faden und nicht zwischen Masche und Wendeluftmasche führen.

 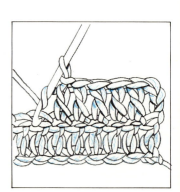

Zur Übung einige Stäbchenreihen arbeiten und darauf achten, daß man mit den Wendelftm. stets 4 Maschen hat. Bleibt nur eine Masche übrig, so ist es gut möglich, daß man die 1. M. der Reihe nicht übersprungen hat.
Sobald Sie sich im Häkeln von Stäbchen sicherfühlen, sollten Sie anfangen, Doppel-, dann Dreifach-, dann halbe Stäbchen, dann feste Maschen zu üben. Erst wenn Ihnen alle Stäbchen geläufig sind, sollten Sie sich an die festen Maschen wagen, die anfangs leicht verwirrend wirken.

Grundmaschen

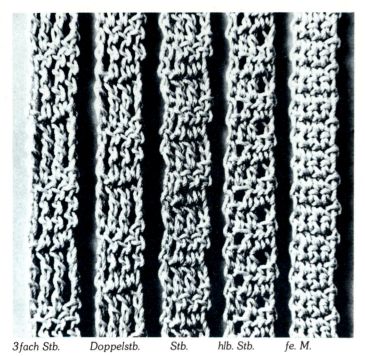

3fach Stb.   Doppelstb.   Stb.   hlb. Stb.   fe. M.

Rechte und linke Seite

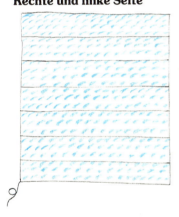

Die rechte Seite einer Arbeit ist die nach außen zeigende des fertigen Modells – die linke die Innenseite. Auch wenn zwischen beiden Seiten kein Unterschied zu sein scheint, geben die Musteranleitungen meistens die 1. rechte Reihe an. Wenn Zweifel bestehen sollten, bezeichnet man die Seite als rechte Seite, bei der der Anfangsfaden in der unteren linken Ecke liegt.

Wenn Sie das Vernähen vermeiden möchten und die Arbeit mit der rechten Seite nach vorn zeigt, können Sie die beiden Garnenden an den oberen Rand entlang legen und beim Häkeln der nächsten Reihe mit einarbeiten (diese Methode läßt sich nicht auf der linken Seite oder bei einem durchbrochenen Muster anwenden).

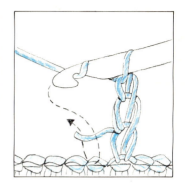

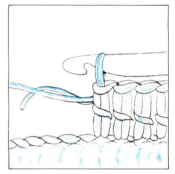

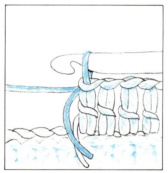

Geht ein Knäuel in der Mitte einer Reihe zu Ende, läßt man den alten Faden fallen, bevor man eine Masche beendet, nimmt den neuen Faden und häkelt die Masche fertig. Arbeitet man dabei auf der linken Seite, läßt man die beiden Fadenenden nach vorne hängen und

hält sie mit dem Daumen fest, bis die nächste Masche gehäkelt ist. Arbeitet man auf der rechten Seite, läßt man die Fäden entweder nach hinten hängen oder legt sie auf den oberen Rand der Vorreihe; beim Weiterhäkeln werden die Fäden mitgefaßt.

Ansetzen eines neuen Garnknäuels

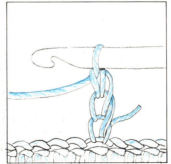

Im Idealfall sollte das am Ende einer Reihe geschehen. Dabei ist es am einfachsten, wie oben abgebildet, vorzugehen und dann wie folgt zu arbeiten: die Arbeit wenden, die Nadel durch die erste Masche führen und einen Arbeitsfaden vom neuen Knäuel hindurchziehen, die Wendemaschen wie normal häkeln, wobei ein Finger das kurze Fadenende hält, das man später vernäht.

Abketten

Wenn eine Arbeit beendet wird, schneidet man den Arbeitsfaden nach ca. 10 cm ab, holt das Ende durch die letzte Schlinge und zieht leicht an, damit die Arbeit sich nicht auflöst.

Häkeln

Technik

Zu- und Abnehmen

Sobald Sie Routine im Häkeln der Randmaschen haben, sind Sie auch in der Lage, an beiden Seiten Maschen zu- oder abzunehmen, um der Häkelarbeit Form und Schnitt zu geben. Die nun folgenden Illustrationen zeigen die Technik mit Stäbchen, aber auch mit allen anderen Maschen verfährt man auf diese Weise.

Zunehmen von mehr als 2 Maschen

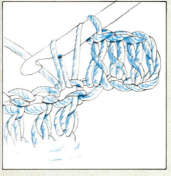

Am Anfang einer Reihe. Man häkelt 1 Luftmasche weniger, als die Zahl der zuzunehmenden Maschen plus die entsprechenden Wendemaschen. So benötigen z. B. 4 extra Stäbchen, wie gezeigt, 6 (3+3=6) Luftmaschen. Die Luftmaschen betrachtet man wie einen Luftmaschenanschlag, d. h. man sticht für das 1. Stäbchen in die 4. Luftmasche von der Nadel her ein und beendet die Reihe.

Am Ende einer Reihe. Die Arbeitsschlinge fallen lassen, dann mit einem separaten Faden Luftmaschen in der Anzahl der zuzunehmenden Maschen (hier 4) arbeiten und sie durch eine Kettmasche mit der oberen Wendeluftmasche der Vorreihe verbinden und abschließen. Nun zu der Arbeitsschlinge zurückkehren und von dort aus jetzt in die Extra-Luftmaschen häkeln.

Zunehmen von 1 Masche

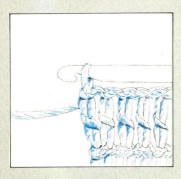

Am Anfang einer Reihe. Man häkelt die Wendemaschen wie normal, doch überspringt man beim weiteren Häkeln die 1. Masche nicht.

Am Ende einer Reihe. Nachdem man eine Reihe beendet hat, arbeitet man eine zweite Masche in den Einstich der letzten Masche (obere Luftmasche der Wendemaschen).

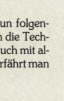

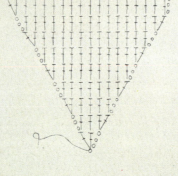

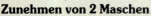

Zunehmen von 2 Maschen

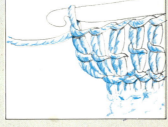

Am Anfang einer Reihe arbeitet man 2 Maschen in die 1. Masche – am Ende 3 Maschen in die letzte Masche.

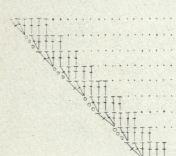

Technik

Eine schnellere Möglichkeit des Zunehmens am Ende einer Reihe ist der Anschlag einer Doppelmasche. Dazu sticht man die Nadel hinter dem einfachen linken senkrechten Faden der letzten Masche ein und beendet die Maschen wie gewohnt in der erforderlichen Anzahl. Wenn z.B. 4 Stäbchen zugenommen werden, häkelt man auf diese Weise 4 Doppelstäbchen.

Diese Methode des Zunehmens gibt einen stufenförmigen Abschluß an den Seiten der Arbeit. Lange Maschen dagegen kann man etwas abschrägen, indem man die Maschen in der Höhe zum Rand hin abstuft.

Abnehmen von mehr als 2 Maschen

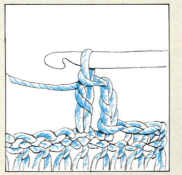
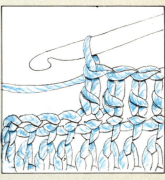

Am Anfang einer Reihe. Man häkelt Kettmaschen durch jede Masche, die abgenommen werden soll, arbeitet Wendemaschen, die den neuen Rand bilden und führt die Arbeit fort.

Am Ende einer Reihe. Sobald die Masche erreicht ist, die abgenommen werden soll, wendet man und führt die Arbeit fort. Um scharfe Stufen zu vermeiden, häkelt man am Rand in abgestufter Höhe.

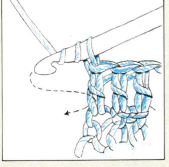
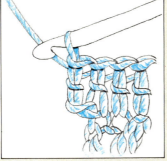

Häkeln

Abnehmen von 1 oder 2 Maschen

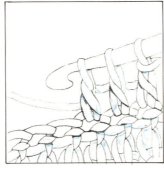
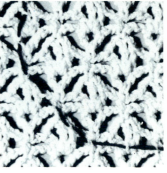

Am saubersten und ohne Stufeneffekt am Rand arbeitet man dies, indem man 2 oder 3 Maschen zusammenhäkelt und somit eine Masche für die nächste Reihe hat. Mehrere Maschen werden zusammen abgemascht, indem man zunächst jede Masche bis zum letzten Schritt häkelt. Nachdem man die erste Ma-

sche teilweise gehäkelt hat, gibt es 2 Schlingen auf der Nadel (bei halben Stäbchen sind es 3). Nach der 2. Masche sind es 3, nach der 3. vier Schlingen. (Es ist unpraktisch, 3 halbe Stäbchen oder 3 feste Maschen zusammen abzumaschen.) Zum Schluß holt man den Arbeitsfaden durch alle Schlingen.

Häkeln Sie jedoch ein hübsches durchbrochenes oder ähnliches Muster, müssen Sie beim Zu- oder Abnehmen das Muster berücksichtigen. Dafür sollten Sie einen geraden Teil der gemusterten Häkelarbeit wählen, aus dem Sie die Stellen

zum Zu- oder Abnehmen am besten ersehen können (oben links). Manchmal läßt sich das Zu- oder Abnehmen auch dadurch umgehen, indem man lediglich die Größe der Häkelnadel (oben rechts) wechselt.

Rundhäkeln

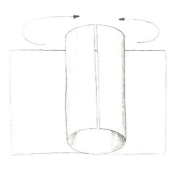

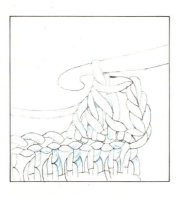
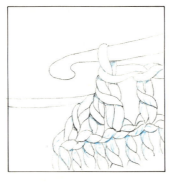
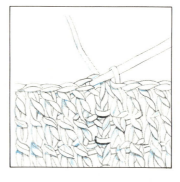

Am Anfang einer Reihe. Die Wendemaschen normal arbeiten (sie bilden weiterhin den Rand). Dann überspringt man die 1. Masche wie üblich und mascht die 2. und 3. Masche zusammen ab.

Am Ende einer Reihe. Die letzten 2 oder 3 Maschen werden zusammen abgemascht. Diese Methode läßt sich auch an anderen Stellen innerhalb der Reihen anwenden. Für eine langsame Abschrägung nimmt man nicht in jeder Reihe ab, sondern arbeitet zwischendurch eine oder mehrere Reihen normal.

Stellen Sie sich ein gerade gearbeitetes Stück vor, das dann zu einem Schlauch zusammengenäht wird. In der Häkeltechnik kann man einen solchen Schlauch während des Häkelns arbeiten. Dafür schließt man den Luftmaschenanschlag durch eine Kettmasche zu einem Ring, beginnt jede Reihe mit Wendemaschen und beendet sie durch eine Kettmasche zwischen der ersten (Wendemaschen) und letzten.

Dabei kann man zu- oder abnehmen, wo immer man möchte, um den Schlauch enger oder weiter zu bekommen. Beim Rundhäkeln ist die rechte Seite stets außen, da man nicht wenden muß. Außerdem kann die Arbeit nach links gewendet werden, sofern man Schlingen oder Noppen einarbeiten möchte, die dann auf der rechten Seite der fertigen Arbeit zu sehen sind.

Häkelkreise

Kreise werden wie ein Schlauch gearbeitet, wobei der Luftmaschenanschlag sehr klein sein muß (damit die Arbeit flach bleibt), weil man in jeder Runde zunimmt. Um einen geschlossenen flachen Kreis zu häkeln, beginnt man mit 3 oder 4 Luftmaschen im Anschlag, die man durch eine Kettmasche zu einem Ring verbindet.

1. Runde. Die Wendemasche, die beim Rundhäkeln als Anfangsmasche bezeichnet wird, zählt hier als 1. Masche. Die Häkelnadel führt man durch den Kreismittelpunkt (nicht durch die einzelnen Maschen) und häkelt bei fe. M. 5 bis 6 M., bei hlb. Stb. 8 bis 10 M., bei Stb. 12 bis 15 M., bei Doppelstäbchen 16 bis 20 M. Die Runde wird mit einer Kettmasche durch den oberen Teil der Anfangsmasche beendet.

2. und weitere Runden. Beginnen Sie stets mit einer Anfangsmasche als 1. Masche und schließen Sie die Runde durch eine Kettmasche, wobei in jeder Runde soviel Maschen zugenommen werden, wie Maschen in der vorhergehenden Runde waren. Dabei werden 2 M. in eine gearbeitet, d.h. in der 2. Rd. in jede Masche, 3. Rd. jede 2. M., 4. Rd. jede 3. M., 5. Rd. jede 4. M., usw.

Um sich das Mitzählen zu sparen, kann die Arbeit auch wie folgt ausgeführt werden:

1. Runde. In den Luftmaschenring soviel Maschen häkeln, wie es einem richtig erscheint; eine Masche mehr ist besser, als eine zu wenig.

2. und weitere Runden. Je eine Masche in die vorhergehende häkeln, bis die zuletzt gehäkelte Masche sich nach rechts zu lehnen scheint. In dem Fall häkelt man eine zweite in dieselbe Einstichstelle, muß jedoch darauf achten, daß diese nicht nach links neigt. In der 2. Runde wird man bei jeder Masche 2 × einstechen müssen. Zwischendurch die Arbeit flach auf den Tisch legen, um zu sehen, daß sich keine Wellen bilden oder daß sie sich am Rand nicht einrollt. Diese Arbeit erfordert etwas Übung, damit sie gelingt.

Häkelovale

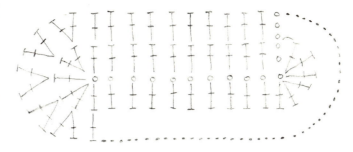

Um ein Oval zu häkeln, beginnt man mit einem Luftmaschenanschlag von der Länge des Ovals minus der Breite.

1. Runde. Häkeln Sie in die Anschlagmaschen wie bei einer 1. Reihe. In die letzte Luftmasche mehrere Maschen häkeln, so daß ein Halbkreis entsteht. Danach ist die Nadel an der unteren Seite des Luftmaschenanschlags – man häkelt jetzt Maschen in diese Seite und endet ebenfalls mit einem Halbkreis in der ersten Anschlagsmasche. Die Runde schließt mit einer Kettmasche.

2. und weitere Runden. Die Arbeit wird wie beim Kreis fortgesetzt, jedoch nimmt man nur an den halbrunden Enden zu. Wenn man beginnt, in der ganzen Runde gleichmäßig zuzunehmen, bekommt man nach und nach eine Kreisform. Beschränkt man das Zunehmen auf die halbrunden Enden, erhält man ein Oval.

Häkelspiralen

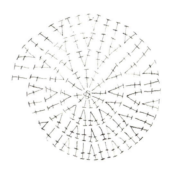 

Rundhäkeln zur Herstellung von Schläuchen, Kreisen und Ovalen ist auch durch eine fortlaufende Spirale möglich. Dabei ist es hilfreich, den Beginn einer jeden Runde mit einem Kontrastfaden zu kennzeichnen. Diese Methode ist für Anfänger geeignet, doch bietet sie wenig Variationsmöglichkeiten, da man z.B. während des Häkelns keine verschiedenfarbigen Garne einarbeiten kann.
Um ohne Stufe abzuschließen, verringert man nach und nach die Maschenhöhe.

Häkeln

Weitere rundgehäkelte Formen

Das Rundhäkeln ermöglicht nicht nur kreisförmige Arbeiten, es lassen sich auch Quadrate, Sechsecke usw. auf diese Weise häkeln, die man hinterher z. B. zu einem Häkelpatchwork zusammenfügen kann. Fünfecke und Dreiecke sind weniger gebräuchlich. Als Motive eignen sich sowohl abstrakte Muster als auch Blumen, Blätter usw.

Unterschiedliche Reihenanordnung

Die bisher beschriebenen Muster ergaben für sich allein eine Musterreihe. Durch Zunehmen und Abnehmen können Sie nicht nur die Form verändern, sondern auch interessante Muster gestalten. Die Technik der Kombination von unterschiedlichen Maschenhöhen ermöglicht eine interessante, dichte Struktur des Gewebes.

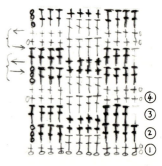

Technik

Webmuster

Die Kombination verschiedener Häkelmaschen bietet eine Reihe von Möglichkeiten, charakteristische Muster mit dichter Struktur zu bekommen. Folgende Häkeltechniken werden dafür verwendet.

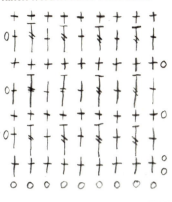

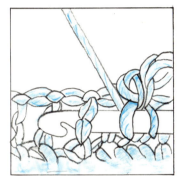

1. Nur durch den hinteren Teil jeder festen Masche arbeiten.

2. Abwechselnd Maschen von unterschiedlicher Länge häkeln.

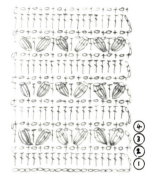

4. Dichtes Muschelmuster (Popcorn). Man arbeitet ein Maschenbüschel (z. B. 5 Stb.) in eine Einstichstelle, nimmt die Nadel aus der Arbeitsschlinge, führt sie durch den oberen Teil der ersten Masche in der Gruppe, holt die Arbeitsschlinge und zieht diese durch, um die Maschengruppe zu schließen und drückt sie zur rechten Seite.

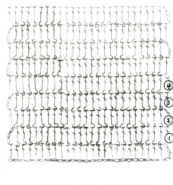

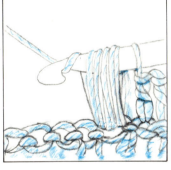

3. Reliefstäbchen (auch tiefgestochene Stb. oder Übergriffstb.) werden um das Stb. der Vorreihe gearbeitet. Man sticht mit der Häkelnadel von rechts nach links ein und greift dabei um das Stb. der Vorreihe herum (entweder vor oder hinter dem Stb.).

5. Büschelmaschen. Den Arbeitsfaden 4 oder 5 × durch die gleiche Einstichstelle holen und die Schlinge jeweils bis zur Höhe eines Stäbchens ziehen. Dann holt man den Arbeitsfaden durch die Schlingen bis auf die letzte, zum Schluß durch die beiden verbleibenden.

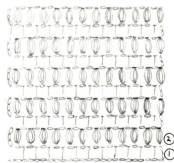

23

Häkeln

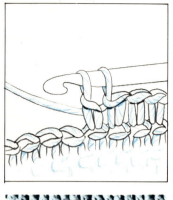   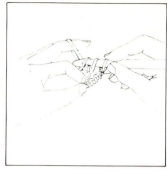

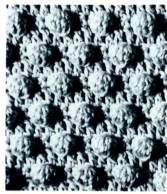  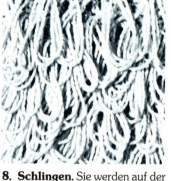 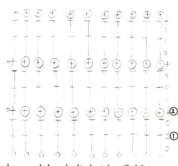

6. Noppen. Sie werden auf der Rückseite gearbeitet. Man häkelt 5 Stäbchen in eine Masche der Vorreihe, doch läßt man den letzten Schritt jedesmal aus (wie beim Zusammenmaschen sind 6 Schlingen auf der Nadel). Dann den Arbeitsfaden durch alle Schlingen holen, bis auf die letzte, zum Schluß durch die letzten zwei Schlingen.

8. Schlingen. Sie werden auf der linken Seite der Arbeit gemacht. Nadel einstechen, dabei den Mittelfinger spreizen, um eine Schlinge zu bilden; die Nadel darüber führen zur rechten Seite zwischen Arbeit und Finger, den Arbeitsfaden holen und durch die beiden Schlingen auf der Nadel ziehen. Nun die Nadel auf die linke Seite der Schlingen führen, den Arbeitsfaden holen und durch die beiden verbliebenen Schlingen führen. Zum Schluß den Finger aus der Schlinge nehmen.

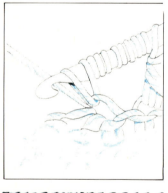 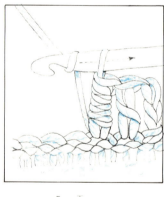 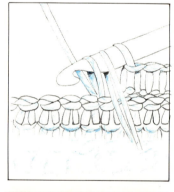 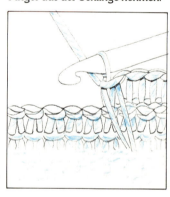

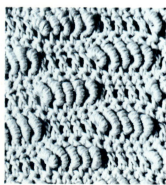 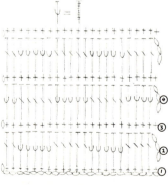 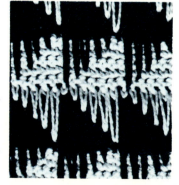

7. Wickelmaschen. Nach 6 bis 10 Garnschlingen um die Häkelnadel führt man diese durch eine Masche, holt den Arbeitsfaden und zieht ihn durch alle Schlingen; dann eine Luftmasche häkeln.

9. Tiefgestochene Maschen. Von vorne nach hinten einstechen, Faden holen, auf die entsprechende Höhe ziehen, in die nächste M. einstechen, Faden holen und durch alle Schlingen ziehen.

Technik

Durchbrochene Häkelmuster

Diese Muster haben eine lange Tradition und sind wohl die bekanntesten. Einige der Hauptelemente sind Luftmaschenbögen, verschiedene Gittermuster, Büschel- und Kreuzmaschen.

Filethäkeln gehört ebenfalls zu den durchbrochenen Mustern. Es basiert auf einem regelmäßigen Maschengitter, in das Muster oder sogar Bildmotive durch das Ausfüllen bestimmter Quadrate mit Stäbchen eingearbeitet werden. Für Filethäkeln sind dünne Garne am besten geeignet; auch Topflappenbaumwolle läßt sich gut verarbeiten.

Filetmuster

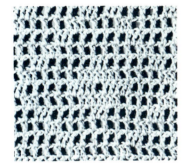
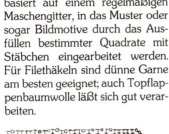

Luftmaschenbögen

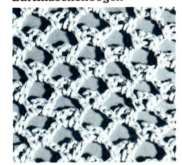
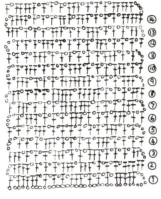

Gittermuster

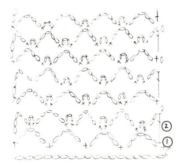

Büschelmaschen

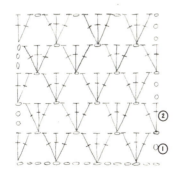

Netzmuster (Salomonischer Knoten)

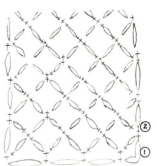

Ananasmuster

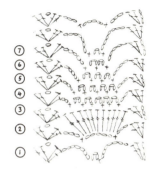

Gekreuzte Stäbchen

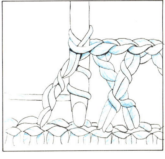

Um zwei Häkelstiche zu kreuzen, überspringt man eine Masche oder mehrere Maschen der Vorreihe und häkelt eine Masche in die nächst folgende, dann – sofern mehr als 1 Masche übersprungen wurde – häkelt man 1 Luftmasche (eine weniger, als man ausgelassen hat). Die 2. Masche arbeitet man in die 1. ausgelassene Masche – dabei führt man die Nadel hinter die erste Masche – und arbeitet dann auf der Vorderseite normal weiter.

Salomonischer Knoten

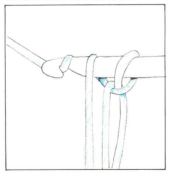
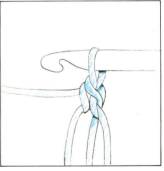

Man beginnt mit einer Anfangsmasche und 1 Luftmasche, zieht den Arbeitsfaden zu einer Länge, die nachher den Abstand des Knotens bestimmt; nach 1 Luftmasche führt man die Nadel von hinten durch die lange Luftmasche, häkelt 1 feste Masche und holte dann den Arbeitsfaden durch beide Schlingen. Der erste Knoten ist damit beendet.

Bei dem oben abgebildeten Blütengitter arbeitet man die Knoten um die Hälfte länger als den Rest, damit sie besser hervortreten. An den Übergängen des Gitterwerks werden die festen Maschen in die Mitte zwischen die festen Maschen und Luftmaschenschlingen gehäkelt (auf Seite 35 sehen Sie eine Gardine im Knotenmuster).

Büschelmaschen (Muster)

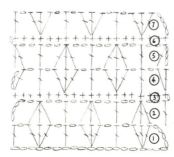

Häkeln

Aufhäkeln

Durch das Aufhäkeln von Kettmaschen können Sie z.B. einen gestrickten Pullover oder ähnliche Kleidungsstücke wirkungsvoll verzieren. Der damit erzielte Effekt ähnelt einer Stickerei.

Aufgehäkelte Muster sollten das bereits vorhandene Design umrahmen und hervorheben. Besonders schön sehen diese Verzierungen auf einfarbigen Wollsachen aus; auch Folkloristisches verlangt geradezu danach. Wer geschickt mit der Häkelnadel umzugehen weiß, kann auch selbst Motive entwerfen und diese dann aufhäkeln.

Es gibt zwei Methoden:
Bei der ersten entsteht ein flaches Reliefmuster. Dazu legt man das Material, auf das gehäkelt werden soll, flach auf eine Unterlage (am besten spannt man es in einen feststehenden Stickrahmen) und führt den Arbeitsfaden stets auf der Rückseite. Man beginnt mit einer normalen Anfangsmasche, die man durch das Gewebe zieht, wobei der Knoten auf der Rückseite bleibt. Nun häkelt man auf der Oberseite von rechts nach links das gewählte Muster. Wenn die Arbeitsrichtung geändert werden muß, dreht man das Untergrundmaterial und die Häkelnadel entsprechend.

Die zweite Möglichkeit, Verzierungen aufzuhäkeln, ist, Arbeitsfaden und die Häkelnadel, also beides, über dem Gewebe zu führen, wobei man die Nadel an den Stellen durch das Material sticht, an denen das Muster gewünscht wird.

Die erst beschriebene Methode ist etwas einfacher durchzuführen; allerdings sind die Möglichkeiten, eine plastische Wirkung zu erzielen, begrenzter. Eine Kombination beider Arbeitsweisen kann gelegentlich das beste Ergebnis bringen. Für beide Methoden gilt, nicht zu feste Maschen zu häkeln, um das Verziehen des Hintergrundmaterials zu vermeiden.

Tunesische Häkelei

Für tunesisches Häkeln braucht man eine Häkelnadel, die länger ist als die normale und am Ende einen Stopper hat. Die Reihen werden hier paarweise gearbeitet: die erste Reihe, die man von rechts nach links arbeitet, besteht aus neu angeschlagenen Maschen, die alle auf der Nadel behalten werden; in der zweiten mascht man diese ab – die Nadel gelangt dadurch wieder an den rechten Rand der Arbeit.

Die tunesische Häkelmethode ergibt ein festes Gewebe. Sie ist daher besonders gut geeignet für Decken, Kissenhüllen und derbere Bekleidung. Die Grundtechnik läßt sich verändern durch zusätzliche Garnfarben, verschiedene Musterwahl und durchbrochene Häkelei.

Grundtechnik

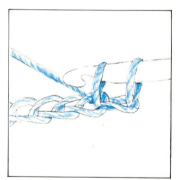

Luftmaschenanschlag. Die gleiche Anzahl Luftmaschen anschlagen, wie Maschen benötigt werden.

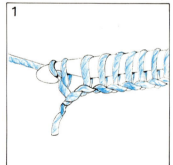

1. Reihe (nach außen). Man führt die Nadel durch die 2. Luftmasche und holt den Arbeitsfaden durch – dies wiederholt man bei jeder Luftmasche und behält die Schlingen auf der Nadel. Nicht wenden!

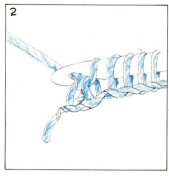

2. Reihe (nach innen). Arbeitsfaden durch 1. Schlinge, dann fortlaufend durch 2 Schlingen, usw., bis nur noch eine Schlinge auf der Nadel und die Nadel am rechten Arbeitsrand ist. Das Häkelstück nicht wenden!

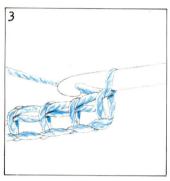

3. Reihe (nach außen). Man zählt die Schlinge auf der Nadel als 1. Masche, beginnt bei der 2. Masche der Vorreihe und führt die Nadel von rechts nach links hinter den einzelnen senkrechten Faden an der Vorderseite jeder Masche, arbeitet die Reihe, indem man neue Schlingen aufnimmt, wie in der 1. Reihe. Man prüft die genaue Schlingenzahl auf der Nadel, da man beim Arbeiten nach außen die letzte Masche leicht übersieht.

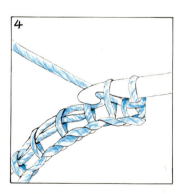

4. Reihe (nach innen). Wie die 2. Reihe. Man wiederholt die Reihen 3 und 4.

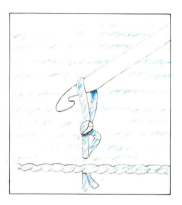

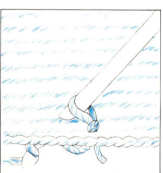

Technik

Gabelhäkeln

Beim Gabelhäkeln arbeitet man mit einer normalen Häkelnadel und einer speziellen Gabel, die zwei parallele Stahlstifte hat. Bei dieser Art des Häkelns werden erst mehrere einzelne Streifen gearbeitet, die man dann zu einem größeren Teil oder einem Kleidungsstück verbindet. Die Länge eines Streifens kann beliebig variieren; die Breite hängt jedoch von der Gabel ab. Es gibt sie in verschiedenen Breiten oder verstellbar. Mit der Gabel hergestellte Häkelarbeiten wirken luftig und zart.

Grundtechnik. Man häkelt eine Anfangsmasche, hält die Gabel mit den Spitzen nach oben, legt die Anfangsmasche über die rechte Nadel und zieht diese so, daß der Knoten in der Mitte zwischen beiden Gabeln liegt. Man dreht die Gabel mit einer halben Umdrehung im Uhrzeigersinn. Den Arbeitsfaden führt man mit der linken Hand, die Häkelnadel hält man in der rechten und die Gabel hält und manipuliert man mit beiden Händen. Die Häkelnadel führt man durch die Masche hindurch und holt den Arbeitsfaden; wiederholen; mit der Schlaufe auf der Nadel bringt man den Häkelnadelgriff über und hinter die rechte Gabelnadel und dreht die Gabel mit einer halben Umdrehung im Uhrzeigersinn. Man führt die Häkelnadel unter den Vorderfaden der letzten Schlaufe auf der linken Nadel und häkelt eine feste Masche. Dann wiederholt man den Rapport.

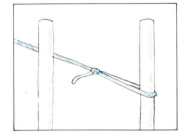
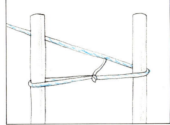
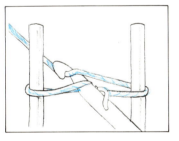
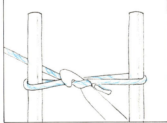
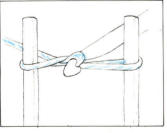
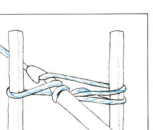
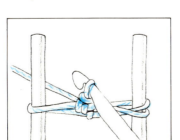

Mit der Gabel gearbeitete Muster bestehen meistens aus einer bestimmten Anzahl von Schlingen rund um jede Nadel; dabei müssen auf jeder Seite gleich viele sein. Will man einen langen Streifen auf einer kurzen Gabel arbeiten, läßt man die Schlingen von der Gabel gleiten. Die letzten 2 oder 3 Schlingen werden an jeder Seite wieder aufgenommen. Man beendet wie gewöhnlich.

Das Zusammenfügen der fertigen Streifen kann variiert werden; generell liegt der Haupteffekt einer Gabelhäkelarbeit in der beim Verbinden der einzelnen Streifen angewandten Technik.

Verbinden der Streifen

Wenn die Häkelstreifen von der Gabel genommen werden, verdrehen sich die Schlingen sehr leicht. Sie sollten sich vorher klar sein, ob Sie diesen Effekt haben möchten, da er die fertige Arbeit im Aussehen beeinflußt.

Einfaches Verbinden (ohne zusätzliches Garn). Man legt die Streifen nebeneinander, holt mit der Häkelnadel die erste Schlaufe des 1. Streifens, dann die erste des 2. Streifens und zieht diese durch die 1. Schlaufe des 1. Streifens; holt die 2. Schlaufe des 1. Streifens und zieht sie durch die Schlaufe auf der Nadel; holt die 2. Schlaufe des 2. Streifens und zieht sie durch, usw. Die letzte Schlaufe näht man fest, damit die Verbindung sich nicht lösen kann.

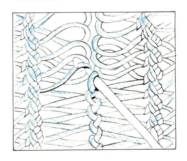
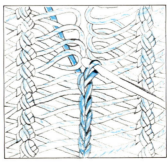

Kettmaschenverbindung (verlangt zusätzliches Garn). Aus dem extra Garn häkelt man eine Anfangsmasche. Den Arbeitsfaden hält man hinter der Arbeit; ✻ Nadel durch 1. Schlaufe vom 1. Streifen und durch die 1. Schlaufe vom 2. Streifen und 1 Kettmasche häkeln; wiederholen von ✻ in jedes Schlaufenpaar und befestigen wie normal.

Webeffekte

Fast jede Häkelarbeit können Sie hinterher mit einem Webeffekt versehen. Doch wendet man diese Technik vorwiegend bei einfachen Stäbchenmustern oder Filetgitter an, in die dann horizontale Streifen oder Karodesigns eingearbeitet werden. Eine so gewebte Häkelarbeit ist fester und dicker; für Kissenhüllen, warme Bekleidung und Häkeltaschen eine reizvolle Variation.

Grundtechnik

Mit einer stumpfen Nadel, die ein großes Öhr hat, webt man von der rechten Seite, bevor man die Teile zusammennäht. In den Anleitungen sind oft ein oder mehrere Doppelfäden angegeben, die horizontal, vertikal, diagonal oder im Zick-Zack einzuziehen sind. Dabei soll der Faden stets lang genug für eine ganze Reihe sein; das Ansetzen in der Mitte ist nicht gut möglich. Arbeiten Sie wie beim Stopfen, indem Sie die Nadel sauber unter und über die Hintergrundfäden führen, ohne die Fäden zu durchstechen. Ferner müssen Sie beachten, daß die Fäden nicht zu stramm eingezogen werden, da das Häkelgewebe sich sonst verzieht oder kleiner wird. Die Webfäden werden abschließend entweder zu Fransen verknotet oder auf der linken Seite so sauber wie möglich vernäht.

Beginn einer Arbeit

Nachdem Sie nun die Grundtechniken des Häkelns kennen und vielleicht schon etwas Übung besitzen, ist es an der Zeit, mit einer Arbeit zu beginnen. Dabei sollten Sie entweder nach einem der folgenden Mustervorschläge arbeiten oder selbst einen Entwurf anfertigen. Viele trauen sich vielleicht die zweite Alternative nicht zu. Andere wiederum lehnen Handarbeiten nach allgemeinen Anleitungen oder Musterbeispielen ab, weil sie eigene Entwürfe und Muster origineller finden.

Nun, gleich zu welcher Kategorie Sie gehören, die folgenden Häkelmodelle dieses Buches sind so entworfen, daß sie anhand der Arbeitsanleitungen leicht nachzumachen sind, andererseits aber zu eigenen Entwürfen inspirieren. Sie sind als Basis für viele verschiedene Abwandlungen und Ideen gedacht und lassen jedem genügend Spielraum, selbst kreativ zu sein oder zu werden.

Ein Rat für Anfänger: Zu Beginn sollten Sie ein Modell wählen, bei dem die endgültige Form oder Größe noch nicht von zu großer Bedeutung ist. Wenn Sie erst mal mehr Erfahrung gesammelt haben und regelmäßig häkeln, können Sie sich an Arbeiten, die ganz präzise Abmessungen verlangen, wagen.

Arbeiten nach Mustervorlagen

Nachdem Sie sich für ein Modell und dem dazugehörenden Häkelmuster entschieden haben, könnten Sie eigentlich beginnen. Garnart, Nadelstärke und alle anderen Einzelheiten sind genau in den Arbeitsanleitungen erklärt. Was könnte also noch schiefgehen? Leider sind immer noch einige Dinge wichtig zu wissen, damit Fehler rechtzeitig vermieden werden und größere Probleme beim Arbeiten erst gar nicht auftreten.

Lesen Sie deshalb die folgenden Punkte genau vor Arbeitsbeginn durch.

Garne

Wenn Sie das in der Arbeitsanleitung angegebene Garn nicht bekommen können, wäre es nicht gut, das Modell mit einem beliebigen Ersatzgarn zu arbeiten. In diesem Fall muß das Muster entsprechend überarbeitet werden, d.h. Maschen, Reihen und die angegebenen Maße müssen dem Ersatzgarn angepaßt werden. Eine Maschenprobe (siehe übernächsten Punkt) könnte dabei helfen.

Maße

Sofern bei den Arbeitsanleitungen für Kleidungsstücke verschiedene Größen angegeben sind, steht die kleinste Größe zuerst, die weiteren in Klammern. Finden Sie nur eine Angabe, bezieht sich diese auf alle Größen.

Maschenprobe

Das wichtigste vor Beginn einer Häkelarbeit ist die Anfertigung einer Maschenprobe. Dabei erprobt man die richtige Nadelstärke. Die Probe sollte etwas größer als 10 cm im Quadrat sein und gespannt oder leicht gedämpft werden. Anhand der Probe wird abgezählt, wieviel Maschen auf 10 cm in der Breite und Reihen auf 10 cm in der Höhe kommen.

Wenn nun trotz der richtigen Häkelnadel und des entsprechenden Garns die nötige Maschendichte nicht erreicht wird oder die einzelnen Häkelreihen nicht dicht genug ausfallen, ist dies noch kein Grund zum Verzweifeln. Es ist oft der Fall bei weichem Garn und lockerer Häkelweise, bei festen Maschen und unelastischem Garn.

Man muß also nochmal eine Maschenprobe anfertigen, entweder mit einer größeren Häkelnadel oder mit einer dünneren. Wenn das Ergebnis immer noch nicht den Angaben entspricht, nimmt man als Grundlage für die Häkelarbeit die bestmögliche der Maschenproben und ändert die Arbeitsanleitung entsprechend ab.

Die Maschenprobe hat außerdem den Vorteil, daß Sie das Muster dabei üben können. Gerade bei einem sehr komplizierten Muster ist dies eine gute Gelegenheit, Routine für die eigentliche Häkelarbeit zu bekommen. So erfüllt die Maschenprobe aus verschiedenen Gründen ihren Zweck.

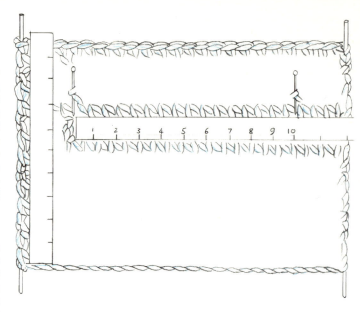

Häkelschrift

In Häkelschriften sind die Maschen für ein Muster durch Symbole auf einem Diagramm dargestellt, von dem man das Muster während der Arbeit ablesen kann. Da auf Häkelschriften die rechte Seite gezeigt wird, muß man bei Arbeiten, die gewendet werden, beachten, daß jede zweite Reihe von links nach rechts zu lesen ist. Bei Jacquardmustern gilt jedes Kästchen als eine Masche (meistens 1 Stäbchen, falls nichts anderes angegeben). Bei Filethäkelschriften stehen die Quadrate für das Gitter, das aus Stäbchen und Luftmaschen besteht. Sofern die Quadrate gefüllt sind, häkelt man statt Luftmaschen Stäbchen in der gleichen Anzahl.

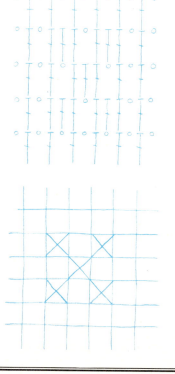

Abkürzungen und Fachbegriffe

Es ist wichtig, sich die Abkürzungen und Begriffe von Seite 10 einzuprägen, da sie in den Arbeitsanleitungen sowie Häkelschriften ständig erscheinen. Ganz spezielle Arbeitstechniken, die bei einem Modell notwendig sind, dort jedoch nicht erklärt werden, finden Sie ebenfalls in dem Kapitel »Technik« (Seite 18).

Wenn das Wort »wiederholen« in Verbindung mit einem Sternchen vorkommt, so bedeutet dies, daß man die Maschenfolge nach dem Sternchen so oft wiederholt, wie es bis zum Reihenende nötig ist. Lautet die Anleitung »wiederh. von * 10 ×«, heißt dies, daß man den Musterrapport insgesamt 11 × arbeiten muß, denn einmal hat man ihn ja bereits vor dem Wiederholungszeichen gehäkelt. Ist die Maschenfolge in Klammern angegeben, z.B. »(1 Stb., 1 Lftm., 1 Stb.) 10 ×«, so müssen diese in der Klammer genannten Maschen exakt so oft wie angegeben gehäkelt werden.

Nachdem Sie also eine Maschenprobe angefertigt und diese entsprechend ausgezählt haben, beginnt die eigentliche Häkelarbeit.

Beginn einer Arbeit

Lesen Sie den Text der Arbeitsanleitung sorgfältig der Reihe nach durch und achten Sie besonders auf die Wiederholungszeichen. Schon das falsche Interpretieren eines Wortes oder eines Kommas könnten den Sinn der Anleitung entstellen und die Häkelarbeit erschweren.

Oft ist die Luftmaschenkette beim Maschenanschlag sehr lang und man bezweifelt, ob man die exakte Anzahl gearbeitet hat. Um sicher zu gehen, können Sie etwas mehr Luftmaschen häkeln oder einen langen Anfangsfaden lassen, damit Sie notfalls hinterher noch Luftmaschen anhängen können. Übrige Luftmaschen lassen sich leicht wieder aufziehen.

Außerdem ist es gut, sich anzugewöhnen, seine Häkelarbeit hin und wieder zu kontrollieren, z. B. ob die Maschenzahl stimmt, alle Wiederholungen ausgeführt wurden, und natürlich auf den allgemeinen Eindruck. Dieses ist bei folgenden Arbeitsabschnitten besonders wichtig:

1. nach der Anschlagsreihe,
2. nach der ersten Musterreihe,
3. nach dem ersten kompletten Musterrapport,
4. bei Beginn, während und nach Beendigung eines bestimmten Schnitteils.

Sofern Sie bei der Kontrolle einen Fehler entdecken, sollten Sie den Häkelteil nicht sofort wieder aufziehen, sondern sich den Fehler genau ansehen, um festzustellen, was Sie falsch gemacht haben; damit vermeiden Sie, den gleichen Fehler zu wiederholen.

Beim Vergleichen der Maße der Häkelarbeit mit der Arbeitsanleitung, breitet man die Teile auf einer

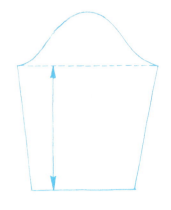

ebenen Fläche aus und legt das Maßband exakt auf die Reihen (für die Breite) oder im rechten Winkel zu den Reihen (für die Länge). Um z. B. die richtige Tiefe des Armausschnitts oder eine ungerade Seitenlänge zu messen, darf das Maßband nicht am äußeren Rand sondern wie auf den Zeichnungen zu sehen ist, innerhalb angelegt werden.

Wichtig ist also, bei einer Häkelarbeit nicht ungeduldig zu werden, sondern bis zur endgültigen Fertigstellung sorgfältig vorzugehen.

Häkeln nach eigenen Entwürfen

Sicher macht es vielen Spaß, eine Häkelarbeit ganz individuell zu planen und zu entwerfen. Es gibt zwei Möglichkeiten, dieses anzugehen: einmal das ganz freie Häkeln oder das sich mehr oder weniger an herkömmlichen Mustern und Häkelvorlagen zu orientieren und dann unabhängig davon einen eigenen Entwurf zu kreieren. Hat man sich für die letztere Möglichkeit entschieden, geht es an die Wahl des Häkelmusters und des dafür entsprechenden Garns. Man beginnt, wie schon auf Seite 28 beschrieben, auch in diesem Fall mit der Anfertigung einer Maschenprobe oder mehrerer. Anschließend folgt das Messen, Ausrechnen der Maschenreihen und die Zeichnung eines Schnittmusters.

Obwohl sich diese Vorarbeiten kompliziert anhören, sind sie sehr befriedigend, da in jeder Phase der eigene Geschmack und die Fähigkeit, ihn in die Tat umzusetzen, entscheiden. Dennoch hängt das Gelingen des eigenen Entwurfs von einer klugen Planung ab. Es wäre wenig sinnvoll, z.B. ein Garn zu wählen, das sich zum Häkeln nicht besonders eignet oder schwer zu bekommen ist. Auch das Muster und der Schnitt sollten nicht zu kompliziert sein, da man sonst leicht die Lust während der Arbeit verliert. Rechtzeitig sollte man auch überlegen, ob man nicht andere Materialien, wie Leder oder gewebte Stoffe mit einbezieht. Im Zusammenhang mit Häkeln bilden sie originelle Kontraste. Die richtige Wahl der Häkelnadel ist ebenfalls nicht zu unterschätzen. Für sehr feste Strukturen wählt man die dünnste Nadel, für ungleichmäßige starke Garne Nadeln nach dem dicksten Teil des Garns (weitere Angaben für Nadelstärken finden Sie auf Seite 9).

Eine etwas größere technische Schwierigkeit stellt die richtige Berechnung der Größe und des Schnitts einer geplanten Häkelarbeit sowie die dafür notwendige Garnmenge dar. Aber mit Hilfe eines einfachen Taschenrechners läßt sich auch diese etwas lästige Rechenaufgabe lösen. Sofern Sie dennoch Zweifel bei der Garnmenge haben, ist es besser, sich zunächst nur ein oder zwei Stränge zu kaufen und daraus Muster- und Maschenproben zu häkeln (nicht wegwerfen, sie lassen sich für andere Zwecke verwenden). Durch den Vergleich der Maschenproben mit dem Schnittentwurf Ihres Häkelmodells ist das Abschätzen der Garnmenge weniger schwierig. Zögern Sie dann aber nicht, gleich die ganze Menge zu kaufen. Nichts ist nämlich ärgerlicher, als das Nachkaufen, bei dem man oft Enttäuschungen erleben muß, z. B. Qualitätsunterschiede, Farbdifferenzen (durch verschiedene Farbbäder) oder das Garn ist überhaupt nicht mehr vorrätig. Überlegte Planung ist also notwendig, um sich Kosten und Ärger zu ersparen.

Der völlig freie Entwurf einer Häkelarbeit ist dagegen ganz unproblematisch. Er sieht keinen regelmäßigen Aufbau vor, kein einheitliches Maschenmuster und keine Garne von gleicher Struktur und Farbe. Ein großer Vorrat von Garnresten genügt, um nach eigenem Geschmack, Lust und Laune ein Häkelteil nach dem anderen zu fabrizieren.

Natürlich kann man auch dabei eine bestimmte Größe oder einen festen Umriß ins Auge fassen. In diesem Fall fertigt man sich eine Zeichnung oder ein Papiermuster an und häkelt darauf los, diesen Umriß auszufüllen. Wahrscheinlich wird man kleine Teile, mal in Runden, Spiralen oder sonstigen unregelmäßigen Reihen häkeln und diese dann später zu einer Häkelarbeit zusammenfügen.

Von diesen willkürlich entstandenen Häkelkonstruktionen ist es dann nur noch ein kleiner Schritt, verschiedene Elemente ganz gezielt zu planen und frei zu gestalten, z. B. Farbschemen, geometrische und organische Musterformen und gegenständliche Dinge, wie Bäume, Blumen oder sogar ganze Landschaften.

Freies Häkeln kann letzten Endes nur als Experiment gesehen werden, das sicher kreative Freude und erstaunliche Überraschungen bietet. Erwarten Sie nicht, daß jeder Versuch gleich ein Erfolgserlebnis mit sich bringt; Fehlschläge sind nicht auszuschließen, sollten aber auch nicht davon abhalten, immer wieder neue Versuche zu starten. Viel Spaß!

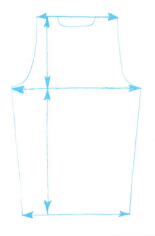

Fertigstellung

Vernähen der Garnenden
Herunterhängende Fadenenden vernäht man sehr sauber mit einer stumpfen Wollnadel auf der Arbeitsrückseite.

Bügeln und Spannen
Bei Markengarnen sollten die Pflegeanleitungen der Herstellerfirmen unbedingt beachtet werden. Gehen Sie kein Risiko ein: für einige Garne, z. B. Glitzer- und Acrylgarn, gilt Bügelverbot. Generell sollten gehäkelte Gewebe möglichst überhaupt nicht gebügelt werden, besonders wenn es sich um plastische Strukturen oder Reliefmuster handelt. Für eine flache gehäkelte Baumwollspitze empfiehlt es sich jedoch geradezu. Sofern Pflegeanleitungen der Hersteller fehlen, gilt folgendes: Baumwolle bügelt man mit einem heißen Eisen, Wolle und Mohair (nur wenn es sein muß) mit einem warmen und Nylon mit einem schwach warmen Eisen. Für Baumwolle, Wolle und Mohair benutzt man ein feuchtes Bügeltuch, für Nylon ein trockenes; Baumwolle verlangt einen festen Druck mit dem Bügeleisen, Wolle einen mittleren, Nylon einen leichten und Mohair nur sehr leichten Druck.

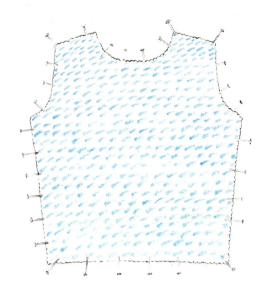

Verbinden von Häkelteilen

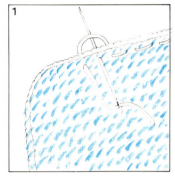
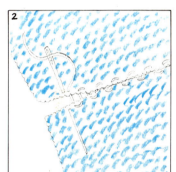
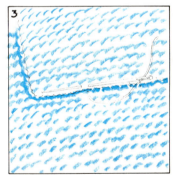
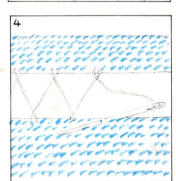

Im allgemeinen wird bei den Arbeitsanleitungen angegeben, in welcher Reihenfolge die einzelnen Teile verbunden werden, selten jedoch die Methode. Häkelteile können entweder zusammengehäkelt oder zusammengenäht werden, wie es die Abbildungen zeigen. Der Rück- oder Steppstich (1) gibt die stärkste Naht, die jedoch etwas aufträgt. Flache Nähte, mit einem dichten Vorstich (2) gearbeitet, sind fast unsichtbar. Mit dem Überwendlichstich (3) werden Teile wie Taschen etc. auf die Oberfläche aufgenäht; mit dem Hexenstich (4) arbeitet man Gummibänder ein. Die Häkelreihe sollte an den Seitennähten übereinstimmen; es ist wichtig darauf zu achten, daß sich das Gewebe durch zu festes Nähen nicht verzieht. Beim Zusammennähen verwendet man das Garn mit dem gehäkelt wurde, es sei denn, dieses ist zum Nähen zu dick oder zu ungleichmäßig.

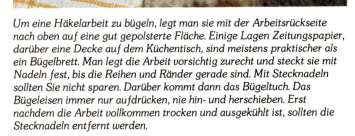

Um eine Häkelarbeit zu bügeln, legt man sie mit der Arbeitsrückseite nach oben auf eine gut gepolsterte Fläche. Einige Lagen Zeitungspapier, darüber eine Decke auf dem Küchentisch, sind meistens praktischer als ein Bügelbrett. Man legt die Arbeit vorsichtig zurecht und steckt sie mit Nadeln fest, bis die Reihen und Ränder gerade sind. Mit Stecknadeln sollten Sie nicht sparen. Darüber kommt dann das Bügeltuch. Das Bügeleisen immer nur aufdrücken, nie hin- und herschieben. Erst nachdem die Arbeit vollkommen trocken und ausgekühlt ist, sollten die Stecknadeln entfernt werden.

Häkeln

Picotumrandung. Picots eignen sich für hübsche, zierliche Ränder. Es gibt dafür verschiedene Möglichkeiten. Hier ist eine einfache: Man häkelt eine Reihe fester Maschen mit ungerader Maschenzahl. Dann 1 fe. M. als erste M. der Picotreihe, wobei man die erste fe. M. überspringt. * 1 fe. M. in die nächste fe. M., 3 Lftm., Kettm. in 1 Lftm. für Picot, 1 fe. M. in die nächste fe. M., wiederh. von * bis zum Ende.

Zusammenhäkeln. Häkelteile werden durch Kettmaschen oder feste Maschen verbunden. Diese Methode entspricht der Naht mit dem Rück- oder Steppstich. Eine Verbindung durch feste Maschen, die eine ausgeprägte Kante ergibt, kann sogar als sichtbarer Teil des Musters eingeplant sein. In diesem Fall legt man die beiden Teile links auf links und häkelt sie dann zusammen.

Häkelumrandungen

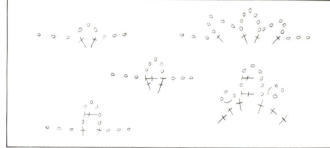

Die meisten Häkelarbeiten erfordern saubere Ränder und eine zusätzliche, festgehäkelte Umrandung. Die einfachste Umrandung besteht aus einer Reihe von festen Maschen auf der rechten Seite. Dabei muß man auf eine gleichmäßige Dichte und Verteilung der Maschen achten, damit sich die Häkelteile nicht verziehen. Es gibt keine festen Regeln für diese Arbeit. Sollte der erste Versuch mißlingen, tut man gut, die Reihe aufzuziehen und sie nochmals zu versuchen.

Krebsmaschen. Erst häkelt man 1 Reihe fe. M., wendet die Arbeit aber nicht, sondern häkelt die nächste Reihe fe. M. von links nach rechts wie folgt: * Man sticht in die rechte fe. M. der Vorreihe ein, holt den Arbeitsfaden durch diese Masche und mascht dann, genauso als ob in die andere Richtung gearbeitet würde, die beiden Schlingen ab; den Vorgang wiederh. von * bis Ende.

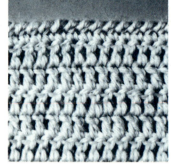

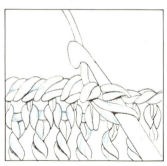
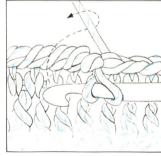

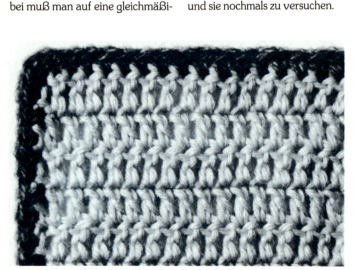

Wenn Sie eine Umrandung aus mehreren Reihen arbeiten, ist es wichtig, rund um Ecken und Kurven zu- oder abzunehmen, damit die Arbeit flach und die Form korrekt bleibt. Wenn Sie z. B. eine Ecke oder Kurve von 90° mit festen Maschen einfassen, werden in jeder Reihe 2 Maschen zu- oder abgenommen. Bei scharfen Ecken und Kanten häkelt man diese Maschen in dieselbe Einstichstelle und verteilt sie dabei zu einer gleichmäßigen Rundung.

Knöpfe

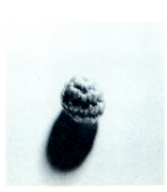

Einfache Knöpfe lassen sich auch häkeln, indem man 2 oder 3 Runden fe. M., wie für einen flachen Kreis häkelt, dann in der nächsten Rd. nicht zunimmt und danach in den nächsten 2 oder 3 Rd. abnimmt. Ehe der Hohlraum des Knopfes zu klein wird, stopft man ihn mit Garnenden aus. Mit dem Fadenende wird das Loch geschlossen und der Knopf angenäht.

Fertigstellung

Knopflöcher

 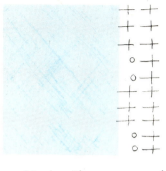

Einfache Knopflöcher lassen sich wie folgt beim Häkeln des Randes einarbeiten: Je nach Knopfgröße werden 2 oder 3 Lftm. gehäkelt, dann die entsprechende Anzahl von Maschen übersprungen und die Arbeit fortgeführt. Sofern eine weitere Reihe folgt, häkelt man die gleiche Anzahl fe. M. in die Knopflochöse, wie Lftm. vorhanden sind.

Fransen

Um Fäden für Fransen zu schneiden, wird das Garn um ein Buch oder festes Pappstück gewickelt,

das ca. 20 % breiter als die Fransenlänge sein soll. Nun das Garn an einer Seite durchschneiden und die entsprechende Menge zur Hälfte falten und durch das Gewebe knoten. Für geknüpfte Fransen benötigen Sie natürlich längere Fäden. Nachdem die Fransen, wie bereits beschrieben, angeknotet sind, teilt man die Fadenbündel und knotet jeweils die Hälfte eines Bündels mit der Hälfte des nächsten zusammen. Damit die Knoten gleichmäßig werden, empfiehlt es sich, ein Lineal dazwischen zu schieben. Auf diese Weise kann man auch mehrere Reihen verknoten.

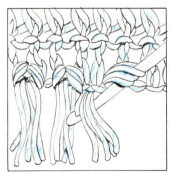 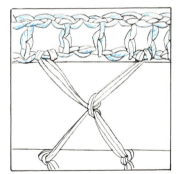

Korkenzieher

Häkeln Sie eine Luftmaschenkette, die der Länge der fertigen Korkenzieher entspricht. Dann, beginnend bei der 3. Lftm. auf der Nadel, häkeln Sie 5 Stb. in jede Lftm. Beim Abketten genügend Garn zum Annähen übriglassen. Der Spiraleffekt entsteht durch die extreme Zunahme. Abgeschwächt wirkt er, wenn Lftm. übersprungen werden.

Gedrehte Kordel

Erst werden Fäden von der dreifachen Länge der fertigen Kordel (die Anzahl der Fäden wird je nach Garn variieren) geschnitten. An jedem Ende knotet man die Fäden zusammen und steckt einen Bleistift durch den Knoten. Zum Drehen der Kordel sollten Sie sich eine Hilfe suchen. Jeder hält je ein Ende fest und dreht im Uhrzeigersinn oder in die Richtung, in der das Garn gedreht ist. Nun dreht man so lange, bis sich kleine Schleifen zu bilden beginnen. Unter Spannung faltet man die Fäden zur Hälfte, so daß sie mit den bereits geknoteten Enden an einer Seite sind. Jetzt können Sie das gefaltete Ende mit

einem starken Ruck loslassen und der Länge nach glätten. Jedes Ende wird wieder verknotet und gestutzt, so daß am Kordelende Quasten entstehen.

Quasten

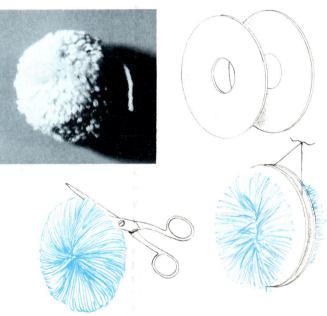

Schneiden Sie zwei gleichgroße Papierkreise, die in der Mitte ein Loch haben. Nun wird das Garn um beide Kreise gewickelt, bis das mittlere Loch geschlossen ist. Mit einer Schere sticht man dann zwischen die beiden Pappkreise und schneidet die Fäden rundherum auf. Zwischen den Pappkreisen müssen die Fäden fest zusammengebunden werden, ehe Sie diese entfernen können. Die Quaste schütteln und zum Schluß in Form schneiden.

Waschen von Häkelsachen

Lesen Sie aufmerksam die Pflegeanleitungen auf der Garnbanderole. Sie gibt Auskunft, ob das Garn gewaschen werden darf oder nur eine Trockenreinigung verträgt. Wenn Sie Zweifel haben, sollten Sie lieber ein Wollwaschmittel verwenden und Ihr Häkelstück von Hand in lauwarmem Wasser waschen. Dabei das Gewebe nur vorsichtig drücken, niemals aber rubbeln oder wringen. Das Spülwasser muß häufig gewechselt werden. Ein paar Umdrehungen in der Schleuder verringern die Trockenzeit. Dann das Stück auf ein flach ausgebreitetes Handtuch legen, in Form ziehen und so trocknen lassen (nicht direkt in der Sonne oder nahe an der Heizung).

Modelle

Amandas Pilze
Strandbolero
Knotengardine

Drei hübsche Häkelarbeiten, die jeder Anfänger schaffen kann. Sie bieten auch genügend Spielraum für kreatives Experimentieren.

Amandas Pilze

Die 12jährige Amanda hat eine ganze Sammlung phantastischer Häkelpilze entworfen, die nette Geschenke für Freunde und Verwandte sind. Sie hat sich von bunten Illustrationen in Büchern inspirieren lassen und hält auf Spaziergängen Ausschau nach interessanten Pilzarten. Da die Pilze nur kleine Garnmengen verlangen, verarbeitet Amanda die Garnreste ihrer Mutter. Auf eine Frage, wie sie die Pilze häkelt, antwortete sie: »Das ist ganz leicht – man braucht nur einen abgerundeten Hut, ein bißchen Stiel und eine Art ovalen Grund, wie eine umgekehrte Untertasse, und das ist schon alles.«

Arbeitsanleitung

Hut
3 Luftm. häkeln; mit 1 Kettm. zu einem Ring schließen.

1. Runde. 3 Lftm.; 10 Stb. 1 Kettm. in obere Lftm.

2. Runde. 3 Lftm.; 1 Stb. in jedes Stb. der vorhergehenden Reihe; Kettm. in die obere Lftm.

3. Runde. 2 Lftm.; 2 zusammengezogene Stb. in jedes Stb. der Vorrunde; Kettm. in obere Lftm.
Möchten Sie den Hut größer haben, müssen Sie 2 Stb. in jedes Stb. der Vorrunde häkeln. Die Farbe wechseln und dann 2 weitere Rd. wie 3. Rd. häkeln.

Stiel
Den Faden nicht abreißen, sondern an der Unterseite des Pilzhutes durch den Anfangsring holen und mit einer Kettm. schließen, so daß der Beginn zusammengezogen wird. Lftm. von der Länge des Stiels häkeln, wenden und fe. M. in die Lfm. häkeln (bei größeren Pilzen häkelt man statt fe. M. halbe Stb.); Kettm. durch Hutunterseite; dann Kettm. zurück durch die fe. M. und Lftm., die den Hut und Stiel gut zusammenhält. Abschließen und ein Fadenende für das Annähen des Pilzes an den Untergrund übriglassen.

Untergrund
Möglichst mit grünem Garn, das Gras ähnelt, 2 Rd. wie beim Hut häkeln.

3. Runde. Je eine fe. M. in die nächsten 5 M.; je 1 Stb. in die nächsten 5 M.; je 1 fe. M. in die nächsten 5 M.; je 1 Stb. in die nächsten 5 M.; abschließen.
Sie können auf diese Weise verschiedene Pilze häkeln und auf einen Grund nähen. Den Stiel verstärkt man durch einen mit Plastik bezogenen Draht. Wenn Sie verschiedene Garnstärken verwenden, bekommen die Pilze unterschiedliche Größen. Aus dickeren Garnen erhalten Sie kräftige Pilze, aus dünneren Baumwollgarnen sehr feine. Der Reiz dieser Arbeit liegt darin, daß möglichst kein Pilz dem anderen gleicht.

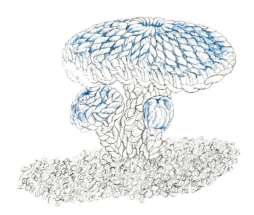

Strandbolero

Dieses ärmellose Oberteil ist genau das Richtige für Anfänger. Für die Arbeit werden vier Grundmaschen verlangt: Luftmaschen, Kettmaschen, feste Maschen und halbe Stäbchen. So können Sie die Maschen üben und gleichzeitig ein hübsches Kleidungsstück fertigen. Eine Maschenprobe ist hier noch nicht notwendig. Da das Bolero aus zwei einfachen, geraden Streifen besteht, die im Rücken und an den Seiten zusammengenäht werden, ist auch keine Schnittvorlage nötig. Der Luftmaschenanschlag für beide Streifen wird in der Länge gehäkelt, die der Streifenbreite für die jeweilige Größe entspricht. Die Umrandung wird zum Schluß gehäkelt. Welches Garn Sie für das Strandhemdchen verwenden, bleibt ganz Ihnen überlassen. Das abgebildete Beispiel wurde mit starkem Baumwollhäkelgarn und Nadel Nr. 4 gearbeitet.

Arbeitsanleitung

Den Lftm.-Anschlag ca. 26 cm lang häkeln. Dabei können Sie eine größere Häkelnadel verwenden, damit der Anschlag locker ist, was das Weiterhäkeln erleichtert.

1. Reihe. 1 fe M. in die 8. Lftm. von der Nadel häkeln. ✻ 5 Lftm.; 3 Lftm. des Anschlags überspringen; 1 fe. M. in 4. Lftm.; wiederh. von ✻ bis der Streifen ca. 18 cm breit ist. Sollten vom Anschlag Lftm. übrigbleiben, einfach hängen lassen; die Arbeit wenden.

Musterreihen. 7 Lftm.; 1 fe. M. durch den Lftm.-Bogen der Vorreihe; ✻ 5 Lftm.; 1 fe. M. in nächsten Lftm.-Bogen; wiederh. von ✻ bis zum Reihenende.

Wenden. Die Musterreihen wiederholen, bis die Streifen die erforderliche Länge haben (für eine Durchschnittsgröße ca. 115 cm lang). Falls Sie zusätzlich einfache Taschen einarbeiten möchten, die Streifen 10–12 cm länger häkeln und die letzte Reihe wie folgt arbeiten: 4 Lftm.; 1 fe. M. in den 1. Bogen; ✻ 3 Lftm.; 1 Lftm. in den nächsten Bogen; ✻ bis zum Reihenende; abschließen.

Ränder. Um die richtige Größe zu bekommen, addiert man 5 cm zu seiner Oberweite und dividiert durch 4. Das ergibt die fertige Streifenbreite; z.B. soll ein Streifen für Oberweite 87 cm ca. 23 cm breit sein. Die Streifen sind nun bereits 15–20 cm breit. Die Differenz wird durch die jetzt zu häkelnden Ränder hinzugefügt. Diese bestehen aus gleich vielen gehäkelten Reihen an jeder Seite des Streifens. Haben Sie einen extra Teil für Taschen gehäkelt, klappt man diesen um und steckt ihn fest.

1. Reihe (rechte Seite nach vorn). Man beginnt an einer Ecke mit 2 Lftm. und häkelt gleichmäßig um den Rand halbe Stb., wobei bei der Tasche durch beide Lagen gearbeitet wird. Die Maschenzahl richtet sich nach Dichte der Maschen und dem verwendetem Garn. Es ist gut, die Arbeit immer wieder vor sich auszubreiten und die Ränder zu kontrollieren, damit sie flach bleiben. Wenden.

2. Reihe. 2 Lftm.; 1 halbes Stb. in jede M. der Vorreihe; wenden. Die 2. Reihe wiederholen, bis die notwendige Breite erreicht ist. An der anderen Längsseite sowie an beiden Seiten des 2. Streifens den Rand ebenso häkeln.

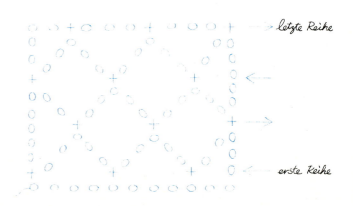

Modelle

Fertigstellung
Die Streifen zur Hälfte falten und entweder durch Nähen oder durch Kettmaschen verbinden. Bis auf 23 cm für das Armloch die Teile zusammenhäkeln, wobei man durch beide Lagen mit losen Maschen arbeitet. Ebenfalls beide Streifen in der Rückenmitte bis 10 cm vor der Schulterlinie schließen. Mit der rechten Seite nach außen am linken Vorderteil beginnen und um den unteren Rand 1 Reihe halbe Stb. häkeln.

Anmerkung. Wenn beim Lftm.-Anschlag zu Beginn Maschen übrigbleiben, diese jetzt aufziehen und den Faden in der Reihe vernähen.
Zusätzlich gearbeitete Taschen, Gürtel oder Verschlüsse können je nach Wunsch nun hinzugefügt werden.

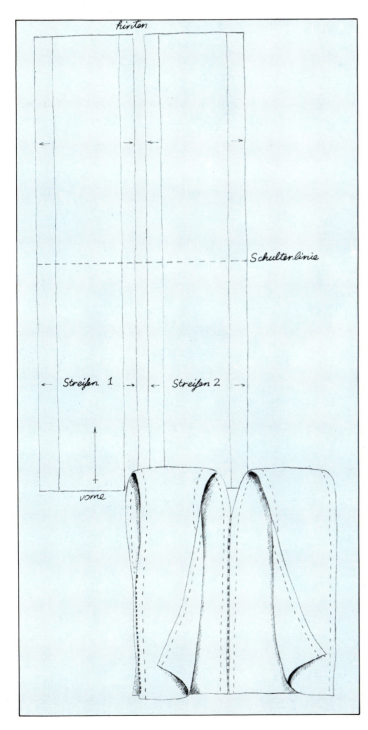

Knotengardine

Das Aussehen der fertigen Gardine hängt ganz davon ab, wieviel verschiedene Garnen Sie verwenden. Wählen Sie beides: dicke und dünne, glatte und rauhe, matte und glänzende. Bei der abgebildeten Gardine auf Seite 35 wurden 15 Garnarten verhäkelt.
Das Netzmuster der Gardine, auch »Salomonische Knoten« genannt, wird auf Seite 25 ausführlich behandelt.

Material

Garn
Pro Quadratmeter Gardine benötigen Sie ca. 230 g Garn.
Am besten beginnen Sie mit je einem Strang von ca. 10 verschiedenen Garnen. Falls Sie mehr brauchen, können Sie später nachkaufen (leichte Farbunterschiede sind hier ohne Bedeutung).

Gardinenringe. In Abständen von 7,5 cm Gardinenbreite ist ein Gardinenring nötig; wenn Sie eine größere Dichte wünschen, entsprechend mehr kaufen.

Gardinenstange. Sie sollte in der Stärke auf die Ringe abgestimmt sein. Außerdem wird sie während des Häkelns der Gardine gebraucht.

Häkelnadeln. In verschiedenen Größen je nach Garn.

Anmerkung. Die Gardine wird von oben nach unten gearbeitet. Je nach Belieben wählt man eine oder mehrere Garnarten für eine Reihe aus. Für jede Garnstärke ist eine entsprechende Häkelnadel nötig. Bei ungleichmäßigen Garnen wählt man die Häkelnadel nach dem dicksten Teil des Garns aus.

Arbeitsanleitung

Anfangsreihe. Mit einem Garn mittlerer Stärke beginnen und eine Anfangsschlinge häkeln. ✶ (1 Stb.; 1 Lftm.; 1 Stb. – genannt V-Masche) und um den Gardinenring häkeln; 1 Lftm. – wobei man die Schlinge auf der Nadel auf 18 cm Länge zieht; 1 Lftm. – damit ist eine sehr lose Lftm. gehäkelt; die Nadel durch den hinteren Faden der Lftm. führen und 1 fe. M. häkeln – der Knoten ist beendet. Wiederholen von ✶; die Reihe mit einer V-Masche beenden und abschließen. Die fertigen Gardinenringe auf die Stange stecken und diese so plazieren, bzw. aufhängen, daß man bequem weiterarbeiten kann.

Musterreihen. Mit verschiedenen Garnen häkelt man nun V-Maschen wie in der Anfangsreihe, sticht jedoch jetzt stets in die Mitte der vorhergehenden V-Masche ein, die je nach verwendetem Garn auch in der Höhe verändert werden: z. B. mittleres bis dünnes Garn (1 Doppelstb., 1 Lftm., 1 Doppelstb.); dickes Garn (1 Stb., 1 Lftm., 1 Stb.). Da die Arbeit im Vergleich zu normalen Häkelarbeiten umgekehrt hängt, faßt man eine V-Masche der Vorreihe mit der linken Hand, dreht sie nach rechts und führt die Nadel unter die Lftm. zwischen die beiden senkrechten Maschen. Möchten Sie geschwungene oder Zick-Zack-Reihen häkeln, so ist ebenfalls die entsprechende Höhe der V-Maschen zu verändern.

Umrandung. Häkeln Sie an beiden Außenlängen eine oder mehrere Reihen fe. M., ebenfalls an der losehängenden Unterkante.

Anmerkung. Sofern die Gardine auf- und zugezogen werden soll, müssen Sie eine entsprechende Kordel an einem Ende anbringen. Auch als Raffgardine ist sie geeignet. Dann müssen allerdings elastische Längsfäden eingezogen werden. Ganz gleich jedoch, wie Sie die Gardine verwenden, sie wird einen besonders hübschen Blickfang bilden und Bewunderung hervorrufen.

Häkelborten
Spitzenkragen
Strandtasche

Breite Häkelborten verschönern einfache, weiße Handtücher und geben ihnen ein luxuriöses Aussehen. Sie können selbst wählen, welches der drei Muster Ihnen am besten gefällt, die in jeweils zwei Versionen angegeben sind: eine breite Borte für die Handtücher und eine schmale für die Gästetücher. Die Arbeit ist anhand der Häkelschriften schnell zu machen, besonders, wenn Sie dicke Baumwolle wählen.
Eine ebenso reizvolle Arbeit ist der Spitzenkragen. Er wird einfach um den Halsausschnitt eines Kleides gebunden und sieht auf einem kleinbedruckten Stoff ebenso hübsch aus, wie auf dunkelblauem Samt. Die Blumen und Kreise sind einzeln gehäkelt und werden dann zusammengenäht.
Eine aparte Häkelarbeit ist die abgebildete Strandtasche aus Baumwollstreifen oder übriggebliebenen Stoffresten.

Häkelborten

Breite Borte: Länge 50 cm,
Breite 9–10 cm

Schmale Borte: Länge 30 cm,
Breite 5 cm

Material

100 g mittleres kochechtes Baumwollhäkelgarn für die breiten Borten (z. B. Spezialhäkelgarn von Ackermann)

50 g für die schmalen Borten

Häkelnadel Nr. 2,5

Häkelschrift

- ◯ = 1 Lftm.
- + = 1 fe. M.
- ✝ = 1 Stb.
- ✝ = 1 Doppelstb.
- ✕ = 1 Kreuzstb.
- ⌒ = 1 Kettm.
- ⚘ = 1 Picot

Breite und schmale Wellenborte

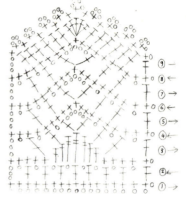

Breite und schmale Muschelborte

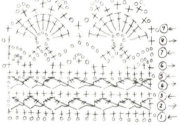

Breite und schmale Bogenborte

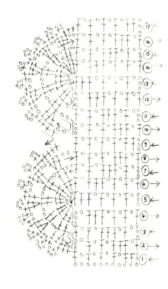

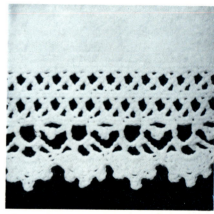
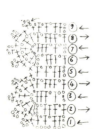

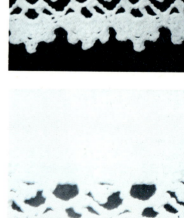

40

Modelle

Arbeitsanleitungen

Breite Bogenborte
(quer arbeiten)
10 Lftm. häkeln plus 3 Lftm. als Wendemasche. Nach der Häkelschrift bis zum Ende der 5. Reihe arbeiten.

Häkeln der Bogen. 5 Lftm.; Kettm. in obere Lftm. der Wendem. in der 4. Rh.; 1 Lftm.; Kettm. in Stb. der 3. Rh.; wenden; 10 Lftm. in Lftm.-Bogen; man beendet die 6. Reihe und häkelt die 7. und 8. Reihe nach der Häkelschrift. 2. bis 9. Reihe 6 × wiederh., und mit 10. bis 17. Reihe abschließen. Um die Bogen Picots häkeln, an die Schmalseiten fe. M.

Schmale Bogenborte
(quer arbeiten)
6 Lftm. häkeln plus 3 Lftm. zum Wenden. Nach der Häkelschrift arbeitet man bis zum Ende der 3. Reihe.

Häkeln der Bogen. 5 Lftm.; Kettm. in obere Lftm. der Wendemasche der 2. Reihe; 1 Lftm.; Kettm. in Stb. der 1. Reihe; wenden; * 1 Lftm.; 1 Stb. insgesamt 5 × in den Bogen; Fortsetzen mit der 4. Reihe. 2. bis 5. Reihe 7 × wiederh. und mit 6. bis 9. Reihe abschließen. Die gebogenen Kanten umhäkelt man mit 1 Reihe Picots, die geraden Seite mit fe. M.

Breite Wellenborte
129 Lftm. häkeln plus 1 Lftm. als Wendem., dann nach der Häkelschrift arbeiten und mit fe. M. an den Schmalseiten abschließen.

Schmale Wellenborte
69 Lftm. häkeln plus 1 Lftm. als Wendem., dann nach der Häkelschrift die 3. und die 8. bis 9. Rh. arbeiten. An beiden Schmalseiten häkelt man fe. M.

Breite Muschelborte
118 Lftm. häkeln plus 1 Lftm. zum Wenden, dann nach der Häkelschrift weiterarbeiten. Man endet mit fe. M. an den Schmalseiten.

Schmale Muschelborte
73 Lftm. häkeln plus 1 Lftm. zum Wenden, dann nach der Häkelschrift die 5. bis 9. Rh. arbeiten und mit fe. M. an den Schmalseiten enden.

Spitzenkragen

Kragenweite: 32 cm

Material

50 g MEZ-Glanzhäkelgarn Nr. 30

Häkelnadel Nr. 1,5

Arbeitsanleitung

Blume
8 Lftm.; mit Kettm. zum Ring schließen.

1. Runde. 3 Lftm. als Anfangsm.; 15 Stb. in den Ring; schließen durch Kettm. in oberste der 3 Lftm.

2. Runde. 1 Lftm. * 1 fe. M. in das nächste Stb.; 5 Lftm.; 1 Stb. überspringen; wiederh. von * 7 ×; Kettm. in 1 fe. M.

3. Runde. 1 Lftm. * 1 fe. M.; 5 Stb.; 1 fe. M. in Lftm.-Bogen; wiederh. von * 7 ×; Kettm. in 1. fe. M.; abschließen.

Kreise
10 Lftm.; mit einer Kettm. zum Ring schließen.

1. Runde. 2 Lftm. als Anfangsm.; 18 halbe Stb. in den Ring, 1 Kettm. oben in Anfangsm.; abschließen.

Anmerkung. 11 Blumen häkeln und dann in einer Reihe zusammennähen.
10 Kreise häkeln und so zwischen die Blumen nähen, daß sie jeweils zwei Blüten berühren.

Oberer Rand

1. Reihe. 6 Lftm.; 1 Stb. oben in das Blütenbl. der 1. Blume; * 11 Lftm.; 1 Stb. in oberes Blütenbl. der nächsten Blume *; 2 × von * bis * wiederholen; 9 Lftm.; 1 Stb. in oberes Blütenbl. der nächsten Blume; 2 × von * bis * wiederh.; 9 Lftm.; 1 Stb. in oberes Blütenbl. der nächsten Blume; 3 × von * bis * wiederh.; 6 Lftm.; wenden.

2. Reihe. 1 Lftm.; 1 fe. M. in jede Lftm. und jedes Stb. bis zum Ende der Reihe; wenden.

3. Reihe. 3 Lftm. als Wendem.; * 1 Lftm.; 1 fe. M. überspringen; 1 Stb. in nächste fe. M.; wiederh. von * bis zum Ende der Reihe; wenden.

4. Reihe. 1 Lftm.; 1 fe. M. in jede Lftm. und Stb. bis zum Ende der Reihe; abschließen.

Unterer Rand

Man setzt das Garn in der Ecke des oberen Randes an.

1. Reihe. 7 Lftm.; 1 Stb. in das nächste freie Blütenbl. der 1. Blume; 11 Lftm.; 1 Stb. in nächstes Blütenbl.; 9 Lftm.; 1 Stb. in 3. Blütenbl.; * 11 Lftm.; 1 fe. M. in Kreis; 11 Lftm.; 1 Stb. in nächstes Blütenbl.; wiederh. von * 2 ×; 11 Lftm., 1 fe. M. in Kreis; * * 9 Lftm.; 1 Stb. in nächstes Blütenbl.; 9 Lftm.; 1 fe. M. in den Kreis; wiederh. von * * 2 ×; 11 Lftm.; 1 Stb. in nächstes Blütenbl.;

wiederh. von * 3 ×; 7 Lftm.; 1 Stb. in nächstes Blütenbl.; 9 Lftm.; 1 Stb. in nächstes Blütenbl.; 11 Lftm.; 1 Stb. in nächstes Blütenbl.; 7 Lftm.; 1 fe. M.; 1 fe. M. in die Seite des oberen Randes.

2. und 3. Reihe. Wie 2. und 3. Reihe beim oberen Rand.

4. Reihe. 1 Lftm.; 1 fe. M. in das Stb.; 1 fe. M. in die Lftm.; * 4 Lftm.; 1 fe. M. in die 1. Lftm. (Picot); 1 Stb. überspringen; 1 fe. M. in jede nächste Lftm., Stb. und Lftm.; wiederh. von * bis zum Ende der Reihe; abschließen.

Bindebänder
Für jedes Band 80 Lftm. anschlagen und 1 Reihe fe. M. häkeln; abketten.

Fertigstellung
Die Bindebänder an den Kragen annähen.

Strandtasche

Material
Reste von dünnen Baumwollstoffen in verschiedenen Mustern und Farben.

Häkelnadel Nr. 9

Maschenprobe

6 M. und 6 Reihen = 10 × 10 cm mit Nadel Nr. 9

Arbeitsanleitung

Die Stoffe in 4 cm breite Streifen schneiden und sie zu einem langen Band zusammennähen, wobei Muster und Farben je nach Geschmack wechseln können.
Dann 3 Lftm. häkeln.

1. Runde. (fe. M. in 1 Lftm.) 2 ×; 2 fe. M. in 3 Lftm.; man häkelt auf der anderen Seite der Anschlagsreihe weiter; (1 fe. M. in 1 Lftm.) 2 ×;

2 fe. M. in letzte Lftm.; Kettm. zur 1. fe. M. (8 Maschen).

2. Runde. * (1 fe. M. in nächste M.) 2 ×; (2 fe. M. in nächste M.) 2 ×; * von * bis * 1 × wiederh; Kettm. in 1 fe. M. (12 Maschen).

3. Runde. * (1 fe. M. in nächste M.) 2 ×; (2 fe. M. in nächste M.) 4 ×; * von * bis * 1 × wiederh; Kettm. in 1 fe. M. (20 Maschen).

4. und 5. Runde. In jeder Rd. 6 M. zunehmen; stets an der Stelle der Vorrd. zunehmen (32 Maschen).

6., 7., 8. und 9. Runde. In jeder Rd. 4 M. zunehmen (48 Maschen).

10., 11. und 12. Runde. In jeder Rd. 2 M. zunehmen (54 Maschen).
Danach häkelt man 10 Rd. gerade, schließt ab und vernäht die Enden sorgfältig.
Aus 40 cm langen Streifen 2 Zöpfe flechten, die als Griffe fest an die Innenseite der Tasche genäht werden.

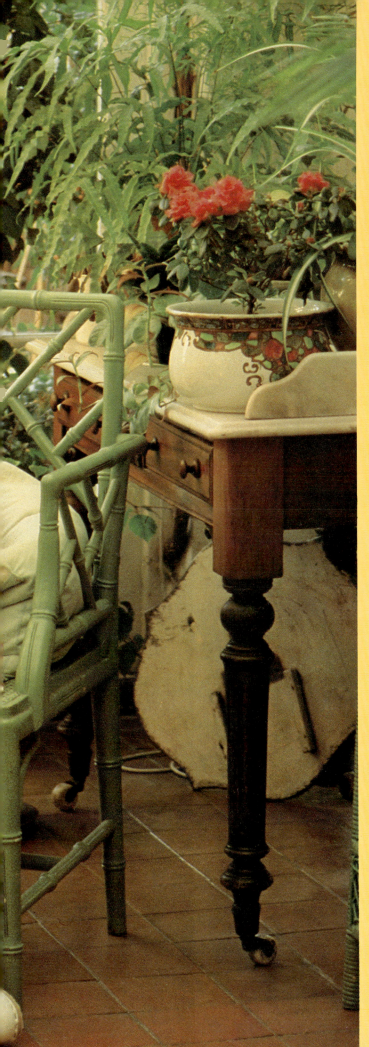

Dekorative Bordüren

Häkelmuster und -motive lassen sich vielseitig verwenden und harmonieren wunderbar mit anderen Stoffen. Die gehäkelten Bordüren an der abgebildeten Schürze und dem Kinderkleid beweisen das. Sie sind Blickfang und sorgen für Bequemlichkeit an heißen Sommertagen. Für beide Modelle wurde luftiger Baumwollstoff verwendet. Die genauen Anleitungen zum Häkeln und Einnähen der Bordüren finden Sie auf den folgenden Seiten.

Häkelsöckchen

Sehen sie nicht lustig aus diese im Filetmuster gehäkelten Söckchen? Sie sind ideal für den Sommer und sollten unbedingt mit Sandalen getragen werden, damit sie ja gut für jedermann zu sehen und zu bewundern sind.

Bordüren für Kinderkleid

Oberweite: 69/71 cm

Material

mittelstarkes Baumwollgarn

Nadel Nr. 1,5

Häkelanleitung

14 Motive nach der Häkelanleitung nächste Seite arbeiten und sie durch Zusammennähen an je zwei Blütenblättern verbinden.

Oberer Rand

1. Reihe. 8 Lftm.; ✳ Kettm. in mittleres Stb. des 1. Blütenbl.; 5 Lftm.; Kettm. in mittleres Stb. des 2. Blütenbl.; 8 Lftm.; wiederh. von ✳ bis zum Ende der Reihe; man endet mit 10 Lftm. und wendet.

2. Reihe. 1 Stb. in 3. Lftm. von der Nadel; 1 Stb. in jede Lftm. bis zum Reihenende; 2 Lftm.; wenden.

3. Reihe. 1 Stb. in jedes Stb.; 5 Lftm.; wenden.

4. Reihe. 3 Stb. überspringen; 1 Stb. in nächstes Stb.; ✳ 3 Lftm.; 1 Stb. in nächstes Stb.; wiederh. von ✳ bis zum Ende; 2 Lftm.; wenden.

5. Reihe. ✳ 1 Stb. in jede der 3 Lftm.; 1 Stb. in Stb.; wiederh. von ✳ bis zum Ende der Reihe, abschließen.

Unterer Rand

Die 1. bis einschließlich 3. Reihe häkelt man wie beim oberen Rand; beenden. Das Garn am unteren Stb. am unteren Ende des Randes wieder ansetzen.

1. Reihe. 8 Lftm.; Kettm. in mittleres Stb. des 1. Blütenbl.; 5 Lftm.; Kettm. in mittleres Stb. des 2. Blütenbl.; 8 Lftm.; 6 Kettm. in die Seite des oberen Randes; wenden.

2. Reihe. Kettm. über 6 M.; 14 Lftm.; 4 Kettm. an Seite des unteren Randes; 2 Lftm.; wenden.

1 Stb. in jede M. häkeln und insgesamt 4 Stb.-Reihen arbeiten; abschließen.
Das andere Ende arbeitet man entsprechend. An einem Ende Lftm.-Bögen für zwei Knopflöcher häkeln, die man durch fe. M. verstärkt.

Tasche

3 Motive häkeln und diese wie zuvor zusammennähen. Auch die Ränder häkelt man entsprechend, wobei mit 5 Lftm. begonnen wird. Zusätzlich 2 Reihen fe. M. am oberen Rand und 1 Reihe fe. M. am unteren Rand arbeiten.

Schulterbänder

Sie werden 4 × gearbeitet; das Garn am oberen Rand ansetzen und Lftm. in der erforderlichen Länge häkeln.

1. Reihe. 1 fe. M. in jede Lftm.

2. Reihe. 1 fe. M. in jede M. an beiden Längsseiten; abschließen.

Bordüren für Damenschürze

Häkelanleitung

Taillenband (2 ×)

8 Motive (siehe nächste Seite) häkeln und sie jeweils an zwei Blütenblättern zusammennähen.

Rand

1. Reihe. 5 Lftm.; ✳ Kettm. in mittleres Stb. des 1. Blütenbl.; 5 Lftm.; Kettm. in mittleres Stb. des 2. Blütenbl.; 8 Lftm.; wiederh. von ✳ bis zum Ende; wenden.

2. Reihe. 1 Stb. in 3. M. von der Nadel; 1 Stb. in jede Masche bis zum Reihenende; 2 Lftm.; wenden.

3. Reihe. 1 Stb. in jedes Stb. bis zum Ende; abschließen.
Diesen Rand für die andere Längsseite identisch arbeiten. Dann das Garn unten am Stb. an einem Ende ansetzen und 5 Lftm.; Kettm. zum mittl. Stb. des 1. Blütenbl.; 5 Lftm.; Kettm. zum mittleren Stb. des 2. Blütenbl.; 5 Lftm.; 4 Kettm. an einer Seite des Stb.; 2 Lftm. häkeln; wenden.
4 Stb. in Seite des Stb. häkeln und 1 Stb. in jede Lftm.; insgesamt häkelt man 2 Stb.-Reihen und schließt ab. Entsprechend an der anderen Schmalseite häkeln.

Träger (2 ×)

5 Motive häkeln und wie zuvor zusammenfügen. Den Rand arbeitet man wie beim Taillenband, jedoch nur 1 Reihe Stb. an den Längsseiten und 3 Reihen Stb. an den Schmalseiten.

Nähanleitung Damenschürze

1. Die Seiten und den oberen Rand des Latzes, die Seiten des Rockteils und die obere Seite der Tasche zunächst 6 mm einschlagen, dann 1 cm umschlagen und mit der Maschine schmalkantig steppen (Schnittvorlage unten).

2. Die Ränder an der Taille von Latz und Rock versäubern (6 mm einschlagen und so nahe wie möglich zum Rand mit der Maschine nähen). Dann schlägt man 1 cm ein und heftet.

3. Die Seiten und den unteren Rand der Tasche 1 cm einschlagen, die Tasche auf den Rockteil heften und nachher mit der Maschine annähen.

4. Den Rocksaum zunächst 1 cm, dann 4 cm einschlagen und fein säumen.

5. An den oberen Latzrand legt man 1 cm tiefe Falten – ca. 2 cm von der Seitenkante entfernt –, dann 2 Falten mit 1,3 cm Abstand. Ebenfalls werden 1 cm tiefe Falten in den Rockteil gelegt, und zwar 5 cm vom Rand und dann 2 × in 4 cm Abstand. Auf der linken Seite werden die Falten von Hand festgenäht.

6. Je 2 Seitenteile zusammennähen, wobei man eine Öffnung zum Wenden läßt. Nach dem Wenden die Öffnung schließen.

7. Den Häkeleinsatz auf die rechte Seite des oberen Rockteils und des unteren Latzteils mit 1 cm Überlappung heften. Die Seitenteile werden ebenfalls angeheftet und der Häkeleinsatz angenäht.

8. Mit den Trägern die gewünschte Länge regulieren, dann anheften und nähen.

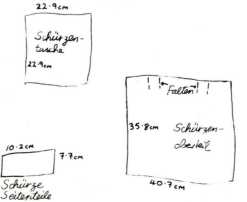

Nähanleitung Kinderkleid

1. Am oberen Taschenrand erst 1 cm, dann 2 cm einschlagen und mit der Maschine säumen. An den anderen Seiten die Nahtzugabe einschlagen und die Tasche bügeln.
2. Die Häkelborte wird von Hand auf die Tasche genäht, dann die Tasche auf das Kleid.
3. Die Kleiderteile an den Seiten zusammennähen. In der Mitte des Rückenteils macht man einen 10 cm langen Einschnitt, der durch eine Maschinennaht rundherum befestigt wird. Nun einen 4 × 10 cm langen Streifen schneiden und ihn rechts auf rechts an die Öffnung nähen, ihn nach links wenden, 1 cm einschlagen und säumen.
4. Zwei Reihen Kräuselstiche am oberen Kleiderrand anbringen und ihn auf die Länge der Passe ankrausen. Den Rand versäubert man entweder von Hand oder mit der Maschine.
5. Die Häkelpasse legt man nun mit 1 cm Überlappung auf die rechte Seite an den oberen Rand und näht sie an.
6. Einen Druckknopf am oberen Kleiderrand anbringen, außerdem 2 Knöpfe an die Passe.

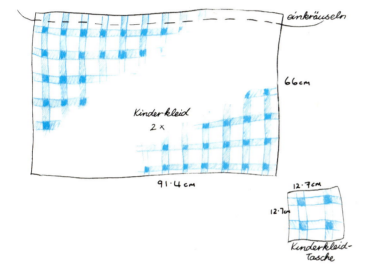

Blumenmotiv für Schürze und Kinderkleid

Material

Baumwollhäkelgarn

Nadel Nr. 1,5

Arbeitsanleitung für ein Motiv

5 Lftm. häkeln und sie mit 1 Kettm. zu einem Ring schließen.

1. Runde. 4 Lftm. für 1. Doppelstb.; 2 Doppelstb.-Büschel (die letzte Schlinge jeder Masche auf der Nadel lassen und zum Schluß zusammen abmaschen). * 5 Lftm.; 1 Doppelstb.; 2 Doppelstb.-Büschel; wiederholen von * 6 ×; 5 Lftm.; Kettm. oben in die Anfangsmasche (8 Büschel).

2. Runde. * 1 fe. M.; 6 Stb.; 1 fe. M. in den Lftm.-Bogen; wiederh. von * 7 ×; Kettm. an 1. fe. M.; abketten.

Häkelsöckchen

Größe: Für eine durchschnittliche Damenschuhgröße

Material

30 g MEZ-Baumwollhäkelgarn Nr. 30

Häkelnadel Nr. 1,25

Arbeitsanleitung

Für den oberen Sockenrand 108 Lftm. anschlagen, die man durch 1 Kettm. zum Ring schließt.
Nach der Häkelschrift (unten) 25 Rd. in Filethäkelei arbeiten, wobei jede Rd. mit 2 Lftm. für das 1. Stb. beginnt und mit einer Kettm. in die obere Lftm. endet.

Ferse

Über die letzten 54 M. häkelt man 7 Stb.-Reihen hin und zurück und schließt ab. Dann 18 M. überspringen und 7 Stb.-Reihen über die mittleren 18 M. häkeln; abschließen.
Das Garn oben an der 7. Stb.-Reihe der Ferse ansetzen und 1 Stb. häkeln; 2 Lftm. an jedes Reihenende (21 M.), 54 M. über das Bein; 1 Stb.; 2 Lftm. in jedes Stb.-Reihenende (21 M.); 1 Stb.; 2 Lftm. über dem Fersenteil (18 M.). Das sind insgesamt 104 M. Noch 1 Rd. häkeln.

3. Runde. 2 Kästchen an der Sohle abnehmen: * dazu überspringt man 1 Stb.; häkelt das nächste Stb. in den Lftm.-Zwischenraum; überspringt 1 Stb.; häkelt nächstes Stb. in Stb.; wiederh. von * 1 × (108 M.). Jetzt den Fuß bis zur gewünschten Länge in Filet häkeln.

Spitze

5 Rd. Stb. häkeln, dabei auf jeder Seite der Sohle 2 Stb. zusammenhäkeln; abschließen. Um den oberen Rand häkelt man 1 Reihe Picots. Nähte an Ferse und Spitze werden geschlossen.

Häkelschrift

☐ 1 Kästchen (2 Lftm.; 2 M. überspringen; 1 Stb. in nächste M.)
☒ 1 Stb.-Block

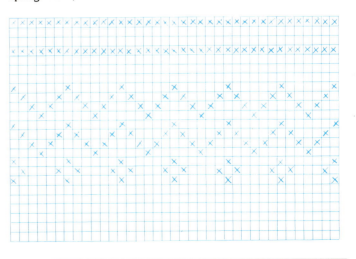

Puppe und Mützen Filetvorhang

Schnell und leicht zu häkeln sind die Kuschelpuppe »Gretchen« und die Häkelmützen. Dabei kann jeder Häkeleleve seine Kenntnisse in die Tat umsetzen. Die Kleinen werden sich freuen. Häkelkünstler dagegen werden ihre helle Freude an dem Spitzenvorhang im Filetmuster haben. Die zarten Rosen- und Vogelmotive wirken unendlich edel und nostalgisch.

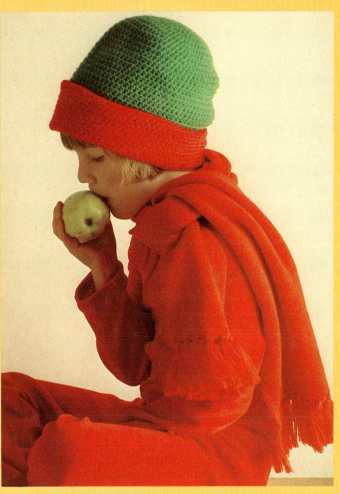

Häkeln

Puppe »Gretchen«

Größe: ca. 28 cm

Material

Wollreste (verschiedenfarbig)

Füllung

Häkelnadeln Nr. 3,5 und 3.

Arbeitsanleitung

Körper (2 ×)

Mit Nadel Nr. 3 und entsprechendem Garn in der Kleiderfarbe 13 Lftm. und 23 Reihen fe. M. häkeln; abschließen. Garn für die Hautfarbe an der 5. fe. M. ansetzen.

1. Reihe. 5 fe. M.; wenden.

2. Reihe. 5 fe. M.; 5 Lftm.; wenden.

3. Reihe. 1 fe. M. in jede Lftm.; 5 fe. M.; 5 Lftm.; wenden.

4. Reihe. 1 fe. M. in jede Lftm.; fe. M. bis zum Ende (15 M). 7 Reihen fe. M. häkeln, dann in fe. M. weiter, wobei man am Anfang und Ende der Reihe je eine fe. M. abnimmt, bis noch 4 M. bleiben; 1 Reihe fe. M.; abschließen.

Beine (2 ×)

Mit Nadel Nr. 3 und der Farbe für das Kleid 15 Lftm. häkeln; 6 Reihen fe. M.; auf Hautfarbe wechseln; 15 Reihen fe. M.; abschließen.

Kragen

Mit Nadel Nr. 3,5 und Kleiderfarbe 15 Lftm. häkeln, dann 1 Reihe Stb. arbeiten; abschließen.

Rock

Mit Nadel Nr. 3,5 und Kleiderfarbe 40 Lftm. häkeln, dann 12 Reihen in Stb. und abschließen.

Hut

Mit Nadel Nr. 3,5 und weißem Garn 4 Lftm. häkeln; durch Kettm. zum Ring schließen. 10 fe. M. in den Ring häkeln; Kettm. zur 1. fe. M.; 7 Rd. in fe. M. häkeln, wobei man in jede 2. Masche 2 × einsticht; 2 Rd. in Stb.; abschließen.

Arme (2 ×)

Mit Häkelnadel Nr. 3 und hautfarbenem Garn 11 Lftm. häkeln. Dann arbeitet man 6 Reihen fe. M. Auf das Garn des Kleides wechseln und 15 Reihen fe. M. arbeiten; abschließen.

Fertigstellung

Die einzelnen Puppenkörperteile zusammennähen, mit Ausnahme der Arme. Durch diese Armöffnungen stopft man den Körper mit Füllmaterial aus. Nun werden die Arme zusammengenäht, ausgestopft und am Körper befestigt. Am Handgelenk zieht man sie etwas zusammen. Dann die Beine zusammennähen, ebenfalls ausstopfen und an den Körper nähen, so daß die Nähte hinten verlaufen. Der Rock wird am oberen Rand gekräuselt und an der Taille angenäht. Dann den Kragen annähen und das Gesicht der Puppe sticken. Als Haare werden Fäden an den Kopf geknotet. Den Hut zieht man zwischen den Stb.-Reihen leicht zusammen und näht ihn an den Kopf.

Kindermützen

Größe: 46 cm Kopfumfang

Material

50 g Esslinger Trockenwolle in gelb oder grün

50 g Esslinger Trockenwolle in dunkelblau oder rot

Häkelnadel Nr. 4

Arbeitsanleitung

Aus gelbem oder grünem Garn 3 Lftm. häkeln und durch Kettm. zum Ring schließen.

1. Runde. 1 Lftm.; 11 halbe Stb. in den Ring; Kettm. an 1. Lftm.

2. und 3. Runde. 1 Lftm.; ✳ 1 halbes Stb. in nächste M.; 2 halbe Stb. in nächste M.; wiederh. von ✳ bis zum Ende; 1 Kettm. an 1. Lftm.

4. und 5. Runde. 1 Lftm.; ✳ (1 halbes Stb. in nächste M.) 2 ×; 2 halbe Stb. in nächste M.; wiederh. von ✳ bis Ende; 1 Kettm. an 1. Lftm.

6. Runde. 1 Lftm.; ✳ (1 halbes Stb. in nächste M.) 3 ×; 2 halbe Stb. in nächste M.; wiederh. von ✳ bis zum Ende; Kettm. an 1. Lftm.

7. Runde. 1 Lftm.; ✳ (1 halbes Stb. in nächste M.) 4 ×; 2 halbe Stb. in nächste M.; wiederh. von ✳ bis zum Ende; 1 Kettm. an 1. Lftm.

8. und 9. Runde. In halben Stb. häkeln, wobei man gleichmäßig verteilt 2 halbe Stb. pro Rd. zunimmt.
8 weitere Rd. in halben Stb.; dann in blau oder rot 16 Rd. in halben Stb.; abschließen; Rand der Mütze umschlagen.

Filet-vorhang

Länge: 187 cm; Breite 97 cm

Material

MEZ-Baumwollhäkelgarn Nr. 30, 480 g

10 Gardinenringe

Häkelnadel Nr. 1,25

Maschenprobe

51 M. und 19 Reihen = 10 × 10 cm (mit Häkelnadel Nr. 1,25); ein Motiv mißt 22 × 28 cm

Arbeitsanleitung

Motiv
115 Lftm. für Anschlag

1. Reihe. 1 Stb. in 7. Lftm. von der Nadel; ✳ 2 Lftm.; 2 Lftm. überspringen; 1 Stb. in nächste Lftm.; wiederh. von ✳ bis zum Ende; 2 Lftm.; wenden (37 Kästchen). Nach der Häkelschrift in Filethäkelei weiterarbeiten, wobei man stets mit 2 Lftm. für das 1. Stb. wendet.

Anmerkung. 9 Rosen- und 9 Vogelmotive häkeln.

Umrandung
50 Lftm. für Anschlag

1. Reihe. 1 Stb. in 3. Lftm. von der Nadel; 1 Stb. in nächste 2 Lftm.; ✳ 2 Lftm.; 2 Lftm. überspringen; 1 Stb. in nächste Lftm.; wiederh. von ✳ bis zum Ende; 2 Lftm.; wenden (1 Musterblock, 15 Kästchen).
Nach der Häkelschrift die 1. Reihe häkeln. Danach nimmt man 1 Kästchen wie folgt zu: 7 Lftm.; Kettm. über 3 Lftm.; 2 Lftm. überspringen; 1 Stb. in jede der nächsten beiden Lftm.; 1 Stb. in Stb.; bis Ende der Reihe häkeln; 8 Lftm.; wenden; bei der Rückreihe am Ende je 1 Stb. in die 3 Kettm. häkeln. Entsprechend zu- und abnehmen, indem man Kettm. über 3 M. häkelt und nach dem Muster arbeitet.
Alle 27 Reihen werden wiederholt, bis der Rand 4,20 m lang ist, entsprechend einem kompletten Mustersatz.

Modelle

Fertigstellung

In der Anordnung 3 × 6 die Vogel- und Rosenmotive abwechselnd von der linken Seite durch Kettm. zusammenhäkeln; zunächst die waagrechten, dann die senkrechten Streifen. Die Umrandung häkelt man zunächst von der Mitte her an beide Seiten, dann an den unteren Rand, wobei man sie an den beiden Ecken in Falten legt. Zum Schluß 1 Reihe fe. M. an den oberen Rand häkeln und die Gardinenringe annähen.

Häkelschrift für die Umrandung des Filetvorhangs. Sie wird nach der Fertigstellung der Motive an beiden Seiten angehäkelt.

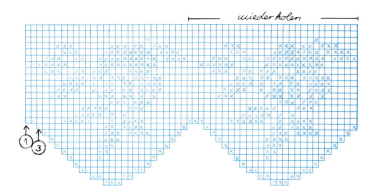

Häkelschrift

☐ = 1 Kästchen (2 Lftm.; 2 Lftm. überspringen; 1 Stb. in nächste Masche)

☒ = 1 Stb.-Block

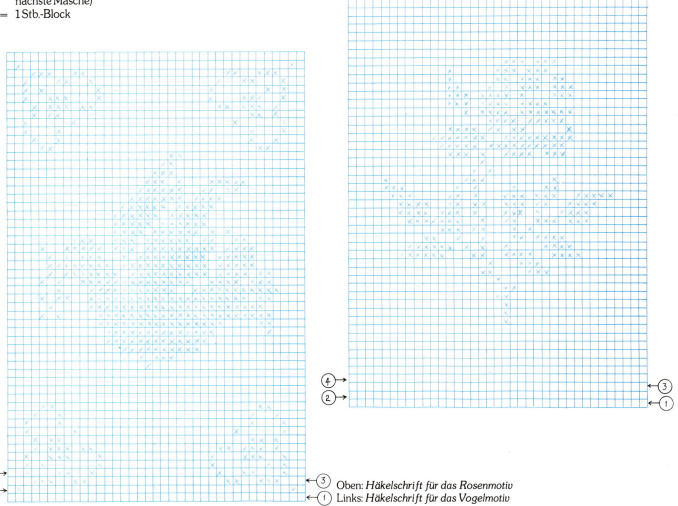

Oben: *Häkelschrift für das Rosenmotiv*
Links: *Häkelschrift für das Vogelmotiv*

Weste
Mohair-Cardigan
Tunesische Jacke

Drei lässig-bequeme Häkelmodelle präsentieren sich hier. Sie sind auf sehr unterschiedliche Weise gearbeitet: Die gelbe Jacke (linke Seite) ist in einem recht gebräuchlichen Muster tunesisch gehäkelt. Im Gegensatz dazu die originelle Weste (unten links), die »frei« gehäkelt ist, wobei Sie die einzelnen Teile nach einer vorher angefertigten Papierschablone aufbauen und die Pilze ganz nach Geschmack hinzufügen können. Die Mohair-Jacke weist ein sehr klassisches, leicht zu häkelndes Muster auf; den besonderen Pfiff erhält sie durch eine geschmackvolle Garnauswahl.

Häkeln

Freigehäkelte Weste

Inspiriert von leicht verrotteten Holz- und Rindenstücken entstand dieser Entwurf. Sind Sie bitte nicht enttäuscht, wenn Sie für diese Weste keine exakten Anleitungen finden. Für diese Art »freies Häkeln« sind nur Richtlinien, Vorschläge und technische Erklärungen möglich, die aber bei einigem Geschick sicher ausreichen, dieses Unikat nachzuvollziehen. Vielleicht wird Ihre fertige Weste ganz anders aussehen, obwohl sie die Arbeitsabläufe weitgehend eingehalten haben. Eines ist jedoch sicher: Ihre Weste wird einzigartig sein.

Material

Garn. Nachdem Sie sich durchgerungen haben, eine »freie« Häkelarbeit zu beginnen, steht die aufregende und entscheidende Frage der Garnwahl an. Die Art, Farbe und Menge des Garns hängt von Ihrem Geschmack und der Größe des Modells ab. Für diese Weste wurden verschiedene, auftragende Garne wie Mohair, Bouclé und Chenille sowie normale Strickwolle in verschiedenen Grüntönen, Braun, Rost, Rot und Schwarz verarbeitet. Die vielen dreidimensionalen auf die Oberfläche gehäkelten Motive und der ohnehin schon kräftige Untergrund machen die Weste zu einem Schwergewicht von ca. 550 g.

Verschluß. Knebelknöpfe oder Knöpfe.

Häkelnadeln. Verschiedene Größen, je nach Art und Dicke des Garns.

Arbeitsvorschlag

Noch können Sie entscheiden, ob Sie nach diesem Entwurf statt der Weste doch lieber einen Wandbehang anfertigen wollen. Auch dafür würde sich das Design eignen. Wenn Sie bei der Weste bleiben, ist die erste Arbeit, einen Umriß in Originalgröße auf Papier zu zeichnen (bei einem Wandbehang würde dieser Schritt entfallen; er kann vollkommen frei entstehen). In den Papierschnitt zeichnet man sich nun grob die zusätzlichen Motive ein, wie z. B. die drei Pilzhauptgruppen. Wenn Sie wollen, können Sie in diesem Stadium den Entwurf bis ins Detail ausarbeiten. Ebenso reizvoll ist es jedoch, nach einem ganz groben Plan vorzugehen. Die Überraschungen sind größer!

Als nächstes müssen Sie entscheiden, wie Sie die Struktur der Weste gestalten wollen. Betrachten Sie dazu z. B. die rauhe Oberfläche von Baumrinden, die samtene Beschaffenheit von Moos und die schwammähnlichen Gebilde einiger Pilze. Die grobe »Baumrinde« wird in Reihen gehäkelt, doch sollten Sie Farbe und Garnstärke ständig wechseln, um diese unterschiedliche Struktur herzustellen. Das Schulterteil der Weste, das Moos und Flechten darstellt, erfordert ebenfalls verschiedene Muster, wie Reliefmaschen und Noppen und häufigen Garnwechsel. Die plastischen »Pilzgruppen« können entweder durch Aufhäkeln entstehen oder separat gehäkelt und später angenäht werden.

Die drei Hauptteile der Weste werden getrennt gehäkelt. Man beginnt am unteren Rand und arbeitet nach oben. Bei freiem Häkeln ist eine genaue Berechnung nicht notwendig, im Gegenteil: korrekte Größe und Machart sollten sogar vermieden werden. Es genügt, das entstehende »Häkelwerk« mit dem Musterentwurf gelegentlich zu vergleichen.

Die Einarbeitung von Taschen ist leicht, wenn, wie in diesem Fall, gerade, horizontale Linien anfallen. Häkeln Sie einfach Quadrate in der gewünschten Größe für jede Taschenrückwand. Ist die Höhe der Taschenöffnung erreicht, häkelt man bis zum Rand der Tasche, setzt die Reihe am oberen Rand der Taschenrückwand fort, während beim Hauptteil die entsprechende Maschenzahl übersprungen und die Reihe dann am Hauptteil beendet wird. Später werden die drei Seiten der Taschenrückwand an der linken Seite der Weste festgenäht.

Baumpilze (linke Vorderseite)

Diese Motive können wie die Taschen vorweg gehäkelt und später eingearbeitet werden. Dazu hält man den Pilz an die gewünschte Stelle, führt die Nadel beim Weiterhäkeln erst durch den Rand des

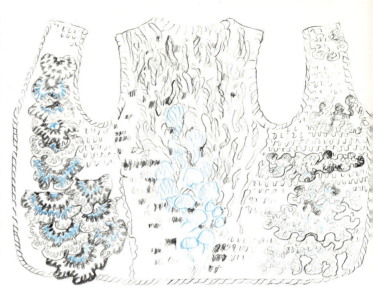

Motivs und dann durch den Hauptteil. Eine andere Möglichkeit wäre, die Pilze erst nach Fertigstellung der Hauptteile aufzunähen. Die Pilze selbst werden wie Halbkreise gehäkelt. Verwenden Sie ein einfaches Muster, in das Sie Streifen einarbeiten. Es empfiehlt sich, mehr Maschen als bei einem normalen Halbkreis zu nehmen, um den welligen Außenrand der Pilzform zu bekommen.

Austernpilze (rechte Vorderseite)

Die Pilzgruppe wird durch Aufhäkeln auf die Oberfläche mit verschiedenen Garnen gearbeitet (siehe Seite 26, Methode 2).

Verschiedene Pilze (Rückenteil)

Diese Motive können separat oder gleich auf die Oberfläche gehäkelt werden. Die Hüte bestehen aus Halbkreisen, wobei man 1 Reihe lange Maschen häkelt und generell weniger Maschen wie üblich zunimmt, damit sich die Hutformen bilden. Die Stiele können kurze Luftmaschenketten, Reliefmaschen oder feste Maschen sein.

Fertigstellung

Die Schulternähte schließen. Armlöcher, Halsausschnitt sowie vorderen und unteren Rand versäubert man durch 1 Reihe fe. M. und 1 Reihe Krebsmaschen. Gleichzeitig für den Knebelknopfverschluß Lftm.-Schlingen häkeln. Die Knebelknöpfe werden zum Schluß angenäht.

Mohair-Cardigan

Diese Jacke hat wie das Strandbolero auf Seite 34 zwei zusammengesetzte Streifen, doch verlaufen die Häkelreihen senkrecht, anstatt waagrecht. Als Material sollten Sie Garne in verschiedenen Farben, doch von ungefähr gleicher Stärke, wählen. Das abgebildete Modell ist aus Mohair-Schnellstrickwolle gearbeitet. Interessant wird die Jacke, wenn Sie zusätzlich einige unregelmäßig gefärbte Garne mit verschiedenen Strukturen, wie Bouclé und Chenille mitverhäkeln. Es müssen ja nicht gleich 17 verschiedene Arten sein, wie bei der abgebildeten Jacke; mit ca. 10 erreichen Sie einen ähnlichen Effekt.

Material

500 g Schnellstrickwolle in verschiedenen Farben

3 Knöpfe (1,5 cm Durchmesser)

Häkelnadel Nr. 5

Maschenprobe

In diesem Fall ist es nicht notwendig, eine besondere Maschendichte zu erreichen, aber wählen Sie die Nadel nach dem dicksten Garn aus und häkeln Sie möglichst locker. Wenn Sie das Gefühl haben, daß die Struktur aufgrund verschiedener Garne zu unregelmäßig wird,

Modelle

sollten Sie die Nadel entsprechend wechseln.

Arbeitsanleitung

Die Wahl des Musters bleibt Ihnen überlassen. Es empfiehlt sich jedoch bei Verwendung unterschiedlicher Garndichte ein einfaches, geschlossenes Muster zu häkeln. Das vorgestellte Modell ist aus einer willkürlichen Kombination von fe. M., halben Stb., Stb. und Doppelstb., je nach Garnstruktur, gearbeitet. Der zusätzliche Effekt wird durch einige Noppen erzielt.

Streifenteile (2 ×)

Beginnen Sie beide Streifenteile an der späteren Seitennaht und arbeiten Sie zur Mitte hin. Zunächst häkelt man einen doppelten Anschlag in der erforderlichen Länge (für Hinter- und Vorderteil bei einer Durchschnittsgröße zusammen ca. 117 cm). Damit die Streifen gleich ausfallen, beide parallel häkeln. Nun weiterhäkeln, bis beide Streifen je ein Viertel der Oberweite plus 5 cm breit sind. Bei einer Oberweite von 91 cm sollten die Teile beispielsweise 24 cm (96:4) breit sein. Wenn Sie Noppen einarbeiten, ab 7,5 cm vor erreichter Breite wie folgt arbeiten:

1. Reihe. fe. M.

2. Reihe. fe. M. mit Noppen bei jeder 3. Masche.

3. Reihe. abwechselnd 1 fe. M., 1 Stb.

4. Reihe. wie 2. Reihe arbeiten. Die Arbeit mit einigen einfachen Reihen beenden, dort werden später die Knöpfe angenäht. Dabei ist es ratsam, die letzte Reihe beider Streifenteile in festen Maschen zu häkeln und gleich die Knopfstelle auf der linken Seite zu markieren und entsprechend auf der rechten Seite Schlaufen zu häkeln (3 Lftm.; 2 M. überspringen).

Taschen

Mit Garn arbeiten, das dem Jackenmuster genau entspricht oder konstrastiert. Einen ca. 13 cm langen doppelten Anschlag häkeln und in Streifen, wie beim Hauptteil weiterarbeiten, bis Sie eine quadratische Tasche haben. Die Taschen werden auf der Vorderseite genäht.

Fertigstellung

Die Streifen zur Hälfte falten und von unten her durch Häkeln (Kettm., wobei man die Nadel durch beide Lagen sticht und lose häkelt) oder durch Nähen verbinden. An beiden Seiten läßt man 23 cm für das Armloch offen. Im Rücken die Teile bis 13 cm vor der Schulterlinie schließen. Die Knöpfe werden entsprechend der Schlaufen angenäht.
Mit der rechten Seite nach außen nun das Garn in der unteren Ecke des linken Vorderteils ansetzen und am unteren Rand fe. M. häkeln; nicht wenden, sondern jetzt Krebsmaschen arbeiten, dann von rechts nach links feste Maschen.

Armausschnitte

Mit der rechten Seite nach außen setzt man an den Unterarmnähten das Garn an, häkelt die Reihen 1–4 im Noppenmuster und schließt mit einer Reihe fester Maschen ab.

Tunesische Jacke

Größe: Oberweite: 91–97 cm
Länge: 60 cm
Ärmelnaht: 48 cm

Material

800 g leichte, aber dicke Wolle, z.B. Nevada Bistro

Tunesische Häkelnadel Nr. 7

Häkelnadel Nr. 6

Maschenprobe

14 M. und 6 Reihen = 10 × 10 cm mit Nadel Nr. 7

Arbeitsanleitung

Rückenteil

In der hinteren Mitte mit Nadel Nr. 7 beginnen und 79 Lftm. anschlagen.

1. Reihe. 2 Lftm. überspringen; * Umschl.; Nadel durch nächste M. führen; Umschl.; durch 2 Schlingen ziehen; Umschl.; durch 1 Schlinge ziehen; diese Schlinge auf der Nadel behalten; wiederh. von * bis zum Ende. Nicht wenden. Umschl.; durch 1 Schlinge ziehen; * Umschl.; durch 2 Schlingen ziehen; wiederh. von * bis zum Ende (78 Streifen); nicht wenden.

2. Reihe. 1 M. überspringen; * Nadel durch senkrechte Schlinge der Vorreihe führen; Umschl.; durchziehen; Schlinge auf der Nadel lassen; wiederh. von * bis zum Ende; nicht wenden; Umschl.; durch 1 Schlinge ziehen; * Umschlag; durch 2 Schlingen ziehen; wiederh. von * bis zum Ende; 2 Lftm.; nicht wenden. 2. Reihe 6 × wiederholen, danach die 1. Reihe 1 ×.

Anmerkung

Die 1. M. stets überspringen, doch vorsichtig sein, daß die letzte nicht ausgelassen wird.
Den Armausschnitt häkeln: Kettm. über 28 M.; 2. Reihe häkeln; am Armausschnitt (50 Streifen) enden. Die 2. Reihe wiederholt man noch einmal und schließt ab. Jetzt das Garn in der Rückenmitte ansetzen, mit der 1. Reihe beginnen und die 2. Reihe 6 × arbeiten. Den Armausschnitt formen: 1. Reihe mit 50 M. häkeln, 28 M. stehen lassen; die 2. Reihe 1 × wiederh.; abschließen.

Linkes Vorderteil

Mit Nadel Nr. 7 erst 79 Lftm. häkeln; weiterarbeiten wie Rücken.

Rechtes Vorderteil

Mit Nadel Nr. 7 erst 79 Lftm. häkeln; dann wie 2. Rückenhälfte.

Ärmel

Mit Nadel Nr. 7 häkelt man 57 Lftm. Die 2. Reihe 14 × wiederh.; die 1. Reihe 1 × und abschließen.

Taschen

Mit Nadel Nr. 7 häkelt man 24 Lftm. Die 2. Reihe 4 × wiederholen. Jetzt mit Nadel Nr. 6 erst 5 Reihen fe. M. und 1 Reihe Krebsmaschen häkeln; abschließen.

Fertigstellung

Die Taschen an die Seitennaht und den unteren Rand legen und annähen. Vorder- und Rückenteil verbindet man an der Schulter über 13 cm; 16 cm bleiben für den rückwärtigen Halsausschnitt offen. Seiten- und Ärmelnähte schließen und die Ärmel in das Armloch einsetzen. Mit Nadel Nr. 6 erst 5 Reihen fe. M. und mit 1 Reihe Krebsmaschen die Ärmelaufschläge umhäkeln; abschließen.
Rund um den Jackenrand – die rechte Seite zeigt nach außen – mit Nadel Nr. 6, an einer Seitennaht beginnend, 5 Reihen fe. M. häkeln, dabei an den vorderen Ecken 3 M. an einem Einstichpunkt zunehmen. Als letzte Reihe 1 Reihe Krebsmaschen; abschließen.

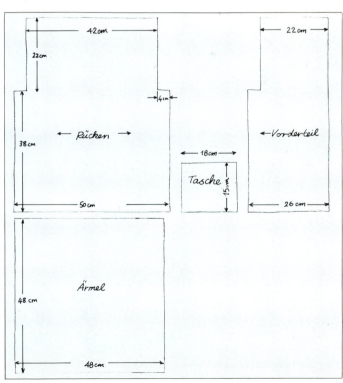

Häkelspitzen

Zwei schöne Beispiele für Häkelarbeiten mit Tradition: ein exquisiter Taschentuchbehälter in Filethäkelei und zarte Häkelspitzen für Taschentuchumrandungen. Das edel wirkende Filetmuster besteht aus einem Gitterwerk, bei dem Stäbchen durch Luftmaschen verbunden werden. Die eingearbeiteten Muster sind Luftmaschen, die durch die entsprechende Anzahl Stäbchen zu ersetzen sind.

Viktorianischer Taschentuchbehälter

Filethäkelei hat eine lange Tradition und wurde früher vorwiegend für feine Gardinen, wie zum Beispiel für den Filet-Vorhang auf Seite 46, und Tischwäsche verwendet. Heute ist es durchaus üblich, Blusen oder Kleider im Filetmuster zu häkeln oder damit zu dekorieren.

Viktorianischer Taschentuchbehälter

Größe: 32 cm lang, 24 cm breit

Material

MEZ-Baumwollhäkelgarn Nr. 60

2 m Seidenband, 1,5 cm breit

60 cm Plastikband, 0,75 cm breit

Häkelnadel Nr. 0,75

Häkelschrift

☐ = 1 Kästchen (2 Lftm.; 2 M. überspringen; 1 Stb. in nächste M.)

⊠ = 1 Musterblock

Maschenprobe

7 Kästchen und 7 Reihen = 2,5 × 2,5 cm

Arbeitsanleitung

Vorderseite
266 Lftm. häkeln

1. Reihe. 1 Stb. in 8. Lftm. von der Nadel; * 2 Lftm.; 2 Lftm. überspringen; 1 Stb. in nächste Lftm.; wiederh. von * bis zum Ende; 5 Lftm.; wenden (87 Kästchen). Nach dem Diagramm die 2. bis 63. Reihe häkeln, indem man bei jedem Musterblock 2 Stb. über 2 Lftm. arbeitet. Am Ende jeder Reihe stets mit 5 Lftm. wenden.

64. Reihe. Die 1. M. überspringen; 1 Doppelstb. in die nächsten 3 M.; * 5 Lftm.; 5 M. überspringen; 1 Doppelstb. in nächsten 4 M.; wiederh. von *. Mit einem Doppelstb. in der letzten M. enden; 1 Lftm.; wenden.

65. Reihe. * 5 fe. M. in 5 Lftm.-Zwischenr.; 4 Lftm.; 4 Doppelstb. überspringen; wiederh. von * bis zum Ende; abschließen.

Rückseite
Das Garn an der Seite des Lftm.-Anschlags ansetzen und 41 Reihen in Lftm.-Kästchen häkeln. Nach dem Diagramm dann die 42. bis 63. Reihe arbeiten.

64. Reihe. In Kästchen häkeln, wie in der 63. Reihe.

65. Reihe. Wie die 64. Reihe der Vorderseite häkeln; 9 Lftm.; wenden.

66. Reihe. 1 Doppelstb. und 5 Lftm. überspringen; * je 1 Doppelstb. in nächsten 4 Doppelstb.; 5 Lftm.; wiederh. von *. Mit 4 Doppelstb. enden; 3 Lftm.; wenden.

67. Reihe. 1 M. überspringen; 1 Stb. in jede M. bis zum Ende. Jede Seite wird in fe. M. umhäkelt, wobei man 3 fe. M. in ein Kästchen arbeitet. Dann den Behälter am Lftm.-Anschlag falten, wobei die Rückseite höher als die Vorderseite ist. Am oberen Rand beginnen und die Seiten mit fe. M. zusammenhäkeln, und zwar durch die Bögen der Vorseite und der Rückwand. Am Bruch entlang fortfahren mit 3 fe. M. in jedes Kästchen. Man endet an der oberen Ecke der nächsten Seite. Jetzt an der unteren Ecke einer Seite beginnen und 1 Doppelstb. in die 1. M.; * 9 Lftm.; 6 M. überspringen; 1 Doppelstb. in nächste M.; wiederh. von * an der Seite hoch, Rückwand entlang und an der anderen Seite hinunter, dabei 1 Doppelstb. häkeln; 9 Lftm.; 1 Doppelstb. in die Ecke; 1 Lftm.; wenden.

Letzte Reihe. * 9 fe. M. in 9 Lftm.-Bögen; wiederh. von * bis zum Ende; abschließen.

Fertigstellung

Zwei Plastikstreifen in der Länge der Rückwand zuschneiden, mit Seidenband beziehen und durch die Häkelschlaufen an der oberen Rückwand fädeln. Einen weiteren Plastikstreifen 5 cm länger als die Rückwand zuschneiden, mit Band beziehen und ihn durch die Lücken der Vorderseite fädeln. Das restliche Seidenband halbieren, je eins an ein Ende des vorderen Streifens nähen und und zu einer Schleife zusammenbinden. Zusätzlich kann der Behälter mit Baumwolle oder Seide abgefüttert werden, wodurch das Muster deutlicher zur Geltung kommt.

Häkelspitzen

Material

20 g MEZ-Glanzhäkelgarn Nr. 60

Leinen- oder Baumwolltaschentuch mit gesäumten Rändern

Häkelnadel Nr. 0,75

Arbeitsanleitung

1. Runde. In einer Ecke beginnen. * 1 fe. M.; 1 Lftm.; wiederh. von * bis kurz vor der nächsten Ecke; (1 fe. M.; 1 Lftm.) 3 × in die Ecke; wiederh. von Beginn an für restl. Seiten; man endet mit (1 fe. M.; 1 Lftm.) 2 × in die Ecke; Kettm. in 1. fe. M.; Kettm. zurück in den vorhergehenden Lftm.-Bogen.

Anmerkung. Die Anzahl der Lftm.-Bögen an jeder Taschentuchseite sollte das Vielfache von 7 plus 4 sein.

2. Runde. 1 fe. M. in denselben Lftm.-Bogen; * 5 Lftm.; 2 Lftm.-Bögen überspringen; 1 fe. M. in nächste Lftm.; (1 Lftm.; 1 fe. M. in nächste Lftm.) 4 ×; wiederh. von * bis zum drittletzten Lftm.-Bogen der 1. Seite; um die Ecke häkelt man: 5 Lftm.; überspringt 2 Lftm.-Bögen; 1 fe. M. in letzte Lftm. der 1. Seite; 5 Lftm.; 1 fe. M. in 1. Lftm. der nächsten Seite; wiederh. von * an den restl. Seiten, wobei man die letzte fe. M. wegläßt und mit einer Kettm. in die 1. fe. M. endet; Kettm. in jede der nächsten 3 Lftm.

3. Runde. 1 fe. M. in denselben Lftm.-Bogen; * 4 Lftm.; 1 fe. M. in nächsten Lftm.-Zwischenr.; (1 Lftm.; 1 fe. M. in nächste Lftm.) 3 ×; 4 Lftm.; 1 fe. M. in Lftm.-Bogen (5 Lftm.); wiederh. von * bis zum letzten Lftm.-Bogen vor der Ecke! Um die Ecke häkeln: (4 Lftm.; 1 fe. M. in nächsten Lftm.-Bogen) 2 ×; wiederh. von * an den restl. Seiten; letzte fe. M. auslassen und mit Kettm. in 1. fe. M. enden; Kettm. in nächste Lftm.

4. Runde. 1 fe. M. in denselben Lftm.-Bogen; * 4 Lftm.; 1 fe. M. in nächsten Lftm.-Zwischenr.; (1 Lftm.; 1 fe. M. in nächste Lftm.) 2 ×; 4 Lftm.; 1 fe. M. in Lftm.-Bogen (4 Lftm.); wiederh. von * bis zum letzten Bogen der 1. Seite. Man häkelt um die Ecke: (4 Luftm.; 1 fe. M. in 4er Lftm.-Bogen; 1 Lftm.; 1 fe. M. in nächsten Lftm.-Bogen) 2 ×; wiederh. von * an den restl. Seiten; letzte fe. M. auslassen und mit Kettm. in 1. fe.M. enden; Kettm. in nächste Lftm.

5. Runde. 1 fe. M. in denselben Lftm.-Bogen; * 4 Lftm.; 1 fe. M. in nächsten Lftm.-Zwischenr.; 1 Lftm.; 1 fe. M. in nächsten Lftm.-Zwischenr.; 4 Lftm.; 1 fe. M. in 4er Luftm.-Bogen; 1 Lftm.; 1 fe. M. in nächsten Lftm.-Zwischenr.; 1 Lftm.; 1 fe. M. in 4er Lftm.-Bogen; wiederh. von * bis zum letzten 4er Lftm.-Bogen vor der Ecke. Man häkelt um die Ecke: 4 Lftm.; 1 fe. M. in 4er Lftm.-Bogen; (1 Lftm.; 1 fe. M. in nächsten Lftm.-Zwischenr.) 2 ×; 4 Lftm.; 1 fe. M. in denselben Lftm.-Bogen; (1 Lftm.; 1 fe. M. in nächsten Lftm.-Zwischenr.) 2 ×; wiederh. von * an den restl. Seiten; letzte fe. M. auslassen; mit Kettm. in 1. fe. M. enden; Kettm. in nächste Lftm.

6. Runde. 1 fe. M. in denselben Lftm.-Bogen; * 4 Lftm.; 1 fe. M. in nächsten Lftm.-Zwischenr.; 4 Lftm. 1 fe M. in 4er Lftm.-Bogen; (1 Lftm.; 1 fe. M. in nächsten Lftm.-Zwischenr.) 2 ×; 1 Lftm.; 1 fe. M. in 4er Lftm.-Bogen; wiederh. von * bis zum letzten 4er Lftm.-Bogen vor der Ecke. Man häkelt um die Ecke: ** 4 Lftm.; 1 fe. M. in 4er Lftm.-Bogen; (1 Lftm.; 1 fe. M. in nächsten Lftm.-Zwischenr.) 3 ×; wiederh. von ** 1 ×; wiederh. von * an den restlichen Seiten, wobei man die letzte fe. M. ausläßt und mit 1 Kettm. in 1. fe. M. endet. Kettm. in nächsten Lftm.-Zwischenr.

7. Runde. 1 fe. M. in denselben Lftm.-Bogen; * 5 Lftm.; 1 fe. M. in nächsten 4er Lftm.-Bogen; 1 Lftm.; nächsten Lftm.-Zwischenr. überspringen; (1 Stb.; 1 Lftm.) 5 × in nächsten Lftm.-Zwischenr.; nächsten Lftm.-Zwischenr. überspringen; 1 Lftm.; 1 fe. M. in 4er Lftm.-Bogen; wiederh. von * bis zum letzten 4er Lftm.-Bogen vor der Ecke. Um die Ecke: 2 fe. M. in denselben Lftm.-Bogen; 1 Lftm.; nächsten Lftm.-Zwischenr. überspringen; (1 Stb.; 1 Lftm.) 5 × in nächsten Lftm.-Zwischenr.; nächsten Lftm.-Zwischenr. überspringen; ** 3 fe. M. in nächsten 4er Lftm.-Bogen; 1 Lftm.; nächsten Lftm.-Zwischenr. überspringen; (1 Stb.; 1 Lftm.) 5 × in nächsten Lftm.-Zwischenr.; wiederh. von ** 1 ×; 1 fe. M. in nächsten 4er Lftm.-Bogen; wiederh. von * für die restl. Seiten, wobei man die letzte fe. M. ausläßt und mit einer Kettm. in 1. fe. M. endet; abschließen.

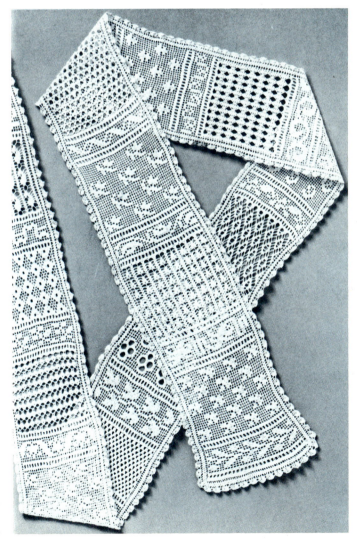

Das Mustertuch ist eine englische Häkelarbeit aus dem Jahre 1837. Sie zeigt 19 verschiedene Grundmuster mit geometrischen Blumenmotiven.

Jacquard-Weste
Bettjäckchen

Zwei sehr verschiedene Häkelarten sind bei diesen beiden Modellen verwendet worden. Bei der Jacquard-Weste wird das Garn ständig innerhalb der Häkelreihen gewechselt, wodurch dieses typische Muster entsteht. Das feine Muster der Mohair-Bettjacke ist mit Gabeln gehäkelt, eine besondere Methode, die auf Seite 27 genau beschrieben wird.

Jacquard-Weste

Größe: Oberweite 76 (81, 86) cm
Länge 43,5 (45, 46,5) cm

Material

Mittelstarke Wolle, z.B. Schachenmayr Nomotta Extra

100 g in Rosé = Farbe A

je 50 g in Gelb = Farbe C; in Blau = E und in Grau = Farbe G

75 g in Braun = Farbe D

25 g in Grün und Lila = B und F

Häkelnadel Nr. 4 und 4,5

Maschenprobe

14 M. und 7 Häkelreihen mit Nadel Nr. 4,5 = 10 × 9,5 cm.

Farbwechsel. Den Faden der alten Farbe hängenlassen, bevor man die letzte Masche in der jeweiligen Farbe beendet. Beim Stb. z.B. die letzten beiden Schlingen bereits in der neuen Farbe abmaschen. Die Farbfäden, die vorübergehend nicht verwendet werden, schneidet man nicht ab, sondern führt sie auf der Rückseite locker mit.

Arbeitsanleitung

Rücken

Mit Nadel Nr. 4,5 und Farbe A einen lockeren Lftm.-Anschlag von 55 (59, 63) Lftm. häkeln.

1. Reihe. Vorderseite: 1 Stb. in 4. Lftm. von der Nadel; 1 Stb. in jede Lftm. bis zum Ende der Reihe; wenden; 53 (57, 61) Maschen. Ab hier nach dem Diagramm ab Reihe 2 häkeln.

Anmerkung. Das Ausarbeiten der Ränder ist auf Seite 32 beschrieben.

Vorderteile

Mit Nadel Nr. 4,5 und Farbe A 4 Lftm. locker häkeln.

1. Reihe. Rückseite (V1 im Diagramm): 1 fe. M. in 3 Lftm. von der Nadel; 1 fe. M. in nächste Lftm.; wenden (3 Maschen).

2. Reihe. Vorderseite (V2 im Diagramm): 3 Lftm. für 1. Stb.; 2 Stb. in 1. M.; 1 Stb. in nächste M.; 3 Stb. in letzte M.; wenden (7 Maschen). Jetzt häkeln Sie nach dem Diagramm ab Reihe 3 (V3).

Fertigstellung

Die Teile rechts auf rechts legen, an den Schultern und Seiten mit Rückstich verbinden.

Ränder. Mit der rechten Seite nach außen Farbe D an der Seitennaht des Armausschnitts ansetzen und mit Nadel Nr. 4 drei Runden fe. M. häkeln, wobei jede Rd. mit einer Kettm. beendet wird. Falls nötig, kann man an den Armrundungen abnehmen, um den Rand flach zu halten.

Nun mit Farbe D am unteren Rand des Rückens beginnen und 2 Rd. fe. M. um die gesamte Weste häkeln, wobei man, wenn nötig, entsprechend zu- oder abnimmt. Noch zusätzlich eine Runde fe. M. häkeln, dabei die Stellen für die Knopflochschlingen am rechten Vorderteil markieren und diese wie folgt arbeiten:

7 Lftm. anschlagen und zurückgehen über 3 soeben gehäkelte fe. M.; 3 fe. M. überspringen; Kettm. in

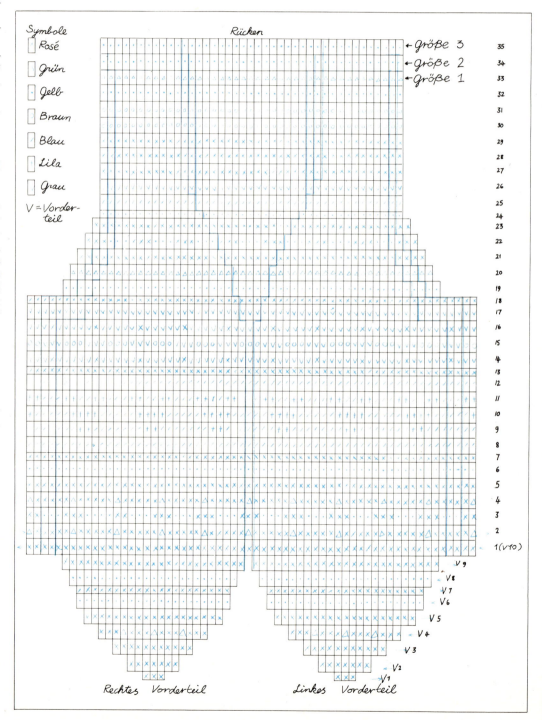

60

nächste fe. M.; wenden; 10 fe. M. in den 7. Lftm.-Bogen; Kettm. oben in letzte fe. M. des Randes, jetzt häkeln Sie in fe. M. weiter und arbeiten so zwei weitere Knopflochschlingen ein.

Knöpfe

Sie brauchen drei Stück. Mit Nadel Nr. 4 und Farbe D 3 Lftm. häkeln, die man durch eine Kettm. zum Ring verbindet (siehe auch Seite 32).

1. Runde. 6 fe. M. in den Ring; Kettm. in 1. fe. M. (6 Maschen).

2. Runde. 2 fe. M. in jede fe. M.; Kettm. in 1. fe. M. (12 M.).

3. Runde. 1 fe. M. in jede fe. M.; Kettm. in 1. fe. M.

4. Runde. Jeweils 2 fe. M. zusammenhäkeln, insgesamt 6 ×; Kettm. in 1. fe. M. (6 M.).
Den Knopf prall mit Füllung oder Garnresten ausstopfen.

5. Runde. Es werden jeweils 2 fe. M. zusammengehäkelt, insgesamt 3 ×; Kettm. zur 1. fe. M. Abketten, den Knopf mit dem Faden zusammenziehen und entsprechend den Knopfschlingen annähen.

Linke Seite: Diagramm für die Jacquard-Weste. Jedes Kästchen entspricht einer Masche. Die schmalen Reihen werden in festen Maschen, die breiten in Stäbchen gehäkelt.

Bettjäckchen

Größe: Oberweite 91/97 cm

Material

300 g leichte Mohairwolle, wie z. B. Esslinger Wolle »Geisha«

Weißer Fadengummi

30 Sicherheitsnadeln, 2,5 cm

Häkelgabeln, 80 mm breit

Häkelnadel Nr. 7

Anmerkung. Häkeln Sie alle Maschen sehr locker. Um zu vermeiden, daß sich die einzelnen Streifen verdrehen, steckt man die Schlingen in Gruppen mit Sicherheitsnadeln zusammen.

Arbeitsanleitung

Jackenteil

Lesen Sie vorher die detaillierten Anleitungen für Gabelhäkelei mit festen Maschen auf Seite 27. Arbeiten Sie 4 Streifen mit je 195 Schlingen an jeder Seite. Sie werden dann in 15er Gruppen zusammengesteckt.

Randreihe. Die Schlingen am Rand eines jeden Streifens verbinden. * 1 fe. M. in 15 Schlingen – 15er Gruppe –; 3 Lftm.; (1 fe. M. in 3 Schlingen – 3er Gruppe; 3 Lftm.) 5 ×; wiederh. von * entlang der Streifen. Mit 1 fe. M. in 15 Schlingen enden und abketten.

Verbinden der Streifen. Am freien Rand des 2. Streifens das Garn ansetzen, (1 fe. M. in 3 Schlingen; 3 Lftm.) 2 ×; 1 Doppelstb. oben in 15er Gruppe an der fertigen Seite des 1. Streifens; Kettm. in 3 Schlingen des 2. Streifens; * (1 Lftm. überspringen; 1 Doppelstb. in nächste Lftm.; 1 Doppelstb. in übersprungene Lftm.) 2 × – man bezeichnet dies als gekreuzte Doppelstäbchen –; Kettm. in 3 Schlingen des 2. Streifens; wiederh. von * 1 ×; 2 Kreuzdoppelstb.; 1 fe. M. in 15er Gruppe des 2. Streifens. ** (2 Kreudoppelstb.; Kettm. in 3 Schlingen des 2. Streifens) 5 ×; 2 Kreuzdoppelstb.; 1 fe. M. in 15er Gruppe des 2. Streifens; wiederh. von ** bis zum Ende; enden mit (3 Lftm.; Kettm. in 3 Schlingen des 2. Streifens) 2 ×; abschließen.
Den 3. und 4. Streifen ebenso verbinden. Jeder Streifen hat 13 Muschelformen.

Ärmel. Mit 2 Kreuzdoppelstb. und 1 Kettm. häkelt man über die ersten 4 Muschelformen, um Streifen 1 mit Streifen 4 zu verbinden. Über die nächsten 5 Muschelformen der freien Seite des 1. Streifens arbeiten Sie weiter wie bei der Randreihe. Dann die Streifen mit 2 Doppelkreuzstb. über die letzten 4 Muschelformen verbinden; abschließen.

Randstreifen.
Einen Streifen mit 180 Schlingen an jeder Seite häkeln. An einer Seite werden die Schlingen in 12 Gruppen zu je 15 Schlingen zusammengefaßt. Die andere Seite wird mit der Jacke in 36 Gruppen zu je 5 Schlingen verbunden. Am unteren Rand markieren Sie sich die hintere Mitte (in der mittleren Muschel der mittleren 3 Gruppen von 5 Schlingen). Auch den Mittelpunkt des Randstreifens (Zwischenr. zwischen 2 Muscheln) und die mittleren 3 Gruppen der mittleren beiden Muscheln am oberen Rand des rückwärtigen Halsausschnitts markieren. Mit der rechten Seite nach vorn setzen Sie den Streifen an die linke Seite des Halsausschnitts; 1 fe. M. in die Gruppe der Jacke; Kettm. in die nächsten 5 Schlingen des Streifens; Kettm. in jede der 4 Lftm. an der Jacke; Kettm. in die nächsten 5 Schlingen des Streifens. Rund um die Jacke herum wiederh., wobei man an beiden Ärmelnähten eine Kettm. in die Mitte des Kreuzdoppelstb. häkelt und an der Rückenmitte 1 Kettm. in jede Luftm., 5 Schlingen verbinden als Übergang zwischen 3 Schlingen an der Jacke und der Markierung.

Äußerer Randstreifen. * 1 fe. M. in 15er Gruppe; 3 Lftm.; (1 fe. M.; 1 Lftm.) in Reihenmitte zwischen Gruppen; 3 Lftm.; wiederh. von * rundherum; fe. M. am rückwärtigen Halsausschnitt; dann werden 2 Reihen fe. M. um die Jacke gehäkelt; abschließen.

Ärmelbund

An irgendeinem Kreuzdoppelstb. am Ärmelrand mit 3 Doppelstb. beginnen.; * 1 fe. M. in mittlere Verbindung des nächsten Streifens; 3 Lftm.; 1 fe. M. in jede der ersten 4 Lftm. am Rand desselben Streifens; 3 Doppelstb. in nächstes Kreuzdoppelstb. wiederh. von * rundherum, um einen geraden Rand zu bekommen; Kettm. in 1. Doppelstb.

Nächste Runde. 1 fe. M. in jede M.; Kettm. in 1. fe. M. (ca. 46 M.).

Nächste Runde. Abnehmen, indem man rundherum stets 2 fe. M. zusammen abmascht; Kettm. zur 1. fe. M.; 2 weitere Rd. in fe. M. häkeln; abschließen.
In den Ärmelbund werden von der linken Seite 2 Reihen Fadengummi eingearbeitet.

Verbinden der einzelnen Streifen beim Gabelhäkeln. Die erste Methode kommt ohne zusätzliches Garn aus, die zweite erfolgt durch Kettmaschen mit Garn.

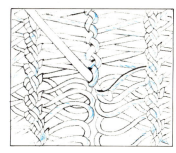

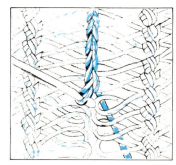

Jacke im Blazerstil

Die Jacke im klassischen Stil hat viele gute Seiten: Mal gibt sie sich elegant mit Rock und Seidenbluse für den Stadtbummel oder ins Büro, mal leger mit Hose und Pulli für Sport und Freizeit.
Die Jacke – sie ist übrigens nahtlos gearbeitet – erhält ihre feine, dezente Schattierung durch das ständige Wechseln der Garnfarbe nach jeder Reihe. Wenn Ihnen diese Farbtöne nicht zusagen oder nicht zu Ihrer Garderobe passen, kombinieren Sie selbst – die Möglichkeiten sind unbegrenzt. Achten Sie jedoch beim Häkeln auf eine gleichmäßige Maschendichte, die bei diesem Modell sehr entscheidend ist.

Jacke im Blazerstil

Größe: Oberweite 91/96 cm
Länge 61/63 cm
Ärmellänge 41 cm

Material

je 100 g Schewe Original Shetland in 5 Naturtönen

je 100 g Jumper von Pattens in 5 Naturtönen

Beide Wollgarne sind in der Struktur unterschiedlich, was bei diesem Jackenmodell sehr wesentlich ist

Häkelnadel Nr. 5

5 Knöpfe

Maschenprobe

6 V-Maschen und 10 Reihen mit Nadel Nr. 5 = 10 × 10 cm; es wird mit doppeltem Faden gearbeitet.

Anmerkung. Während der gesamten Arbeit werden zwei unterschiedliche Garne zusammen verarbeitet (1 Schewe – 1 Jumper). Die Schattierungen entstehen durch den Wechsel jeweils nur eines Garns in jeder Reihe.

Arbeitsanleitung

Mit 2 Fäden in den ausgewählten Farben beginnen Sie am Halsausschnitt mit 53 Lftm. auf Nadel Nr. 5.

1. Reihe. 1 Stb. in 3. Lftm. von der Nadel; *1 Lftm. überspringen; 2 Stb. in nächste Lftm. wiederh. von * bis zum Ende (26 V-Maschen). Mit einem Kontrastfaden markiert man sich die 5., 9., 18. und 22. V-M. als Punkte für die Raglanschrägung (siehe Zeichnung linke Seite unten).

2. Reihe. 3 Lftm. (für das 1. Stb.); 1 Stb. zwischen die beiden Stb. der Vorreihe; *2 Stb. zwischen 2 Stb. der Vorreihe *; wiederh. von * bis * 2 ×; 4 Stb. zwischen nächsten 2 Stb.; wiederh. von * bis * über die Reihe, wobei an den markierten Stellen jeweils 4 Stb. gehäkelt werden (30 V-M.).

3., 5. und 7. Reihe. 1 V-M. in jede V-M.

4. Reihe. Markierungsfäden an der 2. und 3. M. jeder Zunahmestelle anbringen; im Muster bis zur 1. Markierung häkeln; dann 2 V-Maschen (4 Stb.) in jede markierte Stelle und entsprechend bis zum Reihenende (38 V-M.) weiterarbeiten.

6. Reihe. Im Muster häkeln; 2 V-M. an jeder Zunahmestelle der Raglanschrägung zunehmen (46 V-M.). Auf diese Weise in jeder 2. Reihe 8 M. zunehmen, bis man 94 (102) V-M. und 18 (20) Reihen hat. Damit ist die Passe beendet.

Teilung für Armausschnitte

Nächste Reihe. Muster über 13 (14) V-M. bis zur Mitte der Raglanschrägung häkeln; 21 (23) V-M. überspringen; Muster über die nächsten 26 (28) V-M. häkeln; 21 (23) V-M. überspringen; Muster bis zum Ende häkeln (52 [56] V-M.). Die Arbeit wird im Muster über weitere 27 Reihen gerade fortgeführt (46 [48] Reihen vom Halsausschnitt); dann abschließen.

Ärmel

Die Ärmel werden in derselben Farbfolge wie die Jacke von der Passe aus gehäkelt. Das Garn zwischen 2 V-M. am Unterarm ansetzen; 3 Lftm.; 1 Stb. in dieselbe Stelle; 1 V-M. in die Seite der nächsten V-M.; 1 V-M. in jede der restl. 21 (23) V-M.; 1 V-M. in die Seite der nächsten V-M.; Kettm. in obere Lftm.; wenden (24 [26] V-M.).

2. Runde. 3 Lftm.; 1 Stb. in Unterarm-V-M.; Muster bis Ende häkeln; Kettm. in obere Lftm.; wenden; auf diese Weise 6 weitere Runden häkeln; wobei man nach jeder Rd. wendet.

9. Runde. (1. Abnahme) 3 Lftm.; 1 Stb. in Unterarm-V-M.; 1 Stb. in jede der beiden nächsten V-M.; 1 V-M. in jede V-M. bis zu den letzten 2 V-M.; 1 Stb. in jede der nächsten beiden V-M.; Kettm. in obere Lftm.; wenden.

10. Runde. 3 Lftm.; 1 Stb. in Unterarm-V-M.; 1 V-M. zwischen nächsten Stb.; im Muster bis zu letzten 2 Stb. häkeln; 1 V-M. zwischen 2 Stb.; Kettm. in obere Lftm.; wenden – 22 (24) V-M. Es werden 6 weitere Runden ohne Abnehmen gehäkelt.

17. Runde. (2. Abnahme) 2 V-M. wie in der 9. Rd. abnehmen (20 [22] V-M.); weitere 7 Rd. ohne Abnehmen häkeln.

25. Runde. (3. Abnahme) 2 V-M. wie in 9. Rd. abnehmen (18 [20] V-M.); 7 weitere Runden gerade häkeln (32 von der Passe). Bei der größeren Jacke häkelt man noch 1 Rd. und nimmt 2 V-M. ab (18 V-M.). Der zweite Ärmel wird entsprechend gearbeitet.

Umrandung

Mit der rechten Seite nach außen führt man einen doppelten Faden in der letzten V-M. am unteren Rand des rechten Vorderteils ein. 3 Lftm. (für 1. Stb.); 1 Stb. in die Seite der nächsten V-M. am vorderen Rand; 2 Stb. in die Seite der nächsten V-M.; *(1 Stb. in Seite der nächsten V-M.) 2 ×; 2 Stb. in Seite der nächsten V-M.; wiederh. von * bis zum Halsausschnitt; 4 Stb. in 1. V-M. am Halsausschnitt; 2 Stb. in jede der nächsten 24 V-M.; 4 Stb. in letzte V-M. am Halsausschnitt; am linken Vorderteil weiterhäkeln wie am rechten; 4 Stb. in untere Ecke; 2 Stb. in jede V-M. am unteren Rand; 3 Stb. in letzte V-M.; Kettm. in obere Lftm.; wenden.

2. Runde. (linke Seite nach außen) 1 Lftm.; 1 Doppelstb. zwischen 2 Stb.; *1 fe. M.; 1 Doppelstb. zwischen nächsten 2 Stb.; wiederh. von * 7 ×; *1 fe. M. in nächstes Stb.; 2 Lftm.; 1 Stb. überspringen; (1 fe. M.; 1 Doppelstb. zwischen 2 Stb.) 4 ×; wiederh. von * 3 ×; 1 fe. M. in nächstes Stb.; 2 Lftm.; 1 Stb. überspringen; 1 fe. M.; 1 Doppelstb. zwischen letzten 2 Stb. am rechten Vorderteil (damit sind 5 Knopflöcher eingearbeitet). Im Muster weiterfahren bis zum Ende der Rd.; Kettm. in fe. M.; wenden.

3. Runde. 1 Lftm.; 1 Doppelstb. an dieselbe Stelle; 1 fe. M.; 1 Doppelstb. in nächste fe. M.; 2 fe. M. in 2er Lftm.-Zwischenr.; 1 fe. M. in fe. M.; *1 fe. M.; 1 Doppelstb. in jede der nächsten 4 fe. M.; 2 fe. M. in Lftm.-Zwischenr.; 1 fe. M. in fe. M.; wie-derh. von * 3 ×; ab jetzt rundherum 1 fe. M.; 1 Doppelstb. in jede fe. M.; an den Ecken 1 fe. M. 1 Doppelstb. in beide M.; Kettm. in 1. Lftm.; wenden.

4. Runde. 1 Lftm.; 1 Doppelstb. in dieselbe Stelle; 1 fe. M.; 1 Doppelstb. in die nächste und jede weitere fe. M. rundherum; Kettm. in Lftm.; wenden.

5. und 6. Runde. wie die 4. Rd., dann abschließen.

Kragen

Rechte Seite zeigt nach außen. Mit doppeltem Garn an der 1. fe. M. des Randes am Halsausschnitt ansetzen, dann wie folgt arbeiten: 1 fe. M.; 1 Doppelstb. – Muster über 30 Gruppen. Es werden 2 weitere Reihen im Muster gehäkelt, dann das Garn abschneiden.
In der 6. Halsrandreihe Garn neu ansetzen, und zwar in die fe. M. direkt unter dem Punkt, an dem die 1. Kragenreihe mit der Umrandung zusammentrifft; 1 fe. M. häkeln; 1 Doppelstb. rund um den Kragen und in der 6. Halsrandreihe mit 1 fe. M.; 1 Doppelstb. in fe. M.-Gruppe unter dem Kragen (32 Gruppen) enden; Garn abschneiden. Garn in fe. M. der nächsten Gruppe am Rand unter dem Kragenende ansetzen; 1 fe. M.; 1 Doppelstb. in jede fe. M. rund um den Kragen; enden mit 1 fe. M.; 1 Doppelstb. in die fe. M.-Gruppe des Randes nach der 1. M. der Vorreihe (34 Gruppen); abketten.

Ärmelaufschläge

Das Garn an der letzten Ärmelrunde ansetzen; 9 Rd. 1 fe. M.; 1 Doppelstb. (18 Gruppen) häkeln, wobei man die Farbe wie zuvor wechselt und am Ende jeder Rd. wendet; abketten. Ärmelaufschläge hochklappen; die Knöpfe entsprechend der Knopflöcher annähen.

Rechts unten: Markierungspunkte für die Schrägung des Raglanärmels.

Modelle

65

Tagesdecke mit Blumenkörben

In dieser wunderschönen gehäkelten Tagesdecke für ein französisches Bett steckt zugegeben sehr viel Arbeit. Machen Sie sich dennoch die Mühe. Sie werden sehen, es lohnt sich!

Häkeln

Tagesdecke mit Blumenkörben

Breite: 180 cm

Länge: 270 cm
(Umrandung nicht eingeschlossen)

Material

Garn von Schachenmayr Nomotta Extra

2800 g in Rohweiß

450 g in Blau

450 g in Grün

150 g in Rosa

Häkelnadeln Nr. 4

Maschenprobe

1 Quadrat mißt ca. 30 × 30 cm.

Arbeitsanleitung

Blumenmotive

Die Decke hat 54 Motive, die extra gehäkelt werden.
Mit weißem Garn 40 Lftm. häkeln.

1. Reihe. 1 fe. M. in die 2. Lftm. von der Nadel; 1 fe. M. in jede Lftm. bis zum Ende (39 M.). Gemäß Häkelschrift entspricht jedes Quadrat einer fe. M. Häkeln Sie nun nach dem Diagramm auf der rechten Seite, wobei Sie eine Farbe stets bei der letzten Masche ansetzen, ehe die erste Masche mit der geänderten Farbe gehäkelt wird. Die Fäden laufen auf der linken Seite mit; man kann sie entweder lose mitführen oder einweben.
Die Blumenmotive nach dem Diagramm fertighäkeln und abketten.

Verbinden der Motive

1. Runde. Das Blumenquadrat wird mit fe. M. umhäkelt (37 M. an

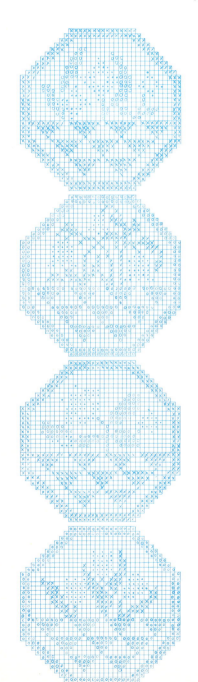

Modelle

jeder Seite); dabei werden in jede Ecke 3 fe. M. gearbeitet.

2. Runde. Umschl.; Nadel durch nächste M. führen; Umschl.; Faden durchholen; Umschl.; Nadel an derselben Stelle einstechen; Umschl.; Faden durchholen; Umschl.; durch alle Schlingen ziehen (1 Noppe) ✶ 1 Lftm.; 1 fe. M. überspringen; 1 Noppe in nächste fe. M.; wiederh. von ✶ um das Quadrat, dabei je 1 Noppe in jede fe. M. an den Ecken häkeln.

3. Runde. Wie 2. Rd.; wobei Noppen in die Lftm.-Zwischenr. und in die mittleren Noppen an den Ecken gehäkelt werden; abschließen.
So werden insgesamt je 14 Quadrate nach Diagramm 1 und 2 und je 13 nach Diagramm 3 und 4 gehäkelt (54 Quadrate). Die fertigen Quadrate nach dem Nummerndiagramm auf der linken Seite zusammennähen oder -häkeln.

Zackenumrandung
(2 Zacken pro Quadrat)

Das Garn an der Ecke eines Quadrates ansetzen, dann wie folgt weiterarbeiten:

1. Reihe. ✶ 1 Noppe; 1 Lftm.; wiederh. von ✶ 10 × (11 Noppen); wenden. Ab jetzt die Noppen in die Lftm.-Zwischenr. häkeln (10 Noppen), wodurch in jeder Reihe eine Noppe weniger entsteht. Entsprechend weiterarbeiten, bis noch 3 Noppen übrig sind.

Nächste Reihe. 2 Lftm.; 1 Noppe in mittlere Noppe; 2 Lftm.; Kettm. in letzte Noppe der Vorreihe; abschließen. Die 2. Zacke, die beim nächsten Zwischenraum des Quadrats beginnt, wird entsprechend gearbeitet.
Das Muster wird dann sooft wiederholt, bis die Zackenumrandung der Decke fertig ist.

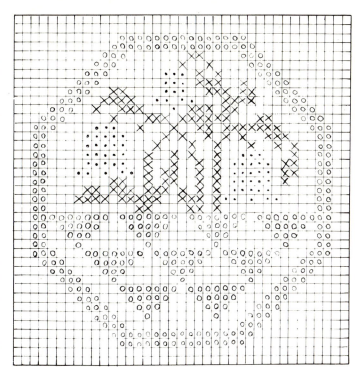

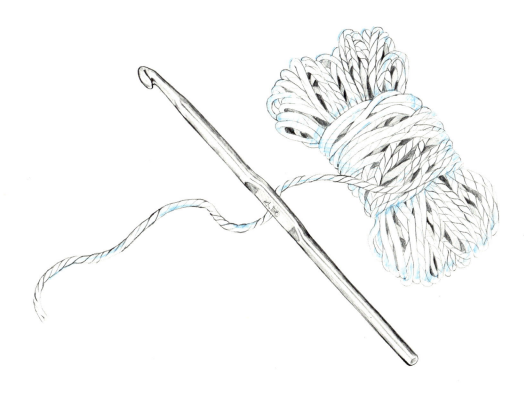

Material und Zubehör

Für die meisten Frauen ist Stricken eine erholsame und gleichzeitig sinnvolle Freizeitbeschäftigung. Soll die Arbeit aber Spaß machen und glücken, muß man einige Materialkenntnisse besitzen, sollte über die verschiedenen Garn- und Wollqualitäten gleichermaßen Bescheid wissen wie über die jeweils dazu passenden Nadeln.
Wer Wolle selbst färben oder spinnen möchte, findet dazu Hinweise im Kapitel »Häkeln«, Seite 8.

Garne

Meist geben die kleinen unscheinbaren Banderolen Auskunft über die Zusammensetzung der Faser, über Wasch- und Pflegeanleitungen, über empfohlene Nadelstärken, den Namen der Firma und die Menge.
Die wichtigsten Angaben, die meist mit einem Stempel aufgedruckt sind, werden allerdings allzu oft übersehen: es sind die Nummern der Farbe und der Farbpartie. Wie wichtig diese beiden Zahlen sein können, wissen geübte Strickerinnen aus Erfahrung.
Da Wolle in den einzelnen Farbbädern unterschiedlich reagiert – selbst wenn diese Bäder die gleichen Bestandteile aufweisen – kommen oft kaum merkliche Farbunterschiede dabei heraus. Zwei aufeinanderfolgende Farbbäder ergeben also nicht immer die gleiche Farbnuance, und kein Handarbeitsgeschäft kann versprechen, den gleichen Farbton in vier Wochen noch einmal verkaufen zu können.
Es empfiehlt sich also, gleich beim Einkauf die nötige Menge zu kaufen.

Verschiedene Wollarten

Schafwolle ist die Wolle par excellence. Wenn man das Wort »Wolle« ohne Zusatz verwendet, ist fast immer Schafwolle gemeint. Sie ist haltbarer als Lammwolle und zweifellos auch die preiswerteste unter allen verschiedenen Wollfasern. Sie ist weich, hält warm und wirkt trotzdem temperaturausgleichend. Meistens ist sie in sehr intensiven Farben eingefärbt.

Lammwolle (lambswool) ist weich und warm, aber nicht sehr haltbar. Sie sollte einen Zusatz von Schafwolle enthalten, damit sie nicht flockt und haltbarer wird. Auch sie verfilzt bei unsachgemäßer Behandlung leicht (nur handwarm waschen!).

Kamelhaarwolle stammt – wie der Name sagt – vom Kamel, das in den Wüsten Asiens, Nordafrikas und in Teilen Rußlands lebt. Die Wolle wird aus dem feinen Unterhaar des Fells hergestellt. Sie ist federleicht, hält warm und ist daunenweich.

Kaschmirwolle besteht aus den sehr zarten Haaren der in Ostindien und im Himalaja lebenden Kaschmirziege. Sie ist daunenweich, fein und seidig, mollig warm und federleicht.

Mohairwolle wird aus den langlockigen, glänzend weißen Haaren der Angoraziege hergestellt. Sie ist strapazierfähig, hat meist einen feinen Glanz, ist zart und flauschig.

Angorawolle besteht aus den sehr feinen und weichen Haaren des Angorakaninchens, hat lange Fasern und wirkt dadurch sehr flauschig. Sie ist nicht sehr strapazierfähig und läuft beim Waschen oft ein. Angorawolle darf nur handwarm mit wenig Feinwaschmittel gewaschen werden. Stricksachen aus Angorawolle sind weich und fein, trotzdem darf sie aber auf keinen Fall für Babywäsche verwendet werden, da die ständig sich ablösenden feinen Härchen für das Baby eine Gefahr darstellen.

Seide bekommt man mit Wolle vermischt oder ganz rein. Aus Seide kann man sehr elegante Sachen arbeiten. Sie sind sehr leicht und angenehm zu tragen, aber warm. Da sie sehr dünn ist, erfordert die Arbeit viel Zeit.

Gemischte Garne

Wolle wird aus verschiedenen Gründen mit anderen Fasern gemischt: Sie wird dadurch vielfach preisgünstiger, es lassen sich besondere Effekte erzielen, vor allem aber, wie etwa durch die Nylonbeimischung bei Strumpfgarnen, wird Wolle widerstandsfähiger.

Material und Zubehör zum Stricken
1. Strickwolle in verschiedenen Farben und Qualitäten; 2. Nadelspiel;
3. Maschenraffer; 4. Holzstricknadeln; 5. Schnellstricknadeln;
6. Wollnähnadeln; 7. Zopfmusternadeln; 8. Rundstricknadel; 9. Schere;
10. Maschenzähler

Material und Zubehör

Synthetische Garne
Man ist in den letzten Jahren dazu übergegangen, auch Handstrickgarne aus Orlon, Nylon, Dralon u. ä. herzustellen.
Garne aus synthetischen Fasern bieten viele Vorteile: Aus Orlon gestrickte Babykleidung etwa läßt sich kochen und in der Maschine waschen, ohne daß dabei die wollartige Beschaffenheit und die Widerstandsfähigkeit der Fasern verlorengingen.

Lurexgarn ist ein modisches, metallglänzendes Effektgarn mit »Metallseele« und einem Überzug aus Acetat. Es ist sehr hitzeempfindlich.

Baumwollgarne
Baumwollgarn ist – wie der Name schon sagt – ein aus Baumwolle gesponnenes Garn. Den Rohstoff liefern die weißen Samenfasern einer malvenähnlichen subtropischen Staudenpflanze. Handstrickgarne aus Baumwolle bieten den Vorteil, daß man sie kochen kann, wenn sie indanthren gefärbt sind.

Stricknadeln

Stricknadeln müssen leicht und glatt sein. Aus nichtrostendem Material sind sie genauso gut wie aus Plastik. Wählen Sie genau die Nadeln, die für eine bestimmte Strickarbeit vorgesehen sind (die erforderliche Nadelstärke ist bei allen Arbeitsanleitungen dieses Kapitels angegeben). Wenn Sie ohne Vorlage arbeiten, erkundigen Sie sich beim Kauf der Wolle, welche Stärke die richtige ist.
Es gibt Nadeln aus verschiedenen Materialien. Sie können wählen zwischen Aluminium, Plastik und Holz. Die Größe gibt den Durchmesser in Millimetern an; die feinsten sind 1,25 mm stark, die dicksten 15 mm. Je größer also die Zahl, desto dicker die Nadel. Stärke und Länge sollten immer im richtigen Verhältnis zum Garn und zum Strickstück stehen.

Schnellstricknadeln haben eine Länge von 30 oder 35 cm, sind aus Aluminium und perlgrau beschichtet. Sie haben vorne eine abgerundete Spitze, verdicken sich dann bis zur angegebenen Stärke und verjüngen sich nach hinten. Am Ende der Nadel sitzt ein farbiger Plastikknopf, auf dem die Stärke der Nadel abzulesen ist. Da diese Nadeln relativ kurz sind, sollten Sie auch nur schmale Teile darauf stricken. Für große Teile wählen Sie besser: Flexible Schnellstricknadeln. Sie sind in 50 cm Länge zu kaufen und haben eine perlgraue Spitze mit einem flexiblen Perlonschaft. Das Gewicht des Stückes belastet nicht die Arme, denn es liegt locker auf dem Schoß.

Plastiknadeln sind besonders geeignet für dicke Garne, Bänder oder Schnüre.

Rundstricknadeln bestehen aus zwei Aluminium- oder Nickelspitzen, die durch ein elastisches Nylon- oder Perlonseil verbunden sind. Sie brauchen Rundstricknadeln zum Stricken von Mützen, Röcken und auch Pullovern, die keine Naht haben sollen. Sie können natürlich auch gerade Teile mit einer Rundstricknadel stricken. Sie haben den Vorteil, daß Ihnen die Arbeit immer locker an der elastischen Schnur im Schoß liegt.

Nadelspiel. Es besteht immer aus fünf Nadeln. Die Nadeln haben an beiden Enden eine Spitze. Sie brauchen ein Nadelspiel zum Stricken von Strümpfen (deshalb werden die fünf Nadeln auch oft Strumpfstricknadeln genannt), Handschuhen und Mützen.

Was Sie noch brauchen

Der Maschenraffer ist eine sehr große Sicherheitsnadel aus federndem Metall. Er nimmt vorübergehend stillgelegte Maschen auf. Es gibt den Maschenraffer nur in einer Stärke.

Der Reihen- und Maschenzähler. Man schiebt ihn einfach auf die Stricknadel. Er wirkt in doppelter Weise. Man betätigt ihn mit den Fingerspitzen. Reihe für Reihe und Masche für Masche. Die Zehnerstellen rücken meistens automatisch weiter. Er erspart Ihnen das langwierige Zählen und die ärgerlichen Fehler.

Die Wollnadel. Eine Nähnadel, die speziell für das Zusammennähen von Strickteilen gedacht ist. Sie hat eine stark abgerundete Spitze und ein großes Öhr.

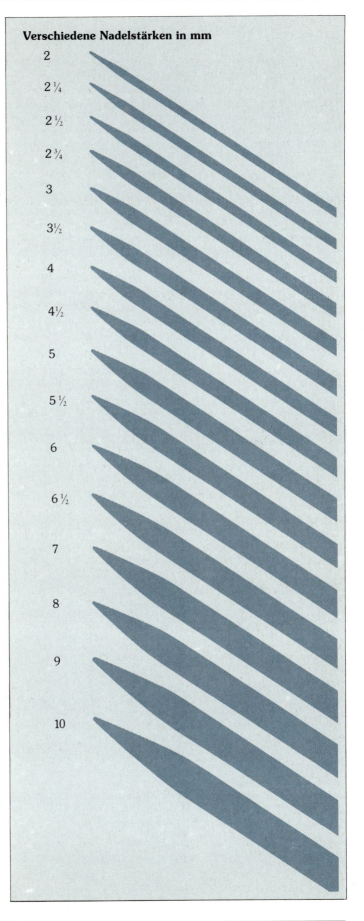

Verschiedene Nadelstärken in mm

2
2 1/4
2 1/2
2 3/4
3
3 1/2
4
4 1/2
5
5 1/2
6
6 1/2
7
8
9
10

73

Grundmaschen

Bevor Sie mit einer Strickarbeit beginnen, sollten Sie sich nicht nur darüber im klaren sein, was Sie machen wollen, sondern wie Sie arbeiten möchten. Die Technik des einfachen Strickens hat wohl jeder von uns einmal in der Schule beim Handarbeitsunterricht gelernt, aber wie man abnimmt, wie ein sauberer Rand entsteht oder wie die einfachsten Muster aus rechten und linken Maschen entstehen, ist oft aus unserem strapazierten Gedächtnis raus. Alle Grundtechniken finden Sie auf den folgenden Seiten. Mit diesen Anleitungen kommen Sie selbst als Anfängerin zurecht, wenn Sie noch nie gestrickt haben. Alle Arbeitsgänge sind eingehend beschrieben, und an den Zeichnungen können Sie sich überzeugen, ob Sie auch alles richtig machen. Auch wenn Sie jetzt schon oder später zu den versierten Strickern gehören, kann es passieren, daß Sie die eine oder andere Sache noch einmal erläutert haben wollen. Dann können Sie immer mal schnell nachschlagen und sich vergewissern, ob Sie auch alles richtig machen.

Sie beginnen mit einem lockeren Maschenanschlag, den Sie mit einer stärkeren Nadel arbeiten, als für das Strickstück später vorgesehen ist. Das Fadenende soll mindestens dreimal so lang sein wie die Breite des vorgesehenen Anschlags. Der Arbeitsfaden, mit dem Sie stricken, kommt vom Knäuel.

Maschenanschlag

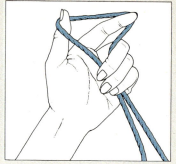

1. Über Daumen und Zeigefinger der linken Hand eine Schlinge spannen.

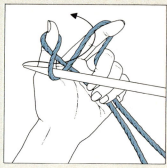

2. Mit der rechten Hand die Nadel in die Schlinge von hinten einstechen und nach unten führen.

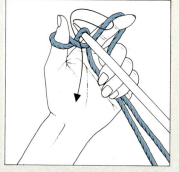

3. Durch diese neue Schlinge den Faden vom Zeigefinger ziehen und den linken Faden anziehen. Die erste Anschlagmasche ist fertig.

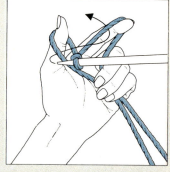

4. Nun den linken Faden um den Daumen, den rechten um den Zeigefinger legen, die Nadel von vorne durch die auf dem Daumen liegende Schlinge führen.

5. Den rechten Faden durch diese Schlinge ziehen und den linken wieder fest anziehen. Alle weiteren Maschen in genau der gleichen Weise aufnehmen.

Grundmaschen

Rechte Maschen

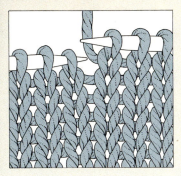
1. Der Faden liegt hinter der Arbeit.

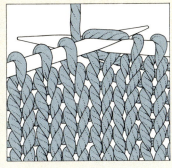
2. Die rechte Nadel sticht in die nächste Masche der linken Nadel von vorne nach hinten.

3. Dann den Faden durch die Masche ziehen.

Randmaschen

Es gibt zwei Möglichkeiten: Beim Kettenrand wird die erste Masche in der Reihe rechts abgestrickt und die letzte Masche am Ende der Reihe immer links abgehoben. Beim Knötchenrand wird die erste Masche der Reihe rechts abgehoben, die letzte Masche von jeder Reihe wird rechts abgestrickt. Beide Randmaschenarten sind unabhängig vom Grundmuster.

Linke Maschen

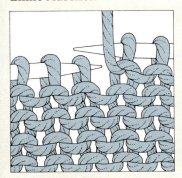
1. Der Arbeitsfaden liegt vor der rechten Nadel.

2. Mit der rechten Nadel (mit dem Faden darauf) in die erste Masche der linken Nadel von rechts nach links einstechen. Arbeitsfaden um die rechte Nadel schlingen und von vorne nach hinten durch die Masche ziehen.

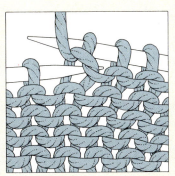
3. Die Masche von der linken Nadel gleiten lassen.

4. Maschenwechsel. Wenn nach einer rechten Masche eine linke folgt, den Faden vor die Arbeit führen.

Glatt rechts

Glatt links

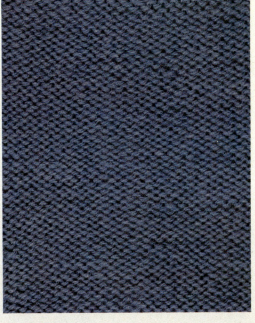

Das Foto links zeigt die am häufigsten angewandte Grundstichart. Die Hinreihe erfolgt in rechten Maschen, die Rückreihe in linken Maschen. Die rechte Abbildung zeigt die Rückseite der Arbeit, die als glatt links bezeichnet wird. Sofern Hin- und Rückreihe nur mit rechten Maschen gearbeitet werden, bezeichnet man dies als kraus rechts.

Stricken

Technik

Nachdem Sie nun mit den beiden Grundmaschen umzugehen wissen, sind Sie schon in der Lage, ein gerades Strickstück, wie einen Schal oder ähnliches, anzufertigen.
Wenn sich aber ein Strickstück verbreitern oder verschmälern soll, müssen Maschen zu- bzw. abgenommen werden. Diese Technik sowie das Abketten, Garn ansetzen oder das Verbessern von Fehlern usw. zeigen die folgenden Seiten.

Fallengelassene Maschen

Wenn Sie nach einigen Reihen merken, daß eine Masche von der Nadel gefallen ist, müssen Sie nicht gleich das Ganze auftrennen. Erst kann man versuchen, diesen Fehler durch Aufhäkeln zu beheben (siehe Abb. unten) oder auch durch Aufstricken. Schwieriger ist es allerdings, wenn Sie ein Muster oder mit mehreren Farben stricken. Dann allerdings heißt es auftrennen.

Rechte und linke Maschen hochhäkeln

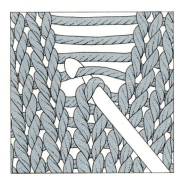

Handelt es sich um eine Rechtsmasche (Abb. links), so nimmt man die gefallene Masche auf eine Häkelnadel und zieht, von unten nach oben arbeitend, immer je einen der stehengebliebenen Querfäden durch die Masche, bis man am oberen Rand angelangt ist. Die Masche wird auf die linke Nadel genommen und abgestrickt.
Bei Linksmaschen (Abb. rechts) verfährt man im Prinzip ebenso. Der Querfaden muß aber hier vor der auf die Häkel- oder Stricknadel genommenen Fallmasche liegen. Er wird Reihe für Reihe nach oben gezogen.
Außerdem kann man einen Fehler auch durch Aufstricken beheben. Die heruntergefallene Masche und der darüberliegende Querfaden werden auf die rechte Nadel genommen und die Masche mit Hilfe der linken Nadel über den Querfaden gezogen. Dann geschieht dasselbe mit dem nächsten Querfaden und so fort, bis man am oberen Rand angelangt ist.

Fehler ausbessern

Wenn Sie in der Vorreihe Ihrer Strickarbeit einen Fehler entdecken, brauchen Sie nicht die ganze Reihe auftrennen, sondern lassen die Masche unmittelbar darüber fallen; dann die rechte Nadel durch die Masche und unter den Querfaden ziehen, Masche mit der linken Nadel abheben, über den Querfaden ziehen und fallen lassen. Wenn der Fehler jedoch weiter unten liegt, müssen Sie das Gestrickte auftrennen. Wie das gemacht wird, zeigen die Abbildungen oben.

Rechte Maschen auftrennen

Den Faden hinten halten, eine Masche nach der anderen von links nach rechts aufnehmen und den Faden herausziehen.

Linke Maschen auftrennen

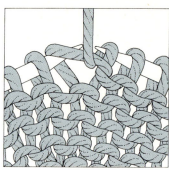

Den Faden vorne halten, eine Masche nach der anderen von links nach rechts abheben und den Faden herausziehen.

Abketten

Mit dem Abketten wird eine Strickstück beendet. Das Abketten sollte möglichst lose und elastisch geschehen, damit der abgeschlossene Rand noch dehnbar bleibt. Für das Abketten gibt es zwei Methoden: durch Überziehen oder durch Zusammenstricken. Abketten durch Überziehen ist die gebräuchlichste.

Rechte Maschen abketten

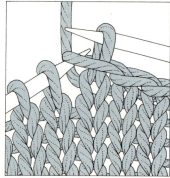

Die erste und zweite Masche abstricken. Dann mit der linken Nadel von links nach rechts in die erste Masche einstechen und diese über die zweite ziehen. Die dritte Masche stricken, über die zweite ziehen usw.

Linke Maschen und Rippenmuster abketten

Linke Maschen werden ebenso wie rechte abgekettet, nur daß sie vorher links gestrickt werden.
Bei einem Rippenmuster muß stets entsprechend dem Muster abgekettet werden (rechte Masche rechts, linke Masche links). Sonst kann sich die Rippe am Rand nicht ausdehnen. Das gilt sinngemäß auch für das Einstricken von Knopflöchern im Rippenmuster.

Technik

Garn ansetzen

Am besten ist es, einen neuen Garnknäuel am Anfang einer Reihe zu beginnen. Die beiden Garnenden kann man hängen lassen oder leicht verknüpfen und später vernähen. Im Verlauf einer Reihe werden beide Fadenenden halbiert, je eine Hälfte von beiden Enden zusammengedreht (siehe Abb.) und so einige Maschen gestrickt. Die anderen Fadenhälften werden ebenfalls später auf der linken Seite vernäht.

Abnehmen

Um Ihrer Strickarbeit die gewünschte Form zu geben, sind entsprechende Abnahmen unerläßlich. Die zwei grundlegenden Arbeitsweisen werden anschließend erklärt: Abnehmen durch Zusammenstricken oder durch Überziehen.

2 Maschen rechts zusammenstricken

Die rechte Nadel wie zu einer rechten Masche in 2 Maschen einstechen, Arbeitsfaden holen und zu einer Masche stricken.

2 Maschen links zusammenstricken

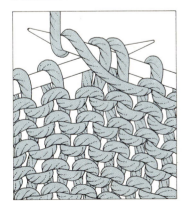 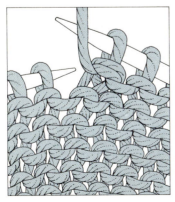

Die rechte Nadel von rechts nach links in 2 Maschen einstechen, Arbeitsfaden zur Schlinge holen und zu einer Masche stricken.

2 Maschen rechts überzogen

1 Masche wie beim Rechtsstricken mit der rechten Nadel abheben; Faden liegt hinter der Arbeit.
Die folgende Masche rechts stricken, dann mit der linken Nadel in die gehobene Masche von links nach rechts einstechen, über die gestrickte rechte Masche ziehen und von der linken Nadel gleiten lassen.

2 Maschen links überzogen

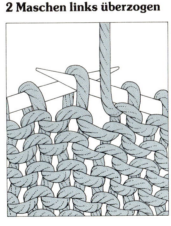

1 Masche wie beim Linksstricken mit der rechten Nadel abheben; Faden liegt vor der Arbeit.
Die folgende Masche links stricken, dann mit der linken Nadel in die gehobene Masche von links nach rechts einstechen, über die gestrickte Masche ziehen und von der linken Nadel gleiten lassen.

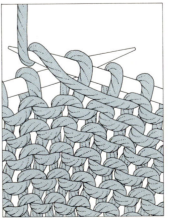 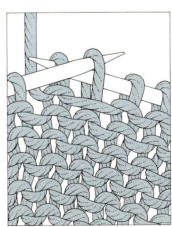

77

Stricken

Zunehmen

Zunehmen heißt, die Zahl der Maschen vergrößern, um das Strickstück an bestimmten Stellen zu formen. Dafür gibt es verschiedene Methoden: Das unsichtbare Zunehmen, bei dem aus einer Masche zwei gestrickt werden und das kein Loch hinterläßt; das Zunehmen durch Aufstricken, das aus dem Querfaden geschieht, und das Zunehmen durch Hochziehen, bei dem eine Masche aus der Vorreihe aufgenommen und dann abgestrickt wird. Diese Art des Zunehmens ist ebenfalls wenig sichtbar; allerdings verlaufen die Maschen dabei schräg. Außerdem gibt es noch das dekorative Zunehmen durch Aufstricken, das Sie auf der rechten Seite sehen und das besonders bei Spitzenmustern Verwendung findet.

Zunehmen durch Hochziehen

Bei rechten Maschen. Mit der rechten Nadel die Schlinge unter der nächsten Masche hochziehen;

Faden holen, erst die Schlinge und dann die Masche selbst rechts abstricken.

Aus einer Masche zwei arbeiten

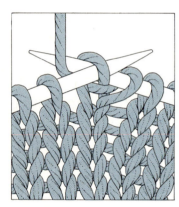 

Bei rechten Maschen. Die Masche erst rechts abstricken, jedoch nicht von der Nadel gleiten lassen, sondern von hinten eine zweite rechts verschränkt herausstricken. Die fertige Zunahme siehe rechts.

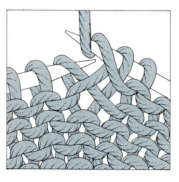 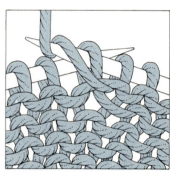

Bei linken Maschen. Mit der rechten Nadel die Schlinge unter der nächsten Masche hochziehen;

Faden holen, erst die Schlinge und dann die nächste Masche links abstricken.

Zunehmen durch Aufstricken

Bei rechten Maschen. Die linke Nadel von vorne unter den Querfaden zwischen 2 Maschen führen, dann in die Rückseite des Fadens einstechen und rechts verschränkt abstricken. Durch das Verschränken der Masche ist die Zunahme fast nicht zu sehen.

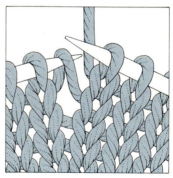

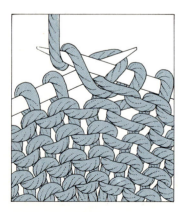 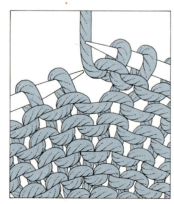

Bei linken Maschen. Die Masche erst links abstricken, jedoch nicht von der Nadel gleiten, sondern von hinten eine zweite links verschränkt herausstricken. Die fertige Zunahme siehe rechts.

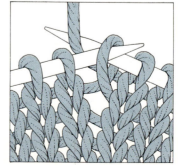 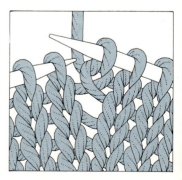

78

Technik

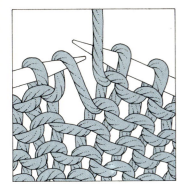

Bei linken Maschen. Die linke Nadel von vorne unter den Querfaden zwischen 2 Maschen führen, dann in die Rückseite des Fadens einstechen und links verschränkt abstricken. Reihe fortsetzen.

Zunehmen durch Umschlag

Diese Methode des Zunehmens, bei dem ein Loch entsteht, wird nicht nur für praktische Zwecke, wie Knopflöcher, sondern vor allem bei Spitzen- und ähnlichen dekorativen Mustern verwendet. Das Babyjäckchen links unten ist ein hübsches Beispiel für diese Art.

Umschlag bei rechten Maschen

Den Arbeitsfaden um die rechte Nadel legen und die nächste Masche rechts abstricken. Der Umschlag und die Masche sind auf der rechten Nadel. Die Reihe beenden. In der folgenden Rückreihe den Umschlag links in gewohnter Weise abstricken.

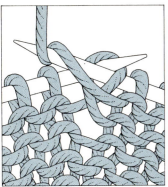 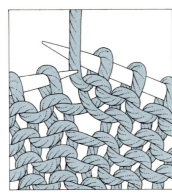

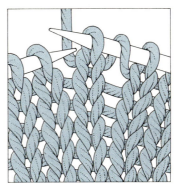 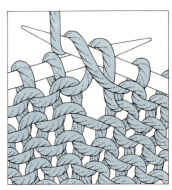

Dieses hübsche Babyjäckchen ist ein Beispiel für das dekorative Zunehmen durch einen Umschlag, der eine zusätzliche Masche ergibt, die in der folgenden Reihe mit abgestrickt wird. Sofern Sie diese Maschen nicht verschränkt abstricken, ergeben sie ein Lochmuster.

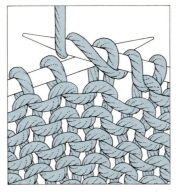

Umschlag bei linken Maschen

Den Arbeitsfaden um die rechte Nadel legen und die nächste Masche links abstricken. Der Umschlag und die Masche sind auf der rechten Nadel. Die Reihe beenden. In der folgenden Rückreihe den Umschlag rechts in gewohnter Weise abstricken.

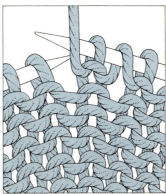 

79

Einfache Muster

Nachdem Sie nun die Grundmaschen sowie die verschiedenen Arten des Zu- und Abnehmens kennengelernt haben, können Sie die folgenden Muster, die sich aus dem regelmäßigen Wechsel der Maschen oder aus gekreuzten Maschen ergeben, ohne weiteres nachvollziehen. Außerdem sehen Sie auf der rechten Seite, wie die verschiedenen Arten von Knopflöchern gearbeitet werden und wie Sie für eine Blende um einen Ausschnitt oder ähnliches neue Maschen aufnehmen.

Einfaches Zopfmuster

Rechts gedrehter Zopf. 3 Maschen auf einer Hilfsnadel vor der Arbeit stillegen, die nächsten 3 Maschen stricken, dann die von der Hilfsnadel.

Links gedrehter Zopf. 3 Maschen auf einer Hilfsnadel hinter der Arbeit stillegen, die nächsten 3 Maschen stricken, dann die von der Hilfsnadel.

Gekreuzte Maschen

Für Zopf-, Flecht- oder Wabenmuster werden eine Masche oder ganze Maschengruppen gekreuzt. Sofern Sie mehr als drei Maschen kreuzen, benötigen Sie eine Hilfs- oder Zopfmusternadel, wie sie auf Seite 72 abgebildet ist. Die Hilfsnadel sollte in etwa die Stärke der Arbeitsnadeln haben, in keinem Fall aber viel dicker sein, da sich sonst die Maschen ausweiten. Kreuzmaschen ergeben einen gedrehten Effekt. Die Drehrichtung ist davon abhängig, ob die Maschen vor oder hinter die Arbeit gebracht werden. Weitere Muster mit gekreuzten Maschen finden Sie auf den Seiten 88/89.

2 rechtsgestrickte Maschen kreuzen

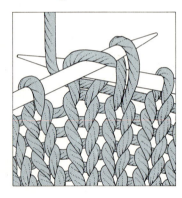 

Die zweite Masche auf der linken Nadel rechts abstricken; die Masche aber nicht von der Nadel gleiten lassen. Dann die erste, also die übersprungene Masche rechts abstricken und nun beide Maschen zusammen von der Nadel gleiten lassen.

2 linksgestrickte Maschen kreuzen

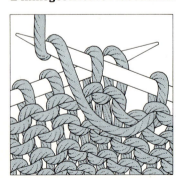 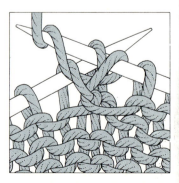

Die zweite Masche auf der linken Nadel links abstricken; die Masche aber nicht von der Nadel gleiten lassen. Dann die erste, also die übersprungene Masche links abstricken und nun beide Maschen zusammen von der Nadel gleiten lassen.

Noppenmuster

Eingestrickte Noppen wirken sehr dekorativ, besonders in Verbindung mit einem Zopfmuster. Sie können in der Größe selbstverständlich verschieden sein und sollten nicht üppig verwendet werden.

So stricken Sie Noppen

1. Für die Noppe zuerst 1 Masche rechts verschränkt aus einer Masche der Vorreihe herausstricken und langziehen. Die abgestrickte Masche nicht von der linken Nadel gleiten lassen.
2. Anschließend 1 Masche rechts aus der gleichen Masche herausstricken und wie die vorhergehende Masche wieder langziehen.
3. Den Arbeitsgang 3mal abwechselnd wiederholen. Die Masche von der linken Nadel gleiten lassen, die Schlingen auf diese Nadel zurücksetzen und rechts verschränkt zusammenstricken.
4. Wenn es Schwierigkeiten macht, die Schlingen mit der Stricknadel abzustricken, können Sie auch mit einer Häkelnadel den Faden zur Masche durchholen.

Technik

Knopflöcher

Viele Stricksachen benötigen Knopflöcher. Es gibt drei Arten: Das waagerechte und senkrechte Knopfloch, das meist für Jacken und Westen verwendet wird, und das runde Knopfloch, das sich für Babysachen und kleine Knöpfe eignet. Jedes Knopfloch sollte mit der Größe des Knopfes übereinstimmen. Zusätzlich kann das eingestrickte Knopfloch zur Verstärkung noch mit Schrägstichen umnäht werden.

Waagerechtes Knopfloch

Die der Knopfgröße entsprechende Anzahl Maschen abketten und in der nächsten Reihe die gleiche Maschenanzahl über den vorher abgeketteten wieder anschlagen.

Senkrechtes Knopfloch

Die Arbeit wird am unteren Ende des Knopfloches geteilt und eine Seite bis zur entsprechenden Höhe fertiggestellt. Mit einem neuen Faden die zweite Seite hochstricken. Dann wieder über die volle Breite arbeiten.

Rundes Knopfloch

Dies ist die einfachste und schnellste Methode, ein Knopfloch zu arbeiten. An der gewünschten Stelle einen Umschlag machen, dann zwei Maschen zusammenstricken. In der Rückreihe den Umschlag als Masche abstricken.

So wird ein rundes Knopfloch gestrickt

Runde Knopflöcher für Banddurchzug

Runde eingestrickte Knopflöcher eignen sich auch als Ösen für Bänder oder Kordeln. Sie werden in regelmäßigen Abständen, wie oben beschrieben, waagerecht in das Strickstück eingearbeitet. Bei Baby- und Kindersachen ein hübscher und praktischer Effekt.

Neue Maschen aufnehmen

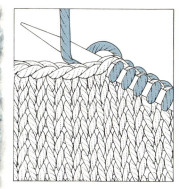
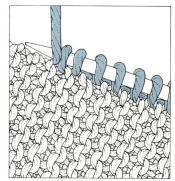

Bei abgeketteten Rändern. Strickstück mit der linken Hand halten. Auf der rechten Seite mit der Nadel unter der Randmasche von vorne nach hinten einstechen, Faden wie für rechte Masche holen, diesen auf die rechte Seite ziehen.

Bei festen Kanten. Strickstück mit der linken Hand halten. Auf der rechten Seite mit Hilfe einer Häkelnadel unterhalb der Kante von vorne nach hinten einstecken, Faden holen, zur Schlinge durchziehen und diese auf die Nadel geben.

Mit verschiedenen Farben stricken

Mehrfarbige Stricksachen sind heute besonders aktuell. Und es macht großen Spaß, seine Lieblingsfarben auszuwählen und geschmackvoll miteinander zu schönen Mustern zu verstricken. Die Technik ist schnell zu erlernen. Die Strickart selbst ist fast immer glatt rechts, und die zweite Farbe wird, bei häufigem Wechsel, auf der Rückseite der Arbeit locker mitgeführt oder eingewebt. Außerdem lassen sich mit einer Kontrastfarbe einzelne Motive, wie z. B. der Baum auf der rechten Seite, einstricken.

Farbwechsel

Bei Streifen, Norweger- oder Jacquard-Mustern wird die Farbe häufig gewechselt, sowohl am Anfang als auch innerhalb einer Reihe. Die folgenden Abbildungen zeigen, wie dies ohne Mühe und mit einem sauberen Ergebnis zustande kommt.

Muster mit Hebemaschen

Am Anfang einer Reihe

1. Mit der rechten Nadel in die 1. Masche einstechen. Dann eine Masche mit dem alten und neuen Garn stricken.
2. Das alte Garn nach hinten hängenlassen und 2 Maschen mit dem doppelten neuen Garn stricken.
3. Das kurze Ende des neuen Garns nach hinten fallenlassen, wie gewohnt weiterstricken.

Während des Strickens

1. Das alte Garn nach hinten hängen lassen. Mit der rechten Nadel in die nächste Masche einstechen, das neue Garn um die rechte Nadel schlingen und 1 Masche stricken.
2. Mit doppeltem neuem Garn 2 Maschen stricken.
3. Das kurze Ende des neuen Garns nach hinten fallenlassen und wie gewohnt weiterstricken.

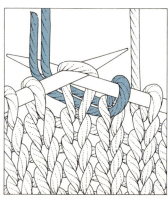

Vorderseite. Die zweite Farbe hinter der Arbeit mitführen, 1 Masche rechts stricken, 3 Maschen links abheben, 1 stricken usw.

Rückseite. Die zweite Farbe auf der Arbeitsseite mitführen, 1 Masche links stricken, 1 abheben, 3 Maschen links stricken usw.

Technik

Zweite Farbe mitführen

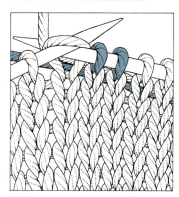

Sofern zwei Farben in derselben Reihe im ständigen Wechsel gebraucht werden, kann die jeweils nicht verstrickte Wolle auf der Rückseite locker mitgeführt werden. Allerdings sollte der Farbwechsel nach wenigstens 4 oder 5 Maschen erfolgen. Das Mitführen der Wolle ergibt ein warmes, dickes Gestrick.

Einweben in rechte und linke Maschen

Die Technik des Einwebens sollte dann verwendet werden, wenn der Farbwechsel nach mehr als 5 Maschen erfolgt.
Beide Garnfarben liegen hinter der Arbeit, Farbe B über dem linken Finger, A über dem rechten. Mit A eine rechte Masche stricken. Bei der nächsten und allen weiteren Maschen die Nadel einstechen und Farbe B über A auf die linke Seite bringen. Wieder mit A eine Masche stricken und Farbe B unterhalb halten.
Bei einer Linksreihe verfährt man entsprechend (s. Abb. unten), nur transportiert man die Fäden auf der Arbeitsseite des Strickstücks. Grundsätzlich läßt sich das Einweben beim Rundstricken gut anwenden, da es bei den Linksreihen entfallen kann.

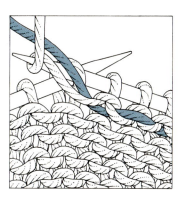
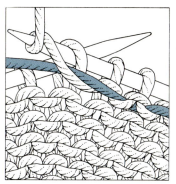

Einstrickmuster

Links unten sehen Sie die Rasterzeichnung für den eingestrickten Baum. Jedes Kästchen entspricht einer Masche. Die leeren Quadrate stehen für die Grundfarbe, die ausgemalten für die zweite Farbe oder weitere. Die nicht benötigte Farbe wird eingewebt.

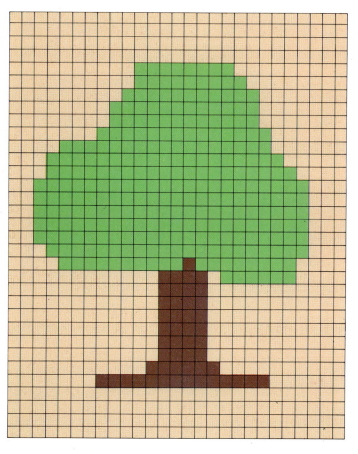

83

Beginn einer Arbeit

Oft regen schicke Modefotos zum Kauf von Wolle und Nadeln an. Aber bedenken Sie: Nicht alles, was an einem Fotomodell schick aussieht, ist auch für Sie kleidsam, und bevor das Modell fertiggestellt ist, hat die Mode vielleicht schon wieder gewechselt.

Dann war alle Mühe umsonst. Also verzichten Sie lieber auf modische Eintagsfliegen. Suchen Sie Farben aus, die zu Ihren Kleidern passen. Jeder Mensch hat seine Grundfarben. Der eine bevorzugt Brauntöne, der andere schwärmt für Blau. Und immer wieder kommen diese Farben auch in der Grundgarderobe vor. Lassen Sie sich also nicht von einer verlockenden Farbe verführen, wenn sie nicht in Ihren Kleiderschrank paßt. Nehmen Sie sich nicht zuviel vor. Wenn Sie noch Anfängerin mit Nadel und Wolle sind, dann wäre es schade, wenn Sie sich durch zu schwierige Handarbeiten entmutigen ließen.

Halten Sie sich genau an die Arbeitsanleitungen. Lesen Sie die gesamte Arbeitsanleitung vor Beginn der Arbeit durch und halten Sie alle nötigen Dinge bereit.

Gehen Sie bei Ihren Arbeiten Schritt für Schritt vor. Versuchen Sie nicht, möglichst schnell fertigzuwerden. Bei unnötiger Eile schleichen sich gern Fehler ein.

Kaufen Sie alle Wolle, die Sie für ein Modell benötigen, auf einmal ein. Und achten Sie darauf, daß die Knäuel alle aus dem gleichen Farbbad kommen, sonst kann es Abweichungen im Farbton geben. Wenn Sie noch nie irgendeine Strickarbeit gemacht haben, dann versuchen Sie sich erst mit Wollresten beim Musterstricken. Sie können auch mit hübschen Baumwollgarnen Musterproben arbeiten und daraus dann kleine Decken zusammensetzen.

Wenn Sie zwei verschiedene Wollfarben verarbeiten möchten, achten Sie darauf, daß beide Garne möglichst die gleichen Pflegebedürfnisse haben.

Maschenprobe

Fangen Sie keine Arbeit ohne Maschenprobe an. Ohne Maschenprobe geht es nun einmal nicht. Arbeiten Sie im Grundmuster ein Quadrat von 12 Zentimeter Seitenlänge und spannen Sie das Stück auf. Jetzt erst können Sie auszählen, und zwar in einer Höhe und Breite von je 10 Zentimetern. Stimmen die Anzahl der Reihen und Maschen mit denen in der Arbeitsanleitung überein, so können Sie sich genau danach richten. Ist die Maschenprobe zu klein, stricken Sie sehr fest. Nehmen Sie dickere Nadeln und arbeiten Sie eine zweite Probe. Umgekehrt bei zu großen Stücken: Probieren Sie's mit dünneren Nadeln. Wenn alles nicht hilft, müssen Sie die Maschenzahl selbst berechnen. Heben Sie die Maschenprobe während der ganzen Arbeit auf, dann können Sie immer nachzählen! Und so berechnen Sie die erforderliche Maschenzahl:

Wenn Ihre Maschenprobe bei zehn Zentimeter im Quadrat 20 Maschen für die Breite und 30 für die Höhe ergab, müssen Sie für einen 50 Zentimeter breiten Pulloverrücken 5mal 20 Maschen, also 100 Maschen anschlagen. Randmaschen nicht vergessen!

Beträgt die Höhe bis zum Armloch 40 Zentimeter, müssen Sie viermal 30, also 120 Reihen stricken. Halsausschnitt, Ärmelweite und -schrägung sowie die Abnahmen für die Schulter errechnen Sie nach demselben Schema.

Schnittberechnung

Bevor Sie sich entscheiden, in welcher Größe Sie ein Modell arbeiten wollen, sollten Sie erst Maß nehmen. Denn nicht immer stimmen die Konfektionsgrößen, die Sie beim Einkauf benützen, mit denen der Strickanleitungen überein. Größe 38 ist nicht immer die gleiche Größe. Das haben Sie sicher auch schon beim Einkaufen festgestellt. Ehe Sie anfangen, ein Modell zu stricken, stellen Sie erst fest, wo Ihre Maße von der genormten Größe abweichen. Haben Sie z. B. längere Ärmel, müssen Sie das jeweils berücksichtigen.

Wichtig: Allen Angaben liegen die Maschenproben zugrunde, die Sie in den Arbeitsanleitungen finden. Auch wenn Sie ein anderes als das jeweils vorgeschlagene Material verwenden wollen, ist eine Maschenprobe dringend erforderlich, da sich die Maße, mit einer anderen Wolle gestrickt, erheblich verändern können.

Meist finden Sie den für Sie passenden Schnitt in Form einer kleinen Schemazeichnung bei der Arbeitsanleitung. Damit Sie während der Arbeit immer wieder diesen Schnitt mit dem Gestrickten vergleichen können, fertigen Sie sich einen originalgroßen Schnitt aus Papier an. Tragen Sie mit Rotstift die Maschenzahlen, Zunahmen, Abnahmen usw. in den Schnitt ein. Diese Angaben erleichtern die Arbeit sehr. Sie brauchen nun nicht mehr ständig in der Arbeitsanleitung nachzulesen, was als nächstes zu tun ist.

Schnittveränderung

Paßt der vorgegebene Schnitt in der Größe nicht, können Sie ihn einfach verändern. Wollen Sie ihn vergrößern, schneiden Sie den Schnitt senkrecht und waagrecht in der Mitte durch. Schieben Sie die Teile jetzt so lange auseinander, bis die Maße stimmen, und kleben Sie sie auf ein neues Papier. Wollen Sie den Schnitt verkleinern, falten Sie die überflüssige Weite einfach waagrecht und senkrecht weg. Mit einem Stück Klebestreifen fixieren. Sie können das Problem, zu großer

Beginn einer Arbeit

oder zu kleiner Schnitt, auch rechnerisch lösen.

Anhand eines Beispiels sehen Sie, wie man ein Modell auf eine andere Größe umrechnen kann: Ein Pullunder ist für Größe 34 und 38 ausgerechnet. Sie benötigen Größe 44. Bei diesem Pullunder wird nach dem Bündchen zugenommen, richten Sie sich zuerst nach der Maschenzahl, die für das Grundmuster angegeben ist: Gr. 34 = 93 Maschen; Gr. 38 = 101 Maschen. Die Differenz zwischen beiden Größen beträgt 8 Maschen. Diese müssen Sie bis zur übernächsten Größe, nämlich Größe 42, hinzuzählen = 109 Maschen; bis Gr. 44 brauchen Sie dann noch einmal die Hälfte davon, nämlich 4 Maschen = insgesamt 113 Maschen. Bei diesem Modell wird für das Grundmuster nach dem Bündchen jede 2. Masche verdoppelt, teilen Sie nun die Grundmustermaschenzahl 113 durch 3 (= 37) und ziehen ein Drittel von den 113 Maschen ab. Damit haben Sie die Maschenzahl für das Bündchen: nämlich 76. Arbeiten Sie mit den neuen Maschenzahlen der Arbeitsanleitung entsprechend das Modell. In der Länge geben Sie bis zu den Halsausschnitten 1–2 cm zu, bei der Armausschnitthöhe die gleiche Zentimeterzahl. Die zuviel vorhandenen 12 Maschen verteilen Sie so: Je 3 Maschen bei den Armausschnitten, je 2 Maschen bei den Schultern und 2 beim Halsausschnitt mehr abnehmen. Ist der Größenunterschied zwischen dem beschriebenen und gewünschten Modell nicht so groß, verteilen Sie die zusätzlichen Maschen nur gleichmäßig auf Armausschnitte und Schultern. Die Erweiterung von Ärmeln wird im Prinzip genauso errechnet.

Der eigene Entwurf

Wenn Sie schon zu den fortgeschrittenen Strickerinnen oder Handarbeiterinnen zählen, können Sie natürlich auch eigene Modelle entwerfen. Das ist gar nicht so schwer. Machen Sie einen Schnitt nach ihren Maßen, suchen Sie sich ein schönes Muster und Garne heraus, die möglichst die gleichen Pflegeeigenschaften haben, und fertigen Sie eine Maschenprobe. Jetzt können Sie leicht ausrechnen, wie Sie arbeiten müssen.

Abkürzungen

Strickanleitungen in Worten können manchmal sehr lang ausfallen. In vielen Anleitungen werden deshalb Abkürzungen und Fachbegriffe gebraucht, die man kennen sollte.

abh.	abheben
abk.	abketten
abn.	abnehmen
Anf.	Anfang
anschl.	anschlagen
arb.	arbeiten
Hinr.	Hinreihe
li.	links
M.	Masche(n)
Mstr.	Muster
R.	Reihe(n)
Rd.	Runde(n)
re.	rechts
Rdm.	Randmaschen
Rückr.	Rückreihe
str.	stricken
überz.	überziehen
Umschl.	Umschlag
verschr.	verschränkt
wiederh.	wiederholen
zun.	zunehmen
zus.str.	zusammenstricken
( )	Maschenfolge in Klammern so oft wiederholen, wie nach der Klammer angegeben
[ ]	verschiedene Größen
Rapport	Anzahl der Maschen und Reihen, die ein Muster bilden
*	Wiederholungszeichen

Nach Symbolen arbeiten

Strickmuster lassen sich auch grafisch darstellen. Dieses Verfahren empfiehlt sich besonders bei komplizierten Mustern (z. B. Norwegermustern). Jedes Feld (Karo) der Musterzeichnung entspricht einer Masche, jede Reihe einer Reihe im Strickobjekt. Aufgezeichnet wird stets von unten nach oben, und zwar in der ersten Reihe (Hinreihe) von rechts nach links, in der zweiten Reihe (Rückreihe) von links nach rechts – und sofort. Eine ganz bestimmte »Strickschrift« gibt es nicht. Damit Sie die Muster auf den nun folgenden Seiten nacharbeiten können, sollten Sie sich die Tabelle mit den Symbolen genau ansehen. Sie können sich auch leicht eigene Musterzeichnungen Karo- oder Millimeterpapier anfertigen.

Symbole für die Strickschriften
(Seite 86–97)

*	Randm.
O	1 M. re.
●	1 M. li.
□	1 M. re. verschr.
■	1 M. li. verschr.
⋈	1 M. abh.
⋈	1 M. li. abh., Faden hinter der Arbeit
⋈	1 M. li. abh., Faden vor der Arbeit
+	Umschl. (1 zusätzliche Masche) zunehmen
�	Umschl. und 1 M. li. abh.
◇	2 M. re. zus. str.
◆	1 M. abh., 1 M. re., überz.
›	2 M. li. zus. str.
‹	2 M. li. verschr. zus. str.
☆☆	3 M. li. zus. str.
◢	1 M. abh., 2 M. re. zus. str., überz.
◣	2 M. abh., 2 M. re. zus. str., überz.
▽	3 facher Umschl., mit nächster M. abstr.
▼	1 M. re., Umschl. von vorne, 1 M. re.
-	abketten
⌀	Noppe: 1 M. re., 1 Umschl., 1 M. re., Umschl., 1 M. re., wenden; 5 M. li., wenden; 5 M. re., 4 M. abh., 3., 2. und 1. M. überz. (1 M.)

⌇	3 M. nach links kreuzen (1 M. auf Hilfsn. vor die Arbeit)
⌇	3 M. nach rechts kreuzen (2 M. auf Hilfsn. hinter die Arbeit)
⌇	3 M. nach rechts kreuzen (1 M. auf Hilfsn. hinter die Arbeit)
⌇	4 M. nach links kreuzen (2 M. auf Hilfsn. vor die Arbeit)
⌇	4 M. nach rechts kreuzen (2 M. auf Hilfsn. hinter die Arbeit)
⌇	3 M. nach rechts kreuzen (1 M. auf Hilfsn. hinter die Arbeit)
⌇	3 M. links kreuzen (2 M. auf Hilfsn. vor die Arbeit)
⌇	10 M. nach rechts kreuzen (5 M. auf Hilfsn. hinter die Arbeit)
⌇	10 M. nach links kreuzen (5 M. auf Hilfsn. vor die Arbeit)
⌇	6 M. nach rechts kreuzen (3 M. auf Hilfsn. hinter die Arbeit)
⌇	6 M. nach links kreuzen (3 M. auf Hilfsn. vor die Arbeit)

Stricken

Muster

Strickmuster kann man gar nicht genug kennen! Jedes in diesem Kapitel vorgestellte Muster ist durch die entsprechende Maschen- und Reihenzahl sowie eine Strickschrift erläutert, die jeweils einen vollständigen Mustersatz zeigt. Die Randzahlen geben die entsprechenden Hin- und Rückreihen an. Man beginnt immer unten, also bei Reihe 1, zu lesen. Den Schlüssel für die Symbole finden Sie auf Seite 85.

Auf diesen Seiten sehen Sie Kombinationen aus rechten und linken Maschen. Sie sind gerade für Anfänger ideal, da sie noch kein allzu großes Können voraussetzen. Die Muster ergeben eine dichte Struktur.

Schmale Rippen: 2 M. + 1 (wiederh.) und 2 R.

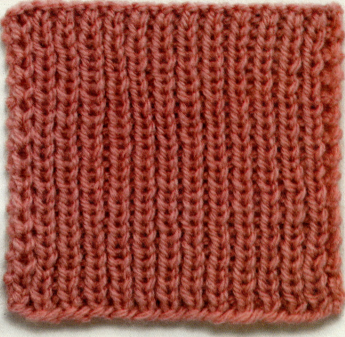

Waagrechte Rippen: M. nach Belieben und 8 R.

Großes Perlmuster: 2 M. und 4 R.

Irische Muster

Zur traditionellen irischen Strickerei gehören verschiedene Zopfmuster, Wabenmuster und Noppen. Sie sehen auf rustikalen Pullovern, Jacken oder Pullundern besonders schön aus. Das geeignete Material: naturfarbene Wolle. Die Stricktechnik wird auf Seite 80 erklärt.

Rhombenmuster: 18 M. und 20 R.

Noppenmuster: 20 M. + 1 (wiederh.) und 12 R.

Wabenmuster: 8 M. und 8 R.

Muster

Vierfacher Zopf: 30 M. und 12 R.   **Honigwaben:** 16 M. und 12 R.

»Sykomose«: 15 M. + 1 (wiederh.) und 6 R.   **Flechtzopf:** 19 M. und 8 R.

Stricken

Einfache Farbmuster

Auf diesen beiden Seiten sehen Sie die sehr beliebten Norweger-, Fair Isle- oder andere Muster, die mit zwei Farben gestrickt werden. Anhand der Zählmuster (1 Kästchen ist eine Masche) sind sie ohne Schwierigkeiten zu bewältigen. Das Grundmuster besteht aus rechten Maschen (Rückreihe linke Maschen). Wie Sie mit mehreren Wollknäueln arbeiten, können Sie auf Seite 82 nachschlagen.

Lilienmuster: 8 M. und 6 R.

Rautenmuster 1: 10 M. und 25 R.

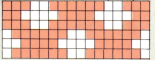

Rautenmuster 2: 12 M. und 18 R.

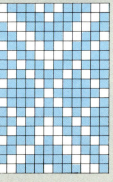

Muster

Karomuster: 8 M. und 8 R.

Treppenmuster: 5 M. und 10 R.

»Fries«: 4 M. und 18 R.

»Sägezähne«: 10 M. und 16 R.

Stricken

Lochmuster

Stricksachen, die mit Lochmuster versehen sind, wirken zart und luftig, besonders bei Verwendung von dünnem Garn und dünnen Nadeln. Für Baby- und Kinderkleidung, aber auch für Kissenbezüge, Bettüberwürfe etc. die idealen Muster (Technik siehe Seite 79 »Dekoratives Zunehmen«).

Flechtmuster: 12 M. und 4 R.

Kerzenmuster: 10 M. und 16 R.; Rückreihen li. M.

Durchbrochene Rauten: 10 M. und 16 R.; Rückreihen li. M.

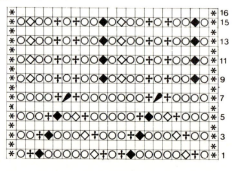

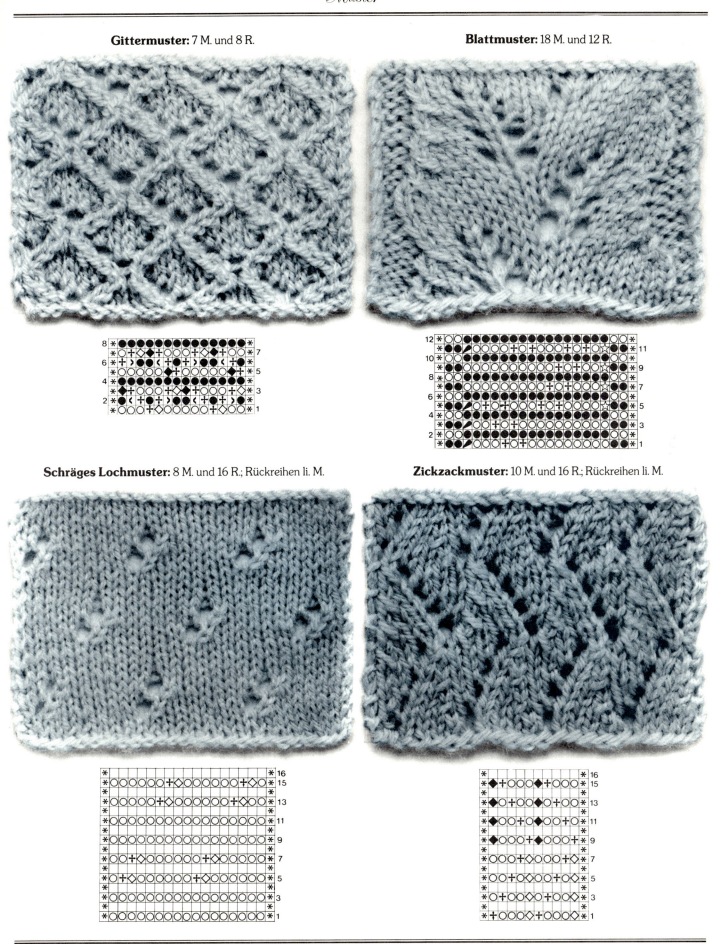

Farbmuster mit Hebemaschen

Ein bißchen verzwickt sehen sie aus, diese besonders dekorativen und sehr beliebten Muster. Dabei ist es eine simple Methode, zwei oder mehrere Farben hübsch miteinander zu verstricken. Die Muster entstehen durch das wechselseitige Stricken und Abheben von Maschen (siehe auch Seite 82). Die bei den Strickschriften neben der Reihenzahl stehenden Buchstaben (A, B und C) geben den Farbwechsel an.

Fangmuster 2: 6 M. (wiederh.) und 4 R.

Fangmuster 1: 8 M. (wiederh.) und 3.–18. R.

Fangmuster 3: 6 M. (wiederh.) und 3.–14. R.

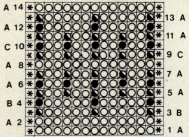

Muster

Florentiner Muster: 24 M. (wiederh.) + 2 und 12 R.

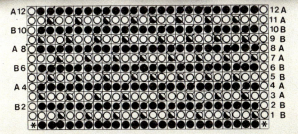

Rautenmuster: 6 M. (wiederh.) + 5 und 12 R.

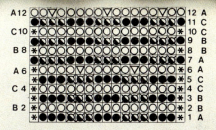

Mäandermuster: 10 M. + 2 (wiederh.) und 20 R.

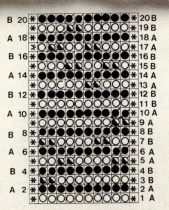

Zickzack-Bordüre: 6 M. (wiederh.) und 16 R.

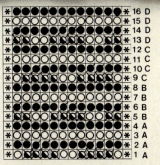

Spitzenmuster

Strickmuster für Ränder und Einfassungen sind meist sehr zart und durchsichtig. Die hier gezeigten, sehr dekorativen Vorschläge können sowohl den Abschluß einer Strickarbeit bilden (z. B. bei einer Decke) als auch mit Stoffen kombiniert werden. Beim Maschenanschlag sollten Sie darauf achten, daß er möglichst locker ausfällt, damit sich die Arbeit nicht wellt. Geeignete Garne: Seide, Lurex oder andere dünne Arten.

Durchbrochene Rauten: Anschlag 16 M. und 3.–22. R.

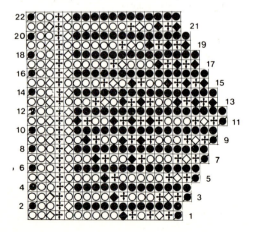

Spitzenmuster: Anschlag 16 M. und 14 R.

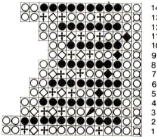

Rauten-Flechtmuster: Anschlag 13 M. und 20 R.

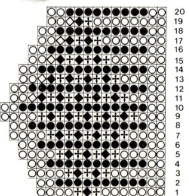

Muster

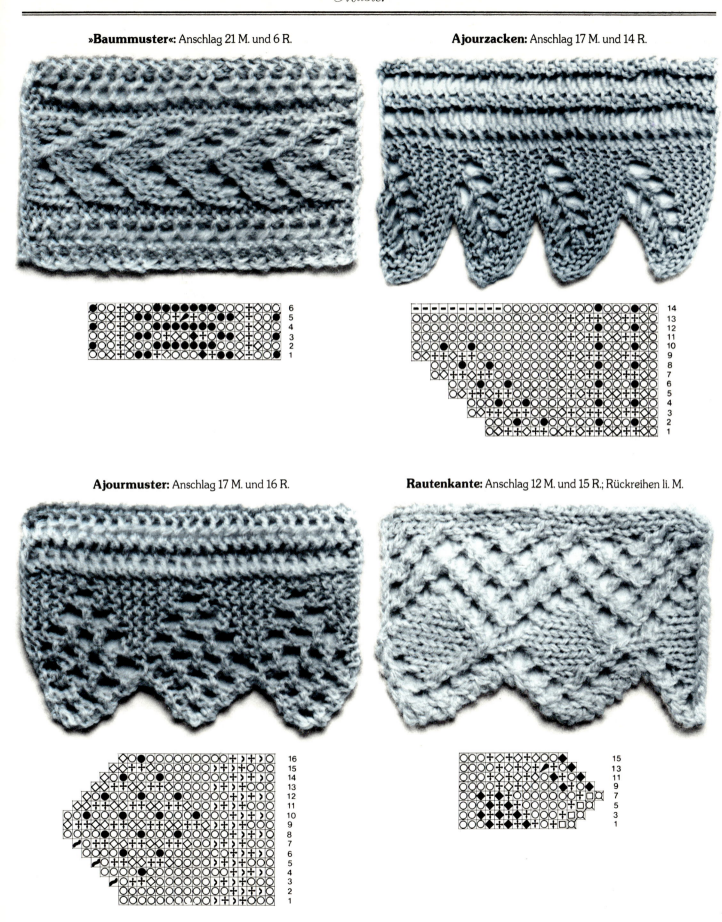

»Baummuster«: Anschlag 21 M. und 6 R.

Ajourzacken: Anschlag 17 M. und 14 R.

Ajourmuster: Anschlag 17 M. und 16 R.

Rautenkante: Anschlag 12 M. und 15 R.; Rückreihen li. M.

Fertigstellung

Viele Stunden vergehen, bis alle Einzelteile eines Modells fertiggestellt sind. Arbeiten Sie beim Zusammennähen genauso sorgfältig wie beim Stricken. Die Mühe lohnt sich. Denn eine häßliche Seitennaht, ein schlecht angesetzter Kragen oder Ringelstreifen, die nicht aufeinandertreffen, können das schönste Stück verderben. Lesen Sie deshalb auch das letzte Kapitel »Gute Tips« auf Seite 100.

Vernähen der Fäden

Während der Arbeit haben Sie sicher einige Male mit einem neuen Wollknäuel begonnen. Vernähen Sie jetzt an jedem Strickteil einzeln die heraushängenden Fäden. Wenn Sie immer am Rand mit dem neuen Faden begonnen haben, dann fädeln Sie den ersten der beiden heraushängenden Fäden auf eine dicke Stopfnadel und nähen ihn mit einfachen »Auf-und-Ab-Stichen« etwa 3 cm dem Rand entlang nach oben. Der noch heraushängende Faden wird abgeschnitten. Mit dem zweiten Faden verfahren Sie ebenso, nur vernähen Sie ihn nach unten am Rand entlang. Sollten Sie die Wollfäden einfach nur innerhalb der Arbeit verknotet haben – das ist nicht sehr hübsch und zeichnet sich immer im Strickstück ab –, dann versuchen Sie jetzt, den Knoten vorsichtig zu lösen und die beiden Fadenenden in die Rückseite des Stückes sauber einzunähen.

Spannen und Dämpfen

Jedes glatte Strickteil muß, wenn es fertig gestrickt ist, gedämpft werden. Stecken Sie das fertig gestrickte Teil mit der rechten Seite nach unten auf das Bügelbrett oder Bügeltuch mit Stecknadeln auf. Wenn Sie den originalgroßen Schnitt als Unterlage benutzen, können Sie genau sehen, wie weit Sie spannen müssen.
Stricken Sie nach einem Schemaschnitt, so müssen die aufgesteckten Strecken immer mit einem Maßband nachgemessen werden. Denn durch das Aufspannen kann das Strickstück leicht verzogen oder gedehnt werden. Zu klein gestrickte Teile werden durch Spannen und Dämpfen nicht größer. Die gedehnten Maschen gehen im Laufe der Zeit wieder in ihre ursprüngliche Form zurück!
Die Stecknadeln werden in gleichmäßigen kurzen Abständen nur in die Randmaschen eingesteckt. Dabei sollte sich das Teil nicht span-

Fertigstellung

nen, es entstehen sonst kleine Zipfel. Je geringer die Abstände sind, um so exakter wird die Kante. Rippenbündchen sollen nie gespannt werden!

Mit einem normalen, einfachen Bügeleisen sollten Sie nie direkt auf ein Strickstück gehen, es können Glanzstellen und plattgedrückte Maschen entstehen.

Nehmen Sie ein großes, sauberes Tuch (z. B. ein zerschnittenes Bettlaken oder ein großes Taschentuch) und feuchten es an. Legen Sie dieses Tuch auf das vorbereitete, gespannte Strickstück, und gehen Sie mit dem heißen Eisen mit leichtem Druck über das Tuch. Es entsteht feuchter, heißer Dampf, der ein geschlossenes, glattes Maschenbild herstellt. Das Tuch sollte so lange auf dem Strickstück liegen, bis beide Teile trocken sind.

Denken Sie daran: Auch wenn es jetzt langweilig erscheint, bis das Stück endlich fertig ist – die Mühe lohnt sich.

Zusammennähen

Schöne Nähte sind das Tüpfelchen auf dem i bei einem Strickstück! Sie entscheiden, ob das Stück schick oder hausbacken aussieht!
Als Garn können Sie den Strickfaden verwenden. Sofern er zu dick ist, sollten Sie ihn teilen. Außerdem können Sie Ihr Strickstück auch mit der Nähmaschine zusammennähen. Wie dies gemacht wird, steht auf Seite 101.

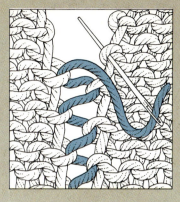

Nahtverbindung bei Knötchenrand

Abwechselnd ein Knötchen vom rechten und linken Rand mit der Nähnadel fassen und den Faden durchziehen.

Nahtverbindung bei Kettenrand

Jeweils 2 Maschenglieder des einen und des anderen Randes mit der Nähnadel fassen und mit Überwendlichstichen zusammennähen.

Waschen und Pflegen von Stricksachen

Wollfasern sind lebendige Fasern, sie vertragen, genau wie Menschenhaare, keine ruppige Behandlung. Werden sie zu heiß gewaschen, kräuseln sie sich stark und laufen ein. Durch zu starkes Reiben und Rubbeln verfilzen die Wollsachen.

Banderolen und Etiketten, die um Garn- und Wolldoggen gebunden sind, enthalten wichtige Informationen über deren Behandlung und Pflege. Nicht alle Symbole auf den Banderolen sind gleich. Darum geben wir hier einen kurzen Überblick.

Das Symbol einer Waschmaschine oder eines Waschzubers, versehen mit einer entsprechenden Temperaturangabe, weist auf die Pflegemöglichkeit des Garnes hin. Ist eine kleine Waschmaschine auf der Banderole zu sehen, kann man das Garn bzw. das fertige Stück in der Waschmaschine waschen. Gerade bei Kindersachen, die erfahrungsgemäß häufig gewaschen werden müssen, sollte man schon beim Garnkauf auf den Hinweis »waschmaschinenfest« achten.

Ist eine Waschschüssel oder ein Waschtrog abgebildet mit der Angabe 30°C, empfiehlt es sich, das selbstgefertigte Stück mit der Hand bei 30 Grad zu waschen (handwarm). Verwenden Sie zum Waschen eines der üblichen Wollwaschmittel. Lösen Sie das Pulver oder die Flüssigkeit ganz in lauwarmem, eher kaltem Wasser auf. Tauchen Sie dann das Strickstück in die Lauge und drücken Sie es mehrmals durch. Das Wasser mit dem Waschmittel umspült die Fasern und löst den Schmutz.

Ein großes P oder ein A innerhalb eines Kreises bedeutet, daß man das Garn auch reinigen lassen kann. Das P steht symbolisch für eine chemische Reinigung mit Perchloräthylen oder Benzin.

Ist auf der Banderole ein Bügeleisen zu sehen, bedeutet das, daß man das Garn oder die Wolle auch plätten oder dämpfen darf. Meist wird durch einen Punkt (kleinste Einstellung) oder mehrere Punkte auf dem Bügeleisen auch der Hitzegrad beim Bügeln angegeben. Ist das Bügeleisen durchgestrichen, darf das gestrickte Produkt in keinem Fall mit einem Bügeleisen Bekanntschaft machen.

Handarbeiten aus Baumwolle vertragen eine etwas robustere Behandlung. Die Garne, sofern sie sanforisiert – also einlaufgeschützt – sind, können bei höherer Wassertemperatur gewaschen werden. Weiße Baumwollsachen können Sie sogar kochen. Benützen Sie aber bei Baumwollsachen die Waschmaschine nur, wenn die Arbeiten nicht zu locker und luftig ausgeführt sind.

Spülen und Trocknen

Heben Sie das Wollstück vorsichtig aus der Lauge, drücken Sie es aus, wringen Sie nicht! Spülen Sie es mindestens dreimal in frischem kaltem Wasser schnell aus. Wenn Sie wollen, können Sie einen Weichspüler mit ins letzte Spülbad geben. Meist ist es aber nicht nötig, denn gute Wolle und Chemiefasern werden nach sorgfältiger Wäsche wieder wollig und weich. Nach dem Spülen legen Sie das ausgedrückte Wollstück auf ein Frotteetuch, wickeln es ein und drücken es aus. Dann legen Sie das Stück zum Trocknen flach in seiner normalen Form auf ein Frotteetuch.

Hängen Sie Wollsachen nie mit Klammern an die Wäscheleine, sie verziehen sich zu sehr. Und die Druckstellen von den Klammern sehen auch nicht schön aus. Lassen Sie Wollsachen nie in der Sonne oder am Ofen trocknen. Hitze schadet Faser und Farbe.

Sollten weiße Wollsachen doch einmal vergilbt sein, kann man sie mit Spezialmitteln aus der Drogerie wieder weiß machen.

Bügel und Dämpfen

Die meisten Strick- und Häkelsachen werden nach der Wäsche von allein so schön, daß man sie nicht zu bügeln braucht. Manchmal läßt sich das Bügeln aber nicht vermeiden. Beachten Sie dabei immer die Temperatur, die auf der Banderole Ihrer Wolle angegeben ist.

Mit einem feuchten Tuch auf dem Wollstück verbessern Sie den Erfolg des Bügelns wesentlich. Durch das Dämpfen vermeiden Sie Glanzstellen. Reliefmuster und gerippte Bündchen bügelt oder dämpf man normalerweise nicht. Sollte es aber doch einmal nötig sein, dann dämpfen Sie von der linken Seite auf einer Unterlage aus dickem Frottee. Und berühren Sie dabei kaum das feuchte Tuch. Der warme Dampf macht das Wollstück wieder glatt, nicht das Pressen mit dem heißen Eisen.

Seien Sie äußerst vorsichtig beim Bügeln von Synthetics und Mischfasern! Eine Falte, die Sie aus Versehen zu heiß eingebügelt haben, läßt sich nie wieder glattbügeln! Manche Chemiefasern verlieren außerdem ihre bauschige, wollige Struktur. Am besten, Sie bügeln diese Fasern überhaupt nicht. Sollte solch ein Pulli oder eine Jacke mal nicht glatt genug geworden sein, machen Sie das Teil einfach noch mal naß und legen Sie es klatschnaß auf ein Tuch zum Trocknen.

Aufbewahrung

Die sorgfältige Pflege beginnt schon bei der Aufbewahrung. Selbstgearbeitete Sachen, seien sie aus Wolle, Baumwolle oder Chemiefasern, sind locker und luftig gearbeitet. Daher können sie sich bei unsachgemäßer Behandlung leicht verziehen.

Hängen Sie gestrickte oder gehäkelte Sachen nie auf einen Kleiderbügel. Legen Sie die Jacken, Pullis oder Röcke glatt zusammen, und stapeln Sie nicht mehr als drei Stück übereinander.

Wenn Sie geruchlose Mottenstrips zu Ihren Wollsachen hängen, werden Motten keine Gefahr für die guten Stücke.

Flecken

Vor dem Waschen betupfen Sie die Flecken mit flüssigem Wollwaschmittel oder Fleckenwasser (Farbprobe nicht vergessen). So lösen sich die Flecken leicht im Waschprozeß. Sie können auch mit einem Baumwollfaden den Fleck vor der Wäsche markieren. Seien Sie aber sehr vorsichtig bei der Bearbeitung der Stelle, damit nichts verfilzt. Wenn ein Fleck sehr hartnäckig sein sollte, können Sie sich von Fachleuten, beispielsweise in Ihrer chemischen Reinigung, beraten lassen.

Gute Tips

Ehe Sie nun sicher ungeduldig auf die Modelle warten, noch ein paar gute Tips, damit nichts schief geht und Sie lange Freude an Ihren Stricksachen haben.

Verschiedene Nahtverbindungen

Strickteile lassen sich auch auf der Nähmaschine zusammennähen. Heften Sie die Nähte zuerst. Und legen Sie dann beim Nähen ein Nahtband unter, damit das Gestrick sich nicht verzieht. Schließen Sie als erstes die Schulternähte. Anschließend nähen Sie die Ärmel ein. Stecken Sie dazu – rechts auf rechts – die Ecken der Armausschnitte auf die Ecken an der Armkugel. Verteilen Sie die Armkugelweite gleichmäßig auf den Armausschnitt. Die Mitte der Armkugel sollte auf die Schulternaht treffen. Der Ärmel sollte im unteren Drittel – das heißt unter der Achsel – glatt auf dem Armausschnitt anliegen; im oberen Teil darf er etwas lockerer sein, um die Rundung besser herauszuarbeiten. Heften Sie die gesteckten Teile, bevor Sie sie mit Steppstichen zusammennähen.

Legen Sie das Stück mit der linken Seite nach außen vor sich auf den Tisch. Stecken Sie die Ecken der Ärmelbündchen, die Achselnähte und die unteren Bundkanten aneinander. Wieder heften. Danach führen Sie die Naht locker aus.

Auch zusammenhäkeln kann man Stricksachen. Man bekommt gerade, saubere Nähte. Die zusammengehäkelten Teile lassen sich auch mühelos wieder aufziehen, wenn man etwas ändern möchte. Benützen Sie einen gleichfarbigen, aber etwas dünneren Arbeitsfaden. Legen Sie die Teile rechts auf rechts und häkeln Sie nun mit festen Maschen durch die Randmaschen beider Teile (siehe auch Kapitel »Häkeln« Seite 32).

Reißverschluß einnähen

Einen Reißverschluß in Wollsachen einzusetzen, erscheint schwierig. Sie können dieses Problem meistern, wenn Sie folgendes beachten:

Heften Sie vor dem Einsetzen des

Reißverschlusses auf der Rückseite des Strickstückes zwei Streifen dünnen Stoff.
Dann heften Sie den Reißverschluß ein. Schieben Sie dazu das Arbeitsstück z.B. über ein Bügelbrett, dann heften Sie nicht aus Versehen die Rückseite mit fest. Jetzt können Sie den Reißverschluß endgültig einnähen und den Stoff vorsichtig entfernen. Diese kleine Mühe beim Einsetzen des Reißverschlusses lohnt sich, denn nun sitzt er, ohne sich zu wellen, im Strickstück.

Knopflöcher und Knöpfe

Wenn Sie die Knopflöcher nicht, wie auf Seite 81 beschrieben, einstricken möchten, können Sie auch folgendermaßen vorgehen: Schneiden Sie in der Mitte des beabsichtigten Knopfloches einen Faden vorsichtig durch. Ziehen Sie mit den beiden Fadenenden nach recht und links so viele Maschen auf, wie Sie Platz brauchen fürs Knopfloch. Es entstehen nach oben und unten offene Maschen, durch die ein Wollfaden gezogen wird. Dann umnähen Sie das Loch mit Knopflochstich. Vernähen Sie die abgeschnittenen Fäden gut!
Ein Knopfloch in Wollsachen sollte nur so groß sein, daß der Knopf knapp durchgeht. Die Wolle gibt mit der Zeit nach, und es könnte passieren, daß das Knopfloch später zu weit wird.
Knöpfe näht man mit farblich passender Nähseide oder – wenn es große Knöpfe sind – mit geteiltem Wollfaden an. Bei dicken Strickstücken wird der Knopf mit Stiel angenäht. Der Knopf liegt nicht fest auf dem Strickstück, sondern steht wie eine Blume auf einem kurzen »Stiel« aus Nähfaden. Bei besonders dicken Stricksachen empfiehlt es sich, einen »Gegenknopf« einzunähen. Auf der linken Seite des Strickstückes hält ein mitgenähter kleinerer – eventuell durchsichtiger – Knopf das Gegengewicht zum Knopf auf der Vorderseite.

Abfüttern und Säumen von Wollsachen

Große Wollsachen, wie Mäntel und Röcke, behalten ihre Form besser, wenn sie gefüttert werden. Benützen Sie die gedämpften Einzelteile des Stückes als Schnittmuster für den Futterstoff. Nähen Sie dann das Futter mit der Maschine zusammen und heften Sie es ins Strickstück ein. An den Schulter- und Achselnähten heften Sie das Futter vorsichtig mit Hexenstichen fest. So kann es nicht verrutschen. Den Saum des Futterteils näht man meist nicht gegen den Saum des Wollstücks. Das Gestrick dehnt sich nämlich mit der Zeit und wird länger als das Futter.
Mantelsäume rollen sich gern nach außen. Nähen Sie deshalb dehnbares Schräg- oder Nahtband ein.

Ausbessern von Wollsachen

Löcher in glatten Stricksachen kann man mit einer stupfen Stopfnadel beheben. Zunächst muß man das Loch »sauber machen«: oben und unten die zerstörten Fäden so auszupfen, daß jeweils eine intakte Maschenreihe freiliegt. Diese offenliegenden Maschenreihen sollten rechts und links mindestens zwei Maschen breiter sein als die schadhafte Stelle. Am linken und rechten Rand des Loches ebenfalls die zerstörten Fadenenden so auszupfen, daß intakte Maschensäulen zwei Maschen breit in die Lücke ragen. Damit bekommt das Loch zunächst die Form einer römischen Eins. Jetzt heftet man jeweils am rechten und linken Rand die in das Loch ragenden Maschensäulen mit feinem Garn auf der Rückseite des Strickstücks fest, so daß man ein sauberes viereckiges Loch vor sich hat. Man legt ein Stück Pappe unter und spannt nun von links nach rechts über das Loch senkrechte Hilfsfäden aus Reih- oder Nähgarn: Am unteren Rand des Loches sticht man von der Rückseite aus in die 1. Masche ein und zieht den Faden nach vorn durch. Dann sticht man am oberen Rand des Loches in die 1. Masche ein und kommt in der links danebenliegenden Masche nach vorn wieder heraus und sticht dann oben in die 2. Masche ein. D. h., in jede der offenliegenden Maschen muß jeweils 2 × eingestochen werden, bis das viereckige Loch ganz mit zickzackähnlich verlaufenden Hilfsfäden überspannt ist.
Diese Fadenführung ist das Prinzip des Maschenstichs, mit dem nun auch Reihe für Reihe das Loch mit Originalwolle geschlossen wird. Man arbeitet die Maschenstichreihen hintereinander von links nach rechts und umgekehrt.
Den ersten Stich führt man von der Rückseite aus in die erste freiliegende Masche nach vorn. Faßt dann mit der Nadel am Rand die erste Masche der nächst höheren Reihe sowie die beiden Spannfäden, die in dieser ersten freiliegenden Masche zusammenlaufen, auf. Zieht den Faden durch und sticht von vorn wieder in dieselbe Masche nach hinten ein, um in der Masche daneben wieder nach vorn herauszukommen. Bei der letzten Reihe, mit der das Loch geschlossen wird, muß man – dem Spannfaden jeweils folgend – auch in die freiliegenden Maschen des oberen Lochrandes einstechen. Den Stopffaden dann auf der Rückseite vernähen und die Hilfsfäden wieder entfernen.

Modelle

Auf den nun folgenden Seiten sehen Sie schöne Stricksachen, mal unkompliziert, mal ein wenig schwieriger in der Herstellung. Die Angaben für Wolle und deren Farbe sind nur Vorschläge. Ihr Geschmack allein ist entscheidend.

Kuscheldecke

Das können auch Anfänger! Es geht wirklich ganz einfach, denn Sie brauchen immer nur rechts zu stricken. Die Decke besteht aus 16 Quadraten, jedes 30 × 30 cm groß, die versetzt zusammengenäht werden. Die Kante rundherum ist extra gearbeitet und aufgenäht. Wenn Ihnen die Decke zu viel Arbeit ist: Auf der nächsten Seite finden Sie kraus gestrickte Schals und eine warme Stola, die ganz wenig Mühe machen.

Kuscheldecke

Größe: 130 × 130 cm

Material

Schachenmayr Nomotta Supershow (70% Polyacryl, 30% Mohair)

300 g in Beige, je 200 g in Blau, Gelb und Grün

1 Paar Stricknadeln Nr. 5

Grundmuster

Kraus = Rücken- und Hinreihen rechte Maschen.

Maschenprobe

15 M. und 32 R. = 10 cm.

Wenn Sie die zweifarbige Variation der Kuscheldecke vorziehen, würden sich Blau und Beige als Farbkombination gut eignen.

Arbeitsanleitung

Farbfolge. Anschlag und 11 R. grün, je 12 R. (= 6 Rippen) beige, gelb, blau, grün, beige, gelb, dann 11 R. blau, in einer Rückreihe blau abketten.

Quadrate
Insgesamt 16 Quadrate arbeiten: Für 30 cm Breite 45 M. in Grün anschlagen und im Grundmuster die Farbfolge stricken = 30 cm Höhe.

Rand
8 M. in Beige anschlagen und im Grundmuster mit Kettrandmasche 120 cm geradeaus stricken. Nun mit verkürzten R. die 1. Ecke arbeiten: dafür am Ende der R. die 1. M., in jeder 2. R. je 1 M. mehr stillegen, jeweils mit 1 Umschlag wenden, bis nur noch über 2 M. gestrickt wird. Dann am Ende jeder 2. R. wieder über je 1 M. mehr stricken, dabei jeweils den Umschlag mit der danebenliegenden M. verschränkt zusammenstricken, bis wieder über alle M. gestrickt wird. Weiter abwechselnd 120 cm geradeaus, dann 1 Ecke stricken. Nach Beendigung der 4. Ecke die M. abketten und mit der Anschlagsreihe zusammennähen.

Fertigstellung
Je 4 Quadrate in Breite und Höhe von links mit Steppstichen zusammennähen, dabei liegt das Rippengestrick abwechselnd waagerecht und senkrecht (siehe Foto Seite 102). Den Rand schmalkantig aufnähen.

Variation

Wenn Sie eine zweifarbige Decke vorziehen, benötigen Sie je 400 g in zwei Farben, dazu 100 g Wolle von der Farbe, in der Sie den Rand stricken wollen.

Zwei »schnelle« Schals

Sie sind nicht nur herrlich weich und warm, sondern auch schick. Das Nacharbeiten fällt Ungeübten fast ebenso leicht wie Strickfans, die das ohne hinzusehen machen. Immer nur geradeaus rechts gestrickt – schon ist ein Schal fertig. Und je länger, je lieber!

Material für den linken Schal

Je 150 g in den Melangen Grüngrau, Weißgrün, Weißrost Schoeller-Wolle cablé sport (60% Schurwolle, 40% Polyacryl)

Stricknadeln Nr. 5

Grundmuster

Mit 3 Fäden, je Farbe einen: Kraus = Rück- und Hinreihe rechte Maschen.

Maschenprobe

15 M. und 25 R. = 10 cm.

Arbeitsanleitung

24 M. anschlagen, im Grundmuster mit Kettrandmaschen 150 cm geradeaus stricken.

Fransen

30 cm lange Fäden von allen 3 Farben schneiden und in jede 3. M. (1 Franse = 15 Fäden) einknüpfen.

Material für den rechten Schal

100 g Schewe-Kid (80% Mohair, 20% Polyamid) in Braun

1 Rolle Schewe-Seidengarn in Beige für die Fransen

Stricknadeln Nr. 4

Grundmuster

Kraus = Rück- und Hinreihe rechte Maschen.

Maschenprobe

20 M. und 34 R. = 10 cm.

Arbeitsanleitung

30 M. anschlagen, im Grundmuster mit Kettrandmaschen 150 cm geradeaus stricken.

Seidenfransen

Sie werden doppelt eingehäkelt: Die Schlinge wie üblich durch die Maschen ziehen, das Fadenbündel zur Schlinge holen, dann alle Fäden durch diese Schlinge ziehen; fest anziehen.

Stola in warmen Brauntönen

Noch ein warmes Accessoires, das schnell von der Hand geht.

Größe: 250 cm lang und 70 cm breit

Material

Schewe-Kid Mohair-Wolle (mit 20% Kunstfaser-Beimischung)

200 g in Beige, je 150 g in Hellbraun und Dunkelbraun

1 Paar Stricknadeln Nr. 10.

Grundmuster

(mit doppeltem Faden) Kraus = Rück- und Hinr. rechte M.

Maschenprobe

7 M. und 22 R. = 10 cm.

Arbeitsanleitung

175 M. in Dunkelbraun anschlagen, im Grundmuster stricken, und zwar * 5 R. dunkelbraun, 2 R. hellbraun, 6 R. dunkelbraun, 2 R. beige, 6 R. dunkelbraun, 6 R. hellbraun, 2 R. beige, 6 R. hellbraun, 2 R. dunkelbraun, 6 Rh. hellbraun, 6 R. beige, 2 R. dunkelbraun, 6 R. beige, 2 R. hellbraun, 6 R. beige, 2 R. hellbraun, 6 R. beige, 2 R. dunkelbraun. Von * bis * wiederholen. Dann noch 6 R. beige arbeiten = Mitte. Anschließend die Farbstreifen von * bis * in umgekehrter Reihenfolge anschließen.
Nach den letzten 5 R. dunkelbraun alle M. locker abketten.

Fertigstellung

Für die Fransen in allen Farben 50 cm lange Fäden schneiden und an den Schmalseiten der Stola in jede 2. R. je 3 Fäden in der entsprechenden Farbe einknüpfen.

So bringen Sie die Fransen an: Das Fadenbündel zur Hälfte zusammenlegen. Mit der Häkelnadel von unten nach oben durch die Masche stechen, die Mitte des Fadenbündels fassen und zur Schlinge durch die Masche ziehen (Nadel bleibt in der Schlinge). Anschließend mit der Häkelnadel das Fadenbündel durch die Schlinge holen. Den Knoten anziehen.

Pullover für die ganze Familie

Diese einfach zu strickenden Pullover in T-shirt-Form verlangen ebenfalls noch keine großen Strickkünste. Sie sehen hübsch mit Rollkragenpullis aus und sind ideal für Wanderungen und kühle Abende.

Kinderpullover

Größe: Brustumfang 66 cm;
Oberweite (des Strickstücks) 70 cm;
Länge 41 cm;
Ärmelnaht 27 cm

Material

500 g Schewe Original Shetland Nr. 227

Wollreste zum Einfassen

1 Paar Stricknadeln Nr. 5½

Grundmuster

Perlmuster (s. S. 87) für Rücken- und Vorderteil;
Kraus rechts für die Ärmel = Rück- und Hinr. rechte Maschen.

Maschenprobe

16 M. in der Breite und 20 R. in der Höhe ergeben etwa 10 cm im Quadrat, im Perlmuster gestrickt; 16 M. in der Breite und 30 R. in der Höhe ergeben etwa 10 cm im Quadrat, kraus re. gestrickt.

Arbeitsanleitung

Die Anzahl der M. ausrechnen, die für das Rücken- und Vorderteil, Ärmel und Kapuze benötigt werden. Die Maße der Schemazeichnung für den Kinderpullover entsprechen den angegebenen Maßen. Nach Anleitung der Schemazeichnung arbeiten.

Vorderer Ausschnitt

Die Maschen teilen.

Nächste R. 28 M. im Perlmuster str., wenden; die anderen M. inzwischen stilllegen.
Mit den ersten 10 M. weiterstr., am inneren Rand aufhören.

Halsausschnitt

6 M. am Anfang der nächsten R., dann 2 M. am Anfang der folgenden Rückr. abk. Dann je 1 M. zu Beginn der beiden folgenden Rückr. abn. Noch eine R. str. und nun abketten. Mit den stillgelegten M. die andere Seite entsprechend der eben fertiggestellten stricken.

Kapuze

Die Kapuze entsprechend der Zeichnung stricken.

Fertigstellung

Die Schultern zusammennähen. Von jeder Schulter aus 14 cm nach unten abmessen und mit Stecknadeln kennzeichnen. Die Ärmel zwischen den Stecknadeln einnähen. Die Ärmelnähte schließen. Die Seitennähte schließen, dabei 10 cm am unteren Rand offenlassen. Die Kapuze am Halsausschnitt annähen. Mit Wollresten die unteren Ränder und Schlitze, die Kapuze, den vorderen Ausschnitt und die Ärmel im Schlingstich umranden. Die Nähte leicht dämpfen.

Herrenpullover

Größe: Brustumfang 96–102 cm;
Oberweite (des Strickstücks) 106 cm;
Länge 69 cm;
Ärmelnaht 45 cm

Material

1000 g Schewe Original Shetland-Wolle Nr. 227

Je 1 Paar Stricknadeln Nr. 5½ und Nr. 6

1 Reißverschluß, 25 cm lang

Wollreste in einer Kontrastfarbe zum Einfassen

Grundmuster

Glatt rechts und kraus rechts.

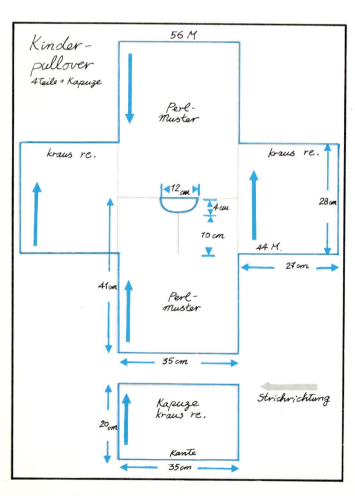

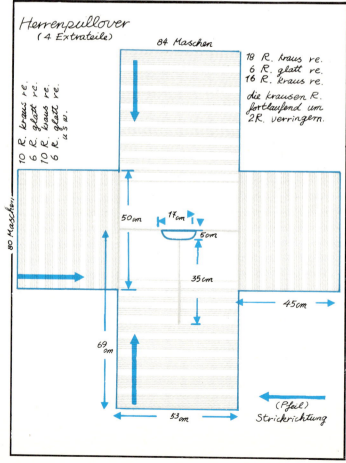

Modelle

Maschenprobe

Etwa 16 M. in der Breite und 20 R. in der Höhe ergeben 10 cm im Quadrat, mit Nadeln Nr. 6 glatt rechts gestrickt. Etwa 16 M. in der Breite und 30 R. in der Höhe ergeben 10 cm im Quadrat, mit Nadeln Nr. 5½ kraus re. gestrickt.

Arbeitsanleitung

Die Anzahl der Maschen ausrechnen, die für das Rückenteil, Vorderteil und Ärmel benötigt werden. Die Maße der Schemazeichnung entsprechen den angegebenen Maßen.

Vorderteil, Rückenteil und Ärmel. Die Reihen kraus re. werden mit Nadeln Nr. 5½ gestrickt, die Reihen glatt re. mit Nadeln Nr. 6.

Vordere Öffnung

Die Maschen teilen.

Nächste R. 42 M. im Muster str., wenden; die anderen M. auf einer Hilfsnadel ruhen lassen.
Nun weiterarbeiten wie beim Rückenteil, jedoch 11 R. weniger str.; nach einer R. auf der rechten Seite enden.

Halsausschnitt

8 M. am Anfang der nächsten R. abk.; 2 M. am Anfang der beiden folgenden R. abk.; am Anfang der beiden übernächsten R. je 1 M. abk.; 2 R. str.; dann abk. Mit den ruhenden M. wie die erste Seite str., dabei gegengleich arbeiten.

Fertigstellung

Die Schultern zusammennähen. Von jeder Schulter aus 25 cm nach unten messen und mit Stecknadeln kennzeichnen. Den abgeketteten Rand der Ärmel zwischen den Stecknadeln einnähen. Die Seiten- und Ärmelnähte schließen. Den Reißverschluß zwischen der ersten kraus gestrickten Reihe und der unteren Ausschnittöffnung einnähen. Mit den Wollresten den Halsausschnitt und beide Seiten bis zum Reißverschluß im Schlingstich umranden. Die Nähte leicht dämpfen.

Damenpullover

Größe: Brustumfang 86–91 cm;
Oberweite (des Strickstücks) 96 cm;
Länge 64 cm;
Ärmelnaht 40 cm

Material

1000 g Schewe Original Shetland Nr. 226

1 Paar Stricknadeln Nr. 5½

1 Rundstricknadel Nr. 5½

Grundmuster

Kraus = Rück- und Hinr. rechte Maschen.

Maschenprobe

16 M. in der Breite und 30 R. in der Höhe ergeben etwa 10 cm im Quadrat.

Arbeitsanleitung

Mit der Rundstricknadel am Ärmelrand beginnen; nach Anleitung der Schemazeichnung arbeiten. Der Pullover kann vergrößert oder verkleinert werden, indem die Anzahl der M. vermehrt oder verringert wird.

Halsausschnitt

Die Maschen teilen.

Nächste R. 102 M. re., wenden und mit diesen M. für den rückwärtigen Halsausschnitt 16 cm weiterstr.; mit einer R. auf der re. Seite enden. Faden abreißen; die M. auf einer zusätzlichen Nadel belassen.

Mit den anderen 103 M. weiterarb.: Der Vorderseite der Arbeit zugewandt den Faden wieder aufn., 3 M. am Anfang der R. abk.; je 2 M. am Anfang der beiden übernächsten R. abk.

Mit diesen 96 M. weiterarb., bis das Strickstück 8 cm vom Anfang des Halsausschnittes aus mißt; dabei beachten, wie viele Reihen auf dem geraden Stück gearbeitet wurden. Mit einer R. auf der Vorderseite enden.

Nächste R. 73 M. re.; restl. 23 M. abk. Den Faden abreißen; 23 M. re. aufnehmen; der Vorderseite der Arbeit zugewandt 73 M. re. str. Die gleiche Anzahl Reihen wie auf der linken Seite des Halsausschnittes gerade hochstr., dabei mit einer R. auf der Rückseite enden.

1 M. am Anfang der nächsten R. sowie in der folgenden Rückr. zun.; dann 2 M. am Beginn der folgenden Rückr. aufn., in der nächstfolgenden 3 M.

Kragen

Den Kragen entsprechend der Schemazeichnung stricken.

Fertigstellung

Die Seiten- und Ärmelnähte schließen. Den Kragen annähen, dabei an der oberen Vorderöffnung anfangen und auf der anderen Seite enden. Die Nähte leicht dämpfen.

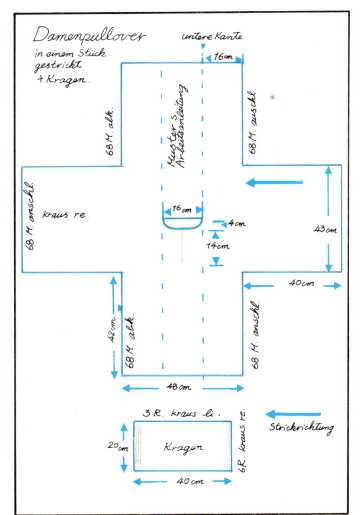

Warme Sachen mit Fair Isle-Muster

Diese farbenfrohen Stricksachen halten bei Schnee und Kälte mollig warm. Die Socken sind wie Schläuche (ohne Fersen) auf Rundnadeln gestrickt.

Fair Isle-Accessoires

Maße

Alter	3 Jahre	4 Jahre	5 Jahre
Socken: obere Randbreiten	16 cm	17 cm	17 cm
Mütze: Kopfumfang	44 cm	44 cm	44 cm
Fäustlinge: ca. maßdoppelte Handbreite	14 cm	14 cm	14 cm

Die bei der Arbeitsanleitung in eckigen Klammern genannte Maschenzahl steht für die weiteren Größen.

Material

Schachenmayr-Wolle Nomotta Regia (6fädig)

Insgesamt 100 g in F 2000 (Farbe 1), 100 g in F 7238 (Farbe 2), 75 g in F 1961 (Farbe 3), 75 g in F 1954 (Farbe 4)

Je 1 Nadelspiel Nr. 4 und Nr. 3½ für die Socken

Je 1 Paar Stricknadeln Nr. 4 und 3½

Wollmenge für die Einzelteile:

Socken: je 25 g von Farbe 1, 3, 4; 50 g von Farbe 2

Fäustlinge: je 25 g von Farbe 1, 2, 3, 4

Mütze: 50 g Farbe 1; je 25 g von Farbe 2, 3, 4

Grundmuster

Glatt rechts = Hinr. rechts, Rückr. links.

Maschenprobe (für alle Teile)

22 M. in der Breite und 28 R. in der Höhe mit Stricknadeln Nr. 4 ergeben 10 cm im Quadrat.

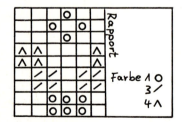

Fair Isle Muster

Nach der Skizze arbeiten, bei der jedes Symbol eine andere Farbe darstellt. In jeder Reihe werden nur zwei Farben verwendet. Da sich das Muster in kurzen Abständen wiederholt, wird der Faden, der jeweils nicht in Gebrauch ist, auf der Rückseite (linke Seite) mitgeführt. Vor dem Farbwechsel den mitgeführten Faden um die andere Farbe drehen (siehe S. 82).

Arbeitsanleitung für die Mütze

98 M. mit Stricknadeln Nr. 3½ in F. 1 anschlagen; für den Rand 2 cm 1 M. re., 1 M. li. im Wechsel str. In F. 3 mit Nadeln Nr. 4 nun 6 R. glatt rechts str. (mit einer R. re. beginnen); 2 R. in F. 2, dann 2 R. in F. 4.

Fair Isle Muster. Weiterarbeiten nach Skizze in F. 2 als Grundfarbe, 9 R. im Fair Isle Muster str., dabei in jeder R. die erste und letzte M. in F. 2 str.; 1 R. in F. 2, dann 4 R. in F. 4 arbeiten.

In F. 2 glatt rechts hochstr., bis das Strickstück 12 cm mißt. Dann
1. R. (4 M. re., 2 M. re. zus.str.) 8 *; (3 M. re., 2 M. re. zus.str.) 10 *, (80 M.);
2. und jede übernächste R. li. M. stricken.
3. R. (2 M. re. zus.str., 2 M. re.) bis zum Ende der R. (60 M.);
5. R. (2 M. re. zus.str., 1 M. re.) bis zum Ende der R. (40 M.);
7. R. (2 M. re. zus.str.) bis zum Ende der R. (20 M.);
9. R. (2 M. re. zus.str.) bis zum Ende der R. (10 M.);
Fadenende 50 cm lang abschneiden und durch die Restmaschen fädeln, festziehen und gut vernähen; das Strickstück nach Anleitung dämpfen, Naht schließen.

Arbeitsanleitung für die Socken

Die Socken werden als nahtloser Schlauch gearbeitet. Beim Rundstricken ergibt sich ein glatt rechtes Muster, da immer nur rechte Maschen gestrickt werden.
36 [40: 40] M. in F. 1 mit Nadelspiel Nr. 4 anschlagen; auf vier Nadel verteilen, die fünfte Nadel zum Stricken verwenden; das Ende der Runde mit einem Zeichen versehen; folgendermaßen 2 M. re., 2 M. li. im Wechsel arbeiten:
6 R. in F. 1
2 R. in F. 2
2 R. in F. 3
2 R. in F. 4
4 R. in F. 1.
Für die zweite und dritte Größe 2 M. gleichmäßig verteilt in letzter R. zun. (36 [42: 42] M.).
6 R. in F. 3 glatt re. str.; mit einer R. re. M. beginnen.
2 R. in F. 2
2 R. in F. 4.

Fair Isle Muster (nur für Schlauchsocken). 9 R. Fair Isle Muster in F. 2 als Grundfarbe str., dabei auf jeder R. von re. nach li. lesen.
1 R. in F. 2
2 R. in F. 4.
In F. 2 glatt rechts hochstr., bis das Strickstück 25 cm mißt.

Spitze. In F. 1 folgendermaßen arbeiten (für die zweite und dritte Größe):
Nächste R. (5 M. re., 2 M. re. zus.str.) 6 × wiederh. (36 M.).
Nächste R. re. M.

Für alle Größen.
1. R. (4 M. re., 2 M. re. zus.str.) 6 × wiederh. (30 M.).
2. und jede übernächste R. re. M.
3. R. (3 M. re., 2 M. re. zus.str.) 6 × wiederh. (24 M.).
5. R. (2 M. re., 2 M. re. zus.str.) 6 × wiederh. (18 M.).
7. R. (1 M. re., 2 M. re. zus.str.) 6 × wiederh. (12 M.).
9. R. (2 M. re. zus.str.) 6 × wiederh. (6 M.).
Fadenende 50 cm lang abschneiden, durch Restmaschen fädeln und festziehen; gut vernähen. Das Strickstück nach Anleitung dämpfen; wenn erforderlich, kann der Sockenrand durch ein elastisches Gummiband in gleicher Farbe, das auf der Innenseite der Arbeit eingeflochten wird, verstärkt werden.

Arbeitsanleitung für die Fäustlinge

(passend für jede Größe)

Rechter Fäustling

30 M. in F. 1 mit Stricknadeln Nr. 3½ anschlagen; für den Rand 5 cm 1 M. re., 1 M. li. im Wechsel str.
In F. 2 mit Nadeln Nr. 4 nun 2 R. glatt rechts str.

Daumenspickel

1. R. (in F. 2) 15 M. re., in nächster M. 1 M. zun., 1 M. re., in nächster 1 M. zun., 12 M. re., 3 R. gerade weiterstr.
5. R. 15 M. re., in nächster 1 M. zun., 3 M. re., in nächster 1 M. zun., 12 M. re.
Folgendermaßen fortfahren: In jeder 4. R. auf jeder Seite des Zwickels 1 M. zun., bis 38 M. auf der Nadel sind.
Nächste R. li. M.
Nächste R. 27 M. re., wenden und 2 M. aufnehmen.
Nächste R. 12 M. li., wenden und 2 M. aufnehmen.
Mit diesen 14 M. weiterstr., mit einer R. li. M. enden; Fadenende abschneiden; durch Restmaschen fädeln, festziehen und gut vernähen; Daumen zusammennähen.
Mit der Nadel der rechten Hand 4 M. für den Spickel aufnehmen, re. M. bis zum Ende der Reihe.
Nächste R. li. M.
Diese 32 M. werden folgendermaßen gearbeitet:
2 R. gerade weiterstr. in F. 4.
9 R. im Fair Isle Muster nach Skizze in F. 2 als Grundfarbe, F. 1 als Kontrastfarbe. Dabei erste und letzte Masche jeder R. zum Zusammennähen in F. 2 str.
1 R. in F. 2.
2 R. in F. 4.
In F. 2 das Abnehmen folgendermaßen beginnen:
1. R. 1 M. re., 2 M. re. zus.str., 11 M.

re., 2 M. re. zus.str., 10 M. re., 2 M. re. zus.str., 1 M. re.
2. R. und jede übernächste R. li. M.
3. R. 1 M. re., 2 M. re. zus.str., 9 M. re., 2 M. re. zus.str., 1 M. re., 2 M. re. zus.str., 1 M. re.
5. R. 1 M. re., 2 M. re. zus.str., 7 M. re., 2 M. re. zus.str., 1 M. re., 2 M. re. zus.str., 6 M. re., 2 M. re. zus.str. 1 M. re.
6. R. li. M.
Abketten.

Linker Fäustling
Wie den rechten Fäustling arbeiten, aber Daumenspickel wie folgt gegengleich:
1. R. 12 M. re., 1 M. in nächster M. zun., 1 M. re., 1 M. in nächster M. zun., 15 M. re.; 3 R. gerade hochstr. So den Spickel gegengleich weiterarbeiten, bis 38 M. auf der Nadel sind.
Nächste R. li. M.
Nächste R. 21 M. re., wenden und 2 M. aufnehmen.
Nächste R. 12 M. li., wenden und 2 M. aufnehmen.
Wie rechten Fäustling zu Ende arbeiten; mit unsichtbarer Naht zusammennähen.

So stricken Sie Fingerhandschuhe

Sie brauchen 100 g Shetlandwolle und je ein Nadelspiel Nr. 3 und 3½ für ca. 28 cm lange Handschuhe. Mit den dünneren Nadeln 40 M. anschlagen, zur Rd. schließen und 6 cm im Bündchenmuster stricken. Mit den dickeren Nadeln glatt rechts weiter stricken.

Daumenspickel. Vor und hinter der 1. M. der 1. Nadel in der 1. Rd. und noch 5 × in jeder 3. Rd. 1 M. zunehmen.

Daumen. Dafür die 13 Spickel-M. in Arbeit nehmen, dazwischen 3 M. neu anschlagen = 16 M. Nun 5 cm geradeaus stricken.

Daumenspitze. Jeweils die 2. M. der 1. und 3. Nadel abheben, die 3. M. rechts stricken und die abgehobene M. überziehen. Gleichzeitig die zweit- und drittletzte M. der 2. und 4. Nadel rechts zusammenstricken. 1 Rd. ohne Abnahme strik-

ken, dann noch 1 × die Abnahme-Rd. wiederholen. Restliche 8 M. mit Arbeitsfaden zusammenziehen. Nun die M. für die Hand, dazu aus den neu angeschlagenen Maschen 3 M. aufnehmen = 42 M. und in Rd. ca. 5 cm geradeaus stricken.
Dann mit den Fingern beginnen.

Zeigefinger. Die ersten 6 M. der 1. Nadel, dazu für den Steg 2 M. anschlagen und die letzten 6 M. der 4. Nadel in Arbeit nehmen, die restlichen M. stillegen. 6 cm geradeaus stricken, dann die Spitze wie beim Daumen arbeiten.

Mittelfinger. 5 M. der Innenhand, 2 M. aus den Steg-M., 5 M. des Handrückens und 2 neu angeschlagene Steg-M. in Arbeit nehmen. 7 cm geradeaus stricken, dann die Spitze wie beim Daumen arbeiten.

Ringfinger. 6 cm hoch wie den Mittelfinger arbeiten.

Kleiner Finger. 2 M. aus dem Steg und die restlichen 10 M. in Arbeit nehmen. 4,5 cm geradeaus arbeiten, dann die Spitze wie beim Daumen stricken.
Den 2. Handschuh gegengleich stricken.

Anmerkung. Probieren Sie die Fingerhandschuhe zwischendurch öfter einmal an. Sie müssen sich natürlich nicht genau an die Anleitung halten, wenn Ihre Fingerlänge davon abweicht. Die Arbeit mit dem Nadelspiel ist bei der geringen Maschenzahl für die Finger etwas anstrengend, aber nach einer Weile hat man den Bogen heraus.

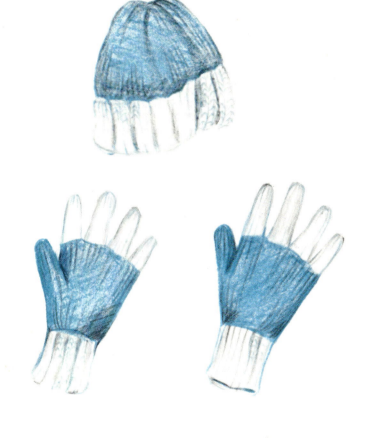

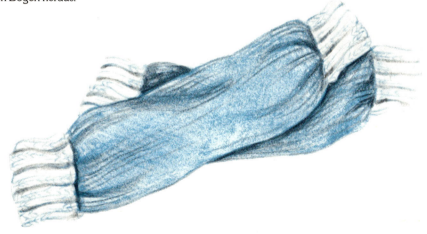

Gesmokte Pullover
für große und kleine Mädchen

Smokarbeiten wirken immer ein wenig festlich, selbst wenn sie zu Jeans getragen werden. Die beiden Pullover im Partnerlook sind nach den Strickanleitungen auf der nächsten Seite leicht zu arbeiten. Auf Seite 117 ist auch noch ein Trägerrock für kleine Mädchen mit Smokoberteil. Die Technik des Smokens ist dort ebenfalls erklärt.

Gesmokter Damenpullover

Größe: Brustumfang 86 [91: 96] cm

Material

650–800 g (je nach Größe) Schewe-Wolle Nautic (100 % Schurwolle, waschmaschinenfest)

Wollreste in einer Kontrastfarbe für die Smokarbeit

Je 1 Paar Stricknadeln Nr. 5 und 6½

Grundmuster

Glatt links = Hinr. links, Rückr. rechts.

Maschenprobe

Etwa 4 M. in der Breite und 5 R. in der Höhe mit Nadeln Nr. 6½ ergeben 2,5 cm im Quadrat.

Arbeitsanleitung

Vorder- und Rückenteil
Mit 6½er Nadeln 91 [95: 99] M. anschl., im Perlmuster 4 [4: 5] cm str.; mit glatt re. weiterstr. (das glatt li. Gestrickte ist Vorderseite); in der 7. R. an jedem Ende 1 M. abn.
Jede weitere 6. R. an jedem Ende 1 M. abn., bis 73 [77: 81] M. auf der Nadel sind.
Gerade hocharb., bis das Strickstück 43 [44,5: 46] cm mißt.

Gerippter Einsatz
Nächste R. 19 [21: 23] M. li., dann (1 M. re., 1 M. li.) 17 *; 1 M. re., 19 [21: 23] M. li.
Nächste R. 19 [21: 23] M. re., dann (1 M. li., 1 M. re.) 17 *; 1 M. li., 19 [21: 23] M. re.
Diese beiden R. bilden das Smokmuster. Gerade hocharb., bis der gerippte Einsatzstück 18 [19: 20] cm mißt. Nach einer R. re. M. aufhören.
Nächste R. 19 [21: 23] M. li.; diese M. auf einer zusätzlichen Nadel ruhen lassen. Die folg. 35 M. abk.; mit li. M. die R. zu Ende str.
Mit diesen letzten 19 [21: 23] M. 5 R. gerade hochstr.; abk.; mit den ruhenden M. 5 R. str. und abk.

Ärmel
Die Schulternähte schließen; 18 [19: 20] cm von der Schulter aus nach unten abmessen und mit Stecknadeln kennzeichnen; der glatt li. gestrickten Seite zugewandt mit 6½ Nadeln 63 [67: 71] M. zwischen den Stecknadeln aufnehmen und re. verschränkte M. str.; dabei mit einer R. re. M. beginnen; 1 M. am Ende jeder 3. R. abn., bis 49 M. für jede Größe auf der Nadel sind. Gerade hocharb., bis das Strickstück 36 cm mißt bzw. die benötigte Länge; dabei nach einer R. mit li. M. aufhören. Mit Nadeln Nr. 5 weiterstr.
Nächste R. *2 M. re., 2 M. re. zus.str., wiederh. von * bis zur letzten M.; 1 M. re.; (37 M.)
Im Rippenmuster fortfahren und 5 cm str., dann 5 cm im Perlmuster. Abk.

Kragenhälften
(2 gleiche stricken)
Mit Nadeln Nr. 5 nun 43 M. für jede Größe anschl. und 9 cm im Perlmuster str.; im Perlmuster abk.

Fertigstellung
Die Smokstiche für das gerippte Einsatzstück nach der Technik (siehe rechts) arbeiten. Mit kontrastfarbenem Garn nach jeder 5. R. die Rippen wechseln. Das Strickstück eventuell leicht dämpfen; die Ärmel- und Seitennähte schließen; die Kragenhälften annähen und die Nähte dämpfen.

Gesmokter Kinderpullover

Größe: Oberweite 51 [56: 61] cm

Material

350–450 g Schewe-Wolle Nautic (100 % Schurwolle, waschmaschinenfest)

Wollreste in einer Kontrastfarbe für die Smokarbeit

Je 1 Paar Stricknadeln Nr. 3 und 4½

Grundmuster

Wie Damenpullover.

Maschenprobe

20 M. ergeben 10 cm.

Arbeitsanleitung

Vorder- und Rückenteil
Mit Nadeln Nr. 4½ 81 [87: 95] M. für das Vorderteil anschl.; 5 [6: 7] R. im Perlmuster str.
Mit re. M. weiterstr.; die Seite der li. M. ist die Vorderseite; 20 [26,5: 29] cm hochstr.; nach einer R. re. M. aufhören.
Nächste R. 20 [23: 27] M. li., dann (1 M. re., 3 M. li.) 10 *; 1 M. re., 20 [23: 27] M. li.
Nächste R. 20 [23: 27] M. re., dann (1 Mi. li., 3 M. re.) 10 *; 1 M. li., 20 [23: 27] M. re.
Diese beiden R. bilden das Smokmuster; gerade hochstr., bis das gerippte Einsatzstück 11,5 [13: 14] cm mißt; nach einer R. re. M. aufhören.

Halsausschnitt
Die Maschenzahl teilen.
Nächste R. 20 [23: 27] M. li. str. und auf Hilfsnadel stillegen; die folg. 41 M. abk.; 20 [23: 27] M. li.; Mit diesen 20 M. re.-verschränkt 13 [15: 15] R. weiterarb. (Halsausschnittkante), die M. ruhen lassen. Mit einem Faden an der anderen Halsausschnittkante beginnend mit re.-verschränkten M. 14 [16: 16] R. str.; 41 M. aufn. und mit li. M. auch die auf der anderen Nadel ruhenden M. abstr.; nun die ganze R. str.; die 41 M. wie beim Vorderteil im Rippenmuster str., bis das rückwärtige gerippte Einsatzstück die gleichen Maße hat wie das vordere, dann 18,5 [24: 26,5] cm mit re.-verschränkten M. gerade hochstr.; 5 [6: 7] R. im Perlmuster str.; im Perlmuster abk.

Ärmel
Das Strickstück in der Hälfte umschlagen und die Schulterlinie kennzeichnen; 10 [11,5: 13] cm von der Schulterlinie aus nach unten abmessen und mit Stecknadeln kennzeichnen.
Der linksgestrickten Seite der Arbeit zugewandt mit 4½er Nadeln 60 [70: 80] M. zwischen den Stecknadeln aufn. und li. M. str.; mit re.-verschränkten M. weiterstr. Am Anfang jeder 1. R. abn., bis 44 [54: 64] M. auf der Nadel sind; gerade hochstr., bis der Ärmel 11,5 [15: 19] cm oder die erforderliche Länge mißt; mit li. M. aufhören.

Mit Nadeln Nr. 3 weiterarb.
Nächste R. 8 [3: 3] M. re., 2 M. re. zus.str., bis zu den letzten 8 [3: 3] M.; 8 [3: 3] M. re. (= 30 [30: 35] M.). Im Rippenmuster 1 M. re., 3,5 cm str.; im Perlmuster 2 [2,5: 2,5] cm weiterarb.; im Perlmuster abk.

Kragenhälften
(2 gleiche arbeiten)
Mit 3er Nadeln 45 [49: 49] M. anschl. und im Perlmuster 5,5 [6: 6] cm str.; im Perlmuster abk.

Fertigstellung
Die Smokstiche für das gerippte Einsatzstück mit kontrastfarbenem Garn ausführen; in jeder 5. R. die Rippen wechseln; leicht dämpfen; die Ärmel- und Seitennähte schließen; die Kragenhälften annähen und die Nähte dämpfen.

Smoktechnik

Die Smokarbeit wird im Wabenstich in Doppelreihen ausgeführt, die bei großen Smokstichen 2,5 cm, bei Stichen für Kindergrößen 2 cm voneinander entfernt sind.

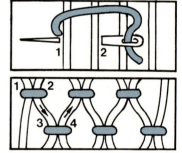

1. An der linken oberen Ecke des Einsatzstückes, das gesmokt werden soll, anfangen; Abb. 1a: bei »1« (links von der 1. Rippe) ausstechen.
2. Faden liegt oberhalb der Nadel; bei »2« der Abb. die 2. Rippe erfassen und bei »1« wieder ausstechen; die Rippen zusammenziehen; die Nadel bei »2« wieder einstechen.
3. Die Nadel (Abb. 1b) auf der Rückseite die 2. Rippe entlang zu »3« führen und dort ausstechen; der Faden liegt oberhalb der Nadel; die 3. und 4. Rippe erfassen und wie vorher zusammenziehen; die Nadel auf der Rückseite die 4. Rippe entlang zur oberen Reihe führen und links von der 4. Rippe ausstechen.

Weiterhin mit jedem Stich 2 Rippen versetzt in der oberen und unteren Reihe zusammenfassen.

Trägerrock mit Smokstickerei

Größe: 2 bis 4 Jahre (Körpergröße 92 und 104 cm); bei unterschiedlichen Angaben: Für 4 Jahre in eckigen Klammern.

Material

Schachenmayr Nomotta (reine Schurwolle)

50 [100] g in Ecru Nr. 5034; je 50 g in Dunkelrot Nr. 5024, Rot Nr. 4991, Pink Nr. 5063, Rosé Nr. 5020

1 Paar Stricknadeln Nr. 2½

1 Rundstricknadel Nr. 2½ und Nr. 3

Grundmuster

Glatt rechts = ist in Rd. gestr. nur re. M.; Bündchenmuster: Abwechselnd 1 re. M., 1 li. M.

Maschenprobe

30 M. und 42 Rd. = 10 cm.

Arbeitsanleitung

Streifenfolge. Anschlag und 20 Rd. dunkelrot, 2 Rd. Ecru, 10 Rd. Rot, 2 Rd. Ecru, 10 Rd. Pink, 2 Rd. Ecru, 10 Rd. Rosé, weiter Ecru stricken

Farbfolge. *Je 1 Rd. Dunkelrot, Pink, Hellrot, Rosé, ab * wiederh.

Rock

Am unteren Rand beginnen. 252 [276] M. auf der Rundnadel Nr. 3 anschl. und im Grundmuster nach der Streifenfolge geradeaus str. In 23 [26] cm Höhe in der letzten Rd. fortlaufend jede 2. und 3. M. re. zusammenstr. = 168 [184] M.

Oberteil

Auf die Rundnadel Nr. 2½ übergehen und im Bündchenmuster noch 12 [14] cm hochstricken; locker abk.

Träger

2 × arbeiten. 24 M. mit Stricknadeln Nr. 2½ anschl. und im Bündchenmuster mit Kettrandm. 28 [32] cm geradeaus arbeiten.

Fertigstellung

Das Oberteil im Smokstich nach der Farbfolge mit doppeltem Faden besticken: Von rechts nach links arbeiten und über dem Rock in der 1. Rd. beginnen.

1. Rd. Links vom Rd-Wechsel nach den ersten 2 Rechts-M. Rippen ausstechen und von rechts nach links die beiden Rippen umstechen. Anschließend * 4 R. darüber die nächsten 2 Rippen umstechen, dann wieder 4 R. nach unten gehen und die folgenden 2 Rippen umstechen, ab * wiederholen.

2. Rd. Genauso wie die 1. R. arbeiten, dabei das Muster versetzen, d.h. mit dem 1. Stich in der 4. Oberteil-Rd. beginnen, dann entsprechend Rd. nach unten übergehen.

3. und 4. Rd. Mit 2 Rd. Abstand wie die 1. und 2. Rd. arbeiten, jedoch das Muster versetzen, d.h. 1 Rippe vorher anfangen. Die 1.–4. Rd. wiederholen. Anschließend den Rock vorsichtig dämpfen und den unteren Rand 10 Rd. breit nach links umnähen und dann die Träger annähen.

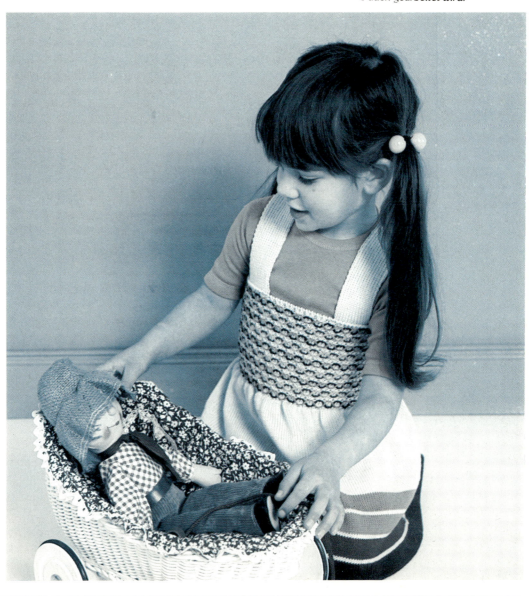

Das gestrickte Trägerröckchen hat am Saum bunte Streifen in vier verschiedenen Farben. Das Oberteil ist mit Smokstickerei versehen, die mit doppeltem Faden gearbeitet wird.

Aron-Pullover
Flauschiger Kinderpullover

Kinderpullover mit Mützchen sind immer eine hübsche Geschenkidee, über die sich jede Mami freut. Die traditionsreichen irischen Muster der beiden Pullover links kommen ursprünglich von den Aron-Inseln, die der Westküste Irlands vorgelagert sind.

Pullover mit Irischen Mustern

Größen
Kinderpullover
Oberweite: 61–66 cm
Oberweite (des Strickstücks): 70 cm
Ärmellänge: 33 cm

Herrenpullover
Oberweite: 97–102 cm
Oberweite (des Strickstücks): 108 cm
Ärmellänge: 47 cm

Material

Etwa 500 g Wolle für den Kinderpullover bzw. 1250 g für die Herrengröße von Schewe, Nautic S 229

1 Paar Stricknadeln Nr. 4½

1 Hilfsstricknadel Nr. 4½

Maschenprobe

Jedes Viereck mißt etwa 11,5 [18] cm. Die Angaben in den eckigen Klammern gelten für die Herrengröße.

Anmerkung. Die Abkürzung »Z 4 h« bedeutet, daß Sie die nächsten 2 M. auf die Hilfsnadel nehmen und hinter der Arbeit lassen, nun 2 M. re. str., dann die 2 M. von der Hilfsnadel ebenfalls re. abstricken.
»Z 4 v«: Die die nächsten 2 M. auf die Hilfsnadel nehmen und vor die Arbeit legen, nun 2 M. re., dann die 2 M. von der Hilfsnadel stricken.

Arbeitsanleitung

Erstes Viereck (14 × arbeiten)
24 [34] M. anschl. und 4 [6] R. re. M. str., in der Mitte der letzten R. 1 M. zunehmen.
Dann folgendermaßen weiterarb.:
1. R. 6 [7] M. re., dann (1 M. li., 7 M. re.) 2 [3] *; 1 M. li., 2 [3] M. re.
2. R. 2 [3] M. re., 1 M. li., 1 M. re., dann (5 M. li., 1 M. re., 1 M. li., 1 M. re.) 2 [3] *; 3 M. li., 2 [3] M. re.
3. R. 4 [5] M. re., dann (1 M. li., 3 M. re.) bis zu den letzten 5 [6] M.; 1 M. li., 4 [5] M. re.
4. R. 2 [3] M. re., 3 M. li. (1 M. re., 1 M. li., 1 M. re., 5 M. li.) 2 [3] *; 1 M. re., 2 [3] M. re.
5. R. 2 [3] M. re., dann (1 M. li., 7 M. re.) 2 [3] *; 1 M. li., 6 [7] M. re.
6. R. Wie 4. R.
7. R. Wie 3. R.
8. R. Wie 2. R.
Diese 8 R. noch 2 [3] wiederh.; dann die 1. [5] R. *; 4 [6] R. re. M. str., dabei in der Mitte der ersten R. 1 M. zun. Abketten.

Zweites Viereck
(14 × arbeiten)
24 [34] M. anschl. und 4 [6] R. re. M. str.; in der letzten R. gleichmäßig verteilt 4 M. zunehmen.
Dann folgendermaßen weiterarb.:
1. R. re. M.
2. und jede übernächste R.
2 [3] M. re., dann li. M., bis zu den letzten 2 [3] M.; 2 [3] M. re.
3. R. 2 [3] M. re., dann (Z4h, Z4v), bis zu den letzten 2 [3] M. *; 2 [3] M. re.
5. R. Wie 1. R.
7. R. 2 [3] M. re., dann (Z4v, Z4h), bis zu den letzten 2 [3] M. *; 2 [3] M. re.
8. R. Wie 2. R.
Diese 8 R. noch 2 [3] wiederh., dann die 1. [5] R.
Nächste R. Ganze R. re. M. arbeiten, dabei gleichmäßig verteilt 4 M. abn.; 3 [5] R. re. M.; abk.

Drittes Viereck
(14 × arbeiten)
24 [34] M. anschl. und 4 [6] R. re. M. str.; dann folgendermaßen weiterarb.:
1. R. 2 [3] M. re., dann linke M. bis zu den letzten 2 [3] M.; 2 [3] M. re.
2. R. 2 [3] M. re., * (1 M. re., 1 M. li., 1 M. re.), in die folgenden M., 3 M. li. zus.str.; von * bis zu den letzten 2 [3] M. wiederh.; 2 [3] M. re.
3. R. Wie 1. R.
4. R. 2 [3] M. re., * 3 M. li. zus.str. (1

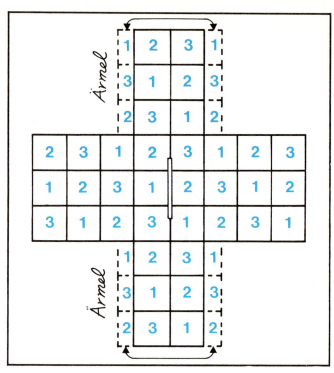

M. re., 1 M. li., 1 M. re.) in die folg. M., von * bis zu den letzten 2 [3] M. wiederh.; 2 [3] M. re.
Diese 4 R. noch 4 [8] × wiederh., dann die 1. und 2. R. für die erste Größe wiederholen; 5 [7] M. re.; abk.

Fertigstellung
Die Arbeit eventuell leicht dämpfen. Die Vierecke mit einer flachen Naht nach der Schemazeichnung zusammennähen, dabei zuerst die Vierecke für Vorder- und Rückenteil verbinden. Die 9 Vierecke jedes Ärmels zusammennähen, falten und die Ärmelnähte schließen. Die Ärmel einnähen und die Seitennähte schließen.

Flauschiger Kinderpulli mit Mütze

Größen: 1 und 2 Jahre für Körpergröße 80 und 92 cm. (Verschiedene Angaben für 2jährige stehen in eckigen Klammern.)

Material
200 [250] g Kraemer-Wolle Lanamoda (reine Schurwolle)

1 Paar Stricknadeln Nr. 5

3 Knöpfe nach Wahl

Grundmuster
Kraus = Rück- und Hinreihe rechte Maschen.

Maschenprobe
12 M. und 24 R. = 10 cm.

Arbeitsanleitung

Rücken
33 [36] M. anschlagen und im Grundmuster geradeaus stricken. In 29 [34] cm Höhe für den Halsausschnitt in 1 Rückr. die mittleren 11 [12] M. abketten, beidseitig davon noch 2 R. stricken, dann die 2 × 11 [12] M. für die Schultern abketten.

Vorderteil
Bis auf den Schlitz und den Halsausschnitt wie den Rücken arbeiten. Für den Schlitz in 18 [23] cm Höhe die Arbeit 11 [12] M. ab rechtem Rand teilen, beide Teile getrennt stricken. Am linken Teil in 27 [32] cm Höhe für den Halsausschnitt ab rechtem Rand 11 [12] M. abketten, weiter geradeaus stricken.

Ärmel
24 M. anschlagen und im Grundmuster stricken. In 10 cm Höhe beidseitig 1 × 1 M. zunehmen; weiter in jeder 6. [8.] R. noch 2 × 1 M. zunehmen = 30 M. In 26 [30] cm Höhe alle M. abketten.

Fertigstellung
Nähte schließen, dabei die unteren 6 cm der Ärmel für den Aufschlag nach rechts nähen. Aus dem linken Schlitzrand an der Unterkante beginnend * 2 M. aufnehmen, 1 M. neu anschlagen für das Knopfloch, mit dieser M. 2 R. übergehen, ab * noch 2 × wiederholen, dann am oberen Rand noch 1 M. aufnehmen. In der folgenden Rückr. die M. wieder abketten. Die Knöpfe annähen.

Mütze
Für 42 cm Kopfweite 50 M. anschlagen und mit Naht in der hinteren Mitte im Grundmuster stricken. In 7 [8] cm Höhe nach der Randm. jede 8. M. markieren und diese M. mit den davorliegenden M. rechts zusammenstricken. Diesen Vorgang in jeder 4. R. noch 2 ×, dann in jeder 2. R. noch 4 × wiederholen. Die restlichen 8 M. mit dem Arbeitsfaden zusammenziehen. Anschließend für die Ohrenklappen aus der Anschlagkante jeweils 5 cm ab Rand 11 M. aufnehmen und im Grundmuster stricken. Ab 3 cm Höhe beidseitig in jeder 2. R. 3 × 1 M. abnehmen, die restlichen 5 M. auf einmal abketten. Die Naht schließen.

Lustig und praktisch für einen Kinderpulli: die seitliche Verschnürung aus Stoffbändern.

Tagesdecken mit ausgefallenen Mustern

Die Decke links ist aus zusammengesetzten Streifen mit verschiedenen irischen Mustern. Sie können die Decke je nach Größe Ihres Bettes beliebig lang arbeiten. Rechts präsentiert sich eine pflegeleichte Decke, die aus Musterquadraten zusammengesetzt ist. In der Mitte der Quadrate ist ein Blatt, außen herum läuft ein Rhomben-Lochmuster.

Stricken

Tagesdecke mit irischen Mustern

Die Decke wird in 50 cm breiten Streifen gearbeitet, die irische Muster, wie Zöpfe, Noppen und Rhomben, zeigen. Zum Schluß näht man die fertigen Streifen aneinander.

Größe: 240 × 150 cm.

Material

ca. 1100 g Schewe-Wolle Original Shetland (Extrem)

1 Paar Stricknadeln Nr. 6

1 Hilfsnadel Nr. 6

Strickschrift: Gegeben ist die rechte Hälfte eines Musterstreifens + Mittel-M. Die linke Hälfte wie beschrieben gegengleich arbeiten.

X	= 1 Masche rechts
•	= 1 Masche links
Z	= 1 Masche links verschränkt zunehmen
V	= 1 Masche rechts verschränkt
N	= 1 Noppe
⌐⌐	= 2 + 2 Maschen nach links kreuzen
⌐⌐	= 2 + 2 Maschen nach rechts kreuzen
⌐	= 1 + 2 Maschen nach rechts kreuzen
⌐	= 2 + 1 Masche nach links kreuzen

Grundmuster

Siehe Strickschrift. Gegeben ist die rechte Hälfte eines Musterstreifens + Mittel-M. Die Strickschrift zeigt die 1. R. (Rückr.), weiter ab 2. R. nur die Hinr. In allen weiteren Rückr. die M. stricken, wie sie erscheinen; die verschränkten M. links abstricken. Ab 4. R. die Muster ab Mittel-M. gegengleich arbeiten, dabei aber die beiden äußeren Zopfreihen von links nach rechts kreuzen. D.h. beim mittleren Motiv die M. kreuzen wie ab 18. R. gezeigt, den folgenden Zopf arbeiten wie gegeben, beim nächsten Zopf bei der mittleren Kreuzungs-R. (6. und 20. R. der Strickschrift) die M. von links nach rechts kreuzen. Beim letzten Zopf die M. ebenfalls von links nach rechts kreuzen. Bei dem mittleren Motiv und dem übernächsten Zopf die 4.–31. R. wiederholen, bei den anderen 2 Zöpfen die 4.–27. R. wiederholen.

Zeichenerklärung für die Strickschrift

2 + 2 M. nach links kreuzen = 2 M. auf 1 Hilfsnadel vor die Arbeit legen, die nächsten 2 M. rechts, dann die Hilfsnadel-M. rechts stricken. – 2 + 2 nach rechts kreuzen = 2 M. auf 1 Hilfsnadel hinter die Arbeit legen, die nächsten 2 M. rechts, dann die Hilfsnadel-M. rechts stricken. – 1 + 2 M. nach rechts kreuzen = 1 M. auf 1 Hilfsnadel hinter die Arbeit legen, die nächsten 2 M. rechts, dann die Hilfsnadel-M. links stricken. 2 + 1 M. nach links kreuzen = 2 M. auf 1 Hilfsnadel vor die Arbeit legen, die nächste M. links, dann die Hilfsnadel-M. recht stricken. – Noppen: Wie sie gearbeitet werden, sehen Sie auf Seite 80.

Bündchenmuster

Siehe Strickschrift. Gegeben ist die Hälfe eines Musterstreifens + Mittel-M. Größere Zwischenräume zwischen den M. haben keine Bedeutung und sind nur zur besseren Übersicht für die Zunahmen beim Anfang des Grundmusters gezeichnet.
Die 1. und 2. R. wiederholen.

Maschenprobe

19 M. und 21 R. = 10 cm.

Arbeitsanleitung

Die Decke besteht aus 3 einzelnen Streifen, die zusammengenäht werden.
Je Streifen 93 M. anschlagen. Mit Randm. nach der Strickschrift 6 R. im Bündchenmuster, verteilt 10 M. zunehmen, weiter im Grundmuster stricken = 103 M. Bei dem Zwischenstreifen beidseitig mit Knötchen-Randm. arbeiten, bei den 2 Außenstreifen 1 × an der linken, 1 × an der rechten Seite mit Kettrandm. arbeiten. Jeden Streifen 240 cm lang arbeiten, davon die letzten 6 R. im Bündchenmuster stricken.
In der letzten Grundmuster-R. 10 M. abnehmen, so wie sie zu Beginn zugenommen wurden.

Fertigstellung

Die Streifen von links neben den Randm. zusammennähen.

Pflegeleichte Tagesdecke

Aufpassen müssen Sie bei dem Muster aus Quadraten und halben Quadraten. Aber nach kurzer Zeit werden Sie Übung haben.

Größe: 130 × 240 cm.

Material

2200 g Schewe-Wolle, Art. 330 (100 % Baumwolle), in Naturweiß

1 Nadelspiel Nr. 3

Anmerkung. Für die Decke in der genannten Größe benötigen Sie 45 ganze und 22 halbe Quadrate.

Grundmuster

Siehe Strickschrift rechts. Es wird auf Strumpfstricknadeln in Rd. gearbeitet. Gegeben ist $\frac{1}{4}$ des Quadrates; jeder Musterrapport muß also insgesam 4 × nacheinander gearbeitet werden. Die Strickschrift zeigt jeweils die Muster-Rd. In allen Zwischen-Rd. (2., 4., 6. usw. Rd.) alle M. und Umschläge rechts abstricken mit Ausnahme der 1. Masche des Rapports, die immer rechts verschränkt gestrickt wird.

Arbeitsanleitung

Für jedes ganze Quadrat 8 M. auf den Strumpfstricknadeln anschlagen, zur Rd. schließen = 2 M. je Nadel. Nach der Strickschrift arbei-

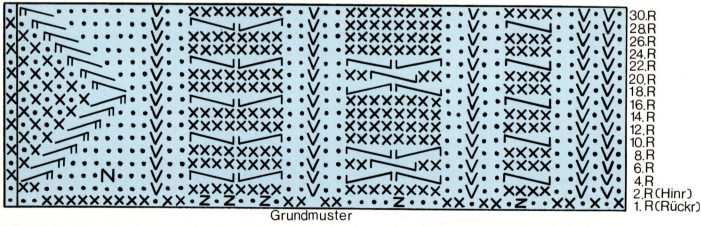

ten. Nach der 48. Rd. noch 2 Rd. nur linke M. stricken, dann abketten.
Für jedes halbe Quadrat 7 M. anschlagen und in Hin- und Rückr. arbeiten.

1. R. Randm., 2 × den Rapport der Strickschrift, dann 1 M. rechts verschränkt, Randm. In allen Rückr. die M. und Umschläge links, die verschränkten Maschen links verschränkt stricken.

Für die Berandung 9 M. anschlagen, mit Kettrandm. stricken.

1. R. (Rückr.). Randm., * 1 Umschlag, 2 M. rechts verschränkt zusammenstricken, ab * noch 3 × wiederholen.

2. R. und alle folgenden Hinr.: Randm., 1 Umschlag, weiter alle M. rechts stricken.

3. R. Randm., 1 M. rechts, weiter ab * wie 1. R.

5. R. Randm., 2 M. rechts, weiter ab * wie 1 R.

7.–15. R. Jeweils 1 M. mehr rechts stricken (in der Hinr. auf den Umschlag achten), bis 7 Rechts-M. vorhanden sind. In der übernächsten R. diese 7 M. abketten, so daß wieder nur 9 M. auf der Nadel sind. Ab 1. R. wiederholen. Insgesamt etwa 7,5 m stricken.

Fertigstellung
Die Quadrate spannen, mit einem feuchten Tuch bedecken und trocknen lassen. dann von links in der Abkett-Rd. bzw. -R. mit Steppstichen zusammennähen.

An einer Schmalseite beginnend zwischen 4 halbe Quadrate 3 ganze Quadrate nähen, daran dann 4 ganze Quadrate anschließen. So abwechselnd Reihe von 3 und 4 ganzen Quadraten zusammennähen und die Seiten dann anschließend mit halben Quadraten ausgleichen. Zum Schluß die Spitze rundherum annähen.

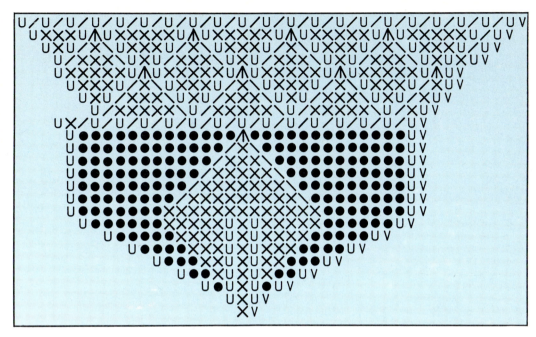

Die Strickschrift zeigt ein Viertel des Quadrates. Die Maschenzahl vergrößert sich jeweils durch die Umschläge.

V = 1 Masche rechts verschränkt
× = 1 Masche rechts
● = 1 Masche links
U = 1 Umschlag
\ = 2 Maschen rechts überzogen zusammenstricken
/ = 2 Maschen rechts zusammenstricken
⋀ = 3 Maschen rechts überzogen zusammenstricken

Ausschnitt der fertigen Decke. Das Zusammennähen der ganzen und halben Quadrate muß sorgfältig gemacht werden.

Elegante Strickmodelle

Zwei außergewöhnliche Modelle präsentieren sich auf diesen Seiten.
Das Spitzenmuster des Pullovers wird auf dem Rock wiederholt. Sie brauchen dafür 80 Einzelquadrate, die im Schlingstich auf den Stoff aufgenäht werden.
Der pastellfarbene Rock weist eine zarte Blumenbordüre auf, die sich sicherlich auch auf anderen Strickarbeiten sehr dekorativ ausnimmt.

Spitzenpullover und Rock

Brustumfang: 86 [91: 97] cm

Material

300 g Esslinger Wolle Fingertip (100% Schurwolle) für den Pullover und 200 g für den Rock

170 × 90 cm Rockstoff, der in Farbe und Qualität zu den gestrickten Vierecken paßt

1 Reißverschluß, 20 cm lang

1 m Vlieseline

Haken, Ösen, Nähgarn in passender Farbe

Je 1 Paar Nadeln Nr. 3½ und 4

Nadelraffer, Hilfsnadel

Grundmuster

Lochmuster = 1. – 8. Reihe der Arbeitsanleitung.

Maschenprobe

Etwa 12½ M. in der Breite und 18 R. in der Höhe ergeben im Muster und mit Nadeln Nr. 4 gestrickt 5 cm im Quadrat.

Arbeitsanleitung für den Pullover

Rückenteil

Mit 3½er Nadeln 77 [81: 85] M. anschl.; 7 cm im Rippenmuster (1 M. re., 1 M. li.) str.
Mit Nadeln Nr. 4 folgendermaßen weiterarb.:
Nächste R. 1 M. re., dann (1 M. re., in folg. M. 1 M. zun.), * bis zum Ende. (115 [121: 127] M.)
Nächste R. li. M.
Im Muster folgendermaßen weiterarb.:
1. R. 1 M. re., dann (Faden nach vorn legen, 1 M. abh., 1 M. re., überz., 1 M. re., 2 M. re. zus.str., den Faden nach vorn legen, 1 M. re.), * bis zum Ende.
2. R. und jede übernächste R.: li. M.
3. R. 1 M. re., dann (Faden nach vorn legen, 1 M. re., 1 M. abh., 2 M. re. zus.str., überz., 1 M. re., Faden nach vorn legen, 1 M. re.), * bis zum Ende.
5. R. 1 M. re., dann (2 M. re. zus.str., Faden nach vorn legen, 1 M. re., Faden nach vorn legen, 1 M. abh., 1 M. re., überz., 1 M. re!),* bis zum Ende.
7. R. 2 M. re. zus.str., (1 M. re., Faden nach vorn legen), 2*,* 1 M. re., 1 M. abh., 2 M. re. zus.str., überz., von * wiederh., aber beim letztenmal wiederholen: 1 M. abh., 1 M. re., überz. (anstelle von 1 M. abh., 2 M. re. zus.str. und überziehen).
8. R. wie 2. R.
Diese 8 R. bilden das Muster. Im Muster gerade hochstr., bis das Strickstück 48 cm mißt; dabei mit einer R. auf der Rückseite aufhören.

Halsausschnitt und Schultern

Folgendermaßen weiterhin im Muster str.:
Nächste R. 40 [42: 44] M. im Muster str., wenden und die restl. M. auf einer Hilfsnadel ruhen lassen.
Nächste R. (Halsausschnittkante) 2 M. abk.; im Muster bis zu Ende str.
Nächste R. 7 [7: 8] M. abk., im Muster bis zum Ende str. Die beiden letzten R. noch 2 × wiederh.
Nächste R. Im Muster str.; die restl. M. abk.
Mit den anderen M. weiterarb.; die mittleren 35 [37: 39] M. für den hinteren Halsausschnitt auf einen Nadelraffer geben, die übrigen M. im Muster zu Ende str.
Nächste R. 7 [7: 8] M. abk., im Muster zu Ende str.
Diese beiden letzten R. 2 × wiederh.; die rest. M. abk.

Vorderteil

Das Vorderteil wie das Rückenteil arb., bis es 43 [46: 48] cm mißt; dabei nach einer Reihe auf der Rückseite aufhören.

Halsausschnitt

Nächste R. 46 [48: 50] M. im Muster str., wenden und die restl. M. auf einer Hilfsnadel ruhen lassen.
Am Anfang der nächsten und jeder übernächsten R. 1 × 3 M., 2 × 2 M. abk.; dann 1 M. in jeder übernächsten R. am Halsausschnittrand abn., bis 34 [36: 38] M. auf der Nadel sind. Gerade hochstr., bis das Vorderteil die gleichen Maße hat wie das Rückenteil, dabei am Seitenrand aufhören.

Schulterschrägung

Am Anfang der nächsten und übernächsten R. 7 [7: 8] M. abk., 3 × wiederh., dann 1 R. gerade str.; die restl. M. abk.; mit den anderen M. weiterarb. Die mittleren 35 [25: 27] M. für den vorderen Halsausschnitt auf einen Nadelraffer geben; die restl. im Muster zu Ende str.; 1 R. im Muster str.; dann wie die erste Seite arbeiten, aber gegengleich.

Ärmel

Mit 3½er Nadeln 37 M. anschl.; 14 R. im Rippenmuster (1 M. re., 1 M. li.) arbeiten.
Mit Nadeln Nr. 4 weiterstr.:
Nächste R. 10 M. re. (in folg. 1 M. zun.), 18*; dann 9 M. re. (55 M.).
Nächste R. 1 M. li.; * in folg. M. 1 zun., von * bis zum Ende wiederh. (109 M.).
Nun im 8-Reihen-Muster str., bis der Ärmel 47 [49: 52] cm mißt, dabei nach einer 7. R. des Musters enden, dann abketten.

Ausarbeitung des Halsausschnittes

Die linke Schulternaht schließen; mit Nadeln Nr. 3½ und der Vorderseite der Arbeit zugewandt 12 M. aus dem rechten rückwärtigen Halsausschnitt abwärts aufn. und re. M. str.; den rückwärtigen Halsausschnittsmaschen entlang re. M. str.; 12 M. aufn. und den linken rückwärtigen Halsausschnitt abwärts in re. M. str.; 30 M. am vorderen linken Halsausschnitt abwärts aufn. und re. M. str.; die vorderen Halsausschnittmaschen entlang re. M. str.; 30 M. am rechten vorderen Halsausschnitt aufn. und re. M. str. = 142 [146: 150] M.
Im Rippenmuster weiterarbeiten, bis das Bündchen 7,5 cm mißt; im Rippenmuster abk.

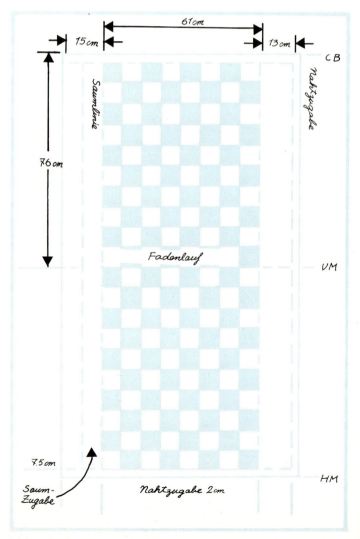

128

Modelle

Fertigstellung

Die rechte Schulternaht schließen; die Arbeit vorsichtig dämpfen, dabei aber das Gerippte aussparen. Von der Schulternaht aus 20 cm nach unten messen und kennzeichnen; die Ärmelrundung im gekennzeichneten Bereich einnähen. Die Seiten- und Ärmelnähte schließen; das Bündchen zur Hälfte nach innen schlagen und annähen. Die Nähte leicht dämpfen.

Rock

Sie brauchen 80 Vierecke.
Mit Nadeln Nr. 4 erst 19 M. anschl.; 23 R. im 8-Reihen-Muster, wie für den Pullover, str.; auf der rückwärtigen Seite abk. Die Vierecke auf 7,5 cm im Quadrat mit Nadeln feststecken und dämpfen.

Nähanleitung für den Rock

Den Stoff zuschneiden; dabei darauf achten, daß die Kanten dem Fadenlauf entlang geschnitten werden. Den Stoff 91 × 156 cm zuschneiden; die Kanten versäubern. Mit Schneiderkreide und Heftfaden auf dem Stoff ein Netz kennzeichnen (siehe Abb.). Die Vierecke abwechselnd kennzeichnen; mit Zickzackstichen 1 cm innerhalb dieser Vierecke nähen, so daß sie versäuberte Kanten haben, wenn das innere Viereck ausgeschnitten wird; diese aber erst ausschneiden, wenn die gestrickten Vierecke aufgenäht sind.
Mit der Strickwolle alle Strickvierecke auf die gekennzeichneten Vierecke im Schlingstich aufnähen; dabei darauf achten, daß die Strickvierecke die Zickzackstiche verdecken. Überflüssigen Stoff hinter den Strickvierecken ausschneiden; Heftfaden entfernen.
Den Stoff an der Taillennaht einkräuseln; hintere Rocknaht bis auf 22 cm schließen; den Reißverschluß einnähen.
Einen Bund, der etwas länger als die Taillenweite ist, zuschneiden. Den Bund mit Vlieseline verstärken. Die zugeschnittenen Teile gleichmäßig auf den Rockbund legen; ein Stück überstehen lassen. Den Bund säumen und umschlagen. Haken und Öse annähen. Einen 7,5 cm breiten Saum nähen und zum Schluß alle Nähte dämpfen.

Pastellfarbener Strickrock

Maße: Vorder- und Rückenteile sind 58 cm breit und 74 cm lang. Die Länge ist variabel. Die Bundweite wird mit einer Kordel der Taille angepaßt.

Material

400 g weiße Wolle Nautic von Schewe (Farbe 1), je 50 g rosafarbene (Farbe 2), blaue (Farbe 3) und grüne (Farbe 4) Wolle in entsprechender Qualität

Je 1 Paar Stricknadeln Nr. 5 und 6

1 Häkelnadel Nr. 4

Grundmuster

Glatt rechts = Hinr. rechts, Rückr. links.

Maschenprobe

21 M. in der Breite und 27 R. in der Höhe mit Nadel Nr. 6 = 10 cm im Quadrat.

Arbeitsanleitung für beide Rockteile

In Farbe 2 mit 6er Nadeln 120 M. locker anschl.; im Perlmuster 1 R. in

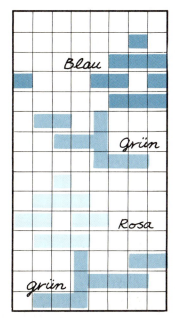

Farbmuster für den Strickrock

Farbe 2, dann 1 R. in Farbe 3 und 1 R. in Farbe 1 str.; in Farbe 1 weiterarb.
4.–9. R. 6 R. glatt re. str., mit einer R. re. M. beginnen.
10. R. (7 M. re., die folg. und die 8. M. aus der Anschlagsreihe zus.str., Faden festziehen), * bis zum Ende.
11. R. li. M.
12. R. (3 M. re., Umschl., 3 M. re., 2 M. re. zus.str.), * bis zum Ende.
13. und 14. R. Glatt re., mit einer R. li. M. beginnen.
15. R. (2 M. li. zus.str., 3 M. li., Umschl., 3 M. li.), * bis zum Ende.
16. und 17. R. Glatt re. str., mit einer R. re. M. beginnen.
18. R. (3 M. re., Umschl., 3 M. re., 2 M. re. zus.str.), * bis zum Ende.
19. R. 2 M. li. zus.str., dann (2 M. li., Umschl., 1 M. li., 2 M. li., 3 M. li. zus.str.), * bis zu den letzten 6 M., dann 2 M. li., Umschl., 1 M. li., 2 M. li. zus.str.
20. R. 2 M. re. zus.str., Umschl., 3 M. re., Umschl., 1 M. re., 3 M. re. zus.str., (1 M. re.), * bis zu den letzten 6 M., dann Umschl., 3 M. re., Umschl., 1 M. re., 2 M. re. zus.str.
21. R. 2 M. li. zus.str., dann (Umschl., 5 M. li., Umschl., 3 M. li. zus.str.), * bis zu den letzten 6 M., dann, Umschl., 6 M. li.
Mit Nadeln Nr. 5 weiterarbeiten.
22. und 23. R. Glatt re. str., mit einer R. re. M. beginnen.
24. R. 3 M. re., (1 M. li., 7 M. re.), * bis zu den letzten 5 M., dann 1 M. li., 4 M. re.
25. R. 3 M. li. (1 M. re., 1 M. li., 1 M. re., 5 M. li.), * bis zu den letzten 5 M., 1 M. re., 1 M. li., 2 M. li.
26. R. 1 M. re., * (1 M. re., 1 M. li.) 2 ×, 1 M. li., 3 M. re. von * wiederh. bis zu den letzten 7 M., (1 M. li., 1 M. re.) 2 ×, 1 M. li., 2 M. re.
27. R. (1 M. li., 1 M. re.) bis zum Ende.
28. R. (1 M. re., 1 M. li.) bis zum Ende.
29.–31. R. 3 R. li. M.
32. R. 1 M. re., (Umschl., 2 M. re. zus.str., 1 M. re., 2 M. re. zus.str., Umschl., 3 M. re.),* bis zu den letzten 7 M., dann Umschl., 2 M. re. zus.str., 1 M. re., 2 M. re. zus.str., Umschl., 2 re. M.
33. R. li. M.
34.–37. R. die 32. und 33. R. 2 × wiederh. (es ergeben sich 3 R. mit Löchern).
38.–40. R. re. M.
41. R. li. M.
42.–55. R. Die 14 Reihen des Fair Isle Musters arbeiten, dabei die 1.–8. die R. entlang 15 × wiederh.
56. R. re. M.
57. R. li. M.
58.–60. R. re. M.
61. R. 2 M. li., Umschl., 2 M. li. zus.str., 1 M. li., 2 M. li. zus.str., Umschl., (3 M. li., Umschl., 2 M. li. zus.str., 1 M. li., 2 M. li. zus.str., Umschl.), * dann bis zur letzten M., 1 M. li.
62. R. re. M.
63.–66. R. Die 61. und 62. R. 2 × wiederh.
67.–69. R. 3 R. li. M.
70. R. (1 M. re., 1 M. li.) bis zum Ende.
71. R. (1 M. li., 1 M. re.) bis zum Ende.
72. R. 1 M. re., * (1 M. li., 1 M. re.), 2 × (1 M. li., 3 M. re.), von * wiederholen bis zu den letzten 7 M., (1 M. li., 1 M. re.) 2 × wiederh.; 1 M. li., 2 M. re.
73. R. Wie die 25. R.
74. R. Wie die 24. R.
75. R. li. M.
76.–81. R. Glatt re. str., mit einer R. re. M. beginnen.
82. R. (7 M. re., 1 M. li.) bis zum Ende.
83. R. 1 M. li., 1 M. re., (5 M. li., 1 M. re., 1 M. li., 1 M. re.), * bis zu den letzten 6 M., dann 5 M. li., 1 M. re.
84. R. (7 M. re., 1 M. li.) bis zum Ende.
85. R. li. M.
86.–91. R. Glatt re., mit einer R. re. M. beginnen.
92. R. 3 M. re., (1 M. li., 7 M. re.), * bis zu den letzten 5 M., dann 1 M. li., 4 M. re.
93. R. 3 M. li., (1 M. re., 1 M. li., 1 M. re., 5 M. li.), * bis zu den letzten 5 M., dann 1 M. re., 1 M. li., 1 M. re., 2 M. li.
94. R. Wie 92. R.
Diese letzten 20 R. (R. 75–94) bilden das Hauptmuster. Sie müssen wiederholt werden, bis das Strickstück 68 cm vom Anfang an mißt (mit einer R. li. M. aufhören).
Für den Durchzug die folgenden Reihen wie die 58.–69. arbeiten; dabei unter- und oberhalb eine Markierungskante aus li. M. str.; 6 R. im Perlmuster str.; abk.

Durchzugskordel

Mit der Häkelnadel in jeder Kontrastfarbe eine 2 m lange Schnur häkeln; für die unteren Kanten 2mal Häkelschnüre in jeder Kontrastfarbe arbeiten; diese müssen lang genug sein, damit man sie in die Löcher einziehen kann.

Fertigstellung

Die Arbeit auf der Rückseite mit einem warmen Bügeleisen leicht dämpfen; die Seitennähte schließen; die Schnur durch die unteren Löcher einziehen, dabei Farbe 2, 4, 3 umeinander drehen. Die Schnur in die Taille einziehen.

Sticken auf Stramin

Sticken

Material und Zubehör

Die Grundausrüstung für Straminstickerei ist nicht sehr umfangreich. Alles, was Sie zunächst brauchen sind Stramin, Garn oder Stickwolle und Nadeln. Außerdem benötigen Sie die entsprechenden Hilfsmittel, um Muster und Design auf den Stramin übertragen zu können und für das Spannen der fertigen Arbeit. Ein Stickrahmen ist natürlich sehr nützlich, jedoch nicht unbedingt notwendig.

Stramin

Grundsätzlich könnte jeder Stoff, der ein gleichmäßiges Gitter aufweist, für Straminstickerei verwendet werden. Stramin jedoch ist speziell dafür hergestellt und meist aus appretierter Baumwolle oder Leinen. Es gibt ihn in verschiedenen Breiten; 90 cm ist die Standardbreite, doch sind auch Breiten von 60 cm bis zu ca. 1,50 Meter erhältlich. Außerdem sind zwei Hauptarten zu unterscheiden: einfädiger und zweifädiger Stramin.

Einfädiger Stramin hat ein gleichmäßiges Gitter aus horizontalen und vertikalen Fäden, die jeweils ein Fadenkreuz bilden; er ist in der Regel locker gewebt und franst leicht aus. Es gibt jedoch auch einfädigen Stramin, dessen Längs- und Querfäden, auch Kett- und Schußfäden genannt, ineinander verwoben sind.

Beim zweifädigen Stramin (Doppelgitterstramin) wird ein Fadenkreuz aus zwei waagerechten und zwei senkrechten Fäden gebildet. Die zu der Webkante parallel verlaufenden Fadenpaare liegen dicht zusammen, während zwischen den Querpaaren ein kleiner Abstand vorhanden ist. Bei ein- und zweifädigen Straminen wird die Webdichte in Gewebefäden bzw. -karos je Zentimeter angegeben.

Die richtige Wahl

Anfänger sollten mit einfädigem Stramin beginnen, da sich auf ihm leichter sticken läßt und alle Stiche durchführbar sind. Dennoch – zweifädiger Stramin hat seine Vorteile. So kann man z. B. beim Geradstich die Nadel auch mal zwischen die horizontalen Fadenpaare hindurchführen, um weichere Linien bei Rundungen zu bekommen. Ein weiterer Vorteil ist, daß – sofern erforderlich – zwischendurch kleinere Stiche möglich sind, indem man zuerst die Längs- und Querfädenpaare mit der Nadel zu einem gleichmäßigen Gitter auseinanderschiebt und dieses bestickt. Dadurch werden bei Stramin mit vier Fadenkaros pro Zentimeter gleich acht Stiche möglich.

Für Teppiche verwendet man ebenfalls zweifädigen, sehr groben Stramin.

Einkauf von Stramin

Beim Kauf von Stramin sollten Sie darauf achten, daß die Fäden keine Knoten oder Unterbrechungen aufweisen, diese glatt und gleichmäßig sind und nicht schräg verlaufen. Stramin von schlechter Qualität hat häufig rauhe Fäden und eine starke Appretur, die er nach dem Weben erhält. Dadurch ist er unangenehm steif, und die Appretur reibt sich während des Stickens an den Händen ab. Bessere Qualität ist dagegen weicher; die Fäden werden bereits vor dem Weben geglättet, so daß weniger Appretur nötig ist.

Es macht sich also bezahlt, beste Qualität für diese aufwendige Handarbeit zu verwenden, nicht nur, weil sich mit gutem Material besser arbeiten läßt, sondern weil sie auch haltbarer ist. Stramin gibt es in verschiedenen Farben; die gebräuchlichsten sind Weiß, Gelb, Beige und Braun. Welche Farbe Sie wählen, ist ganz Ihnen überlassen. Für die fertige Arbeit ist es bedeutungslos, da der Hintergrund ohnehin kaum sichtbar ist. Manche ziehen weißen Stramin vor, da sich die Garnfarben während des Stickens stärker vom Hintergrund abheben. Andererseits kann weißer Stramin die Augen während der Arbeit recht ermüden, besonders wenn es sich um sehr feinen Stramin handelt.

Stickgarne

Grundsätzlich lassen sich die unterschiedlichsten Garnarten verwenden. Selbst bei einer Arbeit können verschiedene Garne kombiniert werden.

Wolle

Als Stickwolle für Straminarbeiten eignen sich z. B. von der Firma MEZ die Tauben-Zephir-Wolle, die Kelim-Wolle und die Sudan-Wolle besonders gut. Sie sind strapazierfähig und mottensicher.

Einfädiger Stramin 36 Fäden auf 5 cm

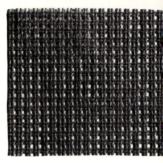
Zweifädiger Stramin 24 Fadenkaros auf 5 cm

Einfädiger Stramin 32 Fäden auf 5 cm

Zweifädiger Stramin 20 Fadenkaros auf 5 cm

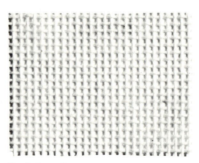
Einfädiger Stramin 28 Fäden auf 5 cm

Zweifädiger Stramin 16 Fadenkaros auf 5 cm

Einfädiger Stramin 24 Fäden auf 5 cm

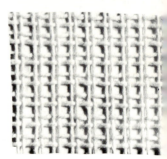
Zweifädiger Stramin 10 Fadenkaros auf 5 cm

Tauben-Zephir-Wolle ist ein sehr dünnes Material, Kelim-Wolle ein mittelstarkes und Sudan-Wolle das stärkste. Die entsprechende Stärke richtet sich nach der Dichte der Gewebekaros des Stramins. Gerade Stiche verlangen z. B. ein etwas dik-

Material und Zubehör

keres Stickgarn oder -wolle als Diagonalstiche. Da spaltbare Stickwolle schwer zu erhalten ist, wählt man z.B. für eine Arbeit mit vielen Diagonalstichen entsprechend enger gewebten Stramin.
Bei Wolle kann jedes Farbbad leicht unterschiedlich ausfallen; es ist daher zu empfehlen, gleich die benötigte Menge einer Farbe auf Reserve einzukaufen.

Weitere Garne

Neben Stickwolle können alle starken, gleichmäßigen Garne verwendet werden, z.B. Baumwollstickgarn, Seidenstickgarn und Perlgarn. Auch Strickwolle eignet sich, doch sollte sie stark und nicht zu elastisch sein, da es sonst schwierig wird, die Spannung gleichmäßig zu halten; außerdem würde sich der Stramin verziehen. Seidenstickgarn wirkt hübsch, ist jedoch ziemlich teuer. Garn mit Metalleffekt läßt sich schwer verarbeiten, da es sich leicht verdreht. Beide sollte man daher für kleine Details oder als Schmuck durch Fadenapplikation auf einer bereits fertiggestellten Straminarbeit verwenden. Die meisten Stickgarne sind zwar farbecht, doch ist es gut, dies stets vor Arbeitsbeginn zu prüfen, um sicherzugehen, daß die Farben beim Spannen nicht auslaufen.

Nadeln

Sticknadeln haben keine Spitze und ein großes Öhr, damit auch dicke Garne leicht einzufädeln sind. Spitze Nadeln sind ungeeignet, da sie Woll- oder Straminfäden leicht spalten und dadurch die Arbeit verzögert wird. Sticknadeln sind in den Größen 14, 16, 20, 22 und 24 erhältlich (je höher die Zahl desto feiner und kürzer die Nadel). Die Nadel sollte auf die Stärke der Wolle abgestimmt sein. Bei einem zu großen Öhr läuft man Gefahr, daß das Garn hin- und herrutscht, bei einem zu kleinen Öhr, daß es ausfranst. Die Nadel soll auch leicht durch den Stramin zu führen sein, ohne daß man die Fäden zur Seite schieben muß.

Stickrahmen

Ein Rahmen ist nicht unbedingt notwendig, doch hat er einige Vorteile. Durch den Rahmen wird der Stramin während der Arbeit stramm gehalten und verhindert somit das Verziehen der Stiche. Ein verstellbarer Stickrahmen sorgt außerdem für Bequemlichkeit, da er auf die entsprechende Arbeitshöhe und den richtigen Winkel eingestellt werden kann. Bei einem großen, schweren Stück, wie z.B. einem Teppich oder einem Wandbehang, entlastet der Rahmen die Arme während der Arbeit.
Auch der Arbeitsablauf ist etwas verschieden. Arbeiten Sie ohne Rahmen, läßt sich jeder Stich in einer Bewegung durchführen, indem die Nadel zum Beenden eines Stiches eingestochen und am Beginn des nächsten Stiches wieder nach oben geführt wird. Ist der Stramin jedoch in einen Rahmen gespannt, sind zwei Bewegungen für einen Stich notwendig. Die Nadel wird dabei von einer Hand in die andere gewechselt, was natürlich etwas langsamer geht.

Fertige Rahmen

Spezialrahmen für Straminstickerei gibt es in verschiedenen Größen und Arten zu kaufen. Der Grundaufbau ist gleich: zwei horizontale, mit Stoff bezogene Stäbe, die durch einen Schlitz oder eine Schraube mit den Seitenstäben verbunden sind. Der Stramin wird oben und unten an die Stäbe geheftet und nach den Seiten hin durch Fäden gespannt. Ein frei am Boden stehender, verstellbarer Rahmen ist allen anderen vorzuziehen. Eine weitere Möglichkeit ist ein Tischrahmen mit Haltevorrichtung, der in der Arbeitshöhe verstellbar ist. Der Stramin wird auch hier zunächst oben und unten von der Mitte aus zur Seite hin festgeheftet und dann nach den beiden Seiten gespannt.

Selbstgebaute Rahmen

Einen einfachen Spannrahmen können Sie sich auch selbst bauen, indem Sie vier Holzleisten zusammennageln, ähnlich einem Bilderrahmen. Allerdings soll der Rahmen stark genug sein, um den Druck des gespannten Stramins auszuhalten. Stramin läßt sich übrigens auch gut mit Heftzwecken befestigen; zunächst steckt man die Mitte einer Seite fest, dann die der gegenüberliegenden, dann die der dritten und vierten Seite. Anschließend die Ecken so feststecken, daß der Stramin gespannt ist und die Fäden quadratisch liegen. Zum Schluß die Seiten vollends feststecken; der Stramin soll nun stramm wie ein Trommelfell sitzen.

Was Sie noch brauchen

Zur Vorbereitung und zum Übertragen des Musters.
Pauspapier; einfaches weißes Papier; Karo- oder Millimeterpapier; schwarze Stifte; Lineal; Winkelmesser (mit rechtem Winkel); Tesafilm; wasserfesten Stift und/oder wasserfeste Tinten oder Farbstifte (dies ist wichtig, da die fertige Stickarbeit gedämpft wird).

Zum Vorbereiten des Stramins.
Schneiderschere; Baumwollfäden oder Kleber zum Einfassen der Straminkanten; Band zum Spannen an den Seiten; Heftzwecken (sofern Sie einen Spannrahmen verwenden).

Zum Sticken.
Eine scharfe spitze Schere für das Garn (es gibt spezielle Stickscheren zu kaufen); Fingerhut (nützlich, wenn ohne Rahmen gestickt wird); eventuell eine Lupe.

Zum Spannen der fertigen Arbeit.
Große Bogen weißes oder braunes Papier; Lineal; Winkelmesser (mit rechtem Winkel); schwarzen, wasserfesten Stift; Schwamm, Tuch oder Sprüher (zum Anfeuchten der Arbeit); Spannbrett (etwas größer zugeschnitten als der Stramin); Tapetenkleister und einen Pinsel zum Verstreichen.

Der Arbeitsplatz

Wichtig ist, daß am Arbeitsplatz sehr gute Lichtverhältnisse herrschen, besonders, wenn Sie mit feinem Stramin arbeiten und die Farben auswählen. Der Platz sollte eine bequeme Arbeitsposition ermöglichen und so groß und übersichtlich sein, daß Sie die Garne ausbreiten und das Stickwerkzeug leicht erreichen können.

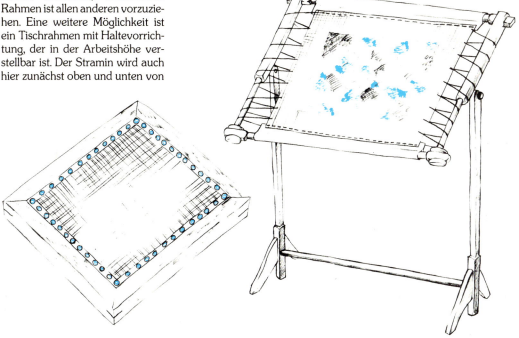

Sticharten

Auf den nächsten Seiten finden Sie einige der bekanntesten Stiche aus der Vielzahl, die in der Straminstickerei verwendet werden. Viele davon, z.B. der Schottenstich, sind eigentlich Stichkombinationen; sie lassen sich auch selbst erfinden, indem man zwei oder mehrere Farbschattierungen in einem Stich mischt und dadurch ein vollkommen neues Muster erhält. Die nun folgende Auswahl zeigt die Grundstiche und einige besonders schöne Muster.

Die Zeichnungen zeigen Ihnen die jeweils beste Arbeitsmethode für die einzelnen Stiche. Führen Sie die Stiche möglichst gleichmäßig mit fließenden Bewegungen aus; dabei entstehen auf der Rückseite meistens lange Stiche. Versuchen Sie nicht, Garn durch möglichst kurze Stiche auf der Rückseite einzusparen, da die einzelnen Stiche dann unschön aussehen und den Stramin durchscheinen lassen. Der Gesamteindruck der Arbeit würde erheblich darunter leiden.

Das erste Musterbeispiel unten zeigt den Traméstich (dem Gobelinstich vergleichbar), mit dem man auf Stramin ein Muster durch horizontale Stiche bildet und darüber häufig Perlstich arbeitet. Dies ergibt ein dichtes Gewebe mit festen Stichen, das sich besonders für Möbelbezüge und Teppiche eignet.

Der am häufigsten angewendete diagonale Grundstich in der Straminstickerei sind der Gobelin- und Perlstich. Es sind sehr feine Stiche, die sich auf jeder Stramindichte arbeiten lassen und für Umrisse und feine Details gut eignen. Wird diese Stichart auf sehr feinem Stramin gestickt, ist sie auch als »petit point« bekannt; auf grobem Stramin heißt sie gros point.

Sollten Sie mit dem Sticken von Rundungen Schwierigkeiten haben, so zeichnen Sie sich einige auf Millimeterpapier. Jedes Papierquadrat sollte dann einem Stich entsprechen; nun können Sie die Muster entsprechend auf den Stramin übertragen.

Millimeter- und Karopapier ist auch zum Vergrößern oder Verkleinern einer Mustervorlage oder beim Musterentwurf nützlich.

Verschiedene dekorative Stickmuster wurden hier auf einfädigem Stramin mit buntem Seidengarn gearbeitet.

Traméstich

Dieser Stich wird mit einem dünnen Garn auf zweifädigem Stramin zwischen die waagrecht verlaufenden Fäden gestickt. Dabei sollte die Fadenlänge eines Stichs an der Vorderseite 7,5 cm nicht überschreiten; auf der Rückseite sollte so wenig Faden wie möglich sichtbar sein. Es ist wichtig, diese Regel einzuhalten, da sich im anderen Fall das Stickgarn während der Arbeit kreuzen würde.

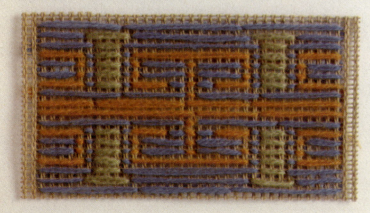

Sticharten

Waagrechter Perlstich

Hier sehen Sie, wie gut sich der Perlstich für Details und Umrisse eignet. Auf der Rückseite entsteht ein langer, schräger Stich, der verstärkend wirkt. Alle Stiche sollten in die gleiche Richtung zeigen. Ein Nachteil: Stramin kann sich bei diesem Stich sehr leicht verziehen.

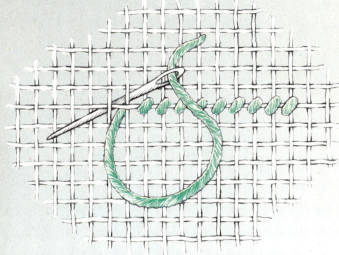

Diagonaler Perlstich

Diese Perlstichvariante ist für größere Flächen besonders geeignet. Sie ergibt eine glatte Oberfläche, wobei der Stramin wenig verzogen wird, da der Stich auf der Rückseite vertikal und horizontal, aber nicht schräg verläuft. Dieser Stich läßt auf der linken Seite einen gewebten Effekt entstehen.

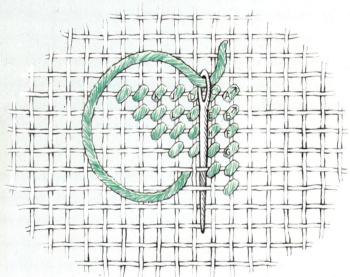

Geradstich

Obwohl dieser Stich mit dem Stramingitter verläuft, wirkt er, gerade bei Phantasiemustern, sehr harmonisch und fließend, wie die Abbildung zeigt. Der Geradstich läßt sich schnell arbeiten; die Stiche können auch über mehrere Straminfäden gestickt werden. Abstufungen sind allerdings wichtig, da sonst der Stramin bei zwei auf gleicher Höhe endenden Stichen sichtbar wird.

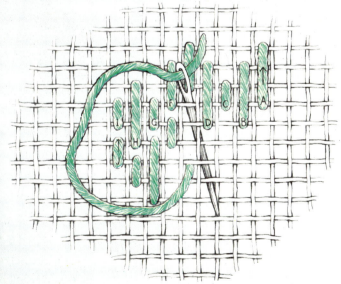

Sticken

Ziegelstich
Er ähnelt dem Geradstich und ist ein idealer Hintergrundstich. Auch für das Sticken mit verschiedenen Farben eignet er sich gut. Wie jeder Geradstich kann er senkrecht oder waagrecht gearbeitet werden, muß aber über eine gewisse Anzahl von Fäden verlaufen.

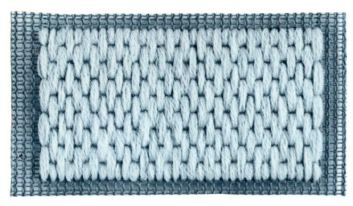

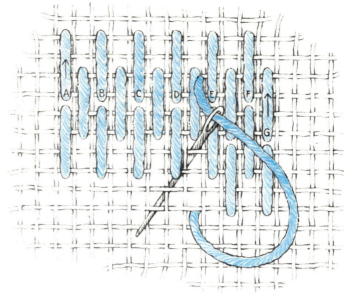

Senkrechter Gobelinstich
Er ist strapazierfähig und eignet sich in Verbindung mit dem Tramèstich gut für Möbelbezüge. Die Stichlänge kann variieren, d.h. Sie können ihn auch über 3 oder 4 Fäden anstatt über 2 Fäden arbeiten. Die Abbildung zeigt, daß die Straminfäden zwischen den Reihen leicht durchscheinen. Deshalb sollte die Farbe des Stramins entsprechend harmonieren.

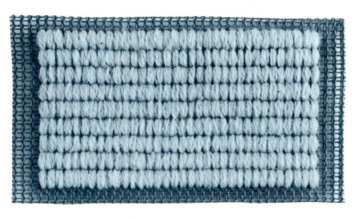

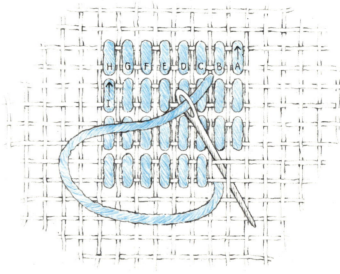

Verlängerter Gobelinstich
Eine weitere Stichvariante mit Schattierungseffekt. Versuchen Sie eine Fläche in verschiedenen Farbschattierungen zu sticken, indem Sie z.B. langsam von einem mittleren Blau zu einem blassen Grau übergehen. Die Stiche müssen jedoch sorgfältig gearbeitet werden, da sie den Stramin leicht verziehen und dieser sich schwer wieder in Form bringen läßt.

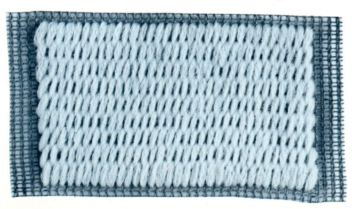

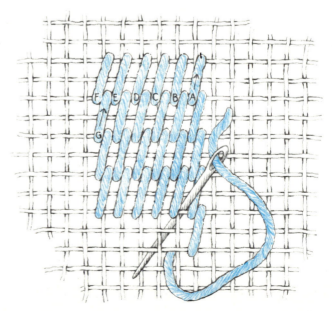

Sticharten

Kreuzstich

Ein sehr strapazierfähiger Stich, der für Möbelbezüge gut zu verwenden ist. Er eignet sich für geometrische Designs und als Hintergrundstich. Weniger geeignet ist er aufgrund seiner derben Struktur für Naturmotive. Sie sollten jedoch darauf achten, daß die sichtbaren Stiche stets in die gleiche Richtung zeigen.

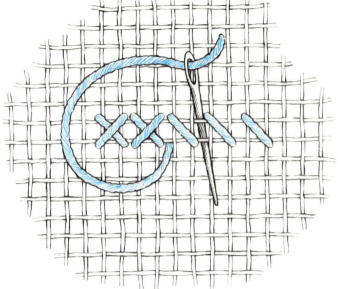

Gerader Kreuzstich

Er ist ein Stich mit ausgeprägter Struktur, allerdings in der Anwendung ähnlich begrenzt wie der Kreuzstich. Normalerweise verlaufen alle Deckstiche entweder senkrecht oder waagrecht, doch entsteht ein interessanter Effekt, wenn abwechselnd vertikale und horizontale Stiche gearbeitet werden.

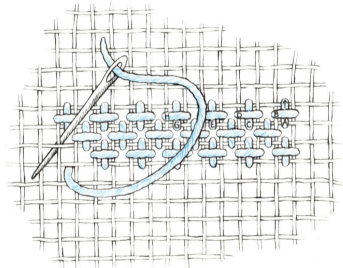

Satinstich

Ein besonders vielseitiger Plattstich, der den Farben Glanz verleiht und sie aufhellt. Die Breite und die Anzahl der Stiche pro Reihe kann variieren. Die horizontal und vertikal gestickten Reihen können in beide Richtungen verlaufen.

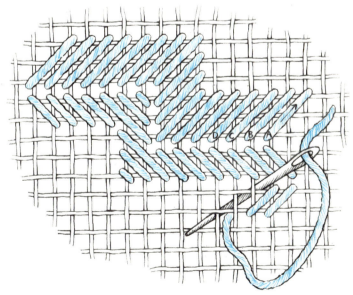

Sticken

Quadratisches Mosaik
Wird dieser Stich in einer Farbe gearbeitet, macht er, bei Licht besehen, einen nahezu gewebten Eindruck. Sehr verschieden wirkt das Muster, wenn zwei oder mehrere Farben verwendet werden. Dabei läßt sich fast ein Patchworkcharakter erreichen, wenn ganze Stichgruppen in verschiedenen Farben gebildet sind.

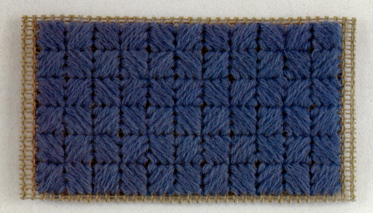

Diagonales Mosaik (1)
Dieser sehr einfache Flachstich ergibt trotzdem eine kräftige Struktur und bildet ein ausgeprägtes Diagonalmuster, das selbst auf kleinen Flächen zu erkennen ist. Wie alle Diagonalstiche zeigt er in eine Richtung; er läßt sich technisch sehr gut mit dem Perlstich kombinieren.

Diagonales Mosaik (2)
Eine veränderte Version des diagonalen Mosaiks 1. Das Muster läßt sich auf interessante Weise durch die Verwendung von mehreren Farben verändern; z.B. erhalten Sie ein stilisiertes Blumenmuster, wenn Sie einen Ring aus sechs Gruppen in einem Sechseck aus einer Farbe sticken und die mittlere Gruppe in einer anderen; beide Farben sollten im Kontrast zum Hintergrund stehen.

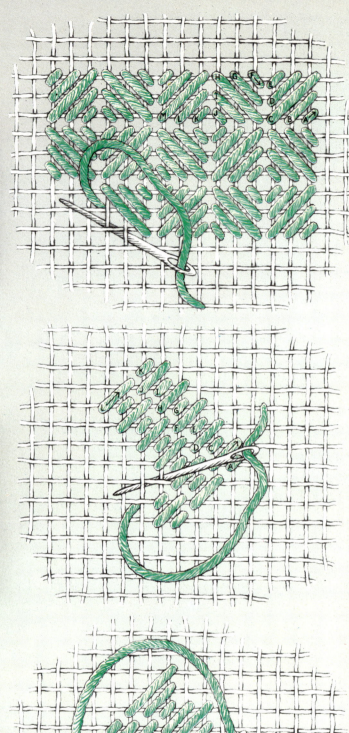

Sticharten

Bargello oder Florentiner Stich

Die erste Reihe ist vielleicht ein wenig schwierig, aber der Rest folgt relativ automatisch; wichtig ist, daß die Aus- bzw. Einstichstelle eines fertigen Stiches zugleich die Einstichstelle des darüber oder darunter gearbeiteten Stiches ist. Verfolgt man die senkrechte Linie der Stiche, ist ein Muster von zwei langen und zwei kurzen Stichen zu erkennen.

Florentiner Flamme

Dieses Muster ist dem Bargello ähnlich, aber leichter zu arbeiten, da nur in einer Stichlänge gestickt wird. Wie bei Bargello sollte das Design über eine große Fläche verlaufen, damit es voll zur Geltung kommen kann. Das extravagante Muster läßt sich schwer mit anderen Stichen kombinieren.

Kelim- oder Strickstich

Er ist ein kräftiger, dichter Stich, der glatt rechts gestrickten Maschen ähnelt; er kann sowohl senkrecht als auch waagrecht gestickt werden. Wegen seiner schrägen Winkel eignet er sich weniger für gerade Umrisse. Es ist sorgfältig darauf zu achten, daß der Stramin an den Stellen, an denen der Kelimstich mit anderen Stichen zusammentrifft, nicht sichtbar wird.

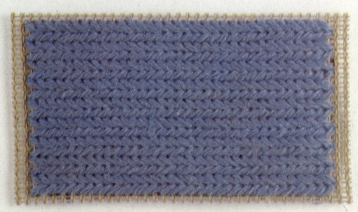

Sticken

Plattstich

Mit diesem Stich und unter Verwendung von einer oder mehreren Farben lassen sich sehr verschiedene Muster entwerfen. So können z.B. die Stiche, die sich im rechten Winkel treffen, in einer zweiten Farbe gestickt werden, so daß sie ein Gitter bilden. Oder die unteren Stiche jeder Gruppe werden in einer Farbe und die oberen in einem helleren Ton gestickt.

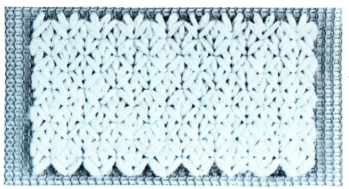

Gittermuster (1)

Dieses einfache Flächenmuster wirkt am besten, wenn zwei Kontrastfarben verwendet werden. Mit blassen Farben gestickt, kommt eine spitzenähnliche Wirkung zustande, mit Kontrastfarben eine dreidimensionale. Außerdem ist dieses Muster in der Größe leicht zu verändern.

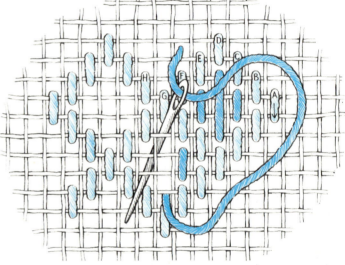

Gittermuster (2)

Es wird normalerweise in drei Farben gestickt, läßt sich aber auch mit weniger oder noch mehr Farben arbeiten. Mit drei Farben ist die Wirkung dreidimensional. Werden die Farben jeweils innerhalb des Musters verschieden eingesetzt, entsteht wiederum ein anderer Effekt. (Die Buchstaben zeigen die Stickreihenfolge einer Farbe an.)

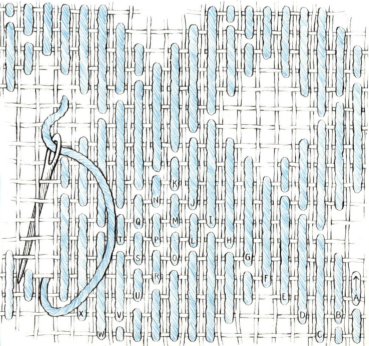

140

Schwankendes Netzmuster

Dieses Muster sollte über eine größere Fläche gestickt werden, damit es voll zur Geltung kommt. Zuerst wird das Gitter im Perlstich gestickt, dann die Quadrate und die Füllung der Strahlen. Wie bei allen Mustern, die schräge Stiche enthalten, muß der Rand beim Zusammentreffen der verschiedenen Stiche ausgeglichen werden. Ein Beispiel: Überschneidet die durch die Strahlen geformte Spitze eine mit Perlstichen gestickte Kurve, kann man die Strahlen weglassen und mit Perlstichen ausfüllen.

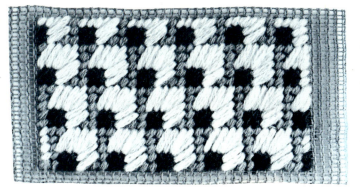

Schottenmuster

Es ist eine Kombination aus Perl- und Plattstichen, das meist mit zwei Farben gestickt wird. Zunächst arbeitet man das Gitter im Perlstich, und dann werden die Quadrate ausgefüllt. Das Muster läßt sich verändern, indem man die Stichrichtung der Quadrate entgegengesetzt zu der der Perlstiche verlaufen läßt oder die Richtung der Quadrate wie beim quadratischen Mosaik verändert. Die Größe des Musters ist variabel.

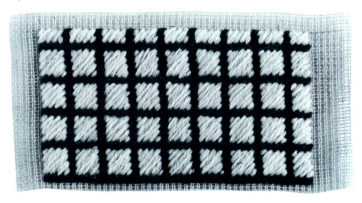

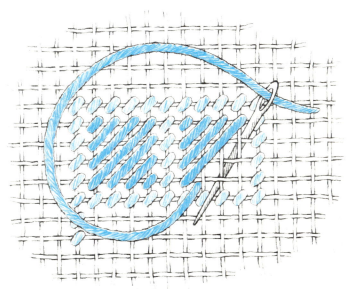

Webmuster

Dieses Stickmuster, das wie gewebt wirkt, wird nicht verwebt, sondern im Geradstich abwechselnd horizontal und vertikal gestickt. Der Webeffekt läßt sich noch zusätzlich verstärken, indem man die quer- und längsverlaufenden Quadrate in verschiedenen Farben arbeitet.

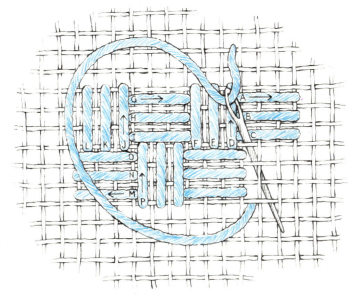

Die Gestaltung von Mustern

Es ist schon ein kleines künstlerisches Unterfangen, Stickmuster selbst zu planen und zu entwerfen. Wer aber ein paar grundsätzliche Dinge berücksichtigt, wird die Anfangsschwierigkeiten bald überwunden haben und feststellen, welch ungeahnte gestalterische Möglichkeiten gerade diese Handarbeit zuläßt. Das gezielte Kombinieren von Formen und Farben ist eine der wichtigsten Voraussetzung. Ebenso sollte man sich gute Kenntnisse über das notwendige Material aneignen und seine natürlichen Grenzen ebenso berücksichtigen wie seine vorhandenen Vorteile ausnützen.

Übertragung einer Vorlage

Als Vorlage für das Stickbild mit Schafen diente ein nicht gerade sehr gelungenes Aquarell (unten). An diesem Beispiel können Sie sehen, wieviel mehr Harmonie und Atmosphäre das Motiv nach seiner Umsetzung in Wolle ausstrahlt. Für das Stickbild wurde z. B. der Baum, auf der linken Seite des Aquarells zu sehen, nicht verwendet. Er hätte vermutlich zu sehr dominiert und die anderen Bildelemente, einschließlich der harmonisch gedämpften Farben, gestört. In diesem Fall beruht also die ganze stimmungsvolle Ausstrahlung der Stickarbeit auf der natürlichen Farbabstimmung.

Sie sehen also, nicht ein komplizierter Entwurf oder die Verwendung besonders schmückender Sticharten sind Voraussetzung für eine gelungene Arbeit. Wesentlicher ist die geschmackvolle Zusammenstellung harmonisierender Garn- und Farbschattierungen, die den Erfolg der fertigen Arbeit garantieren.
In diesem Fall war auch die Bildumrandung ein Problem. Das Bild verlangt zwar einen dekorativen Rahmen, doch können Kontrastfarben leicht die zarte Wirkung der Szene beeinträchtigen. Die hier gewählten Farbtöne ergänzen sich mit denen des Bildes, ohne zu sehr zu dominieren.

Motivwahl

Sie müssen sich darüber im klaren sein, daß Straminstickerei viel Zeit und Mühe kostet und im Vergleich zu anderen Handarbeiten sehr arbeitsintensiv ist. Nichts ist hier dem Zufall überlassen, wie zum Beispiel beim Malen, wo Unmittelbarkeit und Spontanität oft für besondere Effekte und Frische sorgen. Auch viele andere Kunstrichtungen führen oft durch geschickte Ausnutzung eines Zufalls zu wunderschönen Ergebnissen, z. B. ausgelaufene Farben, die unerwartet schöne Muster ergeben oder keramische Glasuren, die sich teilen und überraschend schöne Farben bilden. Wolle dagegen läßt solche Zufälligkeiten nicht zu. Aufregende Resultate ergeben sich vielleicht während der Arbeit, werden aber nicht durch das Material an sich hervorgerufen. Vielleicht kommen Sie in Versuchung, ein abstraktes Gemälde, das große Flächen mit reichen, leuchtenden Farben aufweist, zu kopieren. Überlegen Sie gut, ob sich die großen eintönigen Flächen, die auf dem Gemälde sehr wirkungsvoll sind, als Mustervorlage für eine Straminstickarbeit eignen. Schon die Durchführung der Arbeit in einer Farbe und im Perlstich dürfte langweilig sein, und Sie können davon ausgehen, daß auch die fertige Arbeit nicht anders ausfällt.

Erste Anfänge

Ehe Sie einen Entwurf von Grund auf planen, ist es gut, sich mit den Grundvoraussetzungen für dieses Kunsthandwerk vertraut zu machen. Sobald Sie die Grenzen und die Vorzüge des Materials kennen, werden Sie feststellen, daß sich realisierbare, aufregende Ideen ganz von alleine ergeben. Am besten beginnen Sie dann, ein Mustertuch zu sticken (Vorschläge finden Sie in diesem Kapitel), um eine gewisse Fertigkeit und ein Gefühl für diese Handarbeit zu bekommen.

Planung eines eigenen Entwurfs

Sie sollten sich im klaren sein, bevor Sie mit dem eigenen Entwurf beginnen, welchen Verwendungszweck die fertige Arbeit haben soll. Wie strapazierfähig muß sie sein? Wird sie als Sitzbezug oder Teppich verwendet, muß sie viel aushalten können? Für diesen Fall sollten Sie strapazierfähige Stiche, wie Perl- oder Kreuzstich wählen. Soll ein rein dekoratives Stück, z. B. ein Wandbehang entstehen, können Sie die Stiche nach ästhetischen Gesichtspunkten frei wählen. Vielleicht soll die Stickerei in eine ganz bestimmte Umgebung passen, so muß die Farbwahl und die Stilrichtung des Dekors entsprechend sein.
Während der Planung und Durchführung ist es gut, immer wieder die anderen Stoffe, Formen und Farben zu betrachten, um sicher zu sein, daß der Entwurf in jeder Arbeitsphase mit seiner Umgebung harmonisiert und nicht kollidiert; eine Arbeit so zu planen, steigert und beflügelt die kreativen Kräfte.

Möbelbezüge

Gleich zu Beginn muß die Form und Größe der Arbeit festgelegt werden. Soll z. B. ein Möbelbezug entstehen, ist es sehr ratsam, selbst, oder von einem Polsterer, eine Schablone anzufertigen und genau

Gestickter Teppich mit Tulpenmotiven

Frühlingsgarten

Die Gestaltung von Mustern

nach dieser Schablone zu arbeiten. Straminstickereien, die für Möbelbezüge verwendet werden, haben zwei wesentliche Probleme. Erstens muß man sich im klaren sein, daß die fertige Arbeit nicht immer perfekt ausfällt. Sitzflächen und Stühle sind z.B. häufig trapezförmig. Dadurch wird es notwendig, dreidimensional zu denken, um die Elemente des Musters richtig einzuplanen und der Form anzupassen. Wenn Sie historische Beispiele betrachten, werden Sie feststellen, wie gut damals Probleme gelöst wurden. In vielen Museen und Kunstgalerien gibt es wunderschöne Beispiele.

Der zweite Punkt ist, daß das Stickmuster mit der Stilepoche des zu beziehenden Möbelstückes übereinstimmen soll. Studieren Sie deshalb illustrierte Bücher über Kunst und Kunsthandwerk aus den entsprechenden Epochen. Oft finden sich passende Motive, die sich für die geplante Arbeit eignen.

Vorlagen für Entwürfe

Ein guter Entwurf hat wenig damit zu tun, ob man gut oder weniger gut zeichnen kann, wenn auch die Fähigkeit, nach der Natur zu zeichnen und zu malen, in gewisser Weise hilfreich ist. Meist ist dadurch das Verständnis für Farben und Formen und die Entwicklung der visuellen Ausdrucksfähigkeit größer. Dennoch: wer diese Fähigkeiten nicht besitzt, kann Ideen auch anderweitig beziehen.

Professionelle Designer z.B. leihen sich Elemente oder sogar die Grundstruktur aus anderen Werken, wie Gemälde, Buchillustrationen, Fotos und ähnlichen Vorlagen. Entscheidend ist der anschließend erzielte Effekt.

Sicher ist es nicht einfach, einen guten Entwurf ganz allein zu gestalten. Vielleicht werden die ersten Ergebnisse Sie enttäuschen. Kein Grund, die Flinte ins Korn zu werfen. Leihen Sie sich Ideen aus anderen Kunstrichtungen. Die Zeit, die Sie für die Skizzen investieren, ist sinnvoll verbracht; Sie lernen dabei, ausgezeichnete Arbeiten anderer Menschen zu verstehen und zu schätzen.

Wenn Sie nun mit dem Entwurf beginnen, gehen Sie ganz frei an die Sache heran und versuchen Sie, sich möglichst von fixen Vorstellungen zu lösen. Lassen Sie sich nicht durch die ersten fehlgeschlagenen Versuche deprimieren. Jede übersprungene Hürde ist ein weiterer Schritt zum Erfolg. Auch der simpelste Versuch kann durch die Art seiner Darstellung überzeugen und aussagekräftig sein.

Gestaltung des Designs

Vielleicht wählen Sie als Thema eine Szene aus Ihrer Kindheit, Tiere, Blumen, eine Landschaft oder eine der anderen vielen Möglichkeiten. Die Frage ist nun, wie Sie die Formen arrangieren, um eine schöne Gestaltung der Oberfläche des Stramins zu erhalten. Als sehr nützlich erweist es sich, Gemälde, Drucke und Formen von natürlichen Darstellungen genau zu betrachten, um den Aufbau eines guten Designs erkennen zu lernen. Japanische Drucke, persische Miniaturen, Werke von Matisse, Gauguin und anderen Malern und Illustratoren dieser Epoche können hervorragende Anhaltspunkte sein und für Formen und Farbgebung ideal als Vorlagen dienen und inspirieren.

Bei den ersten Versuchen ist es sinnvoll, jedes Element in seinen Umrissen und verschiedenen Perspektiven vorzuzeichnen, wobei die Einzelheiten noch unbeachtet bleiben. Wenn Sie beispielsweise eine Szene auf einem Bauernhof planen, suchen Sie nach möglichst vielen Fotos, Gemälden, Drucken und Zeichnungen, die verschiedene Tiere und Gebäude, die Sie in Ihr Bild einarbeiten möchten, darstellen. Oder gehen Sie einen Tag lang in eine Bibliothek oder in ein Museum zum Recherchieren. Kopieren Sie jede Figur in Farbe, oder machen Sie eine Pause davon, die Sie anschließend ausschneiden. Aus diesem Sortiment können Sie dann Ihr ganz persönliches Stickbild gestalten.

Nun zeichnen Sie auf ein Stück Papier die Außenumrisse des ganzen Motivs, indem Sie die Papierschablonen auf ein Blatt legen. Dabei sollten freie Flächen zwischen den einzelnen Elementen entstehen, die für den Hintergrund, der eine wichtige Rolle in der fertigen Arbeit spielen kann, frei bleiben. Versuchen Sie mit Hilfe von farbigen Formen oder verschiedenen Stoffstücken, die Sie hinter die ausgeschnittenen Figuren legen, eine optimale harmonische Gestaltung zu bekommen.

Umrandungen

Ist eine Borte vorgesehen, die die Stickerei einrahmen soll, muß sie als Teil der Gesamtgestaltung gleich eingeplant werden. Sie kann Farben und Muster aus dem Bild haben oder durch Wiederholung von einzelnen Elementen den Eindruck eines geschlossenen Bildes vermitteln. Ein Beispiel dafür bildet die gestickte Blumenschale auf Seite 174. Das einfache Muster der chinesischen Schale wird in der Borte wiederholt. So kann eine scharfe geometrische Umrandung ein weiches naturalistisches Bild effektvoll betonen oder seine sentimentale Ausstrahlung zusätzlich hervorheben. Das Gänseblümchenbild auf Seite 190 ist dafür ein Beispiel, bei dem die blau-weißen Karos Gegengewicht und Balance zu der weichen Schönheit der Blumen und des Hintergrundes bilden. Diese Arbeit zeigt ein weiteres interessantes Detail: Die Blumen in der Mitte überdecken teilweise die Umrandung. Dadurch wurde sie bewußt in die Gestaltung integriert. Persische Teppiche, wie die Abbildung oben zeigt, weisen häufig mehrfache Umrandungen auf; sie sind als Hauptelemente eingeplant, wobei die Fläche im Zentrum davon meist relativ spärlich gestaltet ist. Das Kissen auf Seite 178 zeigt die Anwendung dieser Technik deutlich. Umrandungen müssen also nicht unbedingt aus sich wiederholenden Motiven bestehen. Beispielsweise könnte ein dichtes Blumenmotiv in kräftigen Farben den Bildmittelpunkt bilden; der äußere Rand von 2–3 cm sollte dann in gedämpften Farben, jedoch unter Beibehaltung des Farbtons, gestickt sein. Experimentieren Sie ruhig ein wenig!

Gestaltung einer Teppichumrandung aus dem 19. Jahrhundert

Sticken

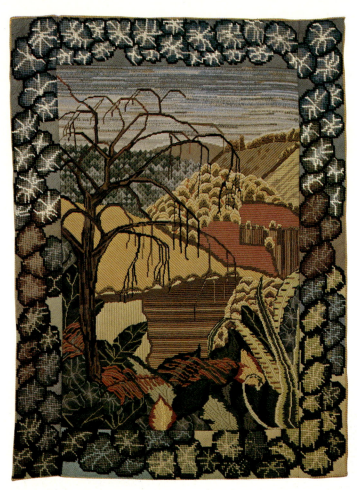

Wandbehang mit Landschaft

Alternative Stickvorlagen

Vielleicht erscheint es Ihnen doch noch zu schwierig, ganz ohne Hilfe einen Entwurf für eine Stickarbeit durchzuführen. Wenn dies der Fall ist, können Sie als Vorlage auch eine Fotografie, ein Poster oder ein Gemälde (möglichst großformatig) verwenden. Mit Hilfe eines Sichtfensters, das Sie in ein Stück Pappe schneiden und auf die Vorlage legen, wählen Sie dann einen guten Ausschnitt, der sich als Motiv eignet. Vergessen Sie nicht, daß Sie eventuell für das Stickbild auf Details verzichten bzw. Änderungen vornehmen müssen.

Die Feinarbeiten am Entwurf

Gleich, ob Sie den Entwurf für eine Stickarbeit ganz frei oder mit Hilfe einer fertigen Vorlage gestaltet haben, nun sollten Sie sich Zeit lassen für die Feinheiten. Schauen Sie sich Ihren Entwurf nach einigen Tagen nochmals genau an. Betrachten Sie die Umrisse und die Farbkomposition. Nehmen Sie jede Farbe einzeln unter die Lupe, ebenso das Muster, das die Oberfläche der Arbeit bilden soll. Vielleicht stört sie plötzlich ein Detail Ihres Entwurfs aus unerklärlichen Gründen. Versuchen Sie herauszufinden, ob es an einer unharmonischen Form oder vielleicht an einer Farbe liegen kann. Wenn notwendig, müssen Sie kleine Änderungen vornehmen, wobei manchmal auch noch größere Teile, die eigentlich gefallen, konsequenterweise auch verändert werden müssen. Geben Sie sich nicht eher zufrieden, bis alle Unebenheiten des Entwurfs beseitigt sind. Denn wie schon erwähnt, die Straminstickerei ist sehr aufwendig, und es wäre schade, wenn Ihnen die fertige Arbeit nicht mehr zusagt, weil Sie beim Entwurf Kompromisse gemacht haben.

Die Impressionisten

Im 19. Jahrhundert machten es gewisse Entwicklungen in der Physik möglich, das Spektrum zu erfassen. Die Veröffentlichung dieser Ergebnisse hatte in der Kunstwelt weitreichende Auswirkungen. Beim Betrachten einer Landschaft z. B. sah man verschiedene Kombinationen von Lichtwellen, die von unzähligen Oberflächen reflektiert wurden und jeweils eine reine Farbe bildeten. Durch diese aufregende Entdeckung angeregt, begannen einige Maler, die späteren Impressionisten, diese Erkenntnisse in ihrer Arbeit anzuwenden. Durch ein Nebeneinandermalen von unzähligen Punkten in kräftigen Farben, manche fast ohne Farbzusammengehörigkeit, gelang es ihnen, dem Betrachter das Gefühl von »wirklichem« Licht und Farbe zu vermitteln.

Straminstickerei ist ideal, die Technik der Impressionisten nachzuempfinden, da sie aus einer Vielzahl kleiner, sich wiederholender Stiche besteht. So können Farbflächen wie auf einem impressionistischen Gemälde durch das feine Mischen verschiedener Farben wiedergegeben werden. Allerdings, dies muß mit Vorsicht erfolgen, da jede Farbe stärker im Zusammenhang mit ihrer Komplementärfarbe hervortritt.

Die Farben

In der bildenden Kunst bezeichnet man Farben als das Medium, das Emotionen vermittelt. Jeder Mensch reagiert auf Farben und hat seinen ganz individuellen Farbsinn. Bei den meisten ist dieser Sinn zu wenig entwickelt und ausgeprägt. Mehr Verständnis der verschiedenen Farbtheorien kann man sich z. B. durch das Studium einschlägiger Fachbücher aneignen. Auch die Farben in der Natur genau zu betrachten, ist eine Hilfe. Besonders die Gemälde der Impressionisten, die sich sehr intensiv mit Farben auseinandergesetzt haben, sollten Sie genau studieren.

Mischen von Farben

Jede Wollfarbe erscheint dunkler und gedämpfter als z. B. der gleiche Ton in flüssiger Farbe. Wolle ist vollkommen undurchsichtig und hat eine matte Oberfläche, während Farbe das Licht reflektiert. Wenn Sie kräftige Farben mögen, machen Sie auf keinen Fall den Fehler, für eine Stickarbeit ausschließlich kräftige, grelle Farben zu kombinieren, da sie miteinander konkurrieren und die Arbeit dadurch kitschig und paradoxerweise leblos erscheint. Statt dessen sollte man Tiefe und Licht durch vorsichtiges Mischen von Farben und vielleicht durch eine Vielfalt von Stichen hervorrufen. Einige Muster, z. B. quadratisches Mosaik und der Satinstich, ergeben einen glänzenden Effekt; in Kombination mit einem Perl- oder Kreuzstich, die matt wirken, bekommt man eine äußerst interessante Wirkung. Obwohl es so viele verschiedene Farbtöne gibt, treten doch manchmal Schwierigkeiten bei der Wahl auf. Verwenden Sie möglichst verschiedene Farbtöne zusammen, das erhöht die Farbtiefe und bereichert jede Stickarbeit. Selbst einfache geometrische Muster können mit dieser Technik außergewöhnlich gestaltet werden. Schauen Sie sich z. B. den geometrischen Hintergrund des Entenbildes auf Seite 195 an. Ohne die Farbabstufungen und das Mischen verschiedener Farben zu einem Faden würde das Muster langweilig wirken.

Der Wandbehang mit Schmetterlingen (S. 148) ist ein weiteres Beispiel eines von Grund auf geometrischen Designs, bei dem Regelmäßigkeit durch vorsichtiges Nebeneinanderstellen von Farben durchbrochen wird. Der sehr gedämpfte Bereich ist in den Schattierungen beige bis braun; ein sanftes Blau bildet das Zentralmuster, das die Geometrie paradoxerweise verbirgt und zugleich steigert, da es den Hauptrhythmus durchbricht. Die Schmetterlinge selbst sind sehr naturalistisch dargestellt, dennoch wirken sie fast abstrakt durch die geschickte Anwendung von Bargello. Die gesamte Arbeit ist so vielfältig, daß man immer mehr Einzelheiten entdeckt, je länger man sie betrachtet.

»Sommergarten« gearbeitet von der Engländerin Janet Haigh. Für diese wunderschöne Arbeit diente eine Farbstudie in Wachsstift als Vorlage.
Das Bild wurde direkt durch freies Sticken auf Stramin übertragen; es vermittelt ein Gefühl von Leben und Bewegung.

Die Gestaltung von Mustern

Sticken

Abweichungen vom Entwurf

Ganz gleich wie präzise Sie Ihre Stickarbeit entworfen haben, so werden Sie stets während der Arbeit feststellen, daß sich unvorhersehbare Abweichungen ergeben. Häufig werden Sie Teile sogar wieder auftrennen müssen, da diese nicht mit dem Gesamtentwurf harmonieren. Farben wirken oft verändert, nachdem sie gestickt sind; besonders bei Verwendung des Perlstichs, der viele kleine Schatten verursacht, sehen einige Farben oft wesentlich dunkler aus. Es läßt sich auch schwer abschätzen, wie eine Farbe, neben einer anderen gestickt, wirken wird. So kann eine schmale, rote Linie in einem blauen Feld plötzlich lila aussehen. Möglich ist auch, daß Sie Effekte erzielen, die zwar anders als geplant ausfallen, Sie aber so überzeugen, daß Sie Ihren ganzen Entwurf dementsprechend ändern.

Links: *Wandbehang mit Schmetterlingen.*
Unten: *Beispiel einer englischen Stickarbeit aus dem 16. Jahrhundert. Sie wurde als Kissenhülle verwendet.*

Hintergrund

Wählen Sie möglichst nie ein Motiv, das auf einen einfachen Hintergrund gestickt wird. Die Hintergrundfläche sollte vielmehr ein Bestandteil des Designs sein. Wenn Sie z. B. Perlstich in einer Farbe für den Hintergrund wählen, dann sollten Sie gelegentlich eine andere Farbe Ton in Ton untermischen. Obwohl Sie dadurch immer noch eine einfarbige Fläche haben, wird diese aus der Entfernung lebendiger wirken und bei näherem Betrachten interessante Details aufweisen.

Wenn Sie nach einer Stickvorlage arbeiten, seien Sie ruhig mutig. Folgen Sie nicht immer der Anleitung, sondern gestalten Sie durch Farb- und Strukturveränderungen Ihr eigenes, ganz persönliches Design.

Landschaft

Der Wandbehang auf Seite 146 ist eine sehr lebendige und originelle Interpretation des traditionellen Stickthemas Landschaft. Dieses Beispiel greift alle Elemente, die eine Landschaft bietet, auf. Das Ergebnis ist harmonisch und in sich geschlossen. Es zeigt keine negativen Flächen, keine Form sieht zufällig aus. Die Räume zwischen den einzelnen Motiven sind ebenso gut

Die Gestaltung von Mustern

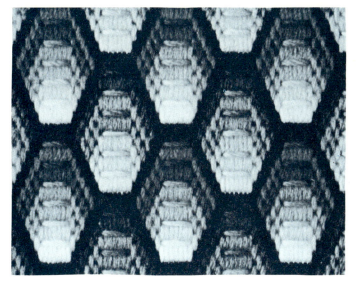
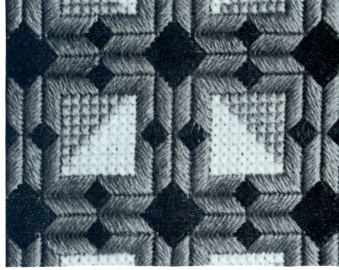

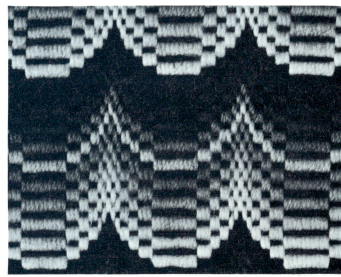

gearbeitet wie die Motive selbst. Durch das sorgfältige Kombinieren von warmen Farbtönen mit kühlen, von kräftigen Farben, die mit Komplementärfarben und neutralen durchsetzt sind, wurden ausgewogene Farbeffekte erzielt. Die in Blau und Grün gehaltene, kühl wirkende Umrandung verleiht dem Bild mit der sonst überschwenglichen Farbzusammenstellung eine melancholische Tiefe. Auch die Wahl der Stickstiche ist außergewöhnlich. Für jedes Detail wurde der passende Stich verwendet. Der Künstler hat mehr auf die Struktur als auf die Konturen Wert gelegt und so eine vollendete Arbeit geschaffen.
Straminstickerei bietet praktisch unbegrenzte Möglichkeiten; nur müssen die Stiche für die verschiedenen Muster und Strukturen mit Sorgfalt ausgeführt werden. Sie dürfen nicht einfach willkürlich gemischt, sondern dem jeweiligen Subjekt angepaßt werden. Bei einer Landschaftsdarstellung sollten Sie daher das Muster und die Struktur der Natur nachempfinden. Für ein gepflügtes Feld sollten Sie z. B. den Kelimstich oder für einen fernen Tannenwald den Plattstich verwenden.

Für Anfänger ein paar Tips

Ehe Sie sich nun an das Sticken wagen, hier noch ein paar Richtlinien, speziell für Anfänger.
Wenn bei Ihrer Straminstickerei die Struktur dominieren soll, wählen Sie am besten nur gedämpfte, helle Farben, damit sie sich deutlich abhebt. Bei kräftigen und kontrastierenden Farben tritt sie mehr in den Hintergrund. Außerdem sollten Sie Ihre Stickerei während der Arbeit immer wieder aus einer gewissen Entfernung betrachten. Zu leicht läßt man sich nämlich von Details fesseln und vergißt dabei, den Gesamteindruck im Auge zu behalten.
Später, wenn Sie genügend Selbstvertrauen und die notwendige Übung haben, können Sie viele dieser Richtlinien vergessen und Ihre ganz eigenen aufstellen.

Diese sich wiederholenden Stichmuster zeigen, wie Struktur und Muster sich entwickeln.

Sticken

Arbeitsbeginn

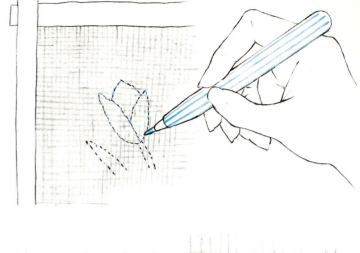

Übertragung des Musters auf Karopapier

Nachdem Sie Ihr Stickmuster geplant und skizziert haben, ist die nächste Arbeit, es auf Stramin zu übertragen. Eine Methode ist, das Muster auf Karopapier zu zeichnen (sie eignet sich gut für geometrische Entwürfe). Jedes Quadrat entspricht dabei einem Fadenkaro des Stramins. (Es ist möglich, daß Papier- und Straminkaros nicht gleich groß sind; das spielt keine Rolle, solange die Originalvorlage mit Stramin, Garn und Muster übereinstimmt.) Dieses Diagramm dient dann als Vorlage für Ihre Stickarbeit.

Sticken nach Diagramm

Zuerst zeichnet man sich die Mustergröße auf den Stramin und unterteilt sie in kleine Quadrate (z.B. 10 × 10 Fäden je Quadrat). Dann wird das Diagramm ebenfalls in die entsprechenden Quadrate unterteilt. Das erleichtert das Zählen der Stiche.

Übertragung des Musters durch Abpausen

Wenn Sie das Muster direkt auf den Stramin übertragen wollen, was sicher häufig der Fall ist, zeichnet man es in der Originalgröße auf weißem Papier vor. Dann legt man das Pauspapier auf diese Vorlage und überträgt mit einem schwarzen Stift die Hauptumrisse des Musters. Zeichnen Sie wirklich nur die wichtigsten Umrisse in klaren, nicht zu feinen Linien ein; zuviele Details würden Sie bei Beginn des Stickens verwirren.

Vorbereitung des Stramins

Der Stramin wird in der Größe der geplanten Arbeit plus rundherum ca. 5 cm zugeschnitten. Mit einem Lineal mißt und zeichnet man nun den äußeren Rand des Musters auf den Stramin, wobei die Linien parallel zum Gitter verlaufen müssen. Sollte der Stramin leicht verzogen sein, muß er vorher durch sanftes Ziehen wieder in Form gebracht werden.

Übertragen des Musters auf Stramin

Das Pauspapier wird auf ein weißes Papier gelegt, damit die Linien gut sichtbar sind. Dann den Stramin darüber legen, wobei die Randlinien übereinstimmen müssen. Den Stramin klebt man mit Tesafilm fest und paust die Linien, die durch das Gitter sichtbar werden, ab. Für diese Vorbereitungsarbeiten sollten Sie stets einen wasserfesten Filzstift oder wasserfeste Tinte verwenden.

Stickvorbereitung

Bevor Sie nun zu sticken beginnen, müssen Sie die Ränder des Stramins rundherum mit Abdeckband einfassen oder 6 mm umschlagen und heften, um ein Ausfransen zu verhindern. Dann wird der Stramin gegebenenfalls in einen Rahmen gespannt (siehe dazu Seite 133).

Sticken

Erst verknoten Sie das Fadenende vorübergehend und führen die Nadel etwas abseits vom Stickanfang von vorne nach hinten durch den Stramin in Richtung des Stickbeginns. Nun bringt man die Nadel direkt an den Anfang des ersten Stiches nach oben. Nachdem einige Stiche gearbeitet wurden und das Fadenende an der Unterseite befestigt ist, wird der Knoten abgeschnitten. Zum Vernähen eines Fadens erst durch die Rückseite einer bestickten Fläche stechen, wobei Sie nicht zu fest anziehen dürfen, und dann das Fadenende abschneiden. Alle folgenden Fäden können auf diese Weise begonnen werden, jedoch sollten Sie dann zu- nächst in eine, dann in die andere Richtung stechen, damit sich der Faden beim Stickbeginn nicht durchzieht. Die Fadenenden werden auf der Rückseite verteilt vernäht. Machen Sie keine Knoten (mit Ausnahme ganz am Anfang), da sie klumpig und unsauber wirken und zudem leicht aufgehen. Die Fadenenden stets abschneiden, damit auch die Rückseite der Arbeit sauber ist. Achten Sie besonders darauf, die Ränder der bestickten Fläche akkurat zu arbeiten, da beim späteren Spannen ein gerader Abschluß benötigt wird.

Spannung während des Stickens

Die Spannung muß über die gesamte Arbeitsfläche gleichmäßig gehalten werden. Da dies etwas Praxis voraussetzt, ist es gut, an kleinen Probebeispielen zu üben, bevor Sie die erste richtige Arbeit beginnen. Dabei ist es besonders wichtig, nicht zu stramm zu sticken, da sich der Stramin dadurch verziehen und die Wolle dehnen würde mit dem Resultat, daß der Stramin durchzuscheinen beginnt.

Arbeitsbeginn

Stickgarn

Während des Stickens kann es sein, daß der Faden sich verdreht und die Zwirnung sich festigt oder lokkert. Um dies zu korrigieren, lassen Sie die Nadel mit dem Faden gelegentlich hängen, damit er sich zurückdrehen kann.
Außerdem sollten Sie nicht mit einem zu langen Faden sticken. Bei gröberem Stramin, wo meist größere Stiche gearbeitet und der Faden weniger oft durchgezogen wird, kann dieser etwas länger sein.

Verbessern von Fehlern

Zögern Sie nicht, einen Fehler wieder aufzutrennen, denn es wäre schade, bei dem großen Arbeitsaufwand, den Straminstickerei erfordert, sich die fertige Arbeit durch Fehler zu verderben. Trennen Sie erst auf, nachdem Sie den Faden aus der Nadel gezogen haben. Ist eine größere Fläche aufzutrennen, durchtrennt man die Stiche mit einer spitzen Schere und zupft die Fadenreste aus. Es hat wenig Zweck, die gesamte Fadenlänge aufzutrennen, da sie sich dabei so abnützt, daß eine erneute Verwendung der Arbeit schaden würde.

Ausbessern von Stramin

Seien Sie beim Auftrennen vorsichtig, daß der Stramin nicht beschädigt wird. Sollte es dennoch passieren, so schneidet man sich ein kleines Stück des gleichen Stramins aus, legt es über die beschädigte Stelle, wobei die Fäden genau übereinanderliegen müssen, und heftet es fest. Nun können Sie normal darübersticken, wobei sorgfältig darauf zu achten ist, daß sich das Gitter des Straminflickens nicht verschiebt. Durch das Sticken wird der Flicken dann festgehalten und ist nach beendeter Arbeit nicht mehr erkennbar.

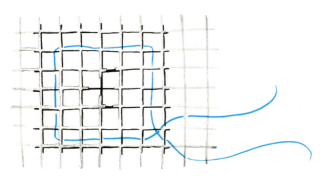

Spannen der fertigen Arbeit

Nach der Fertigstellung kann es sein, daß die Arbeit leicht verzogen ist, besonders bei Verwendung von Diagonalstichen. In diesem Fall ist das Spannen wichtig. Selbst wenn sich die Arbeit nicht oder nur wenig verzogen hat, begünstigt dieser Prozeß den Gesamteindruck. Zunächst befeuchten Sie die Arbeit (Abb. 1) nur ganz leicht, es sei denn, sie hat sich sehr verzogen. Dieser Vorgang macht den Stramin weich, und die Stickarbeit kann nun in die richtige Form gezogen werden.

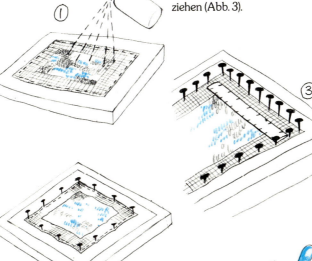

Mit wasserfester Tinte zeichnet man die Originalaußenmaße auf weißes Papier und steckt es auf das Spannbrett. Die Stickarbeit wird mit der rechten Seite nach unten darauf gelegt und festgenagelt (wenigstens 2,5 cm vom Stickrand entfernt). Zunächst nagelt man die Ekken, dann die Mitten der Seiten (Abb. 2) und zuletzt die Zwischenräume im Abstand von 6–12 mm fest. Wenn Sie bemerken, daß sich der Stramin während des Festnagelns verzieht, müssen Sie die Nägel herausziehen und erneut einklopfen. Vergewissern Sie sich, daß nach dem Festnageln alle Straminfäden gerade verlaufen, damit sich die Stickarbeit nicht erneut verzieht.

Es kann schwierig sein, die vorgezeichnete Umrißlinie durch den Stramin zu erkennen. Gehen Sie deshalb folgendermaßen vor: Nachdem die Ecken festgenagelt sind, können die Seiten mit Hilfe eines Lineals angepaßt werden, indem Sie es auf die Kante des Stramins legen und die Stickarbeit stramm bis an den unteren Rand ziehen (Abb. 3).

Nach dem Festnageln pinselt man eine dünne Schicht Tapetenkleister, den Sie ziemlich dick anrühren, auf die Arbeitsrückwand (Abb. 4). Der Kleister muß gut verteilt und eingestrichen werden. Überschüssigen Kleister am Rand abwischen, da er angetrocknet beim Nähen hinderlich ist. Die Kleisterschicht fixiert das Garn und verhindert, daß die Stickerei aufgehen kann. Außerdem schützt sie die Arbeit über viele Jahre vor Motten oder anderen Schädlingen. Die gespannte Arbeit läßt man im warmen Zimmer stehen, jedoch nicht neben direkter Hitzeeinwirkung. Wenn sie vollkommen getrocknet ist, das dauert ca. 24 Stunden, werden die Nägel entfernt.

Zusammennähen von Stramin

Besteht eine Arbeit aus verschiedenen Teilen, werden diese erst nach dem Spannen zusammengenäht. Mit einem Faden aus dem Rand des Stramins näht man zwei Teile rechts auf rechts im Hinterstich zusammen. Die Gitter der beiden Teile müssen dabei exakt anschließen. Sofern die Stickstiche am Rand nicht in einer geraden Linie abschließen, wie z.B. beim Ziegelstich, wird der Stramin an der Naht zu sehen sein. Um dies zu vermeiden, läßt man bereits während des Stickens die Stiche aus, die über die Nahtlinie reichen. Erst nach dem Spannen und Zusammennähen füllt man dann die noch fehlenden Stiche über der Naht aus (Abb. 5).

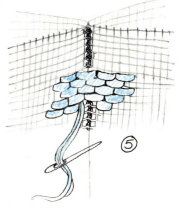

151

Aufziehen und Einrahmen

Bevor Sie eine Straminstickerei zum Einrahmen geben oder selbst rahmen, muß sie auf einen festen Hintergrund aufgezogen werden, damit sie unter Spannung bleibt. Dafür gibt es natürlich einige Methoden: Eine bewährte ist, die Stikkerei über eine dünne Hartfaserplatte zu spannen und die Ränder auf der Rückseite durch Fäden zusammenzuhalten.

Material

Eine dünne Hartfaserplatte in der Größe der Stickerei (plus einer entsprechenden Zugabe für die Rahmenüberlappung)

Starke Fäden und eine große Nadel

Reißbrettnägel

Rahmen

Braunes Papier

Doppelklebeband

2 kleine Metallösen

Draht oder Kordel

Anmerkung: Bevor Sie die Hartfaserplatte zuschneiden, wäre es gut, den Rahmen auszusuchen, damit Sie die Überlappung einkalkulieren können. Im Idealfall trifft der innere Rand des Rahmens mit dem Rand der Stickarbeit zusammen. Der Rahmen sollte die Stickerei nicht überlappen, noch weniger sollte ein Teil des unbestickten Stramins sichtbar sein. Wenn Sie die Arbeit mit Glas abdecken, reicht auch etwas weniger Zugabe.

Aufziehen

Legen Sie die Stickerei mit der rechten Seite nach oben auf die Platte, klappen Sie die Ränder nach hinten (rundherum ist der unbestickte Teil für die Überlappung) und stecken Sie den Stramin an der Kante in gleichmäßigen Abständen mit den Nägeln fest (Abb. 1). Diesen Schritt auf der gegenüberliegenden Seite wiederholen.

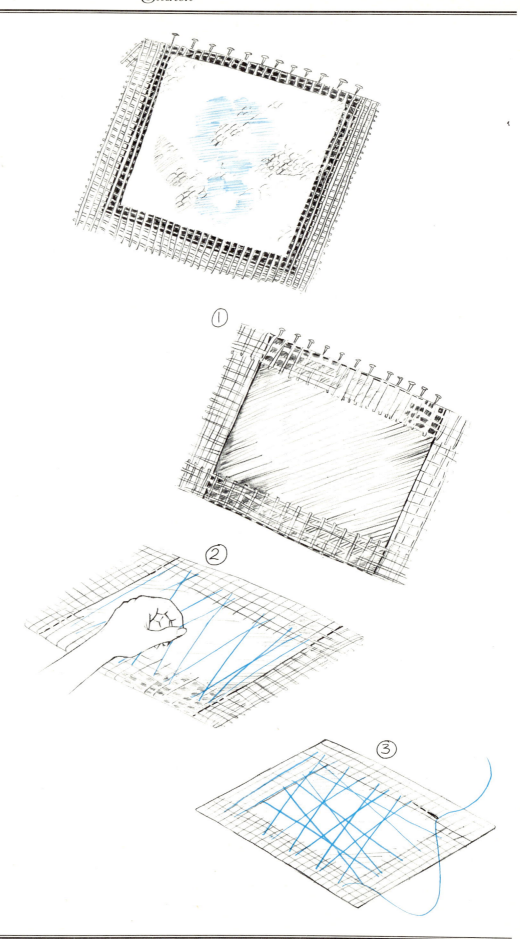

152

Aufziehen und Einrahmen

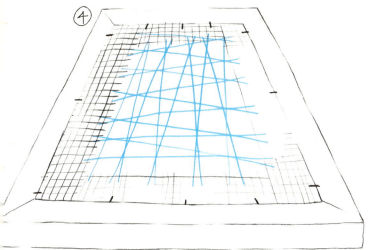

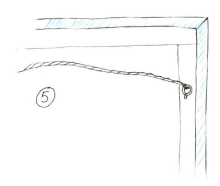

Mit einem langen Faden werden nun die sich gegenüberliegenden Seiten durch große schrägverlaufende Stiche von Rand zu Rand zusammengehalten (Abb. 2). Dabei den Faden so gut als möglich anziehen (den Faden nur zu Beginn verknoten). Die Nägel werden entfernt und das Fadengitter nochmals mit den Fingern fest angezogen (Abb. 2); achten Sie darauf, daß die Zugabe für die Überlappung gleichmäßig bleibt. Zum Schluß den Faden gut vernähen.
Diese Arbeit wiederholt man nun an den beiden anderen Rändern; die Ecken werden quadratisch gefaltet (Abb. 3).

Einrahmen
Die aufgezogene Arbeit wird nun in den Rahmen gelegt und durch kopflose Nägel befestigt (Abb. 4). Die Rückseite mit braunem Papier abdecken und festkleben, damit kein Staub eindringen kann. Metallösen und Kordel werden zum Aufhängen am Rahmen befestigt (Abb. 5).

Auswahl des Rahmens
Da ein schöner Rahmen Ihre Stickerei zusätzlich hervorhebt, sollten Sie ihn mit Sorgfalt auswählen. Gehen Sie in ein gutes Rahmengeschäft und lassen Sie sich dort von einem Experten beraten. Wählen Sie nicht nur nach Gefallen, sondern denken Sie auch an den Raum, in dem das Bild hängen soll. Es gibt auch Handarbeitsgeschäfte, die für Stickarbeiten besonders geeignete Rahmen anbieten.
Außerdem müssen Sie entscheiden, ob Sie das Bild mit oder ohne Glas rahmen möchten. Glas hält die Stickarbeit zwar sauber, vermindert aber durch Reflektieren (es sei denn, Sie wählen nichtreflektierendes Glas) den strukturellen Effekt der Stickerei. Entscheiden Sie sich dennoch für Glas, sollten Sie den Rahmen so auswählen, daß die Stickerei nicht zu sehr gepreßt wird. Zwischen der Arbeit und dem Glas sollte also ein kleiner Zwischenraum sein. Ein Fachgeschäft wird Ihnen eine Glasplatte korrekt zum Rahmen passend anfertigen.

Wandbehang

Für einen straminbestickten Wandbehang benötigen Sie als Rückwand einen Futterstoff, der in Farbe und Qualität mit der Arbeit harmoniert. Obwohl das Futter auf der Rückseite ist, kann es sein, daß die Ränder zu sehen sind. Für Stikkereien, die mit Wolle oder Baumwolle gearbeitet wurden, sollte Leinen oder ein dichtgewebter Baumwollstoff gewählt werden. Haben Sie mit Seidenfäden gestickt, wäre zwar Seidenfutter ideal, doch reicht auch in diesem Fall ein Baumwollstoff aus.
Wie Sie auf Abbildung 6 sehen, werden die Seiten des Stramins nach hinten geklappt, die Ecken entsprechend gearbeitet und das Ganze geheftet.
Das Futter wird gemäß der bestickten Fläche plus 2,5 cm Zugabe rundherum zugeschnitten. Diese 2,5 cm zur linken Seite klappen und heften (Ecken wieder nach Abb. 6 arbeiten). Die Stickerei und das Futter links auf links legen und an allen vier Seiten heften. Mit einem Überwendlichstich werden die Ränder zusammengenäht. Sofern Sie einen Holzstab als Aufhängevorrichtung wählen, müssen Sie, wie anschließend beschrieben, vorgehen.

Aufhängevorrichtungen
Dafür gibt es zwei Methoden. Für die erste benötigen Sie Selbstklebestreifen von der Länge des oberen Randes und eine Holzlatte derselben Länge;
Nägel, um das Holz an der Wand und die Klebestreifen auf dem Holz zu befestigen.
Sie nageln die Holzlatte gerade an die Wand, trennen die Klebestreifen und nageln eine Hälfte auf die Holzlatte. Die andere Hälfte nähen Sie an den oberen Rand des Wandbehangs. Zum Aufhängen drücken Sie die beiden Klebehälften fest aufeinander (Abb. 7).
Für die zweite Methode brauchen Sie:
1 Holzstab, der um 7,5 cm länger als der Wandbehang ist (eventuell einen zweiten Holzstab, als Gegengewicht unten);
Kordel.
Beim Zusammennähen von Stramin und Futter müssen Sie am oberen Rand (je nachdem auch unten) eine Öffnung zum Durchstecken des Holzstabes lassen.
Den Holzstab vorher glattschmirgeln, dann beizen oder bemalen und ihn durch den Wandbehang stecken (Abb. 8). Zum Aufhängen wird eine Kordel um die oberen Enden gebunden.

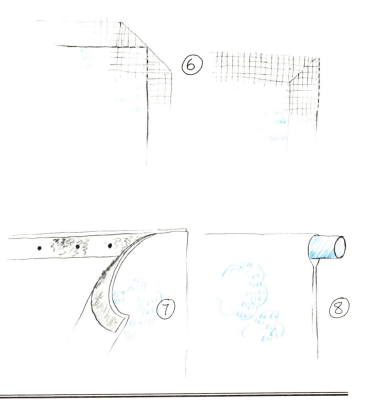

Schöne Stickarbeiten

Perlstich-Bild
Musterkissen

Diese beiden Beispiele sind ideal für Anfänger. Das Stickbild ist ausschließlich im Perlstich gearbeitet, während die Kissenhülle aus achtzehn verschiedenen Stichen und Mustern besteht.

Sticken

Perlstich-Bild

Größe: ca. 14 × 14 cm

Material

Einfädiger Stramin, 36 Fäden auf 5 cm – 25 × 25 cm

Sticknadel Nr. 22, Filzstift

Je eine Docke MEZ-Sticktwist in folgenden Farben:

Farbschlüssel

- ● blau 130
- \ creme 387
- · grau 398
- + hellrosa 08
- − hellrosa 06
- – moosgrün 261
- / waldgrün 262
- ● beige 372
- ● beige 366
- ✚ rosa 075
- \ lila 109
- / orange 313
- ✕ hellgelb 292

Stickanleitung

Zeichnen Sie den Umriß des Bildes mit einem Filzstift auf den Stramin. Dann unterteilen Sie das Bild in Gitter von 10 Fäden. Mit 3 Fäden des jeweiligen Sticktwists wird nun die gesamte Arbeit im Perlstich nach dem Diagramm gestickt, wobei Sie von unten nach oben vorgehen. Jedes Quadrat im Diagramm zeigt eine Kreuzung der Straminfäden, d. h. einen Perlstich.

Fertigstellung

Ist die Stickarbeit beendet, spannt man sie nach Anleitung von Seite 151. Das Aufziehen und Einrahmen finden Sie auf Seite 152.

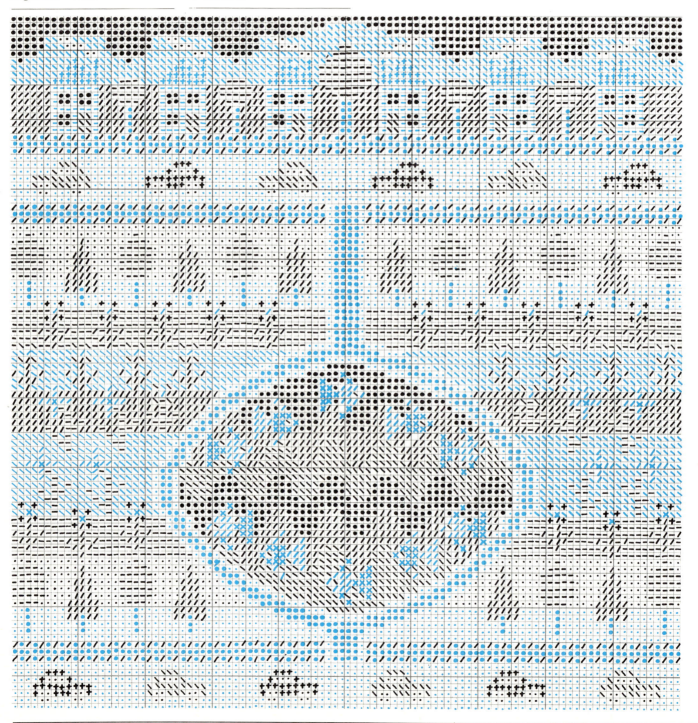

Musterkissen

Größe: 35,5 × 35,5 cm

Material

MEZ-Kelimwolle in folgenden Farben und Mengen:

Farbschlüssel

- 7 Docken rohweiß 3204
- 5 Docken weiß 3222
- 3 Docken gold 3372
- 3 Docken senf 3373

Einfädiger Stramin (24 Fäden auf 5 cm) 38 × 38 cm

Wollsticknadel Nr. 18

Helle wasserfeste Tinte

40 cm dickes naturfarbenes Leinen

Passendes Nähgarn

Reißverschluß mit 30,5 cm

Kissenfüllung 40,5 × 40,5 cm

Stickanleitung

Die Größe der Stickarbeit beträgt 28 × 28 cm. Kennzeichnen Sie den Umriß mit heller Tinte oder Heftfaden auf dem Stramin (entlang der Lochreihen – nicht entlang des Fadens). Dann den Mittelpunkt markieren und nach dem Diagramm sticken, indem Sie mit dem mittleren Kreuzstichquadrat beginnen und nach außen arbeiten. Der Perlstichhintergrund wird zuletzt gestickt.

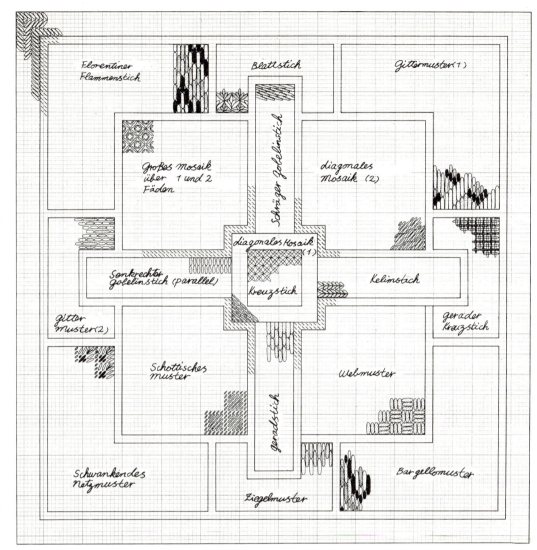

Fertigstellung

Die Stickarbeit auf 28 cm im Quadrat spannen. Aus dem Leinen 4 trapezförmige Streifen nach Abb. 1 mit Nahtzugabe von 1 cm schneiden. Diese rechts auf rechts an den Rand der Stickerei nähen (Abb. 2).

Nun die Streifen so zurückklappen, daß der Stramin flach bleibt. Den Einschlag an den diagonalen Ecken bügeln, heften und die Ecken zusammennähen (Abb. 3).

Die Kissenrückwand wird in der gleichen Größe der Vorderwand aus dem Leinen genäht; wobei Sie 7,5 cm vom oberen Rand den Reißverschluß einarbeiten (Abb. 4).

Vorder- und Rückwand rechts auf rechts zusammennähen, wenden und die Füllung einstecken.

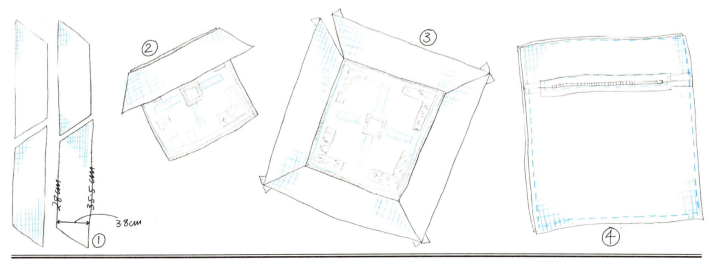

Gürtel mit Landschaftsmotiv und geometrischem Muster

Gestickte Gürtel wie diese sind wahre Schmuckstücke und auf ungemusterten Kleidern eine Zierde. Wenn Ihnen diese Farbzusammenstellungen nicht entsprechen, können Sie natürlich auch andere, zu Ihrer Garderobe passende wählen. Oder würde Ihnen ein sich wiederholendes Blumenmuster besser gefallen? Wagen Sie einen eigenen Entwurf und gestalten Sie Ihren ganz persönlichen Stickgürtel.

Gürtel mit Landschaftsmotiv

Maße: Länge nach Wunsch
Breite 3,8 cm

Anmerkung. Wenn Sie keine spaltbare Stickwolle bekommen, bei einer Arbeit aber eine Farbmischung vorgeschlagen ist, so teilen Sie die Kelimwolle entsprechend.

Material

Je 1 Docke MEZ-Kelimwolle in den folgenden 10 Farben:

Farbschlüssel

B – himmelblau 3144
P – kamel 3142
W – rohweiß 3204
E – elefantengrau 3440 (3 Fadenteile)
 flammenrot 3542 (1 Fadenteil)
F – flammenrot 3542 (Fadenhälfte)
 elefantengrau 3440 (Fadenhälfte)
L – lindgrün 3234
G – mittelgrün – 3235
C – braun 3039
D – blaßgrün 3087
R – blaßgrün 3087 (Fadenhälfte)
 grün 3088 (Fadenhälfte)

Einfädiger Stramin (24 Fäden auf 5 cm), wenigstens 7,5 cm breit und 10 cm länger als die Gürtellänge

Wollsticknadel Nr. 18

5 cm breiten Nesselschrägstreifen für Rückwand

Nähgarn

3,8 cm breite Gürtelschnalle

Stickanleitung

Im Diagramm wird ein 30,5 cm langes Muster gezeigt, das ab Pfeil bis zur erforderlichen Länge wiederholt wird. Jedes Quadrat entspricht einem Straminfaden. Das Muster wird nach dem Diagramm in willkürlichem Geradstich gestickt. Aus Haltbarkeitsgründen sind an jedem Ende 2 Reihen Perlstich gearbeitet.

Fertigstellung

Es genügt, die Arbeit der Länge nach zu spannen; verkleben ist nicht nötig. Sobald die Stickerei ge-

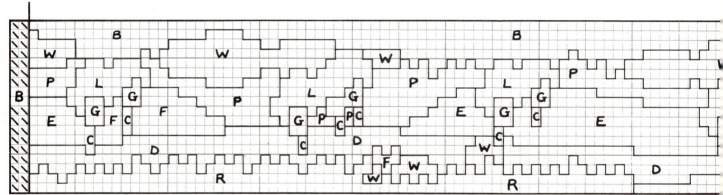

Geometrisches Gürtelmuster

Maße: Länge 63 cm
Breite 3,8 cm

Material

Einfädiger Stramin (24 Fäden auf 5 cm), wenigstens 7,5 cm breit und 73,5 cm lang

Wollsticknadel Nr. 18

Nesselschrägband 5 × 64 cm

Nähgarn

Schmales Lederband, ca. 1 m lang

Je 1 Docke MEZ-Kelimwolle

Farbschlüssel

B – braun 3039
F – hautfarben 3128
C – koralle 3540
D – blaßgrün 3087
G – lindgrün 3234
T – terrakotta 3187
M – taubenblau 3106

Stickanleitung

Das Diagramm zeigt die halbe Länge des Gürtels. Das Muster ist von der Mitte her symmetrisch. Auch der obere und untere Teil sind, wie aus dem Diagramm zu ersehen, spiegelbildlich. Das Muster wird im Perlstich und im verschieden breiten Satinstich, der in beide Richtungen neigt, gestickt. Jedes Quadrat entspricht einem Fadenkreuz.

Fertigstellung

Auch hier genügt es, die Arbeit der Länge nach zu spannen und nicht zu kleben! Nachdem die Stickerei

getrocknet ist, wird der Stramin an den Längsseiten auf 2 cm, an den Breitseiten auf 2,5 cm zurückgeschnitten. Den nicht bestickten Stramin schlägt man ein und heftet. An den Schmalseiten wird er umgenäht. Das Lederband in 4 gleichlange Streifen schneiden und in jedes Teil an einem Ende 6 Löcher im Abstand von 3,8 cm stanzen. Das gestanzte Ende jeweils auf die Rückseite des Gürtels nähen (je 2 an einer Schmalseite). Beim Schrägband rundherum 6 mm eingeschlagen und auf die Gürtelunterseite säumen, wobei die Lederenden dann verdeckt sind.

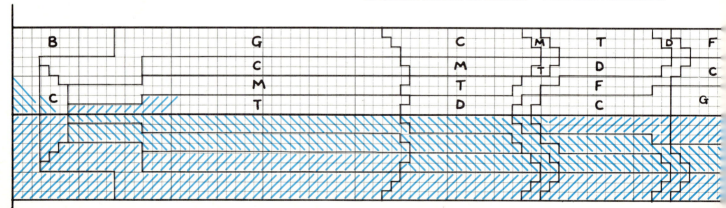

Modelle

trocknet ist, schneidet man den Stramin an den Längsseiten auf 2 cm, an den Breitseiten auf 2,5 cm zurück, klappt den nicht bestickten Teil ein und heftet. An einem Ende wird nun die Schnalle angenäht, das andere wird eingeschlagen. Den Schrägstreifen rundherum 6 mm einschlagen und auf die Gürtelrückseite aufsäumen (siehe Abb. rechts).

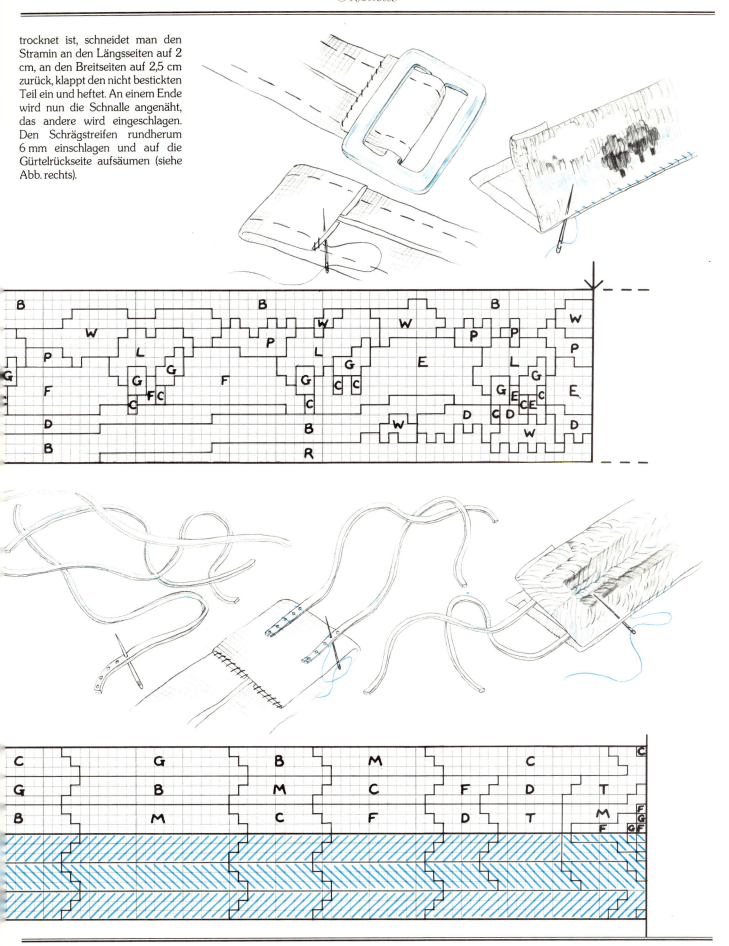

Stickbild »Reihenhaus«

Rechts sehen Sie das Original »Victoria Terrace«, entstanden aus einer Kombination von Stricken, Sticken mit der Maschine und Straminstickerei. Ganz so kompliziert ist nicht jedermanns Sache. Auch der Bildausschnitt (oben) vermittelt englische Atmosphäre. Das gestickte Bild wird im Perlstich, waagerechtem Geradstich und Knötchenstich gearbeitet.

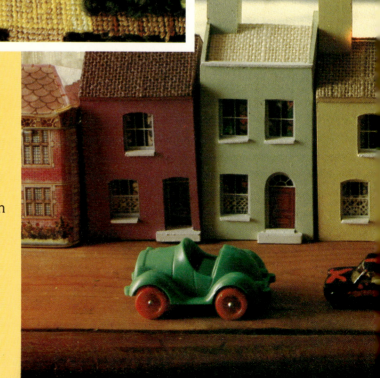

Sticken

Stickvorlage für das »Englische Reihenhaus«

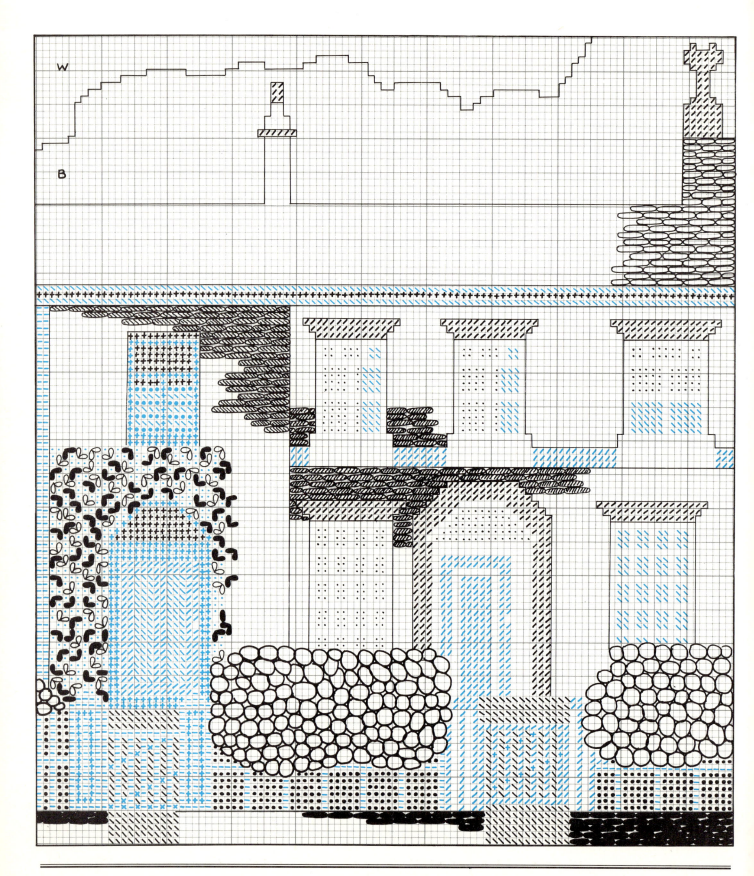

Modelle

Stickbild »Englisches Reihenhaus«

Größe: ca. 18,5 × 17 cm

Material

Je 1 Docke MEZ-Sticktwist (wenn nichts anderes angegeben) in folgenden Farben:

Farbschlüssel

- B blau 130 (2 Docken)
- W weiß 402 (2 Docken)
- ╱ kastanie 359
- ╲ grau 397
- • grau 398
- + indigo 128
- ✚ ginstergelb 298
- ╱ ginstergelb (hell) 293
- · muskatgrün 279
- ◡ muskatgrün 281
- ● moosgrün (dunkel) 263
- – terracotta 369
- ● beige 372
- ╲ beige 387
- ✕ leinen 391
-    kaffee 380

Je 1 Docke MEZ-Tauben-Zephir (wenn nichts anderes angegeben) in folgenden Farben:

Farbschlüssel

- ▭ schiefergrau 4505 (2 Docken)
- ▰ pfirsich 4332 (2 Docken)
- ▰ erdbeer 4324 (2 Docken)
- ▬ dunkelbraun 3119
-    blaßgrün 4332
-    grün 4386
-    holzgrün 4346
-    dunkelgrün 4390
-    moosgrün 4388

Einfädiger Stramin (36 Fäden/5 cm) 25 × 25 cm

Sticknadel Nr. 22

Filzstift

Stickanleitung

Den Bildumriß mit Filzstift auf den Stramin zeichnen und dabei sorgfältig die Fäden zählen. Es ist gut, sich auch einige Anhaltspunkte, z.B. Fenster, Türen, Himmel (siehe Diagramm unten) zu markieren. Arbeiten Sie genau nach dem Stich- und Farbschlüssel des Diagramms, wobei Sie mit den Perlstichflächen beginnen. Jedes Quadrat entspricht einem Perlstich. Mit Stickwolle werden die Backsteine und Dachziegel in waagerechten Geradstichen gestickt. Die Hecken arbeitet man im Knötchenstich mit Stickwolle in den 5 angegebenen Grüntönen.

Fertigstellung

Nach dem Sticken das Bild auf die korrekte Größe spannen (siehe Seite 151) und einrahmen (siehe Seite 152).

Knötchenstich

1. Den Faden von unten nach oben durch den Stramin ziehen.
2. Die Nadel mehrmals mit dem Faden umwickeln und zurück in den Stramin stechen.
3. Die fertigen Knoten.

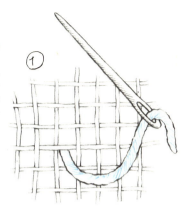

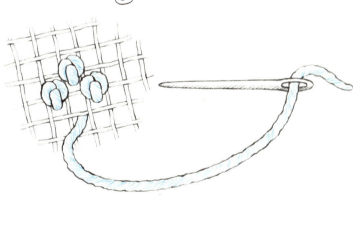

Sticken

Spiegelrahmen

Rahmen mit Landschaftsmotiv

Maße: außen 16,5 × 22 cm
innen 10 × 14,5 cm

Material

Je 1 Docke MEZ-Kelimwolle in folgenden Farben:

Farbschlüssel

W	–	weiß 3222
O	–	rohweiß 3204
P	–	kamel 3142
F	–	hautfarben 3128
R	–	flammenrot 3542
S	–	himmelblau
C	–	kräftiges blau 3452
D	–	blaßgrün 3087
G	–	graugrün 3175
N	–	graugrün 3180
Y	–	senf 3373
B	–	mittelbraun 3037
H	–	schokolade 3039

Einfädiger Stramin
(24 Fäden/5 cm) 23 × 33 cm

Wollsticknadel Nr. 18

Filzstift

Spiegelglas 11 × 15 cm, 2 mm dick

Pappe 16,5 × 22 cm, 2 mm dick

4 Holzlatten, 1 cm stark,
eine: 4,5 × 16,5 cm
eine: 3,2 × 16,5 cm
zwei: 3,2 × 14,5 cm

Brett: 16,5 × 22 cm

Brett für Stütze: 9 × 15,5 cm

2 Korkplatten, 23 × 23 cm

Bilderhaken

Klebstoff, Holzleim

Nägel mit Blaukopf

Metallsäge

Messer

Metallineal

166

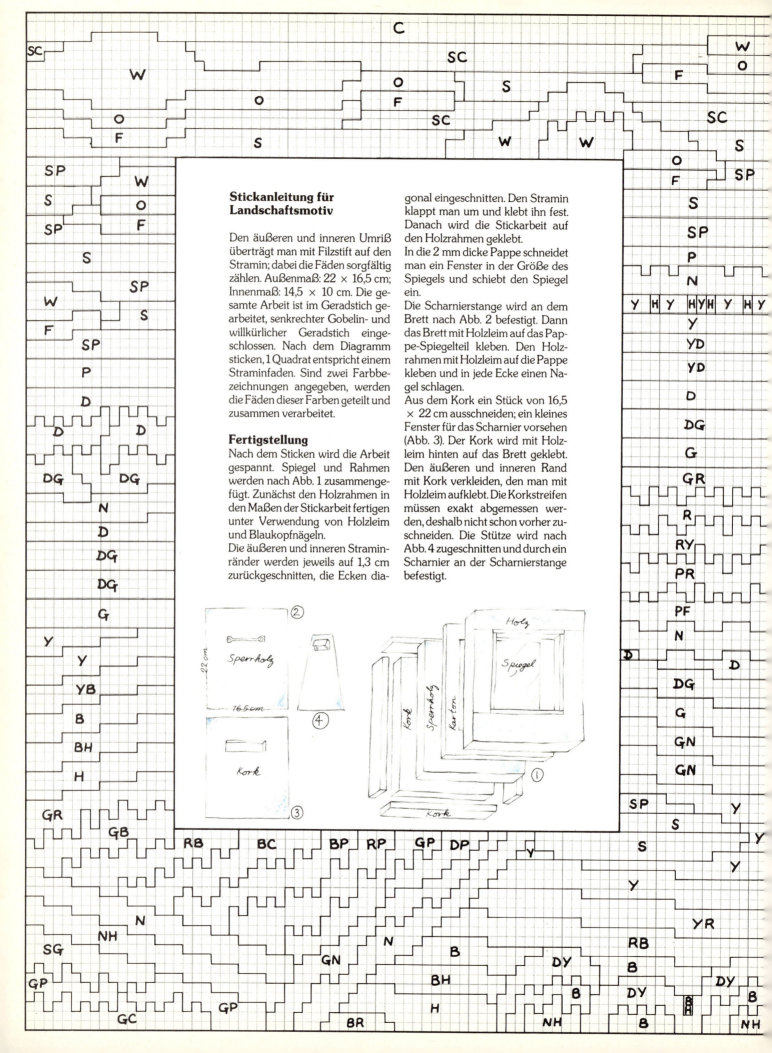

Stickanleitung für Landschaftsmotiv

Den äußeren und inneren Umriß überträgt man mit Filzstift auf den Stramin; dabei die Fäden sorgfältig zählen. Außenmaß: 22 × 16,5 cm; Innenmaß: 14,5 × 10 cm. Die gesamte Arbeit ist im Geradstich gearbeitet, senkrechter Gobelin- und willkürlicher Geradstich eingeschlossen. Nach dem Diagramm sticken, 1 Quadrat entspricht einem Straminfaden. Sind zwei Farbbezeichnungen angegeben, werden die Fäden dieser Farben geteilt und zusammen verarbeitet.

Fertigstellung

Nach dem Sticken wird die Arbeit gespannt. Spiegel und Rahmen werden nach Abb. 1 zusammengefügt. Zunächst den Holzrahmen in den Maßen der Stickarbeit fertigen unter Verwendung von Holzleim und Blaukopfnägeln.
Die äußeren und inneren Straminränder werden jeweils auf 1,3 cm zurückgeschnitten, die Ecken diagonal eingeschnitten. Den Stramin klappt man um und klebt ihn fest. Danach wird die Stickarbeit auf den Holzrahmen geklebt.
In die 2 mm dicke Pappe schneidet man ein Fenster in der Größe des Spiegels und schiebt den Spiegel ein.
Die Scharnierstange wird an dem Brett nach Abb. 2 befestigt. Dann das Brett mit Holzleim auf das Pappe-Spiegelteil kleben. Den Holzrahmen mit Holzleim auf die Pappe kleben und in jede Ecke einen Nagel schlagen.
Aus dem Kork ein Stück von 16,5 × 22 cm ausschneiden; ein kleines Fenster für das Scharnier vorsehen (Abb. 3). Der Kork wird mit Holzleim hinten auf das Brett geklebt. Den äußeren und inneren Rand mit Kork verkleiden, den man mit Holzleim aufklebt. Die Korkstreifen müssen exakt abgemessen werden, deshalb nicht schon vorher zuschneiden. Die Stütze wird nach Abb. 4 zugeschnitten und durch ein Scharnier an der Scharnierstange befestigt.

Rahmen mit Tiermotiven

Größe: 30,5 × 30,5 cm

Material

2 Docken MEZ-Sticktwist in den folgenden Farben:

Farbschlüssel

\	CB	– kobaltblau 135
/	B	– kobaltblau 133
•	P	– pfauenblau 169
×	K	– königsblau 158
/	C	– kardinal 22
×	CD	– kardinal 19
\	R	– himbeere 69

Je eine Docke in den Farben:

Farbschlüssel

|	EC	creme 387
–		waldgrün 262
–		moosgrün (dunkel) 263
•	T	rot 47

Einfädiger Stramin (36 Fäden/5 cm) 35 × 35 cm

Sticknadel Nr. 22, Filzstift

Spiegelglas 30,5 × 30,5 cm

Brett 30,5 × 30,5 cm

2 Metallösen

Klebstoff, Holzleim

Rosa Juteleinen 34 × 28 cm

Feste Pappe 30,5 × 30,5 cm

Stickanleitung

Der Rahmenumriß wird auf den Stramin übertragen (220 Fäden auf jeder Seite). Man markiert sich den inneren Rand, indem man 37 Fäden von außen her abzählt. Zugleich einige Markierungslinien für die Umrandungen einzeichnen.
Das Muster wird horizontal und vertikal im senkrechten Gobelinstich, Satinstich und Perlstich gestickt. Sie beginnen am inneren Rand und sticken nach dem Diagramm. Satin- und Gobelinstiche werden mit 6 Sticktwistfäden, die Perlstiche mit 3 Fäden gestickt.

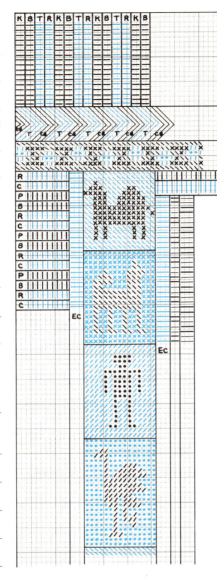

Fertigstellung

Die fertige Arbeit spannen. Den äußeren Straminrand auf 1,5 cm zurückschneiden.
Aus der Mitte der festen Pappe schneidet man ein 19,5 cm großes Quadrat. Aus der Mitte des bestickten Stramins wird ein 16,5 cm großes Quadrat ausgeschnitten, so daß ein Straminrand von 1,5 cm bleibt. Äußere und innere Ecken diagonal einschneiden.
Den gestickten Rahmen mit Klebstoff auf der Pappe befestigen, das Spiegelglas mit Holzleim auf das Brett kleben. Aus dem Juteleinen werden 4 Streifen je 37 × 7 cm ausgeschnitten und an die Ränder geklebt. Dann den Rahmen mit Holzleim auf den Spiegel kleben und beschweren, bis der Leim getrocknet ist. Die Ösen an der Rückseite in das Brett schrauben.

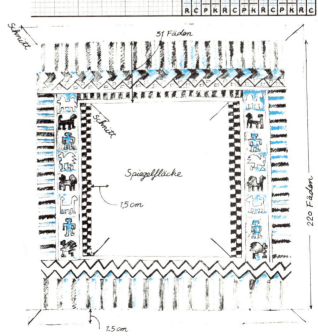

Stuhlbezug

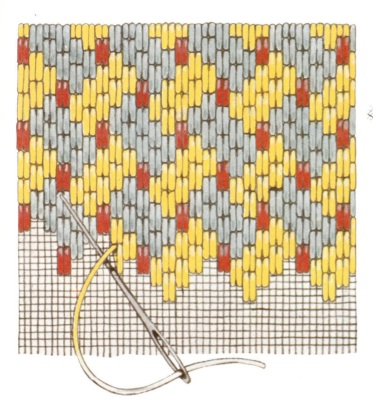

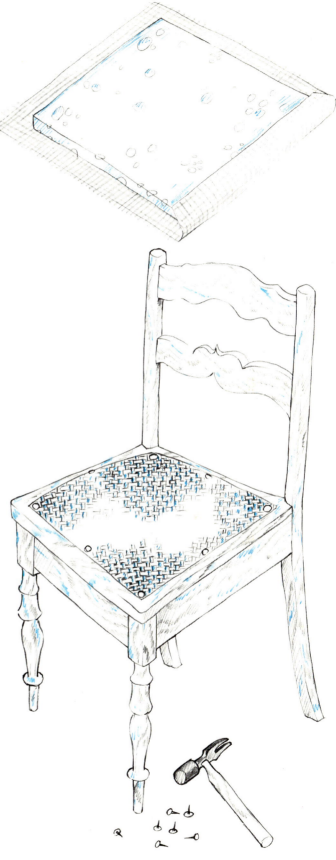

Maße: entsprechend der Größe der Sitzfläche

Material

MEZ-Perlgarn Nr. 5 in folgenden Farben:

grün 242

rot 47

gelb 298

Einfädiger Stramin (44 Fäden/ 5 cm) entsprechend der Sitzfläche plus 10 cm Zugabe rundherum

Sticknadel Nr. 20

Füllmaterial

Passende Möbelnägel

Stickanleitung

Nach den Maßen der Sitzfläche plus 2 cm Zugabe rundherum eine Papierschablone zuschneiden. Diesen Umriß mit Filzstift auf den Stramin übertragen. Kennzeichnen Sie den Mittelpunkt auf dem Stramin und beginnen Sie dort zu sticken. Das Muster wird im Geradstich über 4 Straminfäden nach dem Diagramm (oben) gearbeitet, bis die Stickerei die ganze gekennzeichnete Fläche ausfüllt.

Fertigstellung

Von der linken Seite die Stickarbeit vorsichtig mit einem feuchten Tuch bügeln. Nun den Stramin auf das Polsterfüllmaterial legen, den unbestickten Straminrand nach hinten schlagen. Mit Möbelnägeln befestigt man den Bezug nun folgendermaßen am Stuhl: Zunächst die Mitte jeder Seite festnageln, dann die 4 Ecken (jeweils gegenüberliegend). Darauf achten, daß der Stramin gerade liegt und sich nicht verzieht. Im Abstand von 1,5 cm wird der Bezug dann rundherum festgenagelt.

Sticken

Stiefmütterchenmotiv (Foto Seite 175)

Größe: für eine Abendtasche passend, ca. 25,5 × 19,5 cm

Material

Je 1 Docke MEZ-Kelimwolle in den folgenden Farben:

Farbschlüssel

A – blaßrosa 3066
B – rosa 3248
C – kräftiges blau 3454
D – kräftiges terracotta 3306
E – blau 3453
F – koralle 3540
G – koralle 3542
H – koralle 3269
I – rosa 3246
J – fuchsie 3250
K – orangerot 3322
L – malve 3070
M – kornblume 3452
P – goldgelb 3425
Q – gelb 3208
T – blattgrün 3234
U – blattgrün 3236
V – dunkelgrün 3151
W – grasgrün 3021
X – pfauenblau 3107
Y – gelb 3261
Z – blaßgrün 3099
■ – lila 3400/schwarz 3056
AY – herbstgelb 3262

Einfädiger Stramin (26 Fäden/5 cm) 35,5 × 30,5 cm

Wollsticknadel Nr. 18

Filzstift

Stickanleitung

Der Umriß des Stickdiagramms (rechte Seite) wird mit Filzstift auf den Stramin gezeichnet, die Fäden abgezählt und das Bild in ein Gitter von 10 Fäden aufgeteilt. Das Hauptmuster in willkürlichem Geradstich sticken, die Blumenstiele und Blumenmitten im Perlstich, Hintergrund und Umrandung im senkrechten Gobelinstich.
Jedes Quadrat des Diagramms entspricht einem Straminfaden für die Flächen im Geradstich und einem Fadenkreuz für die Perlstiche. Nach dem Farbschlüssel werden zunächst die Blumen im Geradstich gestickt, dann die Blumenmitten und -stiele im Perlstich, der Hintergrund zum Schluß.
Gekennzeichnete Farbflächen mit zwei Buchstaben erfordern wiederum die Kombination von 2 Fadenhälften der entsprechenden Farbe. Für die Fläche MLJ zwei Fäden von M, einen von L und einen von J verwenden. Die Blumenmitte wird durch kräftige Gelbtöne im Perlstich betont.

Fertigstellung

Die Arbeit spannen (siehe Seite 151). Sie können die Stickerei rahmen oder für eine Abendtasche verwenden (siehe folgende Anleitung).

Abendtasche

Material

39 × 25,5 cm schwarzer Samt

60 × 25,5 cm schwarzer Futterstoff

60 × 25,5 cm Synthetikfüllung

1,75 m Ripsband

Großer Druckknopf

Arbeitsanleitung

Der Stramin wird auf 1,3 cm zurückgeschnitten. Den Samt legt man mit der rechten Seite nach oben auf eine Arbeitsfläche. Darauf nun die Stickarbeit mit der rechten Seite nach unten legen, wobei die oberen Ränder zusammen abschließen sollen. Durch eine einfache Steppnaht wird die Stickerei am Stickrand entlang auf den Samt genäht (Abb. 1). Die Naht leicht ausbügeln. Jetzt legt man folgende Schichten aufeinander: Futter (linke Seite nach oben), Füllung, Samt mit Stickerei (rechte Seite nach oben). Die Schichten werden zusammengesteckt und nach Abb. 2 von der Mitte aus (jeweils von »a« nach »b«) zusammengenäht. Ein 39 cm langes Ripsband in die Mitte auf den Samt nähen. Mit einem 25,5 cm langen Ripsstreifen die Schmalseite einfassen (Abb. 3), die man dann zu einem Drittel umschlägt. Die Tasche wird rundherum mit dem restlichen Band eingefaßt (Abb. 4), wobei die Enden bei »b« und »c« eingeschlagen und die Ecken »e« und »f« sauber diagonal gearbeitet werden. Zum Schluß den Druckknopf annähen.

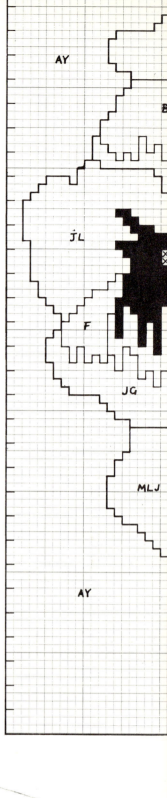

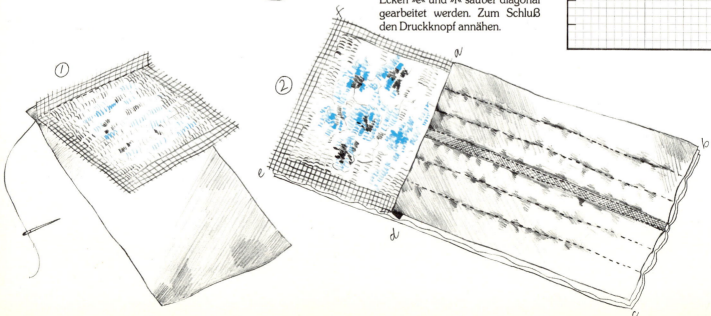

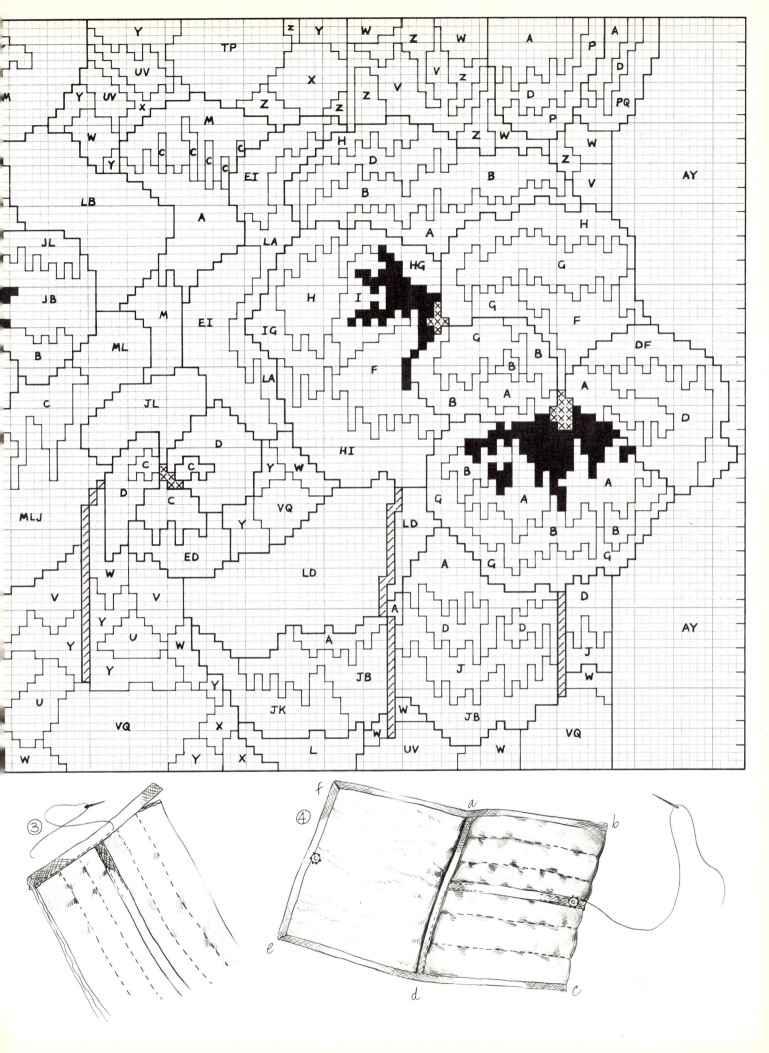

Blumenschale Stiefmütterchen-Motiv

Die gestickten Stiefmütterchen (Stickanleitung Seite 172) können eine Abendtasche schmücken oder in einem Rahmen »blühen«. Als Wandschmuck sollten sie noch eine zusätzliche Umrandung im senkrechten Gobelinstich bekommen. Farblich würden verschiedene Streifen in schwarz, weiß und blau sehr gut passen. Edle Blumenschalen, wie diese auf dem Foto links, verlangen nach einem schönen alten Rahmen, der die Kostbarkeit der Stickerei wirkungsvoll untermalt.

Modelle

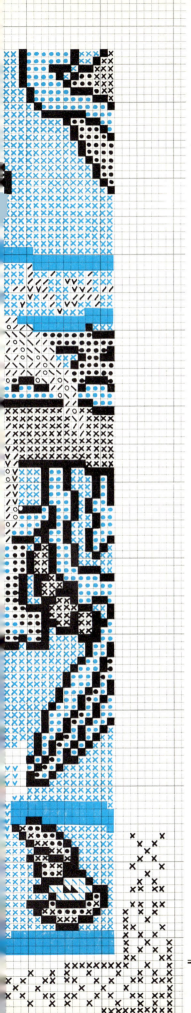

Blumenschale

Maße: 26,5 × 28,5 cm

Material

Je 1 Docke MEZ-Kelimstickwolle (wenn nicht anders erwähnt) in den folgenden Farben:

Farbschlüssel

- V rohweiß 3204
- ■ koralle 3221
- • gold 3261
- / kamel 3142
- V blattgrün 3236
- / dunkelgrün 3151
- o pfauenblau
- \ herbstgelb 3262
- ▲ scharlach 3927
- • himmelblau 3144
- ■ dunkelgrau 3443
- \ seegrün 3140
- o terracotta 3187
- x kornblume 3452 (2 Docken)
- x malve 3072 (3 Docken)
- □ weiß 3222 (3 Docken)

Einfädiger Stramin (24 Fäden/5 cm), 38 × 38 cm

Wollsticknadel Nr. 18

Filzstift

Stickanleitung

Mit dem Filzstift den Umriß des Musters und der Umrandung auf den Stramin zeichnen, dabei die Fäden zählen und das Bild in ein Gitter von 10 Fäden einteilen. Zunächst wird das Hauptmuster im Perlstich gestickt. Danach sticken Sie den Hintergrund in diagonalem Mosaik in einer dunklen Malvenfarbe. Jedes Quadrat entspricht einem Straminfadenkreuz, d.h. einem Perlstich.

Fertigstellung

Die fertige Stickerei spannen und rahmen (siehe Seite 151 und 152).

Kissen mit Katze
Schmuckschatulle

Zwei schöne Stickarbeiten, die nicht nur Katzen- und Schmuckliebhabern gefallen.
Beide Arbeiten verlangen zwar etwas Geduld und Ausdauer, aber die Freude an den fertigen Modellen wird Sie entschädigen und mit Stolz erfüllen.

Sticken

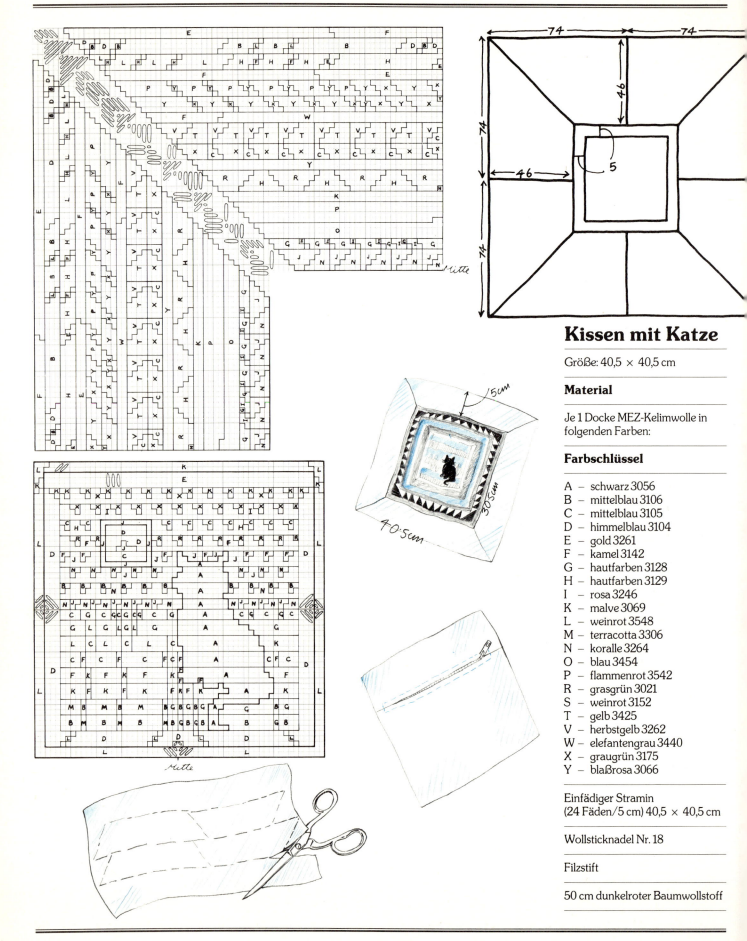

Kissen mit Katze

Größe: 40,5 × 40,5 cm

Material

Je 1 Docke MEZ-Kelimwolle in folgenden Farben:

Farbschlüssel

- A – schwarz 3056
- B – mittelblau 3106
- C – mittelblau 3105
- D – himmelblau 3104
- E – gold 3261
- F – kamel 3142
- G – hautfarben 3128
- H – hautfarben 3129
- I – rosa 3246
- K – malve 3069
- L – weinrot 3548
- M – terracotta 3306
- N – koralle 3264
- O – blau 3454
- P – flammenrot 3542
- R – grasgrün 3021
- S – weinrot 3152
- T – gelb 3425
- V – herbstgelb 3262
- W – elefantengrau 3440
- X – graugrün 3175
- Y – blaßrosa 3066

Einfädiger Stramin
(24 Fäden/5 cm) 40,5 × 40,5 cm

Wollsticknadel Nr. 18

Filzstift

50 cm dunkelroter Baumwollstoff

Modelle

Passendes Nähgarn

Reißverschluß, 30,5 cm lang

Kissenfüllung 40,5 × 40,5 cm

Stickanleitung

Nach der Skizze (oben rechts) die Umrisse und Flächenaufteilung des Kissens auf den Stramin zeichnen (entlang der Löcher, nicht entlang der Fäden). Die Zahlen geben die überkreuzte Fadenzahl an, d.h. soviel Perlstiche lassen sich in der Linie arbeiten. Das Muster wird in Streifen gestickt, also Geradstiche und schräge Stiche von unterschiedlicher Länge. Die Diagonalstiche auf dem Diagramm entsprechen je Quadrat einem Fadenkreuz (= 1 Perlstich). Für die Musterteile im Geradstich entspricht das Quadrat einem Straminfaden.
Sticken Sie erst den mittleren Teil in Geradstichen, dann die doppelte Borte im Satinstich (Katzendiagramm). Nun arbeiten Sie die konzentrischen Streifen nach dem Bortendiagramm von innen nach außen. Jede Musterreihe beginnt in der Mitte einer Seite. Die Diagonalmuster werden entsprechend dem Muster der Mittellinie spiegelbildlich wiederholt. Auch die Muster im Geradstich sind spiegelbildlich, mit Ausnahme der ersten Stichreihe, die auf die Mittellinie fällt.

Fertigstellung

Die Stickerei wird gespannt (siehe Seite 151), aber nicht geklebt. Aus dem dunkelroten Stoff werden vier trapezförmige Streifen nach der Zeichnung links mit einer Nahtzugabe von 1,5 cm zugeschnitten. Diese Streifen näht man sorgfältig rechts auf rechts an den Rand der Straminstickerei, dann klappt man sie nach hinten und achtet darauf, daß der Stramin flach bleibt. Die diagonal verlaufenden Ecken werden zusammengenäht und gebügelt.
Die Kissenrückwand wird aus dem gleichen Stoff und in der Größe der Vorderseite genäht, wobei der Reißverschluß 7,5 cm vom oberen Rand eingearbeitet wird.
Rechts auf rechts näht man nun Vorder- und Rückwand zusammen, wendet die Hülle und steckt die Kissenfüllung hinein.

Schmuckschatulle

Größe: 96 × 92 × 60 mm

Material

Je 1 Docke Tauben-Zephir Wolle in folgenden Farben:

Farbschlüssel

	himmelblau 4661
	kornblume 4665
	dunkelgrün 4390
	rosa 4355
	orange-rot 4324
	türkis 4362
	kornblume 2217
	rosa 4422
	gelb 2312
	gelb 3808
	königsblau 4667
	schwarz 2510
	weiß 2511
	hellbraun 4542
	koralle 4325
	kamel 4540
	blau 2222
	lindgrün 4384
	kirschrot 3836
	lila 4488
	herbstgelb 3810

Einfädiger Stramin (36 Fäden/5 cm) 15 × 15 cm

Sticknadel Nr. 20

Filzstift

40 × 35 cm Pappe, 2 mm dick

Klebefolie (Lederstruktur)

Klebstoff

Geschenkpapier oder Filz zum Auskleiden der Schachtel

Messer

Metallineal

Bleistift

Klebeband

Stickanleitung

Die Straminarbeit wird in verschiedenen Stichen gestickt: Perlstich, Satinstich, quadratisches Mosaik

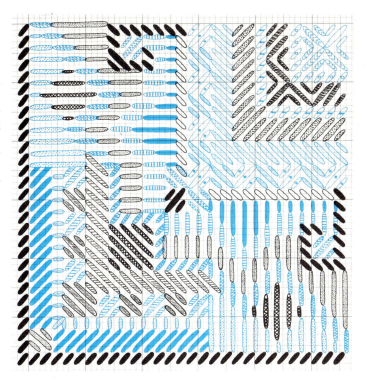

und Zählmuster im Geradstich. Das Diagramm zeigt die Stiche und wie sie gearbeitet werden; das Gitter entspricht dem Stramingitter. Es zeigt nur ein Viertel des ganzen symmetrischen Musters. Nachdem Sie die Umrisse auf den Stramin übertragen und die Fäden gezählt haben, wird das Muster nach dem Farbschlüssel, und zwar von der Mitte nach außen, gestickt.

Fertigstellung

Die Stickerei spannen und kleben (siehe Seite 151). Nachdem sie getrocknet ist, klebt man sie auf Pappe (82 × 86 × 2 mm) und schlägt den überstehenden Stramin um. Dann wird dieses Teil in die Mitte eines Pappstückes in der Größe von 90 × 94 mm geklebt.
Deckel und Schachtel werden aus der restlichen Pappe nach den angegebenen Maßen zugeschnitten. Entlang der punktierten Linie werden die Ecken eingeschnitten, gefaltet und mit Klebeband zusammengeklebt. Deckel und Schachtel nun mit Folie bekleben, diese 2 mm nach innen einklappen und an den Ecken überlappen lassen.
Die Stickarbeit jetzt in den Deckel kleben; Deckel und Schachtel mit Papier oder Filz auskleiden.

Schöne Kissen

Das aparte Kissen links unten ist mit einem unregelmäßigen florentinischen Muster versehen, die beiden rechts zeigen dekorative Blumen- und Gittermuster. Entscheidend ist bei allen Kissen die interessante Farbkombination. Die Arbeitsanleitungen für diese Prachtkissen finden Sie auf den folgenden Seiten.

Sticken

Kissen mit Blumen- und Gittermuster

Größe: ca. 46 × 46 cm

Material

MEZ-Kelimwolle in den folgenden Farben:

Farbschlüssel für Blumenmotiv

- ecru 2998
- rosa 3066
- kräftiges rosa 3068
- blaugrün 3058
- türkis 3140

Farbschlüssel für Gittermuster

- hellrosa 3066
- mittelrosa 3067
- rosa 3068
- hellgrau 3438
- blaugrün 3058
- türkis 3140
- lila 3402

Für beide Kissen

Einfädiger Stramin (32 Fäden/5 cm), 50 × 50 cm

Wollsticknadel Nr. 18

Filzstift

Stoff für Rückwand, 50 × 50 cm

Passende Kordel, 2 m lang

Kissenfüllung

Stickanleitung

Jeweils die Umrisse der Kissenmaße mit Filzstift auf den Stramin übertragen. Markieren Sie die Mitte und beginnen Sie dort zu sticken. Das Muster wird im senkrechten Ziegelstich und in einer Variation des waagrechten Ziegelstichs über 4 Straminfäden gestickt. Arbeiten Sie jedes Kissen nach den beiden angegebenen Diagrammen. Die Motive werden wie gezeigt wiederholt, bis die Stickerei die korrekte Größe aufweist. Das Garn darf während des Stickens nicht zu fest angezogen werden, da sich sonst das Muster leicht verzieht.

Fertigstellung

Die Stickarbeit wird vorsichtig von der linken Seite mit einem feuchten Tuch gebügelt. Kissenvorderwand und -rückwand näht man rechts auf rechts an drei Seiten am Stickrand entlang zusammen und beschneidet die Ecken diagonal. Die Hülle wenden, die Kissenfüllung einstecken und die letzte Seite mit der Hand zunähen. Die Kordel wird rundherum auf die Nahtstelle genäht und die Enden in die Naht geschoben.

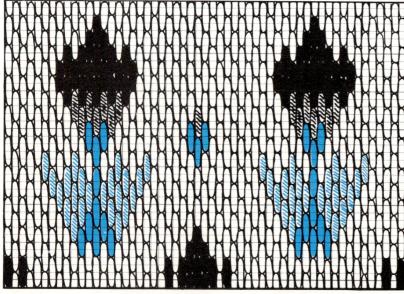

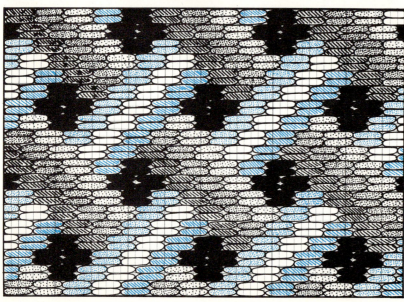

Kissen mit florentinischem Muster

Größe: 28 × 28 cm

Material

Je 2 Docken MEZ-Kelimwolle in den folgenden Farben:

Farbschlüssel

A – blasse jade 3149
B – banane 3372
C – blasses türkis 3139
D – dunkle jade 3021

Je 1 Docke MEZ-Kelimwolle in den folgenden Farben:

E – pfauenblau 3107
F – türkis 3140
G – blaugrün 3058
H – blattgrün 3022
I – muskatgrün 3150
J – blaßgrün 3087
K – lindgrün 3234
L – orange 3427
M – rot-orange 3542
N – kupfer (hell) 3165
O – kupfer 3166

Modelle

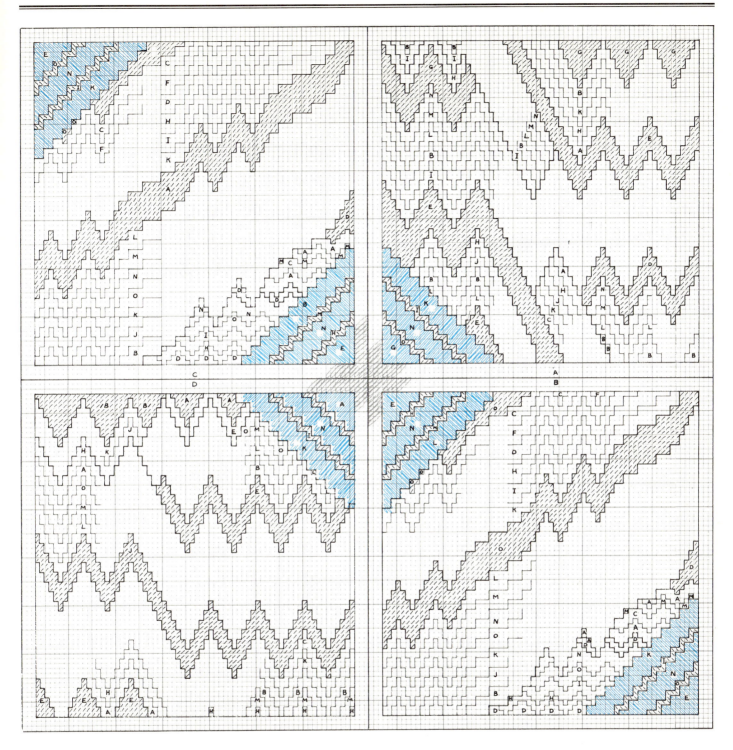

Einfädiger Stramin
(26 Fäden/5 cm), 37 × 37 cm

Wollsticknadel Nr. 18, Filzstift

Kissenrückwandstoff
30,5 × 30,5 cm

Passendes Nähgarn

Kissenfüllung

Stickanleitung

Mit Filzstift die 4 Hauptquadrate auf dem Stramin kennzeichnen, dabei die Löcher sorgfältig abzählen. Als erstes sticken Sie die Umrisse der Quadrate im Satinstich, wobei Sie in der Mitte beginnen und nach dem Farbdiagramm arbeiten. Die Linien des Diagramms entsprechen den Straminfäden. Zwei sich diagonal gegenüberliegende Quadrate sind identisch im Muster, jedoch nicht in der Farbe. Sticken Sie zunächst die Grundlinie des Flammenstichs und schließen Sie daran in den anderen Farben an.

Die Zwischenräume werden im Perlstich oder Plattstich ausgefüllt, wie angegeben (jedes Quadrat hat in der innenliegenden Ecke 3 Reihen Plattstich, die insgesamt eine Rautenform in der Kissenmitte bilden).

Fertigstellung

Wenn die Stickarbeit beendet ist, wird sie, wie auf Seite 151 beschrieben, gespannt. Den Stramin rundherum auf 1,3 cm zurückschneiden. Rechts auf rechts werden Kissenvorderwand und -rückwand an drei Seiten zusammengenäht. Nach dem Wenden die Kissenfüllung einstecken und die offene Seite mit einer möglichst unsichtbaren Naht schließen.

Bild
»Garten im Frühling«
Blumen-Miniaturen

»Garten im Frühling«

Maße: 21,5 × 16 cm

Material

Je 1 Docke MEZ-Sticktwist in den folgenden Farben:

Farbschlüssel

- ☐ weiß 927
- I gelb 302
- S zitrone 288
- C gelb 303
- S blattgrün 243
- V dunkelgrün 246
- I blattgrün 244
- ∧ grau-grün 215
- \ lindgrün 240
- O königsblau 131
- × königsblau 132
- • eisengrau 399
- • hautfarben 933
- \ hautfarben 934
- ∧ rosa 26
- — rot 46
- ✓ weinrot 22
- ◣ koralle 11
- × elefantengrau 398
- / mittelblau 977
- o grün 262
- ■ kamel 373
- herbstgelb 307

Außerdem werden folgende Farbmischungen verwendet:

- • gelb 302/blattgrün 243
- C gelb 302/dunkelgrün 246
- / lime 288/blattgrün 244
- + lime 288/blattgrün 243
- ◣ lime 288/dunkelgrün 246
- • blattgrün 242/dunkelgrün 432
- — blattgrün 243/dunkelgrün 432
- ■ kamel 373/elefantengrau 398
- + blattgrün 244/graugrün 215

Einfädiger Stramin (32 Fäden/5 cm), 23 × 28 cm

Sticknadel Nr. 22

Filzstift

Stickanleitung

Der Außenumriß des Musters wird mit Filzstift auf den Stramin übertragen, wobei die Fäden sorgfältig gezählt werden. Das Bild unterteilt man in ein Gitter aus je 10 Fäden. Gestickt wird ganz im Perlstich mit 4 Sticktwistfäden. Arbeiten Sie nach dem Farbdiagramm. Jedes Quadrat im Diagramm entspricht einem Perlstich. Zum Abschluß wird ein Rand im Satinstich in herbstgelb 307 über 2 Fäden gestickt (im Diagramm nicht gezeigt).

Fertigstellung

Die Stickerei auf die genannte Größe spannen, entsprechend aufziehen und einrahmen (siehe dazu Seite 151 und 152).

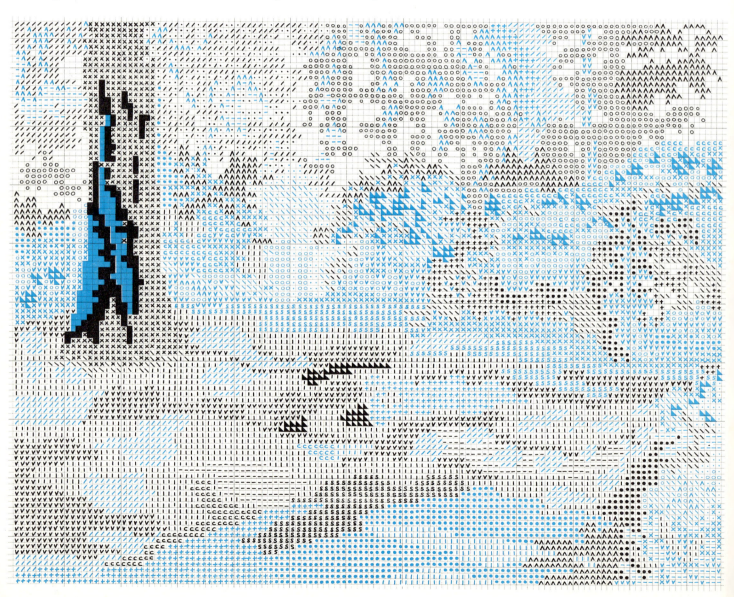

Modelle

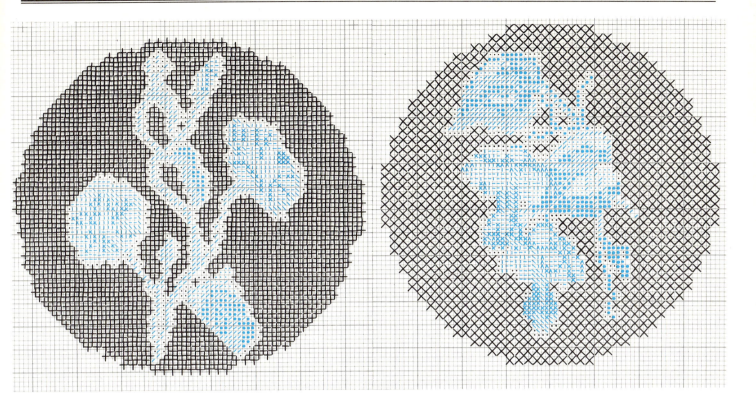

Blumenminiatur 1

Größe: 11 cm Durchmesser

Material

Je 1 Docke MEZ-Sticktwist in den folgenden Farben:

Farbschlüssel

/	waldgrün 218
•	mittelgrün 215
·	mandelgrün 261
∟	blau 131
—	blaßlila 96
×	violett 110
\	violett 95
+	graubraun 830 (2 Docken)

Einfädiger Stramin (36 Fäden/5 cm) 20 × 20 cm

Nadel Nr. 22

Filzstift

Zirkel

Stickanleitung

Die Umrisse eines Kreises (Radius 5,5 cm) mit Zirkel und Filzstift auf den Stramin zeichnen. Blumen, Blätter und Stiele werden im Perlstich, der Hintergrund hauptsächlich im aufrechten Kreuzstich über 2 Fäden und mit einigen Perlstichen gearbeitet. Perlstiche werden allerdings nur dann gestickt, wenn die Zwischenräume zwischen den Blumen und Blättern zu knapp sind für den Kreuzstich. Gestickt wird mit 3 Sticktwistfäden. Zunächst arbeitet man das Motiv, dann den Hintergrund in waagerechten Reihen.

Fertigstellung

Nach dem Sticken die Arbeit auf die entsprechende Größe spannen (siehe Seite 151). Das Aufziehen und Einrahmen des Bildes wird auf Seite 152 erklärt.

Blumenminiatur 2

Größe: 11 cm Durchmesser

Material

Je 1 Docke MEZ Sticktwist in folgenden Farben:

Farbschlüssel

/	waldgrün 218
•	mittelgrün 215
·	mandelgrün 261
\	kardinal 22
×	magenta 78
—	himbeere 42
∟	blau 131
∧	lila 96
✕ ·	beige 368 (2 Docken)

Einfädiger Stramin (36 Fäden/5 cm), 20 × 20 cm

Sticknadel Nr. 22

Filzstift

Zirkel

Stickanleitung

Den Umriß eines Kreises (Radius 5,5 cm) mit Zirkel und Filzstift auf den Stramin zeichnen. Blumen, Blätter und Stiel werden im Perlstich gestickt. Der Hintergrund wird hauptsächlich im Kreuzstich über 2 Straminfäden gearbeitet; Perlstich wird nur dann für den Hintergrund verwendet, wenn für Kreuzstiche nicht mehr genügend Fäden zwischen den Blumen und Blättern bleiben. Gestickt wird mit 3fädigem Sticktwist. Beginnen Sie mit dem Sticken der Blumen und Blätter nach dem Diagramm; dabei sorgfältig die Fäden zählen. Nach Beendigung dieser Arbeit den Hintergrund in waagerechten Linien sticken.

Fertigstellung

Die Stickarbeit spannen und rahmen (siehe Seite 151 und 152).

Gänseblümchen

Diese besonders frische, originelle Straminstickerei besteht aus Perlstichen, Gittermuster und quadratischem Mosaik. Auffallend ist die blau-weiß-karierte Randbordüre, die einen lebendigen Kontrast zu den zarten Farben der Blumen bildet und sozusagen aus dem Rahmen fällt. Das Motiv braucht also nur noch aufgezogen werden; ein zusätzlicher Rahmen erübrigt sich.

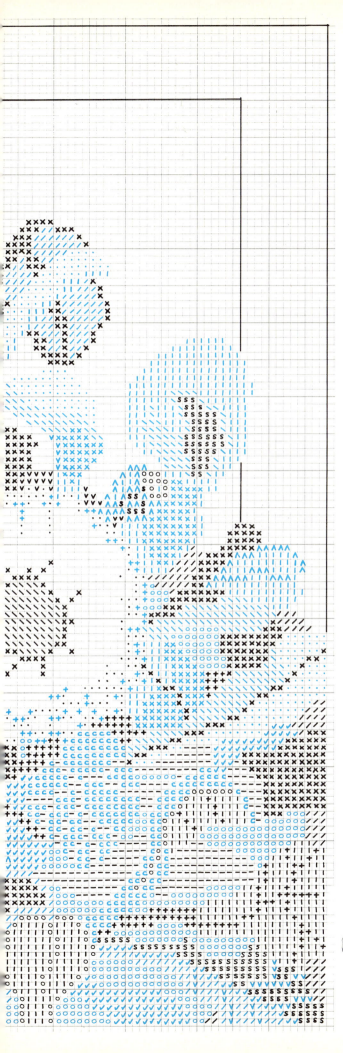

Modelle

Gänseblümchen

Größe: 29 × 25,5 cm

Material

Je 1 Docke MEZ-Kelimwolle in den folgenden Farben:

Farbschlüssel

- — rohweiß 3204
- ◊ rohweiß 3204
- () rohweiß 3204
- ☐ weiß 3222
- · rosa 3248
- • rosa 3250
- + rosa 3246
- o gelb 3425
- X blattgrün 3023
- • blattgrün 3236
- ○ kräftiges blau 3454
- V koralle 3269
- / flammenrot 3542
- ▌ blau 3453
- | gold 3373
- C zitrone 3417
- — herbstgelb 3262
- + gold 3374
- / blaßgrün 3099
- · dunkelgrün 3151
- V graugrün 3175
- | grasgrün 3022
- S grasgrün 3021
- ✓ pfauenblau 3107
- S lindgrün 3234
- ∧ lindgrün 3235

Folgende Farbmischungen werden verwendet (jeweils 1 Faden):

- \ gelb 3425/gelb 3264
- \ gelb 3425/dunkelgrün 3151
- | gelb 3425/blattgrün 3023
- ∧ blattgrün 3023/zitrone 3417
- C dunkelgrün 3151/herbstgelb 3262
- X graugrün 3175/herbstgelb 3262

Einfädiger Stramin (26 Fäden/5 cm) 40,5 × 35,5 cm

Sticknadel Nr. 18

Heller Filzstift

Stickanleitung

Mit hellem Filzstift zeichnen Sie den inneren und äußeren Rand der Umrandung sowie die Blumenumrisse, die teilweise über die Umrandung hinausragen, auf den Stramin. Das Bild teilen Sie in ein Gitter von 10 Fäden ein.

Blumen, Blätter und Blumentopf werden im Perlstich, der Hintergrund im Gittermuster (1) und die Randborte im quadratischen Mosaik gestickt. Jedes Quadrat des Diagramms entspricht einem Straminfadenkreuz, d.h. einem Perlstich.

Nach Farbenschlüssel und Diagramm zuerst die Perlstichmotive sticken, dann die Umrandung im quadratischen Mosaik und zuletzt den Hintergrund im Gittermuster.

Fertigstellung

Die fertige Stickerei auf die angegebene Größe spannen (siehe Seite 151) und eventuell auf einer weiß lackierten Spanplatte zum Aufhängen befestigen.

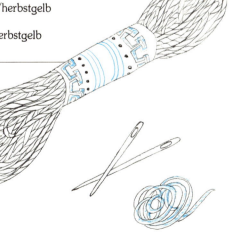

Gestickte Enten

Sticken

Ente mit Gitter

Größe: 18,5 × 18,5 cm

Material

Je 1 Docke MEZ-Kelimwolle in den folgenden Farben:

Farbschlüssel

- A – herbstgelb 3262
- B – himmelblau 3104
- C – senf 3374
- D – blaßgrün 3099
- E – hellgelb 3418
- F – hautfarben 3128
- G – grasgrün 3021
- H – flammenrot 3542
- I – eisengrau 3442
- J – blau 3454
- K – flammenrot 3322
- L – blattgrün 3023
- M – malve 3070
- N – kornblume 3452
- O – rohweiß 3204
- P – kamel 3142
- Q – koralle 3269
- R – blaß malve 3068
- S – dunkelgrün 3151
- T – türkis 3140
- U – kräftiges blau 3453
- W – weiß 3222
- X – königsblau 3455
- Y – gelb 3425
- Z – kamel 3020
- 0 – gold 3373
- ■ – schwarz 3056

Einfädiger Stramin (26 Fäden/5 cm), 24 × 24 cm

Wollsticknadel Nr. 18, Filzstift

Stickanleitung

Den Außenumriß des Bildes mit Filzstift auf den Stramin zeichnen, die Fäden sorgfältig zählen und in ein Gitter von 10 Fäden einteilen. Fünf verschiedene Stiche werden verwendet: Willkürlicher Geradstich für die Ente (mit Perlstich am Schnabel und Bein), Gittermuster (2) für den Hintergrund, willkürlicher Geradstich für das Wasser. Die Borte ist in einer Reihe quadratischem Mosaik, umrahmt von einer Reihe senkrechter Gobelinstiche, gearbeitet. Jedes Quadrat des Diagramms entspricht einem Straminfaden für die Geradstiche und einem Fadenkreuz für die Diagonalstiche.

Arbeiten Sie entsprechend dem Farbdiagramm; zuerst die Ente (die Perlstichflächen nach dem Geradstich) sticken, danach Wasser, Hintergrund und zum Schluß die Borte. Sofern zwei Buchstaben bei einer Farbe angegeben sind, heißt das, drei Fäden der 1. Farbe und einen Faden der 2. Farbe zu mischen (Fertigstellung s. Seite 151).

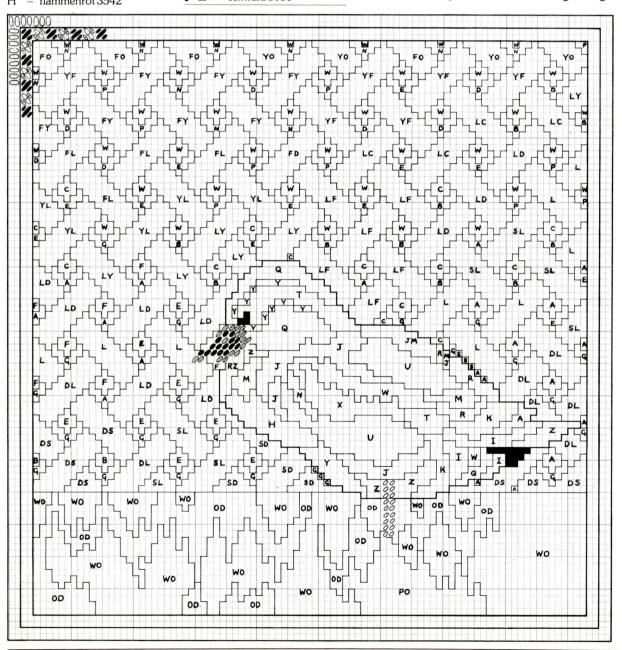

Ente mit Landschaftshintergrund

Größe: 18,5 × 18,5 cm

Material

Je 1 Docke MEZ-Kelimwolle in den folgenden Farben:

Farbschlüssel

- + schokolade 3076
- c flammenrot 3542
- o türkis 3140
- c pfauenblau 3108
- I gelb 3425

- ■ kohle 3443
- / kornblume 3452
- V hellbraun 3060
- − gold 3373
- + blaßgrün 3099
- • lindgrün 3234
- × graugrün 3175
- − dunkelblau 3032
- • blau 3456
- • blau 3109
- • eisengrau 3442
- O schokolade 3081
- □ weiß 3222

Zusätzlich folgende Farbmischungen verwenden:

- V schokolade 3076 (2 Fäden)/ flammenrot 3542 (2 Fäden)
- \ blau 3456 (2 Fäden)/ schokolade 3081 (2 Fäden)
- / eisengrau 3442 (2 Fäden)/ schokolade 3081 (2 Fäden)
- × weiß 3222 (3 Fäden)/ eisengrau 3442 (1 Faden)
- \ weiß 3222 (2 Fäden)/ eisengrau 3442 (2 Fäden)

Einfädigen Stramin (24 Fäden/5 cm) 24 × 24 cm

Wollsticknadel Nr. 18

Filzstift

Stickanleitung

Die äußeren Bildumrisse auf den Stramin übertragen, wobei man die Fäden sorgfältig zählt. Das Bild wird nun in ein Gitter von 10 Fäden aufgeteilt. Der Innenteil des Bildes ist im willkürlichen Geradstich, die Umrandungsborte im senkrechten Gobelinstich über 3 Fäden gestickt. Folgen Sie dem Farbschlüssel auf dem Diagramm. Jedes Quadrat entspricht einem Straminfaden.

Fertigstellung

Die fertige Stickerei spannen (siehe Seite 151) und entsprechend einrahmen.

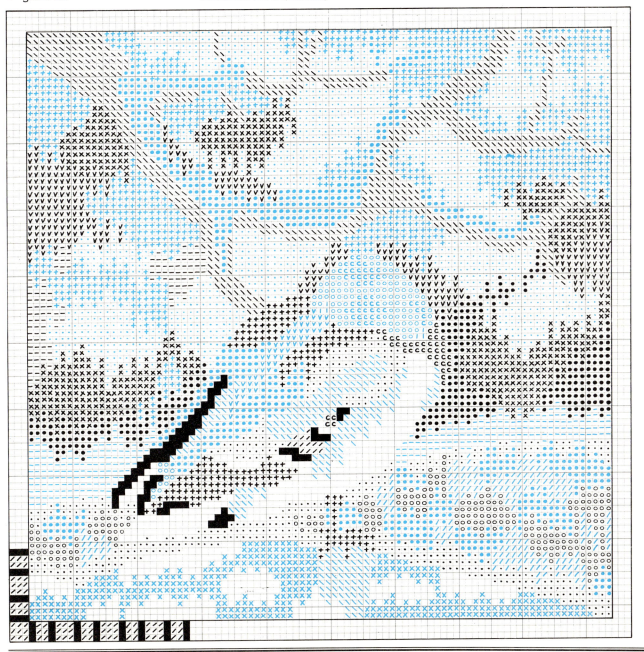

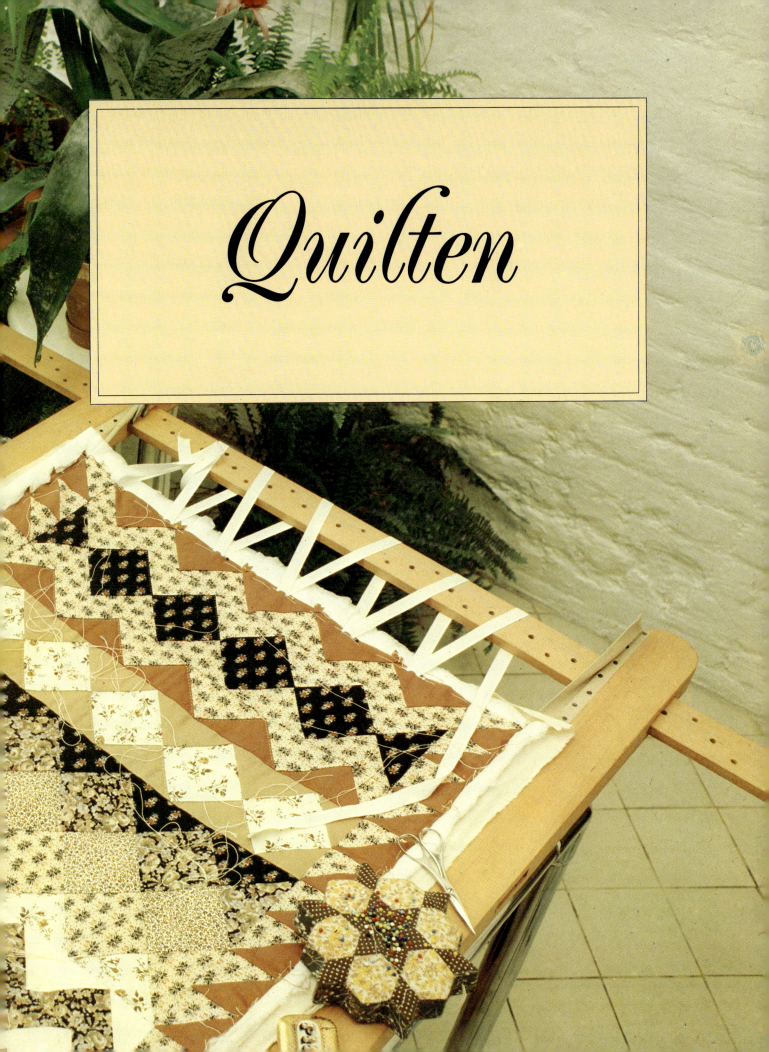
Quilten

Material und Zubehör

Stoffe, die Sie für Quiltarbeiten verwenden, sollten eine gewisse Elastizität aufweisen, damit sie sich während des Steppens nicht kräuseln und gut über die Füllung spannen lassen. Diese Elastizität kann entweder von der Webart, der Stoffzusammensetzung oder der einzelnen Faserbeschaffenheit herrühren.

Die Auswahl von geeignetem Material

Strickstoffe, die unter der allgemeinen Bezeichnung »Jersey« verkauft werden, sind ideal für die Oberfläche, wenn diese sehr plastisch wirken soll, da sich der Strickstoff stärker dehnt als der an der Unterseite verwendete gewebte Stoff. Für Modekleidung ist einfacher Jersey wegen seiner großen Dehnbarkeit oft ungeeignet, doch ist er zum Quilten gerade wegen dieser Eigenschaft ideal. Jersey ist in Synthetik, Baumwolle oder Wolle erhältlich. Der doppelflächige Jersey hat eine kompliziertere Strickstruktur und ist geeigneter für Kleidung, hat dadurch jedoch auch nicht die gleiche Dehnbarkeit. Es gibt diesen Stoff aus Woll- und Synthetikfasern.

Satin kann in verschiedenen Weisen gewebt sein, doch zeigt der Stoff stets eine fließende Wirkung. Allgemein gilt, daß Satin qualitativ besser ist, je feiner und dichter er verarbeitet wurde. Allerdings eignet er sich dann durch seine Festigkeit um so weniger für straff gefütterte Quilts. Diese Art Satin bezeichnet man als Duchesse-Satin oder Doppelbaumwollatlas.

Krepp kann auf verschiedene Weise gewebt sein. Für Quilten am besten geeignet ist Krepp aus sehr fest gedrehten Garnen, die den Stoff wellig erscheinen lassen. Auch unregelmäßig gewebte Kreppstoffe lassen sich gut verarbeiten, da sie eine »fließende« Oberfläche bilden. Kreppeffekt kann auch auf die Oberfläche eines Stoffes gaufriert oder gedruckt werden. Grundsätzlich ist diese Stoffart für jede Quilttechnik zu verwenden, außer für das Flach-Quilten oder das sehr flach abgefütterte Englisch-Quilten.

Filz ist ein ungewöhnlicher Stoff, weil er keine sichtbare Webstruktur aufweist. Er ist aus Wollfasern hergestellt, die unter dem Einfluß von Hitze und Feuchtigkeit verfilzen. Filzstoffe dehnen sich gut, doch laufen sie beim Waschen stark ein, so daß sie sich für praktische Dinge nicht eignen. Beim Einkauf von Filz sollte man darauf achten, daß man nicht die billigste Sorte wählt, weil diese unter leichtem Druck, wie z. B. beim Ausstopfen, an den Nähten ausreißt.

Wolle gibt es in mehreren ganz bestimmten Sorten, die sich je nach Rasse der Schafe unterschieden. Die Qualität, die zum Quilten am besten geeignet ist, sollte im Faden leicht gekräuselt sein, um die benötigte Elastizität zu haben. Viele Wollstoffe eignen sich daher zum Quilten, so auch Krepp, leichte Flanellstoffe, Jersey und Crêpe-Georgette.

Reine Seide von der schönsten Qualität ist aus dem vom Kokon der gezüchteten Seidenraupe abgewickelten Faden hergestellt. Sie ist geschmeidig und hat eine glänzende, kostbare Struktur. Besonders fein gewebte Seidenstoffe haben oft die am besten fallenden Stoffeigenschaften. Wegen ihrer Geschmeidigkeit eignen sie sich besonders gut zum Quilten, sofern Sie eine Füllung verwenden. Dieses gilt für China-Seide, Crêpe-Georgette und Schappe-Seide. Rohseide wird aus dem Kokon der nicht gezüchteten Seidenraupen hergestellt. Aufgrund seiner unregelmäßigen Beschaffenheit wird sie oft für Stoffe, die eine hübsche, grob erscheinende Oberfläche haben, verwendet. Da Shantungseide sehr viel steifer als fein gewebte Seide

ist, eignet sie sich nur zum Flach-Quilten.

Wildleder oder Leder kann zum Quilten sehr gut verwendet werden, da Tierhäute von Natur aus elastisch sind. Am besten eignen sich natürlich dünnere Ledersorten, wie z. B. Handschuh- oder Ziegenvelourleder. Man erleichtert sich die Arbeit, wenn man zum Quilten mit der Hand oder mit der Maschine Spezialledernadeln verwendet.

Kunstwildleder (Alcantara), das jetzt auf dem Markt erhältlich ist, hat den Vorteil, daß es waschbar ist. Außer für stark abgefütterte Stepparbeiten ist dieses Material zum Quilten gut geeignet.

Allgemein gilt: Für Quilttechniken mit einer dicken Füllung eignen sich am besten elastische, schmiegsame Stoffe, für Quilttechniken, die gar nicht oder nur wenig abgefüttert werden, nimmt man festere Stoffe.

Füllungen

Die Füllung in Kleidung und Quilts bildet eine Isolationsschicht zwischen Körper und Außenluft, um so ein wärmeres Kleidungsstück oder eine wärmere Bettdecke zu bekommen. Je mehr Luft die Isolationsschicht beinhaltet, d. h. je aufgelockerter das Material ist, desto größer ist die Wärmewirkung. Heute gibt es viele Arten von Füllungen, die allerdings nicht überall gleich gut erhältlich sind. Auch werden ständig neue Materialien eingeführt, während ältere verschwinden. Neben den folgenden Vorschlägen für Füllungen, die zu den gebräuchlichsten gehören, ist es gut möglich, daß man neue und noch bessere Materialien findet. Viele Füllungen werden heute aus Synthetik, d. h. aus Chemiefasern hergestellt.

Synthetik-Füllungen sind nicht ge-

Die Füllung mit vliesähnlichem Erscheinungbild ist Kapok (Samenfaser des Kapokbaumes) – ein ideales Material für Trapunto-Quilten. Die Quiltwolle wird für italienisches Quilten verwendet, während die anderen gezeigten Füllmaterialien für Englisches Quilten und für das Appliqué-Quilten geeignet sind.

Material und Zubehör

webt oder gestrickt, sondern aus aneinanderliegenden Chemiefasern hergestellt; sie ähneln einem gekämmten Vlies. Dies ergibt eine leichte Füllung, die den Vorteil hat, daß sie stets trocken ist, da sie im Gegensatz zu Wolle oder Baumwolle keine Feuchtigkeit speichert.

Courtelle-(polyacryl)Füllung wird meistens in 1,2 cm Dicke verkauft. Die früher verwendete Acrylfaser wurde entwickelt, als man nach einem Ersatz für Wolle suchte. Man kann sie auch in Schichten legen, sofern eine dickere Füllung gewünscht ist.

Tricel-(Zellulose Triacetat) Füllungen sind ungefähr 2,5 cm dick. Das Material ist einmal gefaltet und hat eine papierähnliche Oberfläche an der Außenseite. Man klappt die Füllung auseinander und legt sie mit der papierähnlichen Seite auf die Quiltrückwand, d.h. die lockere Seite zeigt zum Quilttop. Zellulose-Triacetat ist ein entfernter Verwandter von Reyon, das bei der Suche nach einem Ersatz für reine Seide entwickelt wurde. Diese Füllung ist etwas dichter und kompakter als andere Synthetik-Füllungen.

Polyester-(Dacron)Füllungen werden in verschiedenen Stärken bis zu 7 cm verkauft. Es ist eine sehr flexible Füllung. Die Fasern sind den Nylon-Fasern ähnlich (z.B. Diolen-Fill).
Übrigens sollte man Synthetik-Füllungen niemals bügeln, da sie sonst für immer flach werden. Sie sind besonders gut für Teile geeignet, die häufig gewaschen werden müssen. Doch gibt es auch natürliche Füllungen, die den selben Zweck erfüllen – manchmal vielleicht sogar besser.

Schafsvlies ist z.B. eine seit langem verwendete Füllung. Dafür wird das Vlies zunächst vorsichtig gewaschen und dann entweder kardiert – dieser Vorgang reinigt das Vlies und ordnet die Wollfasern parallel –, oder aber es wird vorsichtig Stück für Stück von Hand gekämmt. Die Wolle legt man dann sorgfältig auf die Quiltrückseite, so daß alle Fasern in dieselbe Richtung zeigen.

Langfloriger Wollstoff ist eine wollene Füllung, die eine lockere

Strickstruktur mit einer flaumartigen Oberfläche hat. Da dieses Material sehr wärmend und leicht ist, eignet es sich besonders gut zum Quilten von modischer Kleidung.

Langfloriger Baumwollstoff ist gewebt und dem Flanell ähnlich. Er wird vorwiegend als Einlagestoff verwendet und eignet sich sehr gut als dünne Füllung für eine flache Quiltarbeit.

Baumwollwatte wurde häufig verwendet, bevor die Synthetikfüllungen auf den Markt kamen. Sie hat ähnlich wie die Zellulose-Triacetat-Füllungen eine papierähnliche Oberfläche und sollte wie diese verarbeitet werden. Diese ziemlich feste Füllung läßt sich leider nicht gut waschen. Synthetikfüllungen sind im allgemeinen dieser Füllung vorzuziehen.
Früher hat man aus wirtschaftlichen Gründen auch alte Decken und Kleidung als Füllmaterial für Quilts verwendet; auch mehrere Filzschichten wurden benutzt.

Die Quiltrückwand

Für das gefütterte und Trapunto-Quilten wählt man am besten einen festen Stoff als Quiltrückwand, damit der Quilteffekt auf der Rückseite nicht ausgeprägter wird als auf der Oberseite. Für das italienische Quilten sollte man ein locker gewebtes Material als Rückwand nehmen, um sich das Einfädeln des Wollfadens durch die parallel gequilteten Kanäle zu erleichtern. Häufig wurde für diese Quiltart Musselin empfohlen; leider ist die Qualität dieser Stoffe heute so schlecht, daß man bei ihrer Verwendung enttäuschende Ergebnisse erzielt. Einige Stoffe, die sich hierfür gut eignen, sind:

Synthetik – Futterstoffe aus Tricel, Nylon, Polyester usw.

Baumwolle – Futterstoffe, Baumwollnesseltuch, Kattun (Baumwollgewebe in Leinwandbindung), Baumwolldrucksatin.

Wolle – Dieses teure Material ist zu schade, um als Rückwand verwendet zu werden, aber Wollstoffe (Mischungen aus Baumwolle und Wolle) eignen sich gut, sie sind billiger und wärmen gut.

Garne

Obwohl Garne heute eigentlich nicht mehr einlaufen, lohnt es sich, bei der Wahl des passenden Fadens zu dem beim Quilten verwendeten Stoff besondere Sorgfalt walten zu lassen, damit es beim Waschen keine Probleme gibt. Handelsübliches Nähgarn ist ideal, da man hier die größte Farbauswahl hat und das Garn sich für das Nähen auf der Maschine und von Hand gleich gut eignet. Der Markt liefert Baumwoll- und Synthetikgarne sowie Näh- und Knopflochseide.
Ebenso kann man auch Stickgarne

verwenden, wie z.B. Sticktwist oder Perlgarn in verschiedenen Stärken. Stickgarn ist dicker als Nähgarn und läßt die Stiche stärker hervortreten.

Material für die Quiltvorderseite bei verschiedenen Techniken

Die unten aufgeführten Stoffe werden am häufigsten für die verschiedenen Quilttechniken verwendet. Wer gerne experimentiert, wird feststellen, daß sich auch andere Stoffe ohne weiteres verarbeiten lassen.

Englisches Quilten (gefüttert)	
a) stark gefüttert	Jersey, Chinaseide, Filz, Crêpe, Schappeseide, Flanell, Wildleder, Satin, Handschuhleder, Kaschmir, feine Wollstoffe, angerauhte Nylonstoffe
b) wenig gefüttert	rauhes Seidengewebe aus Doppelkokonfäden, Popelin, Baumwolldruckstoffe, Baumwollmischgewebe, Samt, Taft, Rohseide, Baumwollnessel, Denim-Stoffe, Baumwollsatin
Trapunto-Quilten (ausgestopft)	wie für Englisch-Quilten (a)
Italienisches Quilten 1	feiner Jersey, Chinaseide, Surahseide, Crêpe, Viyella, feines Leinen, Batist, feines Wild- oder Handschuhleder
Italienisches Quilten 2	feiner Jersey, Chinaseide, reine Seide, Crêpe, Viyella, Batist
Flachquilten (ungefüttert)	Leinen, Satin, Baumwollnessel, Taft, Popelin, Baumwolldruckstoffe, Samt, Denim-Stoffe
Quilten bei Patchworkarbeiten	Baumwolldruckstoffe, Baumwollnessel, Popelin
Appliqué-Trapunto-Quilten	Popelin, Baumwollnessel, Taft (man sollte versuchen, dicht gewebte Stoffe zu verwenden, um das Ausfransen der Ränder zu verhindern)
Schatten-Quilten	Georgette, Chiffon, Organza, Voile
Quilten mit transparenten Stoffen	Organdy, Organza, Georgette, Voile
Italienisches Quilten (mit der Maschine)	feiner Jersey, Kunstwildleder (Alcantara), Satin, feines Leinen
Quilten mit Sprühtechnik	Baumwollnessel, Jersey, Satin
Quilten mit gemusterten Stoffen	Baumwolldruckstoffe, Chintz, Gingan, Jersey, Viyella oder bedruckte Wollstoffe

Technik

Es ist fast unvorstellbar, wie viele Quilttechniken es gibt. Um herauszufinden, welche Technik einem besonders zusagt und wie einem der erzielte Effekt gefällt, ist es ratsam, zuerst in jeder Technik ein kleines Beispiel auszuprobieren. Diese kleinen Versuche können anschließend als Nadelkissen, Deckel für Schachteln oder in Brillenetuis umgearbeitet werden. Die alten Grundtechniken des Quiltens, wie englisches, Trapunto- und italienisches Quilten, finden eine sehr praktische Anwendung bei Kleidung und Wohnungsgegenständen, wie z. B. bei Kissen, Stuhlbezügen, Teewärmern oder sogar Topflappen. Schattenquilten oder Quilten mit ausschließlich durchsichtigen Materialien bieten dagegen mehr dekorative Möglichkeiten und eignen sich eher für Wandbehänge und Raumteiler.

Man sollte zunächst entscheiden, was man arbeiten möchte und das Muster und die für die Durchführung am besten geeignete Technik danach auswählen. Auch sollte man gleich bedenken, ob der Gegenstand gewaschen werden muß oder nicht. Dies ist wiederum ausschlaggebend für die Wahl der Materialien. Da man gequiltete Arbeiten nicht bügeln soll, ist es besser, für praktische Dinge, die häufig gewaschen werden müssen, pflegeleichte Stoffe zu verwenden. Alle Stoffe sollten vor Beginn des Quiltens gebügelt werden.

Um eine wirklich gute Quiltarbeit anzufertigen, ist eine gründliche Vorbereitung äußerst wichtig.

Gründliches Heften lohnt sich. Fast alle Quilttechniken erfordern ein Aufeinanderlegen von verschiedenen Materialien, die durch das Quilten zusammengehalten werden. Um ein Verrutschen der verschiedenen Stoffschichten zu vermeiden, ist gerade das Heften wichtig. Bei größeren Stücken sollte man von der Mitte her zu den Seiten arbeiten – kleinere Teile hingegen heftet man in parallelen Reihen von einer Seite zur anderen. Man sollte einen möglichst dünnen Faden und eine feine Nadel verwenden und mit festen Stichen heften, den Faden dabei jedoch nicht zu sehr anziehen.

Stets von der Mitte aus arbeiten, egal ob von Hand oder mit der Maschine, um die Schichten gleichmäßig zusammenzuhalten. Nur bei kleinen Teilen kann man von Seite zu Seite arbeiten (siehe Zeichnungen).

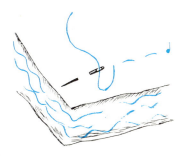

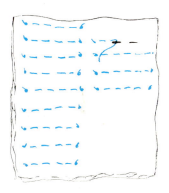

Das Zusammenziehen des Materials berücksichtigen. Quiltfüllungen sind oft sehr voluminös, ziehen sich jedoch beim Quilten beträchtlich zusammen. So sollte man beim englischen Quilten, bei dem häufig sehr dicke Füllungen verwendet werden, diese stets großzügig zuschneiden.

Die Quiltarbeit sollte vor dem Zuschneiden erfolgen. Es ist ratsam, das Schnittmuster mit Schneiderkreide auf den Stoff aufzuzeichnen und dann zu quilten. Bevor man die Teile dann zuschneidet, kontrolliert man, ob eine neue Anpassung der Schnittmusterkonturen durch das Quilten notwendig geworden ist.

Es ist empfehlenswert, die Arbeit in folgender Reihenfolge durchzuführen:
1. Der Stoff wird gebügelt (nicht die Füllung!).
2. Das Muster wird übertragen (mit Ausnahme der Markierungen

203

Quilten

für englisches Quilten, die erst zwischen 3 und 4 erfolgen).
3. Die verschiedenen Materialien werden aufeinandergelegt und gut zusammengeheftet.
4. Quilten von Hand oder mit der Maschine.
5. Entfernen der Heftfäden (englisches Quilten ist damit beendet).
6. Ausstopfen bei Trapunto- und italienischem Quilten.

Das Nähen von Hand und mit der Maschine

Sie haben nun die Wahl, die Näharbeiten von Hand oder mit der Maschine durchzuführen. Beide Methoden sind möglich, und in der Auswirkung gibt es zwischen einem Steppstich von Hand und einem Geradstich mit der Maschine wenig Unterschied. Doch bildet der von Hand genähte Vorwärtsstich eine weniger ausgeprägte Naht, während der Rückwärtskettenstich deutlicher sichtbar ist. Der Zick-Zack-Stich der Maschine hat den Vorteil, daß er in Länge und Breite variabel ist.

Das Nähen von Hand

Beginn. Man kann mit einem kleinen Knoten am Ende des Fadens beginnen, oder aber man vernäht den Faden sorgfältig an der Quiltrückwand.

Fadenende. Man vernäht den Faden sorgfältig in der Naht an der Quiltrückseite.

Nadeln. Entweder verwendet man Näh- oder Sticknadeln – Nr. 8 für 50er Nähgarn, 7 für 40er und 5 oder 6 für Knopflochseide oder Perlgarn.

Stiche. Die verschiedenen Quiltstiche sind leicht zu lernen. Wichtig ist nur, daß die Spannung des Fadens stimmt. Der Faden soll zwar angezogen werden, jedoch nicht zu fest. Die Stiche sollen so gleichmäßig wie möglich ausfallen, allerdings nicht zu klein, da sich das Material sonst kräuseln würde. Für fast alle Stoffe ist eine Stichlänge von 2 mm richtig. Ob man mehrere Stiche auf einmal macht, oder ob man die zu quiltenden Stoffschichten einzeln von oben nach unten und umgekehrt durchsticht, hängt von der Dicke der verwendeten Materialien ab. Bei dickeren Schichten ist die letzte Methode notwendig. Meistens lassen sich nur bei zweischichtigem Trapunto- oder italienischem Quilten mehrere Stiche auf einmal durchführen.

Der Stepp- oder Rückstich ergibt eine scharfe, ausgeprägte Stichlinie. Man muß darauf achten, daß jeder Einstich in das Loch des vorhergehenden Stiches erfolgt, damit eine gleichmäßige, kontinuierliche Naht entsteht.

Der Heftstich bewirkt eine weniger stark zu definierende Naht, hat jedoch den Vorteil, daß ein mit diesem Stich gearbeitetes Stück wendbar ist, sofern man sorgfältig arbeitet. Früher wandte man den Stich häufig bei sehr großen Quilts an, um eine gute Wirkung – aus der Ferne betrachtet – zu erzielen. Man konnte mit diesem Stich auch sehr viel schneller arbeiten.

Der Kettenstich wurde ursprünglich nicht verwendet; mit ihm kann man aber Linien gut betonen, doch muß man sehr darauf achten, daß der Faden nicht zu fest angezogen wird.

Anmerkung: Mit dieser Art Vorwärtsstich, der gut eingeteilt in diagonalen Linien gearbeitet wird, lassen sich Schachteln und Teewärmer gut englisch quilten.

Früher war es üblich, eine Arbeit stets nur in einer Stichart zu arbeiten, doch gibt es dafür eigentlich keinen plausiblen Grund. Gerade verschiedene Stiche können der Arbeit einen interessanten Effekt geben.

Befestigung der Arbeit (für Quilten von Hand)

Kleinere Arbeiten lassen sich ohne weiteres ohne Rahmen quilten. Bei größeren Projekten ist es jedoch besser, mit Hilfe eines Rahmens zu quilten – dies gilt besonders für das englische Quilten. Man hat dadurch beide Hände zum Arbeiten frei, und die Quiltschichten können nicht verrutschen. Quiltrahmen kann man kaufen; sie lassen sich jedoch auch sehr leicht aus Latten und Schrauben selbst anfertigen, wie es die Abbildungen zeigen.

Die Quiltwand wird lose am Rahmen befestigt. Dies ist wichtig, weil eine zu fest gespannte Rückwand einen guten Quilteffekt beeinträchtigen würde. Danach legt man die Füllung und den Quilttop auf und heftet die Schichten zusammen, wobei die Ränder der beiden oberen Schichten am Rahmen befestigt werden. Man hält die gespannte Fläche stets so groß, daß es sich bequem arbeiten läßt. Das überschüssige Material rollt man an einer Seite auf.

Befestigung der Rückwand

1. Der Stoff muß in beide Richtungen fadengerade geschnitten sein.
2. Die Mitte der Quiltrückwandseite befestigt man genau an der Mitte der Querlatte des Rahmens.

3. Man schlägt den Stoff ca. 6 mm ein und näht ihn von der Mitte aus in beide Richtungen an die mit Stoff bezogene Latte. Das gleiche erfolgt mit dem gegenüberliegenden Stoffrand.

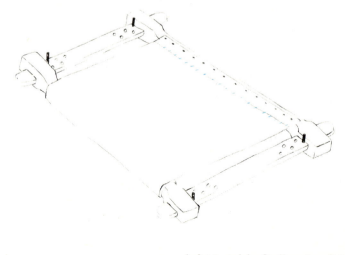

4. Jetzt wird der Stoff an einer Seite so weit aufgerollt, daß er in dem Rahmen leicht gespannt ist.

Technik

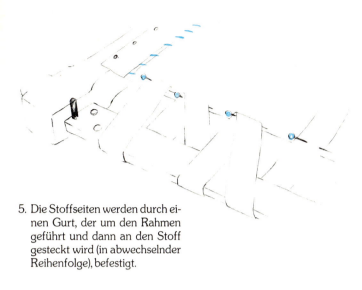

5. Die Stoffseiten werden durch einen Gurt, der um den Rahmen geführt und dann an den Stoff gesteckt wird (in abwechselnder Reihenfolge), befestigt.

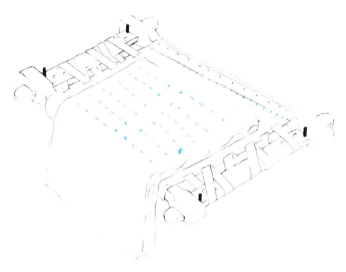

6. Die Rückwand ist jetzt befestigt. Danach folgen Füllung und Quiltoberseite. Beide Materialien werden auf die Rückwand aufgeheftet, und man beginnt mit der Vorbereitung für die gewünschte Quilttechnik. Sollte das Material länger als der Rahmen sein, rollt man es wie die Rückwand an einer Seite auf. Auf diese Weise hat man auch früher Quilts in großen Rahmen gearbeitet.

Rahmen für kleinere Arbeiten

Ein rechteckiger Stickrahmen wird der Länge nach an der mit Stoff bezogenen Querlatte gemessen. Das Material, das gespannt werden soll, darf nicht breiter sein. Am besten ist es, den Rahmen auf ein Gestell zu setzen, damit man beide Hände zum Arbeiten frei hat. Eine bequeme Arbeitshöhe und gutes Licht sind notwendig.
Alternativ könnte man auch einen robusten Bilder- oder Leinwandrahmen verwenden und die Rückwand mit Heftzwecken befestigen. Diese Methode eignet sich jedoch nur für Quiltarbeiten, die nicht größer als der Rahmen selbst sind, da man überschüssiges Material nicht aufrollen kann. Auf diese Weise lassen sich durchaus gute Ergebnisse erzielen.
Runde Rahmen können verwendet werden, wenn das Muster hineinpaßt. Der Nachteil ist nur, daß die Füllung zu sehr zusammengedrückt wird. Wenn man einen solchen Rahmen benutzt, sollte man unbedingt darauf achten, daß das Material während der Arbeit nur sehr leicht gespannt ist.

Quilten mit der Nähmaschine

Da die Zubehörteile bei Nähmaschinen sehr unterschiedlich sind, sollte man sich schon beim Kauf einer Nähmaschine über die Eignung zum Steppen informieren.

Vorbereitung für die Quiltarbeit. Es kann ärgerlich sein, wenn man eine geheftete Arbeit mit der Maschine quilten will, der Nähfuß sich aber ständig in den Heftfäden verfängt. Deshalb ist es hier besser, die Schichten in ca. 5 cm Abstand mit feinen Stecknadeln zusammenzuhalten (wiederum von der Mitte zur Seite), statt zu heften. Die Stecknadeln kann man dann fortlaufend während der Arbeit entfernen.

Nadeln. Nadelstärke 80 und 90 eignet sich am besten, wenn man 40er oder 50er Nähgarn verwendet. Um ein gutes Ergebnis zu erzielen, muß die Nadelspitze einwandfrei in Ordnung sein. Wenn man ausschließlich mit Synthetikmaterial arbeitet, sollte man eine Nadel mit Kugelspitze der gleichen Stärke verwenden. Für Leder und Wildleder sollte man stets spezielle Ledernadeln benutzen.

Nähbeginn und Nähende. Man achte auf lange Fadenenden, die man dann zur Rückseite der Arbeit durchzieht, sie dort verknotet und so nah wie möglich am Stoff abschneidet.

Der Geradstich. Die Stichlänge sollte auf 2 mm eingestellt sein. Manche Nähmaschinen haben einen Steppfuß, der durch ein Zubehörteil einen gleichmäßigen Reihenabstand ermöglicht. Um ein Verziehen der Materialien in die entgegengesetzte Richtung zu vermeiden, sollte man die Quiltreihen stets in die gleiche Richtung nähen, da sich die Arbeit sonst kräuseln würde. Einfache gerade Linien, Karo- oder Rhombenmuster lassen sich mit dem Abstandhalter oder durch eigene Schätzung direkt auf den Quilt übertragen. Man vermeidet dadurch, daß der Stoff markiert werden muß. Quiltmuster lassen sich auch mit leichten Kurven auf der Maschine arbeiten. Doch sollte man stark verschlungene Muster vermeiden, es sei denn, man bringt sehr viel Geduld auf.

Bei diesen Mustern muß man die Maschine ständig anhalten, um die Arbeit leicht drehen zu können.

Quilten mit der Maschine kann auch von der Rückseite erfolgen. Dies hat den Vorteil, daß man das Muster auf den Stoff aufzeichnen kann.

Der Zick-Zack-Stich. Dieser Stich wird wie der Geradstich angewendet, doch kann man durch unterschiedliche Stichlänge von einem Raupenstich bis zu einem groben Zick-Zack-Stich variieren. Mit etwas Übung kann die Stichlänge während des Nähens verändert werden, um eine Naht mit Reliefeffekt zu bekommen.

Verwendung von Mustersätzen. Viele Maschinen haben heute vorgefertigte Mustersätze, die in Verbindung mit Quilten sehr effektvoll wirken können. Gerade einfache Muster eignen sich sehr gut.

»Freies« Quilten mit der Maschine

Diese Technik läßt sich nicht auf allen Maschinen durchführen. Man muß dabei auf kleinem Raum in alle Richtungen nähen können; dies ist ideal für Trapunto- und italienisches Quilten.
Dafür bereitet man die Maschine nach Anweisung zum Sticken vor, spannt die Stoffe straff in einen Stickrahmen und näht den Musterumriß. Danach führt man die weiteren Anleitungen für Trapunto- und italienisches Quilten aus.
Einige Maschinen haben einen Stopf- oder Stickfuß, der sich für sehr komplizierte Muster verwenden läßt. Damit läßt sich auch englisches Quilten ohne Rahmen arbeiten, wobei man das Zerren der Füllung vermeiden sollte.

Quilten

Englisches Quilten

Bevor man mit dem Quilten beginnt, sollte man sich vergewissern, daß alle Vorbereitungen getroffen sind, wobei das Heften besonders wichtig ist. Sofern man eine Füllung mit Papierrückseite verwendet, breitet man diese aus und achtet darauf, daß die lockere Seite nach oben zeigt. Man beginnt zu quilten, indem man sein Fadenende verknotet, von der Rückseite einsticht und den Knoten mit einem kleinen Ruck durch die Rückwand in die Füllung zieht. Man arbeitet auf der Oberseite von der Mitte zu den Seiten. Bei dicken Schichten muß man mit der Nadel einzeln auf- und abstechen. Wenn die zu quiltende Arbeit jedoch relativ dünn ist, kann man mehrere Heftstiche gleich auf einmal nehmen. Die Stichlänge sollte bei Stepp- und Heftstich etwa 2 mm betragen und der Faden gut, aber nicht zu fest angezogen werden. Sollte sich die Arbeit kräuseln, sind entweder die Stiche zu klein, oder aber der Faden wurde zu fest angezogen.

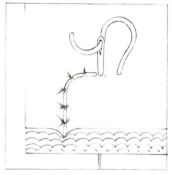 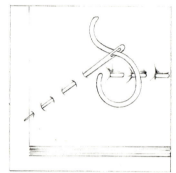

Trapunto-Quilten

Bei dieser Quilttechnik werden zwei Stoffschichten entlang der Musterumrisse zusammengenäht und dann an den gewünschten Stellen ausgestopft. Dafür heftet man die Stoffe, wie bereits erwähnt, zusammen und näht im Stepp-, Heft- oder Geradstich (Maschine) an den Konturen entlang. Dann schneidet man auf der Rückseite der Musterteile, die ausgestopft werden sollen, in der Mitte (möglichst im Fadenlauf) ein. Die Füllung zupft man auseinander und stopft sie Stück für Stück mit einer Stricknadel in den Einschnitt, bis die umnähte Fläche auf der Vorderseite reliefartig vorsteht. Wichtig ist dabei, daß man wenig Füllung auf einmal nimmt, um die entstandene Stofftasche gleichmäßig ohne Klumpenbildung ausstopfen zu können. Auf diese Weise wirken die gefüllten Stellen sehr weich. Man kann sogar bei äußerst elastischen Quilttops soviel einstopfen, daß eine stark plastische Wirkung entsteht. Zum Schluß näht man den Einschnitt, wie auf der Zeichnung gezeigt, wieder zu.

Technik

Italienisches Quilten

Dafür gibt es zwei Methoden. Beide verlangen ein Muster mit Stichabstand von 4 mm.
Methode 1. Man verwendet zwei Stoffschichten und überträgt zunächst das Muster auf die Rückwand. Dann näht man die beiden Schichten nach dem vorgezeichneten Muster mit einem Heftstich oder mit der Maschine von der Rückseite her zusammen. Nun fädelt man einen Wollfaden durch die Rückwand in die gesteppten Kanäle. Bei Rundungen oder Ekken läßt man kleine Schlaufen stehen (siehe unten links). So kann sich die gequiltete Arbeit dehnen. Wenn der Rückwandstoff sehr fest ist, kann man kleine Einschnitte an den Stellen machen, wo der Wollfaden hindurchgeführt werden soll (den Wollfaden stets etwas überstehen lassen).
Methode 2. Hier verwendet man nur eine Schicht eines dehnbaren Materials, auf dessen Rückseite das gewünschte Muster aufgezeichnet wird. Man legt die Quiltwolle oder eine Kordel zwischen die markierten Linien und näht sie mit einem Hexenstich fest. Diese Arbeit muß sehr sorgfältig durchgeführt werden, um auf der rechten Seite eine gerade Stichlinie zu bekommen.

Appliqué-Trapunto

Durch diese Technik, die aus Appliqué- und Trapunto-Quilten besteht, erhält man die Möglichkeit, im Gegensatz zum normalen Trapuntoquilten mit Farben arbeiten zu können. Man näht Teile eines dicht gewebten Stoffes, wie z.B. Popelin, auf einen ebenfalls festen Stoff. Von den zugeschnittenen Musterteilen, die appliziert werden sollen, schlägt man die Seiten ein und näht die Teile dann entweder mit der Hand oder mit der Nähmaschine im Gerad- oder Zick-Zack-Stich auf. Danach schneidet man die Rückseite von unten her in der Mitte des dort erkennbaren Umrisses ein und schiebt die Füllung mit Hilfe einer Stricknadel oder ähnlichem hinein. Man beendet die Arbeit wie beim Trapuntoquilten.

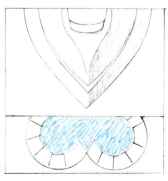 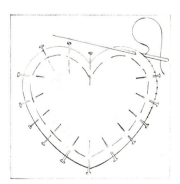

Quilten

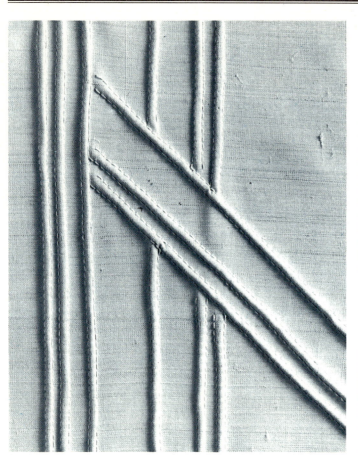

Italienisches Quilten mit der Nähmaschine

Bei einer Stoffschicht kann der Effekt des italienischen Quiltens erreicht werden, wenn man die breiteste Biesennadel (Doppelnadel) auf der Maschine verwendet. Allerdings ist nicht jede Maschine mit diesem Zusatz ausgestattet.

Das auf die rechte Seite eines Stoffes übertragene Muster näht man in Biesen. Als Stoff eignen sich Crêpe oder einfacher Jersey. Bei manchen Maschinen kann während des Nähens eine Kordel in die Biesennaht eingearbeitet werden. Doch kann man auch Quiltwolle oder ähnliche Garne von der Rückseite her einzeln einziehen, um eine schön ausgeprägte Linie zu bekommen. Durch die Verwendung von einem mit der Stoffarbe übereinstimmenden Faden in einer Nadel und einem dunkleren Faden in der anderen kann man den Reliefeffekt noch erhöhen. Diese Technik wirkt wie in den Stoff eingewebt; sie sieht besonders bei Kleidung und Heimtextilien sehr schön aus.

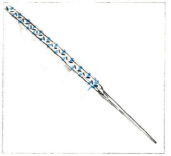 

Flachquilten

Beim Quilten von zwei Stoffschichten erhält man eine sehr außergewöhnliche Oberfläche. Diese Technik ermöglicht jedes gewünschte Design, doch wirkt ein detaillierter Entwurf effektvoller als ein grober. Die beiden Stoffschichten werden nach dem Muster mit Rückstich, Kettenstich, Heftstich oder mit der Maschine zusammengenäht. Es gibt hier keine aufbauschende Füllung. So ist ein korrektes Arbeiten besonders wichtig, da die Stichlinien klar hervortreten. Bei Verwendung von Perlgarn kann man einen perlenartigen Effekt erreichen.

Das Flachquilten ist besonders zur Dekoration von Kleidung geeignet, da es, ohne aufzutragen, eine hübsche Struktur ergibt.

Technik

Gequiltetes Patchwork

Eine Patchworkdecke kann man englisch quilten oder aber binden. Beim Binden werden die drei Schichten durch einzelne Knoten zusammengehalten. Man verwendet dazu einen starken Faden, sticht von oben durch die Schichten und wieder zurück, so daß auf der Quiltrückseite ein kleiner Stich zu sehen ist. Auf der Oberseite verknotet man die Fäden einfach, führt dann jedes Ende auf die Rückseite und verknotet sie dort doppelt. Die übrigbleibenden Fadenenden schneidet man ab.
Das Binden eines Quilts ist dann angebracht, wenn eine kunstvoll gefertigte Patchworkarbeit besonders zur Geltung kommen soll.

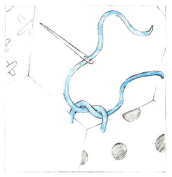 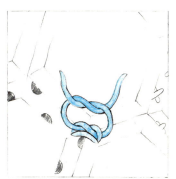

Quilten mit gemusterten Stoffen

Die bisher beschriebenen Techniken galten für einfarbige Stoffe, auf die man das gewünschte Design aufzeichnet. Doch lassen sich ebensogut bedruckte Stoffe zum Quilten verwenden. Die beiden folgenden Methoden werden am häufigsten angewandt:

a) Stoffe, die großzügig bedruckt sind, lassen sich zwischen den Motiven gut englisch oder italienisch quilten.
b) Stoffe, die bunt bedruckt sind, bieten die Möglichkeit, Details des Druckes, wie z.B. Blumen, durch Englisch- oder Trapunto-Quilten zu betonen.

Bedruckte Stoffe sollten jedoch mit Vorsicht ausgewählt werden, da ein zu bunter Druck die Quiltarbeit verdecken würde.
Eine weitere interessante Möglichkeit ist das Quilten von gestreiften Stoffen nach der italienischen Methode. Man kann entweder mit dem Streifen quilten oder aber quer, was dem Stoff wiederum eine vollkommen neue Wirkung gibt. Sich wiederholende Muster, wie z.B. Punkte, können durch geschicktes Quilten ganz anders aussehen.

Quilten

Schatten-Quilten

Bei dieser Technik verwendet man einen transparenten Stoff als Quiltoberseite (Georgette oder Chiffon), einen festen Stoff als Rückwand und quiltet nach der italienischen oder Trapunto-Technik. Als Füllung sollte man Stoffreste in starken, klaren Farben verwenden; sie wirken durch den transparenten Stoff ohnehin gedämpft. Bei italienischem Quilten wendet man am besten die Methode 1 (siehe Seite 207) an und verarbeitet dabei farbiges Garn. Für die Trapunto-Technik verwendet man als Füllung farbige Stoff- oder Garnreste. Das Schattenquilten ist eine sehr dekorative Quiltvariante.

Transparent-Quilten

Bei dieser Quilttechnik, die dem Schattenquilten sehr ähnlich ist, verwendet man für Ober- und Rückseite transparentes Material, wie z.B. Organdy. Dadurch wirkt die gequiltete Arbeit von beiden Seiten durchsichtig und kann als Raumteiler, Vorhang oder Lampenschirm Verwendung finden. Auch hier werden bunte Stofffüllungen zwischen den transparenten Stoffschichten durch gequiltete Muster festgehalten. Beim Vernähen der Fadenenden muß man besonders vorsichtig sein. Quiltarbeiten dieser Art können auch häufig mit verschiedenen Stickstichen (z.B. Stilstich) gearbeitet werden.

»Sprüh-Quilten«

Der Quilteffekt läßt sich durch die Verwendung von Sprühfarbe noch verstärken. Einmal kann man dem Stoff vorher eine besondere Farbnote geben, oder man kann eine bereits beendete Quiltarbeit von einem sehr spitzen Winkel aus besprühen, um die Schattenwirkung zu vergrößern und dem Quilt eine noch größere dreidimensionale Erscheinung zu geben. Dazu läßt sich Autosprühfarbe verwenden, da diese die Stoffe nicht, wie angenommen, steif werden läßt. Außerdem eignen sich auch Stoffarben, doch sollten diese waschecht sein. Mit der Sprühtechnik kann man herrlich experimentieren, z.B. bei der Anfertigung von Faschingskostümen. Interessante Effekte kann man durch ein Ineinanderlaufen verschiedener Farben erreichen. Wenn Sie ein Detailmuster vorziehen, kann man es durch eine auf den Stoff festgesteckte Papierschablone bekommen. Der Umriß wird sehr scharf, wenn man die Schablone direkt an dem Musterausschnitt feststeckt. Wird ein weniger exakter Umriß gewünscht, steckt man die Schablone etwas weiter zurück.

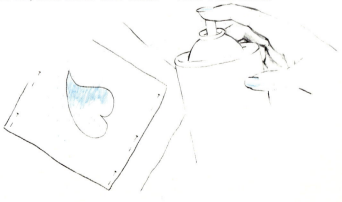

Quilten

Fertigstellung der Quiltarbeit

Aufgrund der verschiedenen Schichten kann die Fertigstellung eines Quilts sehr unhandlich sein. Dennoch ist es sehr ratsam, kein überschüssiges Material an den Rändern abzuschneiden, bis alle Schichten, bis hin zur Kante, gut zusammengenäht sind.

Einfassung. Ein gequiltetes Kleidungsstück oder ein Platzdeckchen faßt man am besten ein. Dazu schneidet man sich entweder aus dem für die Arbeit verwendeten Stoff ca. 2,5 cm breite Schrägstreifen, oder aber man verwendet gekaufte. Die Schrägstreifen werden 6 mm vom Rand entfernt mit der Maschine auf die rechte Seite genäht. Danach trimmt man überschüssiges Material in möglichst knappem Abstand zur Naht, schlägt den Schrägstreifen zur linken Seite ein und näht ihn mit Saumstich an. Die Einfassung kann für große Quilts oder Arbeiten mit geraden Seiten auch gerade geschnitten werden (Abb. 1).

Blende. Sie bietet eine weitere Möglichkeit für einen sauberen Abschluß. Man schneidet entsprechend der Form der einzufassenden Kante einen 5 cm breiten Stoffstreifen und heftet ihn an die Kanten auf die rechte Seite der Quiltarbeit. 6 mm vom Rand entfernt näht man die Blende an und schneidet Füllung und Rückwand bis kurz an die Naht zurück. Dann schlägt man die gesamte Blende zur linken Seite ein und säumt. Die Blende eignet sich besonders gut für Halsausschnitte und Säume bei Kleidungsstücken (Abb. 2).

Paspel ist ein Schrägstreifen, der eine Paspelschnur bedeckt und zwischen zwei Stoffschichten zum sauberen Abschluß eingearbeitet wird. Sie eignet sich besonders gut für den Rand von Kissenhüllen (Abb. 3).

Quiltränder werden traditionsgemäß eingeschlagen und Quilttop und -rückwand mit Heftstichen nahe am Rand zusammengenäht (Abb. 4).

Nähte. Es gibt zwei Möglichkeiten, gequiltete Materialien zusammenzunähen:

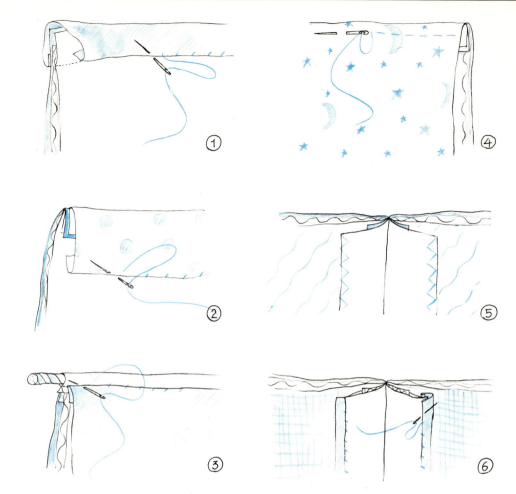

a) Man heftet die Teile von links mit 1 cm Abstand zum Rand zusammen. Dabei muß man darauf achten, daß alle Schichten gerade liegen und keine Falten bilden. Die Naht wird mit der Maschine genäht. Danach schneidet man die Füllung so nah wie möglich zur Naht zurück. Die Rückwand wird fast bis zur Naht zurückgeschnitten, die Naht auseinandergelegt und die Seiten durch Zick-Zack gesäubert (Abb. 5).

b) Die Teile werden wie zuvor zusammengenäht. Jetzt schneidet man jedoch nur die Füllung so weit wie möglich zurück und faßt die beiden anderen Stoffschichten sauber ein (Abb. 6).

Übertragung eines Musters

Wenn man ein Muster auf Stoff überträgt, sollte man niemals Kugelschreiber, Filzstift oder Blaupapier verwenden, da durch ihren Gebrauch Stoff und Faden permanent verschmutzt würden.

Punktierte Markierungen. Dies ist die traditionelle Methode, um ein gewünschtes Design für englisches Quilten zu übertragen. Nachdem die Quiltarbeit auf dem Rahmen vorbereitet ist, legt man die Schablone auf den Quilt und sticht mit einer Nadel dicht nebeneinander entlang des Schablonenumrisses ein. So entsteht eine klare Markierung auf dem Quilttop. Diese Methode läßt sich aber nur bei Naturmaterialien anwenden; die Fasern von Synthetikstoffen sind zu elastisch und lassen die Markierung sofort verschwinden. Die Verwendung einer Schablone ist also nur dann sinnvoll, wenn Seide, Baumwolle oder Leinen verarbeitet wird.

Punktierte Markierungen mit einer Nadel

Schneider-Kopierpapier. Dies ist eine Art Kohlepapier, das es in den Farben weiß, gelb, rot und blau zu kaufen gibt. Man wählt am besten eine Farbe, die in Kontrast zum verwendeten Stoff steht, legt den Quilttop auf einen Tisch, das Kopierpapier mit der farbigen Seite nach unten darauf und zeichnet das Muster mit einem spitzen Bleistift auf. Dabei ist es gut, das Papier leicht festzustecken, um ein Verrutschen zu vermeiden. Nach Beendigung prüft man an einer Ecke, ob das Muster gut übertragen wurde, und nimmt das Papier ab. Wenn man Kopierpapier verwendet, ist es ratsam, es vorher auf einem Probestück auszuprobieren, um sicher zu gehen, daß die Markierungen auf dem Stoff zu sehen sind.

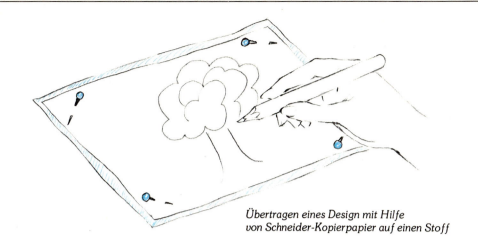

Übertragen eines Design mit Hilfe von Schneider-Kopierpapier auf einen Stoff

Abpausen. Man zeichnet das Muster mit einem schwarzen Filzstift in einfachen Umrissen auf weißes Papier. Dann legt man es auf einen Tisch, den Stoff darüber und steckt beides vorsichtig zusammen. Die Konturen des durch den Stoff sichtbaren Musters zeichnet man mit einem Schneiderbleistift nach. Dabei wird man mit Erstaunen feststellen, wie viele Stoffe undurchsichtig wirken, obwohl sie es gar nicht sind. Diese Methode kann man bei Baumwollstoffen, Crêpes, Satins, Kattunstoffen und anderen anwenden.

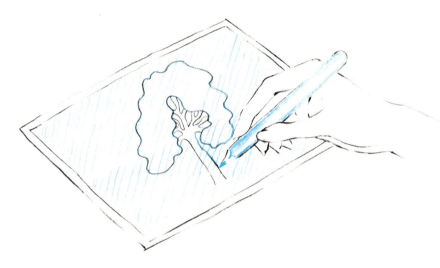

Abpausen eines Musters auf einen feinen Stoff

Abpausen und heften. Man paust das Muster in einfachen Umrissen auf ein Stück Seidenpapier und steckt dieses auf den Stoff fest. Dann heftet man entlang den Konturen durch Papier und Stoff. Jetzt reißt man das Papier vorsichtig ab. Es bleibt der geheftete Musterumriß auf dem Stoff. Die Heftfäden werden entfernt, sobald das Quilten beendet ist.

Aufheften eines Musters unter Verwendung von Seidenpapier

Für Anfänger

Die gesteppte Tasche und der Utensilienkorb sind ausgezeichnete Arbeiten für Anfänger. Sie sind nicht nur leicht anzufertigen, sondern bieten nach Fertigstellung Platz für alle Nähutensilien, die später für schwierige Quiltarbeiten notwendig sind. Auch lassen sich in den kleinen Taschen Schere, Maßband, Nadeln und Stecknadeln gut aufbewahren. Die Quiltdesigns für die oben gezeigten Kissen wurden auf einem Rahmen gearbeitet. Die Anleitungen stehen auf Seite 204 und 205, die alles über den Gebrauch des Rahmens und weitere Einzelheiten enthalten.

Quilten

Stepptasche

Größe: 25 × 30 cm

Material

46 × 60 cm bedruckter Stoff

46 × 60 cm Synthetikfüllung

46 × 60 cm Futterstoff

1 Paar hölzerne Taschengriffe, ca. 30 cm lang

Passendes Nähgarn

Arbeitsanleitung

Quilten. Der bedruckte Stoff wird auf die Füllung gelegt, wobei die rechte Seite nach oben zeigt. Beide Lagen werden zusammengesteckt und dann von oben nach unten in Linien, die ca. 3 cm voneinander entfernt sind, zusammengeheftet. Entsprechend den Heftreihen quiltet man dann die Stoffe auf der Maschine mit einem Geradstich.
Jetzt legt man den gequilteten Teil und den Futterstoff rechts auf rechts und näht beides 1 cm vom Rand entfernt zusammen, wobei man eine 10 cm lange Öffnung läßt, um die Tasche auf die rechte Seite wenden zu können. Man wendet die Tasche und schließt die Öffnung.

Anbringen der Griffe. Hierzu zieht man eine Schmalseite durch die untere Grifföffnung und schlägt sie zum Futter hin 4 cm ein. Dann näht man mit der Maschine durch alle Schichten so nahe zum Griff wie möglich. Beim Nähen muß man vorsichtig Stück für Stück arbeiten, da die Tasche breiter als die Öffnung am Griff ist. Den gleichen Arbeitsgang wiederholt man für den zweiten Griff.
Dann faltet man die Tasche rechts auf rechts mit dem Griff nach oben. Man steckt die Seiten durch alle 6 Stoffschichten hindurch zusammen und schließt sie durch eine Maschinennaht. Eine Seite sollte von unten bis zum Griff 7,5 cm messen. Um ein Ausreißen zu vermeiden, sollte man direkt unterhalb der Griffe ein paarmal hin und her nähen. Jetzt werden die Fadenenden vernäht und die Tasche nach rechts gewendet.

Utensilienkorb

Die angegebenen Materialien gelten für einen runden Korb, der 23 cm Durchmesser hat und 7,5 cm tief ist.

Material

Stoffreste für Patchworkdeckel

Quadratisches Stoffstück mit 25 cm Seitenlänge für das Futter

40 × 40 cm Stoff für das Auskleiden des Korbes

40 × 81 cm Synthetikfüllung

77 cm Schrägband

Passendes Nähgarn

Festes Papier

Bleistift

Korb

Arbeitsanleitung

Korbdeckel. Man legt den Korb umgekehrt auf Papier und zeichnet den Umriß. Den Kreis schneidet man aus, faltet ihn und schneidet ihn in halbe, viertel und dann achtel Teile. Ein Achtel des Kreises ist die Schnittmustervorlage für die Stoffreste, wobei man 1 cm Nahtzugabe rechnet. Man näht je 4 Patchworkteile zu einem Halbkreis zusammen, fertigt aus einem Schrägbandstück eine Schlaufe, die dann bei dem Zusammennähen der beiden Halbkreise in die Mitte eingearbeitet wird. Alle Nähte werden ausgebügelt. Jetzt schneidet man zwei Kreise aus der Füllung und einen Kreis aus dem Rückwandmaterial in der gleichen Größe zu wie die des Patchworkkreises. Rückwand, Füllung und Patchworkteil legt man aufeinander und heftet sie entlang der »Achtelnähte« zusammen. Mit der Maschine näht man von der Mitte her nach. Die Außenkante wird sauber gestutzt und mit einem Schrägband eingefaßt.

Auskleiden des Korbes. Man schneidet den dafür vorgesehenen Stoff zu einem Kreis mit 40 cm Durchmesser zu. Die Füllung wird in einem 2 cm kleineren Durchmesser zugeschnitten und auf die Mitte der linken Stoffseite gelegt. Die überstehenden Stoffkanten werden unter die Füllung geschlagen und mit einem feinen Kräusel- oder Reihstich festgehalten. Die Auskleidung legt man in den Korb und zieht den Reihfaden soweit an, daß sie exakt mit dem Korbrand abschließt. Vom oberen Korbrand her näht man den eingelegten Stoffteil mit kleinen Stichen am Korb fest.

Anleitung für Körbe jeglicher Größe. Es läßt sich leicht abschätzen, wieviel Material man für Körbe jeglicher Größe benötigt. Dazu dreht man den Korb um, zeichnet den Umriß auf Papier und erhält dadurch die Größe des Deckels. Die Maße für die Korbauskleidung bekommt man, indem man 2 × Tiefe zum Durchmesser addiert, oder aber den Korb von einer zur anderen Seite mißt. Dabei muß die Nahtzugabe noch berücksichtigt werden.

Modelle für Anfänger

Quilt-Kissen

Größe nach Wunsch

Material

Synthetikseide – genügend, um 2 Teile in Kissengröße zuschneiden zu können plus 22 cm

Synthetikfüllung in Kissengröße

Leichter Stoff für Quiltrückwand, etwas größer als das Kissen

Passendes Synthetiknähgarn

Pauspapier

Schneiderkopierpapier

Quiltrahmen

Kissenfüllung

Arbeitsanleitung

Man schneidet ein Quadrat aus der Synthetikseide in derselben Größe wie das Kissen zu, das andere rundherum 3 cm größer. Die fertige Kissenhülle sollte etwas kleiner als das Kissen selbst sein, um gut zu passen. Zur Befestigung am Rahmen ist extra Material notwendig. Von der Gesamtbreite des Materials schneidet man zwei 4 cm breite Streifen für die Rüsche und einen 2 cm breiten Streifen von der Seitenlänge des Kissens für den Besatz zu.
Man vergrößert den Entwurf (siehe unten) und läßt rundherum 5 cm frei. Das Muster wird auf das größere Stück Stoff gelegt, wobei man noch die Naht berücksichtigt. Man steckt es an einer Seite auf den Stoff fest, schiebt zwischen beide Lagen Schneiderkopierpapier und kann so das Design leicht auf den Stoff übertragen.

Quilten des Musters. Man befestigt die Rückwand am Rahmen und heftet die obere Stoffseite, Füllung und Rückwand von der Mitte zur Seite zusammen. Die Quiltarbeit erfolgt in kleinen regelmäßigen Stichen, ebenfalls von der Mitte zur Seite. Nachdem das Quilten beendet ist, entfernt man die Heftfäden.

Vorbereitung der Rüsche. Man näht die beiden langen Stoffstreifen zu einem Kreis zusammen, faltet sie der Länge nach zur Hälfte und bügelt sie. Den Streifen legt man in Falten, so daß er der Länge nach dem Umfang des Kissens entspricht, wobei für die Ecken etwas Spielraum eingeplant werden muß. 3 mm von der offenen Kante entfernt näht man die Falten mit der Maschine fest und bügelt sie.

Fertigstellung des Kissens. Das gequiltete Teil wird auf dieselbe Größe zurückgeschnitten, wie sie die Kissenrückwand hat. An einer Seite der Rückwand näht man mit 1 cm Abstand zum Rand eine Blende an. Die Rüsche wird auf die rechte Seite des gequilteten Oberteils geheftet, wobei die offene Seite nach außen zeigt. Es ist wichtig, darauf zu achten, daß die Ecken genügend Spielraum haben. Auf einer Seite wird die Rüsche bereits mit der Maschine angenäht. Dann legt man die Rückwand auf die Kissenvorderseite, wobei die mit einer Blende eingefaßte Seite über der Seite mit der bereits festgenähten Rüsche liegen muß. Die verbleibenden drei Seiten werden 1 cm vom Rand entfernt zusammengenäht. Dann umsticht man die Kanten und zieht die Kissenhülle auf die rechte Seite, wobei man darauf achten muß, daß die Ecken gut nach außen gedrückt werden. Die Kissenhülle einstecken und die offene Seite zunähen.

Gequiltetes Täschchen

Fertige Größe: 12 × 15 cm

Material

15 × 30 cm bedruckter Stoff

15 × 30 cm Füllung

15 × 30 cm Futterstoff

65 cm Seideneinfaßband

Passendes Nähgarn

Druckverschluß

Arbeitsanleitung

Man legt den bedruckten Stoff, die Füllung und das Futter aufeinander und steckt alle drei Schichten zusammen. Dann heftet man die Materialien in diagonalen Reihen mit gleichem Abstand von der Mitte nach außen zusammen. Entsprechend den Heftlinien kann man jetzt mit der Maschine quilten.

Fertigstellung. Die Seiten werden sauber gestutzt und eine Querseite abgerundet (Abb. 1). Die andere Querseite faßt man ein. Jetzt schlägt man die gequiltete Arbeit mit der Futterseite nach innen an der eingefaßten Seite 10 cm um und näht die beiden Seiten mit der Maschine zusammen (Abb. 2). Das Täschchen wird rundherum eingefaßt, wobei man das Band an den unteren Enden ca. 1 cm nach innen einschlägt, um einen sauberen Abschluß zu gewährleisten. Den Druckverschluß bringt man nach Anleitung an der Lasche an.

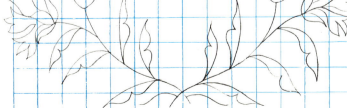

Quilten

Muster

Wie Sie selbst ein Design entwerfen

Viele Menschen fühlen sich bei dem Gedanken eingeschüchtert, selbst einen Entwurf für ein Muster zu konzipieren. Sie meinen, daß sie nicht über genügend Erfahrung oder künstlerische Fähigkeiten verfügen. Wenn man jedoch mit einfachen Mustern beginnt, wird man bald mutiger und wagt sich schon beim nächsten Schritt an kompliziertere Entwürfe. Dieses Kapitel soll Hinweise über Techniken vermitteln, die man beim Entwerfen eines Musters anwenden kann. Dabei sollte man folgende zwei Punkte berücksichtigen:

1. Erst muß man sich über die Größe der geplanten Arbeit im klaren sein. Es sollte alles stimmen, wenn man sich schon die Mühe macht, sein eigenes Muster zu entwerfen und in stundenlanger Arbeit nachzuarbeiten. Genaue Maße sind unerläßlich, gleich ob Sie ein Handtäschen, einen Wandbehang oder ein Kissen machen. Am besten fertigt man sich ein Papiermuster an.

2. Entscheidend ist, welche Quilttechnik Sie arbeiten möchten. Großzügig geschwungene Linien sehen gut bei englischem Quilten aus. Italienisches Quilten verlangt parallele Nähte. Bei der Trapunto-Technik muß man ausreichend Möglichkeiten zum Ausstopfen mit Füllmaterial bestimmter Musterteile einplanen.

Für viele ist es auch schwierig, ein hübsches Muster spontan zu entwerfen. Deshalb ist es gut, sich erst einmal an einem Foto oder einer Zeichnung zu orientieren. Anregungen kann man sich natürlich auch aus verschiedenen Quellen holen, wie z.B. Modezeitschriften, Postkarten etc.

Wo kann man Ideen für Muster bekommen? Fast in allen Dingen, die man anschaut, sind Muster verborgen – in Gebäuden, Autos, Bäumen und Blumen sowie in Kunsthandwerken, wie z.B. schmiedeeiserne Arbeit oder Schmuck. Wichtig ist, daß man das auswählt, was einem persönlich am meisten gefällt.

Verschiedene Muster aus einem Entwurf

Zeichnen Sie sich den Umriß eines Schmetterlings, der z.B. auf den Rücken einer Jacke, einen Teewärmer oder auf einen transparenten Raumteiler übertragen werden könnte. In Anlehnung an die bereits vorhandenen Linien kann man selbst ein Muster in die Flügel zeichnen. Einen Teil dieses Entwurfs kann man sich so aussuchen, bis man die gewünschte Abstraktion für ein Muster gefunden hat, das Sie dann für ein Kissen oder einen Wandbehang vergrößern können. Ein so gefundenes Muster läßt sich auch fortlaufend wiederholen und als Rahmen für einen Spiegel oder ähnliches verarbeiten.

Die zierlichen Linien in einem Schmetterlingsflügel können dem Quilter wunderschöne Muster bieten, auf die er seine eigene Gestaltung aufbauen kann (siehe Skizze unten).

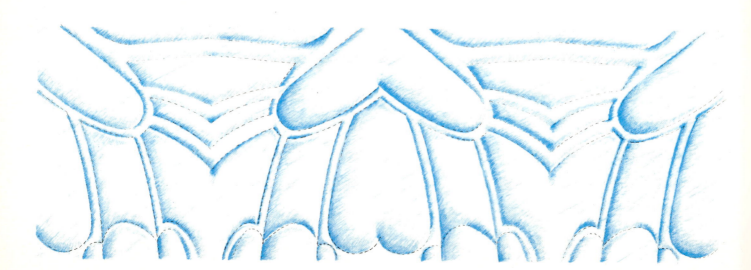

Muster

Schmiedeeiserne Arbeiten als Mustervorlage

Man kann z.B. damit beginnen, ein Tor zu zeichnen oder von einem Bild abzupausen. Dabei sollten Sie entscheiden, ob Sie die gesamte Vorlage oder nur einen Ausschnitt benutzen wollen. Da es besser ist, ein einfaches Muster als Vorlage zum Quilten zu verwenden, kann man die Details ignorieren. Manchmal ist ein kleiner Ausschnitt als Motiv schon genug, das sich als Borte oder Gesamtdesign anbietet.

Attraktive Muster lassen sich durch Aneinanderreihen einfacher Motive entwickeln. Auch kann die Zusammenstellung von Motiven im Spiegelbild sehr effektvoll sein.

Oben: *Kopie eines Musters für schmiedeeiserne Arbeit.*
Unten: *Eine vereinfachte Form des Originaldesigns – die gekennzeichneten Details wurden ausgesucht, um neue Muster zu entwerfen.*

Quilten

Musterschablonen

Viele Motive auf traditionellen Quilts wurden mit Hilfe von Schablonen entworfen, die in der Wiederholung ein fortlaufendes Muster bildeten. Die Schablone sollte aus einem festen Material, wie z.B. Pappe oder Karton, hergestellt werden, bei dem sich die Kanten nicht zu schnell abnutzen. Man schneidet seine Form mit einem scharfen Messer oder Schere aus und kennzeichnet die Stellen, an denen die einzelnen Musterteile sich überschneiden oder treffen.

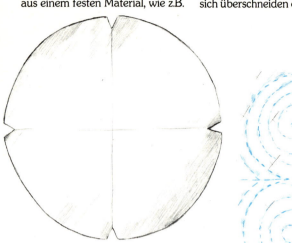

Oben: *Kreisförmige Schablonen mit Einkerbungen für gleichmäßiges Überschneiden der Muster.*

Eine Vielzahl der sich wiederholenden Bortenmuster kann man mit einer einfachen Blattschablone entwickeln.

Oben: *Freihändig gezeichnetes Spiralmuster.* Unten: *»Weinglas«-Design aus sich überschneidenden Kreisen.*

Das Herzmotiv erinnert an Hochzeits- und Verlobungsquilts. Es läßt sich sehr schön als Borte oder als Motiv verarbeiten.

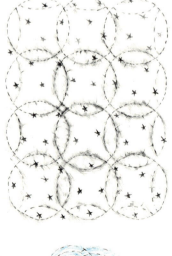

Viele ungewöhnliche Borten- und Füllmuster basieren auf einfachen Halb- und Viertelkreisen.

Große Schablonenumrisse werden auf den Stoff übertragen und zusätzlich dekorativ verziert, um ein prächtiges Quiltdesign zu bekommen.

220

Muster

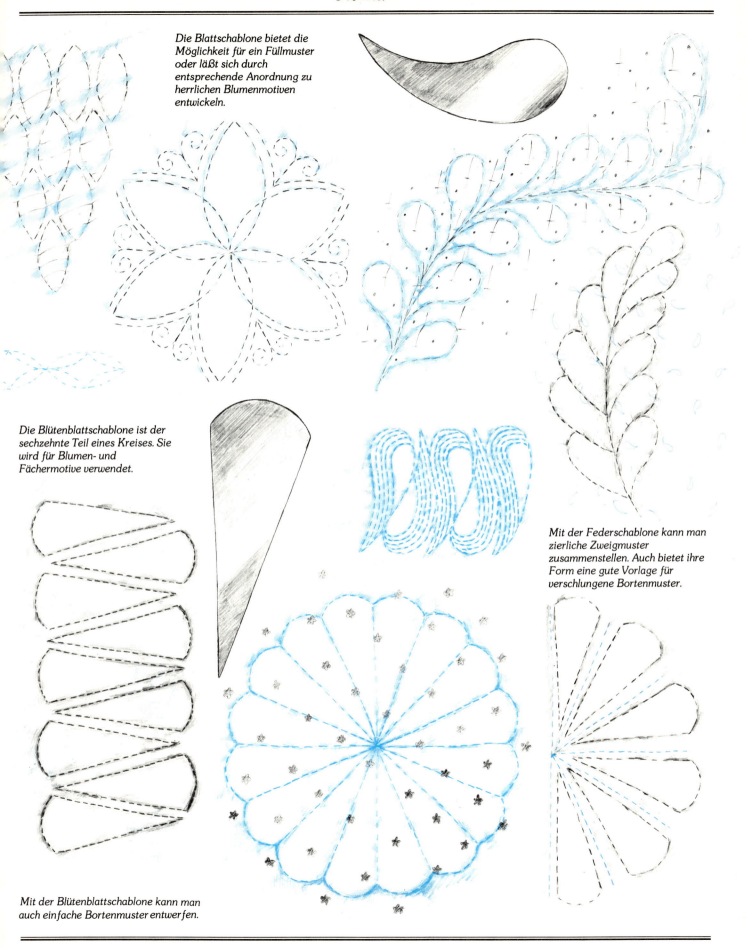

Die Blattschablone bietet die Möglichkeit für ein Füllmuster oder läßt sich durch entsprechende Anordnung zu herrlichen Blumenmotiven entwickeln.

Die Blütenblattschablone ist der sechzehnte Teil eines Kreises. Sie wird für Blumen- und Fächermotive verwendet.

Mit der Federschablone kann man zierliche Zweigmuster zusammenstellen. Auch bietet ihre Form eine gute Vorlage für verschlungene Bortenmuster.

Mit der Blütenblattschablone kann man auch einfache Bortenmuster entwerfen.

Modelle

Die folgenden Seiten zeigen eine Vielzahl von hübschen Quiltvorschlägen. Sie reichen von gequilteter Kleidung für Kinder und Erwachsene bis zu Kissen, Bettdecken und Wandbehängen. Jede Arbeit wird in Farbe gezeigt und durch klare Anleitungen und Diagramme erläutert. Unter den Entwürfen gibt es Vorschläge für den Anfänger und für den Näherfahrenen.

Teewärmer
Satin-Kissen

Die in den Abbildungen auf diesen Seiten gezeigten hübschen Satin-Kissen und der Teewärmer sind Beispiele dafür, wie man sich mit modernen Quiltarbeiten einen Hauch Luxus ins Haus holen kann.

Satin-Kissen mit Blattmotiv

Größe: 40 × 40 cm

Material

1 m cremefarbener Satin, 90 cm breit

50 × 50 cm Synthetikfüllung

50 cm Baumwollnesseltuch als Futter

4 m Paspelschnur, die mit bedrucktem Baumwollstoff bezogen wird

Je ein Paket rosa, grüne und klare Glasperlen

Synthetiknähgarn in verschiedenen Pasteltönen

Pauspapier 40 × 40 cm

Bleistift

Zirkel

Kissenfüllung 40 × 40 cm

Arbeitsanleitung

Satin, Füllung und Futter werden in der Größe 46 × 46 cm zugeschnitten. In die Mitte des Pauspapiers zeichnet man einen Kreis mit dem Radius 4,5 cm. Das zentrale Blumenmotiv muß so vergrößert werden, daß es in den Kreis wie auf Abb. 1 eingefügt wird. Entsprechend Abb. 2 zeichnet man danach weitere Kreise auf das Pauspapier, stets mit dem Radius von 4,5 cm. Pauspapier, Satin, Füllung und Futter werden jetzt zusammengeheftet.

Muster. Das zentrale Blumenmotiv wird mit Nähgarn im Stielstich durch das Pauspapier und die drei Stoffschichten aufgestickt.

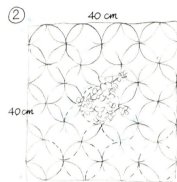

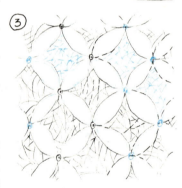

Mit der Maschine näht man jetzt im Geradstich die Kreismotive (Abb. 3), wobei man den Stopffuß verwendet. Danach entfernt man das Pauspapier. Im »freien« Quiltverfahren (siehe Seite 205) schmückt man die Kreismittelteile, wobei man hauptsächlich cremefarbenes Nähgarn und gelegentlich zur Abwechslung rosa Nähgarn verwendet. Die Glasperlen näht man an die Schnittstellen der Kreise.

Die Paspel steckt und heftet man auf die rechte Seite des Kissenoberteils (Abb. 4 nächste Seite).

Fertigstellung. Die Kissenrückwand wird aus dem übriggebliebenen Satin mit Saumzugabe zugeschnitten und rechts auf rechts mit dem Kissenvorderteil zusammengenäht, wobei wieder eine Seite offengelassen wird. Danach versäubert man die Kanten, wendet den Kissenbezug, steckt das Füllkissen ein und schließt die Öffnung.

Satin-Kissen mit Quadraten

Größe: 40 × 40 cm

Material

1 m cremefarbener Satin, 90 cm breit

50 × 50 cm Synthetikfüllung

50 × 50 cm Baumwollnesseltuch als Rückwand

4 m Paspelschnur, die mit bedrucktem Baumwollstoff bezogen wird

Je ein Päckchen rosa, grüne und klare Glasperlen

Synthetiknähgarn in verschiedenen Pasteltönen

Pauspapier 40 × 40 cm

Zirkel

1 Kissenfüllung

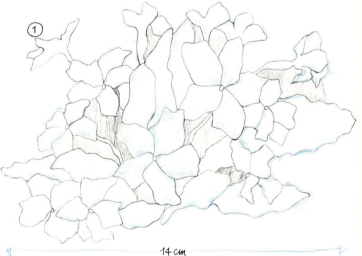

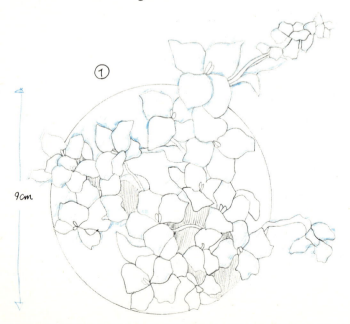

Arbeitsanleitung

Satin, Füllung und Futter werden in der Größe 46 × 46 cm zugeschnitten. Das Blumenmotiv (Abb. 1) muß man so vergrößern, daß es ca. 14 cm breit ist; dann wird es auf die Mitte des Pauspapiers gezeichnet. Ebenfalls in die Mitte über das Blumenmotiv und ein Kreis mit dem Radius 5,5 cm gezeichnet. Den Rest der Fläche unterteilt man in Quadrate mit 2,5 cm und 5 cm Seitenlänge, wie es in Abb. 2 (rechts) gezeigt wird.
Pauspapier, Satin, Füllung und Futter werden zusammengeheftet.

Muster. Das Blumenmotiv in der Mitte stickt man mit Nähgarn im Stielstich von Hand durch Papier und Stoffschichten. Die Quadratmuster näht man mit der Maschine unter Verwendung des Zick-Zack-

Fußes im Geradstich stets von der Mitte nach außen. Danach kann das Pauspapier entfernt werden. Mit Zierstichen nach eigener Wahl schmückt man abwechselnd die Quadrate, wobei man verschiedene Farben verwendet (Abb. 3). Die Glasperlen werden jeweils an die Ecken der Quadrate angenäht.
Die Paspel wird auf die rechte Seite des Kissenoberteils gesteckt und geheftet (Abb. 4).

Fertigstellung. Die Kissenrückwand wird aus dem übriggebliebenen Satin mit reichlich Nahtzugabe zugeschnitten und rechts auf rechts mit dem Kissenvorderteil zusammengenäht. Eine Seite läßt man offen. Danach säubert man die Kanten, wendet den Bezug, steckt die Füllung hinein und schließt die Öffnung.

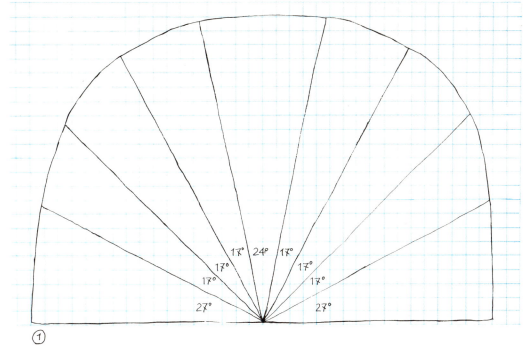

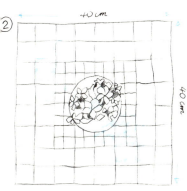
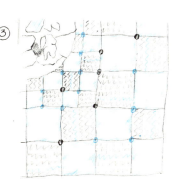
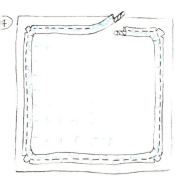

Teewärmer

Größe: 20 × 38 cm

Material

Reste von Baumwolldruckstoffen für Vorder- und Rückseite

40 × 50 cm Synthetikfüllung

40 × 50 cm Futterstoff

Füllmaterialreste zum Ausstopfen der Patchworkteile

1 m Schrägband, 4 cm breit

Passendes Nähgarn

Papier

Bleistift

Arbeitsanleitung

Man fertigt sich eine Papiervorlage nach dem Diagramm in Abb. 1 an. Die Vorlage wird dann in 9 Teile geschnitten, die man jeweils numeriert und als Schablonen für die 18 Schnitteile verwendet, die man für Vorder- und Rückwand des Teewärmers benötigt. Beim Zuschneiden der Stoffe gibt man 1 cm Nahtzugabe zu. Die Teile werden der Numerierung entsprechend zusammengenäht und die Nähte ausgebügelt. Nach der Größe dieser beiden Patchworkteile schneidet man jetzt Füllung und Futter zu.

Quilten: Patchworkteil und Futter legt man rechts auf rechts, darauf die Füllung und näht die 3 Schichten an der geraden Seite mit der Maschine zusammen. Man wendet die Arbeit nach rechts und wiederholt den gleichen Vorgang für die Rückwand.
Die Patchworknähte heftet man jeweils durch alle drei Schichten von unten nach außen und näht sie dann mit der Maschine. Die einzelnen Segmente sind jetzt an der Außenseite noch offen. Dort stopft man mit einer Stricknadel Füllreste hinein.

Fertigstellung. Danach legt man von der Vorder- und Rückwand Futterseite gegen Futterseite und näht beide Teile mit der Maschine durch alle sechs Schichten zusammen. Aus einem Stoffrest fertigt man eine kleine Schlaufe, die man oben in der Mitte annäht (Abb. 2). Jetzt wird der Teewärmer noch sauber eingefaßt (siehe Fertigstellung »Täschchen« Seite 217).

Geburtstagskissen
Appliziertes Bild

Das applizierte Bild und das Kissen sind Beispiele für moderne Appliquéarbeit. Traditionsgemäß werden die Ränder der Appliquémotive mit einem dekorativen Stickmuster verziert. Der Schriftzug »Happy Birthday« und der Muschelrand sind aus einem kunstvoll aufgenähten Stickfaden gearbeitet. Unter dieser, in England als »couching« bezeichneten Technik versteht man das Aufnähen von Bändern, Kordeln und Garnen auf einen Stoff mit einem sehr feinen Faden. Die Technik wendet man vor allem dann an, wenn man bei einem Appliquémotiv die Kanten verdecken oder besonders hervorheben möchte. Für diese Art von Verzierung zieht man den sechsfädigen Sticktwist und den feinen Nähfaden von unten nach oben durch den Stoff. Während man mit der einen Hand die Lage des Stickfadens kontrolliert, näht man ihn mit der anderen Hand in kleinen gleichmäßigen Stichen fest.

Geburtstagskissen

Größe: 40 × 40 cm

Material

1 m glänzender Satin in blaßlila, 90 cm breit

20 cm glänzender Satin in mittellila, 90 cm breit

25 cm glänzender Satin in weiß, 90 cm breit

28 × 28 cm weiße Faille

50 cm Synthetikfüllung, 90 cm breit

1 m Baumwollnesseltuch, 90 cm breit

10 × 10 cm weißes Leder oder Filz

50 cm Samtband in blaßblau, 2,5 cm breit

180 cm weiße Kordel

1 Reißverschluß in lila, 36 cm lang

Sticktwist in weiß und lila

Schnittzeichenpapier

Nähgarn in weiß und lila

1 Kissenfüllung 40 × 40 cm

Arbeitsanleitung

Zuschneiden. Vergrößern Sie das Muster von Ab. 1 und fertigen Schnittmuster vom Kuchenteller und den Kuchenteilen an.
Aus dem blaßlila Satin schneidet man ein Quadrat mit der Seitenlänge 44 cm, zwei Teile 25 × 44 cm und den Kuchenteller zu, wobei beim Kuchenteller eine Nahtzugabe berücksichtigt werden muß.
Der obere Teil des Kuchens wird aus dem weißen Satin, die Seite aus der Faille zugeschnitten, wiederum plus Nahtzugabe. Beim Zuschneiden der Faille sollten die Rippen senkrecht laufen.
Die Füllung wird in der Größe 44 × 44 cm zugeschnitten. Aus dem Baumwollnesseltuch schneidet man eine Rückwandseite

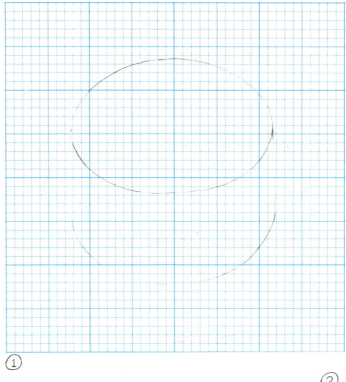

①

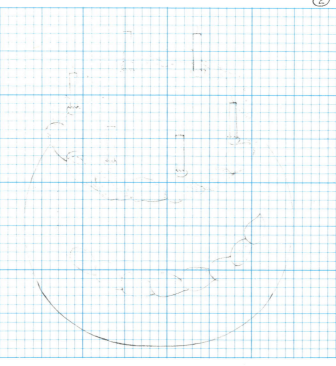

②

44 × 44 cm sowie 7 kleine Quadrate mit 25 × 25 cm zu.

Applizieren. Zunächst appliziert man den Kuchenteller. Die äußere Nahtzugabe wird eingeschlagen und der Kuchenteller auf den gleichfarbigen Hintergrund geheftet. Dabei soll die Webrichtung des Tellers im rechten Winkel zu der des Hintergrundes stehen, da dies einen interessanten Schatteneffekt bewirkt. Der Außenrand des Tellers wird mit feinen Stichen angenäht. Dann schlägt man die Nahtzugabe in der inneren Rundung ein und heftet den Rand. Bei dem zugeschnittenen Faillestück schlägt man die Nahtzugabe an den beiden geraden Seiten ein und schneidet aus dem Füllmaterial die gleiche Form, jedoch etwas kleiner als die Faille, zu. Dieses Stück legt man hinter die Faille und heftet sie dann auf den Hintergrund. Danach wird der obere Kuchenteil aus weißem Satin aufgeheftet. Auf diesem Stoff markiert man sich vorsichtig mit Bleistift »Happy Birthday« (Abb. 1). Einen sechsfädigen lila Sticktwistfaden legt man in Form der Buchstaben auf den Stoff und näht ihn so mit feinen, gleichmäßigen Stichen fest. Auch die muschelförmige Verzierung an der Seite wird auf diese Weise mit einem weißen Sticktwistfaden gearbeitet. Diese Methode nennt man »couching«.
Jetzt vergrößert man das Muster von Abb. 2 und paust die 26 einzelnen Muscheln mit einem Bleistift auf den mittellilafarbenen Satin. Um jede Muschel plant man rundherum 2 cm ein. Die ersten vier Muscheln werden ausgeschnitten. Eines der sieben zugeschnittenen Baumwollquadrate wird nun in einen Stickrahmen gespannt. Man unterlegt jede Muschel mit etwas Füllmaterial und näht sie mit lila Nähfaden in kleinen Steppstichen auf den Baumwollstoff. Dann schneidet man sie dicht am Umriß aus und näht sie auf das Kissen. Dieses wiederholt man für alle 26 Muscheln.
Für die Kerzen werden aus dem Samtband sechs cm lange Streifen zugeschnitten. An jedem Ende schlägt man 1 cm ein und faltet das Band der Länge nach. Ein weißer Stickfaden wird am Ende als Docht befestigt. Mit feinen Stichen näht man die Kerzen auf den Kuchen. Die Kerzenhalter aus Leder oder Filz werden auf den unteren Rand der Kerze aufgenäht.

Fertigstellung. Auf die Rückwand der fertigen Kissenwand heftet man die Füllung und den bereits zugeschnittenen Baumwollstoff. Die Kissenrückwand näht man aus den beiden verbleibenden Satinteilen. In die Naht wird ein Reißverschluß eingearbeitet. Bei offenem Reißverschluß legt man Vorder- und Rückwand rechts auf rechts und näht sie zusammen. Jetzt wird die fertige Kissenhülle nach rechts gewendet und die weiße Kordel rundherum auf die Nahtlinie aufgenäht. Dann steckt man das Kissen ein.

Appliziertes Bild

Größe: 24 × 28 cm

Material

12 × 30 cm Stoffteile aus Satin in creme, hellgrün, lila-grau

Satinreste in den Farben dunkelgrün, blau, rosa, orange, gelb und braun

36 × 36 cm Synthetikfüllung

36 × 36 cm Baumwollnesseltuch als Rückwand

Stickgarn für die Nähmaschine in rosa, lila, grau und grün

Schnittzeichenpapier

Pauspapier

Bleistift

Arbeitsanleitung

Vergrößern Sie die drei Entwürfe aus den Skizzen 1, 2 und 3 und fertigen sich Pausvorlagen von der Vergrößerung an. Dann werden aus dem cremefarbenen Satin, der Füllung und dem Rückwandstoff Teile in der Größe 10 × 26 cm zugeschnitten. Aus dem hellgrünen Satin, der Füllung und dem Baumwollstoff schneidet man Teile in der Größe 11 × 26 cm zu; aus dem lilagrauen Satin, der Füllung und dem Baumwollstoff Teile in der Größe 14 × 26 cm. Entsprechend legt man seine Materialien – Rückwand, Füllung, Satin – jetzt zusammen und steckt auf den cremefarbenen Satin die Pausvorlage von Abb. 1, auf den grünen die von Abb. 2 und auf den lilagrauen die von Abb. 3. Anschließend durch alle 3 Schichten um die Vorlagen herum heften.
Auf der Maschine senkt man den Greifer, verwendet den Stopffuß und näht sorgfältig, egal mit welcher Farbe, im Geradstich entlang der Designumrisse. Das Pauspapier wird entfernt.

Applizieren. Jetzt fertigt man sich Mustervorlagen von allen Teilen, die auf das Bild appliziert werden sollen, an. Das ist bei Abb. 1 alles mit Ausnahme der Baumstämme, in Abb. 2 die braunen Stufen und in Abb. 3 die braunen Backsteine. Nach den Mustervorlagen schneidet man sich die entsprechenden Teile zu und heftet sie auf das Bild. Dann wird die Applikation mit einem sehr dichten Zick-Zack-Stich umnäht, so daß die rauhen Ränder des applizierten Stoffes verdeckt sind. Die restlichen Einzelheiten werden mit der Maschine aufgestickt. Die Blumen und die Autos werden im Geradstich mit rosa, lila und grauem Faden genäht. Die Baumstämme, die Zwischenfelder bei den Stufen, die Blumenstiele und -blätter werden im Zick-Zack-Stich gearbeitet.

Fertigstellung. Nähen Sie die drei Teile mit der Nahtzugabe von 1 cm zusammen. Dabei muß man darauf achten, daß die Musterteile an den Punkten AB und CD korrekt zusammenpassen. Man kann die Quiltarbeit spannen, indem man sie straff auf einem Stück Holz befestigt, wobei man zwischen Holz und Quilt ein feuchtes Tuch legt. Nach 24 Stunden kann der Rahmen entfernt und das Bild entsprechend gerahmt werden.

Baby-Jacke
Streifendecke

Die Babyjacke aus Satin läßt sich schnell nach einem sehr leichten Muster arbeiten. Diese kleine Jacke zeigt die Vielfältigkeit der Stepperei. Im Gegensatz dazu verlangt die gestreifte Decke sorgfältige Planung und Vorbereitung. Die meiste Zeit dürfte das Sammeln der richtigen Stoffe in Anspruch nehmen.

Babyjacke

Größe: für 3 – 6 Monate

Material

0,5 m weißer waschbarer Satin, 1,15 m breit

0,5 m leichte Synthetikfüllung

0,5 m leichter Musselin für Futter beim Quilten

0,5 m weißer Wollstoff, 1,15 m breit für das Jackenfutter

2 m grünes Schrägband

Sticktwist in klaren, kräftigen Farben

Nähgarn in weiß und grün

Schnittzeichenpapier

Bleistift

Arbeitsanleitung

Man vergrößert die Musterteile von Abb. 1 auf Schnittmusterpapier (Nahtzugabe von 1 cm wurde bereits berücksichtigt). Nach dieser Mustervorlage schneidet man den Satin, das Füllmaterial und das Futter zu. Dabei sollte man etwas großzügig zuschneiden, um ein eventuelles Zusammenziehen beim Quilten zu berücksichtigen. Die 3 Stoffschichten – Futter, Füllung und Satin – werden aufeinander gelegt und zusammengeheftet.

Quilten. Für die Quiltarbeit hält man sich an das Quiltmuster, wie es in Abb. 1 gezeigt wird. Man quiltet mit 2 Fäden Sticktwist in Farben nach eigener Wahl und arbeitet zunächst die Vögel und Blumen nach Abb. 2 und Abb. 3. Die verbleibenden Umrisse werden im Vorwärtsstich gequiltet. Das gleiche Muster arbeitet man auf die Vorderteile. Nachdem der Quiltvorgang beendet ist, legt man die Teile noch einmal auf die Papierschnittmusterteile und kontrolliert, ob an den Seiten evtl. noch gestutzt werden muß. Vorder- und Rückenteil legt man rechts auf rechts und schließt die Schulternähte. Überschüssige Füllung wird bis an die Naht zu-

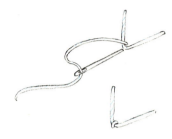

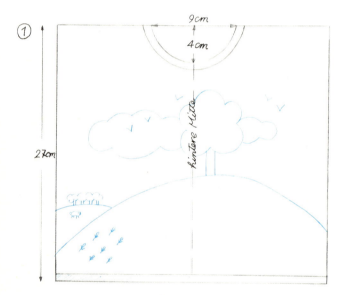

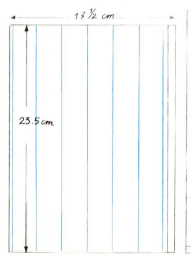

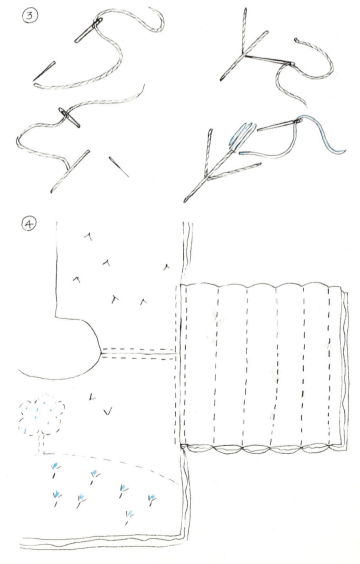

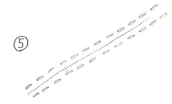

rückgeschnitten. Man faltet die Naht auseinander und stickt mit weißem Stickgarn im Vorwärtsstich parallel zur Nahtlinie. Dadurch erübrigt sich ein Auseinanderbügeln der Naht (Abb. 4 und 5). Auf die gleiche Weise werden die Ärmel angenäht, nur verwendet man für den Vorwärtsstich parallel zur Nahtlinie ein hübsches grünes Garn. Mit der gleichen grünen Farbe wird der Ärmel in parallelen Linien, die einen Abstand von 2,5 cm haben, gequiltet.

Fertigstellung. Danach schließt man Ärmel- und Seitennähte und stickt, nachdem man die Füllung zurückgeschnitten hat, mit weißem Stickgarn parallel zu den Nähten. Aus dem Wollstoff schneidet man die Jacke noch einmal zu, schließt die Nähte und bügelt diese aus. Das Futter wird dann mit der rechten Seite nach außen in die gequiltete Jacke gesteckt. An allen Seiten

näht man die beiden Teile jetzt mit der Maschine zusammen und stutzt bis nahe zur Naht. Danach faßt man die Kanten mit grünem Schrägband ein. Knopfösen werden entsprechend Abb. 6 an die Jacke gearbeitet. Zum Schluß herzförmige Knöpfe annähen.

Streifendecke

Größe: Entweder 1,83 m oder 2,28 m breit und 2,44 m lang

Material

Stoffstreifen in verschiedenen Breiten, entweder 1,90 m oder 2,35 m lang

Heller Baumwollstoff für Futter, entweder 5,60 m oder 7 m, 90 cm breit

Entsprechende Synthetikfüllung

ca. 2,70 m Stoff, 90 cm breit, für die Einfassung

Nähgarn in der Farbe des Futterstoffes

Kleine Aufklebeschilder

Schneiderkreide

Langes Lineal

Arbeitsanleitung

Vorbereitung und Zuschneiden. Der Quilt wird in 3 Teilen gearbeitet, damit man nicht an einem zu großen Ungetüm nähen muß. Jedes Teil wird mit einer 90 cm breiten Bahn abgefüttert. Wenn man die Nähte abrechnet, hat man eine Gesamtlänge von 2,66 m. Dies bedeutet, daß auch der in Streifen gearbeitete Teil vor dem Quilten eine Gesamtlänge von 2,66 m haben soll. Dabei kann man durchaus unterschiedliche Stoffqualitäten verwenden und geschmackvoll zusammen verarbeiten. Auch die Breite der Streifen kann selbstverständlich variieren.
Bei diesem Quilt ist es ratsam, ca. 15-20 verschiedene Stoffe zu verwenden. Man wählt einen bestimmten Farbbereich aus und kombiniert hübsche Baumwolldrucke, einfarbige Baumwollstoffe, Wolle und Synthetikstoffe (gewebte – keine gestrickten!). Beim Sammeln der Stoffe kann man auch alte Hosen, lange Röcke und Kleider mit in Betracht ziehen. Man schneidet oder reißt Stoffstreifen in der Länge der gewünschten Quiltbreite. Die Streifen ordnet man so, daß sich schöne Farb- und Musterreihen ergeben, und numeriert sie mit den kleinen Aufklebeschildern.

Nähen des Quilts. Futter und Füllung schneidet man in drei gleichgroße Teile und arbeitet jeden der 3 Quiltteile getrennt. Das Futter wird auf das Füllmaterial gelegt, und beide Schichten werden am Rand entlang zusammengeheftet. Danach heftet man entlang der Mitte der Länge nach. Parallel zur Mittellinie wird jeweils im Abstand von 15 cm geheftet. Die Linien müssen vorher genau abgemessen und mit Schneiderkreide auf der Füllung markiert sein, da sie nachher die Richtlinien zum Annähen der Streifen bilden. Aus diesem Grund sollten auch die Heftlinien auf der Füllungsseite sichtbar sein. Den so vorbereiteten Teil legt man mit der Futterseite nach unten auf einen Tisch und den ersten bunten Streifen mit der rechten Seite nach oben an den oberen Rand, wobei das Futter an drei Seiten leicht sichtbar sein soll. Den zweiten Streifen legt man rechts auf rechts auf den ersten, steckt ihn durch alle Schichten hindurch fest, wobei der erste Streifen am unteren Rand 3 mm hervorstehen soll (Abb. 1). 6 mm vom Rand des oberen Streifens entfernt näht man die Streifen zusammen, wobei die Stecknadeln während des Nähens entfernt werden. Den zweiten Streifen klappt man jetzt zurück und näht, wie vorher beschrieben, den 3. Streifen an. Auf diese Weise werden alle 3 Quiltteile genäht. Beim Nähen ist es wichtig, stets darauf zu achten, daß man die Streifen durch alle Schichten hindurch feststeckt und daß man stets parallel zu den auf der Füllung sichtbaren Heftlinien arbeitet.

Fertigstellung. Die drei farbigen Quiltteile verbindet man, indem man zunächst zwei Streifen zusammennäht (Abb.2), die sich überlappende Füllung etwas zurückschneidet, beim Futter die Kanten einschlägt und mit einem kleinen Saumstich zusammennäht. Anschließend nähen Sie noch einmal mit der Maschine über diese Naht. Jetzt werden die Quiltkanten gleichmäßig gestutzt und die Streifen zum Einfassen des Quilts zugeschnitten. Die Breite der Besatzstreifen kann man nach eigenem Ermessen variieren, um die gewünschte Quiltgröße zu bekommen. Zwei Streifen müssen die gleiche Länge wie der Quilt, zwei die gleiche Länge wie die Breite des Quilts haben, plus jeweils 3 cm, da an jedem Ende 1,5 cm für einen sauberen Abschluß eingeschlagen werden müssen. Der Besatz wird mit der Maschine auf die rechte Seite des Quilts aufgenäht, dann zur Rückseite umgeschlagen und mit feinen Stichen am Futter angenäht.

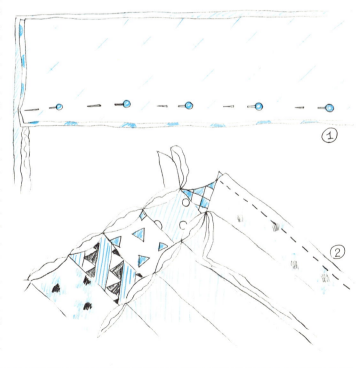

Taufquilt Stuhlbezug

Der Ausschnitt des Taufquilts (unten) zeigt, was Sie mit Sprühfarbe, die mit einer Munddüse aufgetragen wird, erreichen können. Das notwendige Zubehör kann man in jedem guten Kunstgewerbegeschäft kaufen. Für die »Suffolk-puff«-Flicken (so benannt aufgrund einer in Suffolk häufig angewandten Technik), die Teile des Musters für den Stuhlbezug sind, muß man aus steifem Papier oder leichtem Karton Kreisschablonen vorbereiten. Die fertigen »Puffs« werden in der Größe etwas kleiner als der Radius der Schablone sein. Diese Schablone wird auf die linke Seite des Stoffes gesteckt, den man dann rund um die Schablone etwas größer zuschneidet. Die detaillierte Arbeitsanleitung finden Sie auf Seite 237. Wenn Sie also noch brauchbare Stahlrohrstühle im Keller haben, nicht auf den Sperrmüll werfen, sondern neu beziehen!

Taufquilt

Größe: 100 × 145 cm

Material

5 m weißer Satin, 90 cm breit

3 m Synthetikfüllung

3 m Baumwollnesseltuch als Futter

3 m bedruckte Paspel

1 Päckchen klare Glasperlen

Synthetiknähgarn in 2 Blautönen, 2 Rosétönen, 1 blasses Lila, 3 Grüntöne, Weiß

Pauspapier

Bleistift

Lineal

Arbeitsanleitung

Man beginnt mit dem Mittelteil. Satin, Füllung und Futter werden in der Größe 65 × 110 cm zugeschnitten. Auf das Pauspapier zeichnet man ein Rechteck in der Größe 50 × 95 cm und unterteilt es gleichmäßig in Quadrate von 5 cm Seitenlänge. Papier, Oberstoff, Füllung und Futter werden von der Mitte zur Seite zusammengeheftet. Jetzt näht man mit der Maschine die einzelnen Linien im Geradstich mit Zick-Zack-Fuß nach, wobei man wiederum von der Mitte nach außen arbeitet.

Muster. Das Pauspapier wird entfernt und die Füllung gestutzt. Die Quadrate werden mit der Maschine im Zick-Zack-Stich verziert, wobei man die Nähgarnfarben variiert (Abb. 1).

Nun versäubert man die linke Quiltseite und entfernt die Heftfäden. Die bedruckte Paspel wird entlang der Kanten auf die rechte Seite mit Stecknadeln festgesteckt und dann aufgeheftet (Abb. 2).

Einfassung. Jetzt schneidet man Satin, Füllung und Futter für die Randteile zu, und zwar jeweils 2 Teile 155 × 28 cm und 2 Teile 110 × 28 cm (die Maße berücksichtigen die Nahtzugabe). An den Schmalseiten schneidet man alle Teile auf einen 45° Winkel zurück (Abb. 3). Zeichnen Sie sich mit einem Zirkel oder einem Glasdeckel ein Muster der sich überschneidenden Kreise, wobei der Durchmesser 5 cm messen soll. Das Papier heftet man auf die Stoffschichten und näht mit der Maschine die Kreisformen im Geradstich unter Verwendung des Stopffußes. Entfernen Sie nun das Pauspapier und verzieren Sie frei mit der Maschine im Zick-Zack-Stich das Kreisinnere unter Verwendung von weißem und grünem Nähgarn (Abb. 4 + 5). An die Punkte, wo sich die Kreise schneiden, näht man eine Glasperle. Die restlichen drei Randteile werden entsprechend angefertigt. Wenn man möchte, kann man jetzt die Randteile zunächst mit rosé, dann mit grüner Farbe besprühen. Danach werden die Randteile dann an das Muster angenäht und die Ecken im Saumstich sorgfältig geschlossen.

Man kann noch eine satinbezogene Paspel für die Außenkante des Quilts aufheften.

Fertigstellung. Die Quiltrückwand wird aus dem restlichen Satin genäht. Da der Stoff nicht breit genug ist, müssen Sie in der Mitte eine Naht machen. Man schneidet die Rückwand mit einer großzügigen Nahtzugabe zu und näht sie rechts auf rechts mit der Maschine auf den Quilt, wobei man eine kleine Öffnung läßt. Der Quilt wird gewendet und die Öffnung mit feinen Stichen zugenäht.

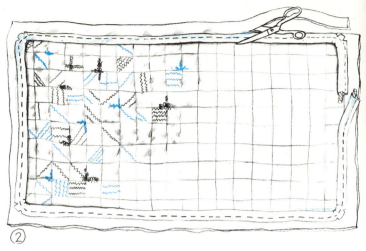

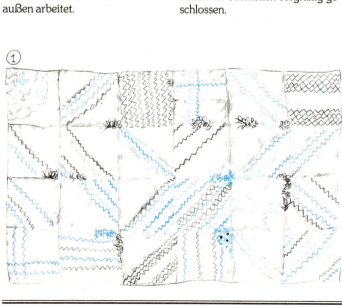

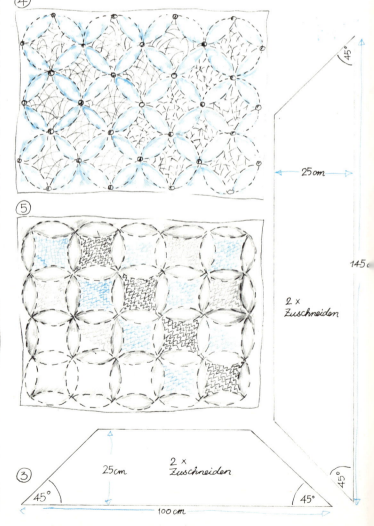

Ungewöhnlicher Stuhlbezug

Material

2 m dichtgewebter Möbelstoff, 122 cm breit

46 × 114 cm Synthetikfüllung

46 cm Baumwollnesseltuch, 90 cm breit

Ein kleines Stück grünbedruckter Baumwollstoff

46 cm Aufbügelvlieseline

Cremefarbene Knopflochseide

Cremefarbenes Nähgarn

Sticktwist in grün

Reste von Bouclé-Strickgarn in grün

Kreisschablonen, 6 cm Durchmesser

Schnittzeichenpapier

Pauspapier

Bleistift

Arbeitsanleitung

Die Mengen- und Maßangaben beziehen sich auf einen einfachen Stuhl von 36 cm Breite. Der Stuhlrahmen wird zunächst in der gleichen Farbe wie der Grundton des Quiltbezugs gestrichen. Dann schneidet man aus dem Möbelstoff 2 Teile von je 39,5 × 104 cm zu – 2 cm Nahtzugabe sind darin berücksichtigt. Aus dem gleichen Material schneidet man noch einen Streifen in den Maßen 7,5 × 30 cm zu.
Das Muster von Abb. 1 wird in Originalgröße auf das Pauspapier übertragen. Dazu fertigt man sich noch separate Vorlagen von dem Pfad, den Häusern und den Korngarben an. Die große Vorlage heftet man mit allen Umrissen auf den Möbelstoff und entfernt danach das Papier. Die Heftumrisse bleiben auf dem Stoff. Die Vlieseline wird auf den Baumwollnesselstoff aufgebügelt, daraus schneidet man

Muster von Pfad, Häusern und Korngarben zu. Sie werden an die gekennzeichneten Stellen im Zick-Zack-Stich mit der Maschine aufgenäht. Mit einem dreifädigen Sticktwist stickt man die feineren Details auf die Häuser. Das Füllmaterial heftet man auf die Rückseite des Möbelstoffes und näht die Quiltlinien mit Knopflochseide im Geradstich auf der Maschine. Die Heckenreihen werden in der »couching«-Technik (siehe Seite 228) aus Bouclé-Wolle auf den Stoff genäht. Danach fertigt man 25 »Suffolkpuffs« und näht sie an die im Diagramm gekennzeichneten Stellen (Abb. 2).

Fertigstellung. Jetzt verwendet man den für das Futter zurückgelegten Möbelstoff und den 30 cm langen Streifen. Beim Rückwandstück mißt man 50 cm von einem Ende und markiert diese Stelle. Genau hier wird in der Mitte der Rückwand der 30 cm lange Streifen an einer Längsseite angenäht.
Rückwand und gequilteten Teil näht man rechts auf rechts mit einem 2 cm Abstand zum Rand zusammen. Auch hier läßt man eine Öffnung, wendet die Arbeit und näht die Öffnung mit kleinen Stichen zu.
Schneiden Sie jetzt in der Größe der am Stuhl eingearbeiteten Stoffteile noch Möbelstoff zu und nähen ihn von hinten und von unten auf den bereits vorhandenen Stoff. Die Quiltarbeit legt man über den Stuhl und näht zunächst den 30 cm langen Streifen um die hintere Stuhlsprosse mit starkem Garn und kleinen Stichen fest (Abb. 3a). Danach wird der obere und untere Bezugrand etwas eingeschlagen und die Bugkante um die Stuhlsprossen genäht (Abb. 3b und 3c).

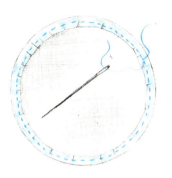

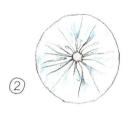

Detaillierte Anleitungen über die Anfertigung von »Suffolkpuffs« wurden schon auf Seite 234 gegeben.

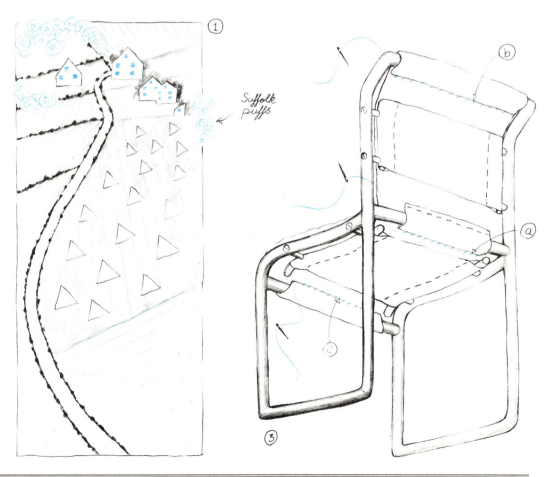

Schöne Westen

Das Blattmuster auf der gequilteten Herrenweste und Teile des Blumendesigns auf der Damenweste sind im französischen Knötchenstich aufgestickt. Beim Knötchenstich führt man den Stickfaden zunächst auf die rechte Seite des Stoffes, umwickelt die Nadel zwei- oder dreimal mit dem Faden und sticht durch das gleiche Loch zurück. Auf der Arbeitsoberseite wird dadurch ein hervorstehender Knoten gebildet. Der Stich eignet sich besonders gut, um ein reliefartiges Muster für den Mittelteil von Blumenmotiven zu arbeiten. Mit diesem Stich können Sie auch einen gepunkteten Effekt erreichen, wie z. B. beim Narzissenmuster der Damenweste.

Quilten

Herrenweste

Größe: für Brustumfang 97 cm, Taille 82 cm

Material

2,25 m Crêpe-Satin, 112 cm breit

1 m leichter Musselin als Futterstoff, 90 cm breit

64 cm Vlieseline

1 m mittelstarke Synthetikfüllung, 90 cm breit

Synthetiknähgarn in der Farbe des Oberstoffes

5 bezogene Knöpfe

Schnalle für den Gürtel

Schneider-Kopierpapier

Schnittzeichenpapier

Bleistift

Arbeitsanleitung

Zuschneiden. Die Schnittmusterteile von Abb. 1 vergrößert man auf das Schnittzeichenpapier und zeichnet die Quiltmuster auf Vorder- und Rückenteil.
Die Vorlagen werden auf den Oberstoff gesteckt und großzügig in Rechteckform um das Schnittmuster zugeschnitten, so daß an den Seiten ca. 7 cm Stoff übersteht. Erst nach dem Quilten schneidet man exakt zu. Man heftet mit einem kleinen Vorwärtsstich den Umriß des Schnittmusters und die Konturen des Quiltdesigns. Dann wird das Pauspapier vorsichtig entfernt.
Schneiden Sie Füllung und Futterstoff entsprechend dem Obermaterial grob zu. Jetzt legt man die Füllung auf das Futter und darauf den Satincrêpe. Die drei Schichten werden zusammengesteckt und dann von der Mitte aus in vertikalen und horizontalen Linien zusammengeheftet, wobei Anfang und Ende der Heftfäden von jeder Reihe nicht vernäht werden sollen.

Quilten. Mit einem zum Oberstoff passenden Nähgarn werden die Umrisse der Blätter und Stile im Steppstich gequiltet. Die Blattadern arbeitet man im Kettenstich, wobei die Stiche von der Mitte zur Blattaußenseite kleiner werden. Dann werden die Knötchengruppen in jedes Blatt gestickt.
Die Quiltarbeit am Rückenteil, die ebenfalls von der Mitte nach außen erfolgt, wird ausschließlich im Steppstich genäht.

Nähen. Schneiden Sie jetzt die einzelnen Teile entsprechend der Schnittmustervorlage zu, wobei 1,5 cm Nahtzugabe einplant werden müssen. Aus dem verbleibenden Satin schneidet man 2 Rückenteile sowie je zwei der durch die gestrichelte Linie gekennzeichneten Vorderteilstücke zu. Der Besatz

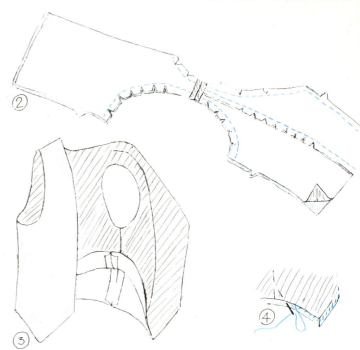

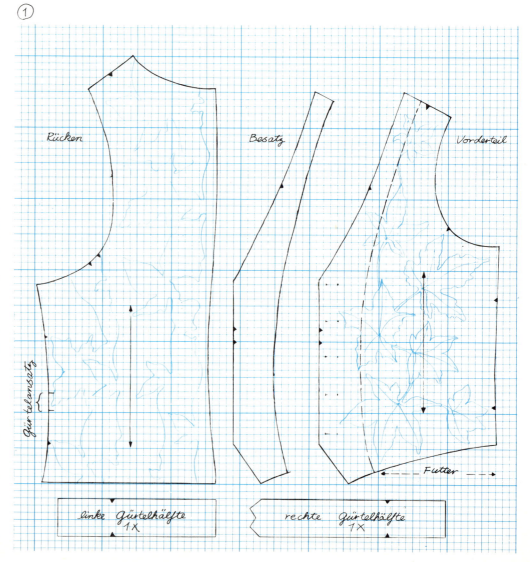

240

Modelle

wird je 2 × aus Satin und Vlieseline zugeschnitten. Überall plant man 1,5 cm Nahtzugabe ein. Vlieseline auf den Satin aufbügeln. Den Besatz steckt man an die linken Seiten der Vorderteile, schneidet die Ecken ca. 6 mm zurück und heftet. Bevor die Nähte geschlossen werden, muß die Füllung um 1,5 cm zurückgeschnitten werden, damit die Naht nicht aufträgt.

Man schließt die Mittelnaht des Rückens, wobei darauf zu achten ist, daß das Quiltmuster symmetrisch zur Naht liegt.

Die Gürtelteile werden rechts auf rechts gefaltet und der Länge nach zusammengenäht. Die Nahtzugabe wird gestutzt und das Ende diagonal abgeschnitten. Man wendet die Gürtelteile, bügelt sie flach und heftet sie an die gekennzeichneten Stellen des Rückenteils. Jetzt schließt man die Schulternähte von Vorder- und Rückenteil und schneidet den Besatz bis nahe zur Naht zurück.

Beim Vorderteil des Futters werden die gebogenen Nähte mit dem Besatz doppelt mit 12 mm Nahtzugabe genäht, wobei in regelmäßigen Abständen kleine Einschnitte angebracht werden.

Man näht Besatz und Vorderfutterteil rechts auf rechts zusammen und bügelt die Nähte Richtung Armausschnitt. Die Mittelnaht des Rückenfutters wird geschlossen. Rückenfutter, Vorderbesatz und Vorderfutter näht man an der Schulter zusammen. Futter und Besatz werden rechts auf rechts auf den gequilteten Teil gesteckt und beides am Halsausschnitt, Vorderkante und Armausschnitt zusammengenäht. Die Ecken schneidet man diagonal zurück, stutzt die Nahtzugabe und macht Einschnitte an den gebogen verlaufenden Nähten (Abb. 2). Die Weste wird gewendet, indem man die Vorderteile durch die Schultern nach hinten zieht. Anschließend werden die Seitennähte von Oberstoff und Futter geschlossen.

Fertigstellung. Die nach rechts gewendete Weste (Abb. 3) wird an der unteren Kante mit Schrägstichen eingenäht (Abb. 4); danach die Unterkanten sehr vorsichtig mit einem warmen Eisen bügeln. Die Knopflöcher arbeitet man an den gekennzeichneten Stellen ein. Die Gürtelschnalle wird an die linke Gürtelhälfte angenäht.

Damenweste

Material

Gekauftes Schnittmuster für ärmellose Weste

Dehnbarer Jersey entsprechend dem Schnittmuster

Synthetikfüllung und Futterstoff in entsprechender Menge

Sticktwist

Passendes Nähgarn

Seidenpapier

Bleistift

Arbeitsanleitung

Zuschneiden und Nähen. Man schneidet die Weste nach dem Schnittmuster zu, wobei genügend Spielraum für ein Zusammenziehen während des Quiltens berücksichtigt werden muß. Legen Sie die Füllung zwischen Futter und Oberstoff und heften die drei Schichten zusammen. Mit der Maschine näht man die Abnäher und schließt die Seitennähte. Nur die Schulternähte bleiben noch offen (Abb. 1).

Dann wird das Blumenmotiv (Abb. 2) auf das Seidenpapier übertragen und, wie es Abb. 1 zeigt, auf die Vorderteile gelegt. Man heftet entlang der Konturen durch Seidenpapier und die drei Stoffschichten, reißt dann das Papier ab und hat so das Blumendesign in Heftstichen auf den Vorderteilen.

Quilten. Die Blumenumrisse werden im Steppstich mit 2 Fäden des Sticktwists gequiltet. Die Knötchen stickt man in die Mitte der Blumen und zwischen die senkrechten Linien (Abb. 3). Die senkrechten Linien heftet man auf die Vorderteile nach dem Photo von Seite 239. Nun werden sie mit der Maschine abwechselnd im Gerad- oder Zick-Zack-Stich gequiltet. Dabei muß man stets in die gleiche Richtung von oben zum Saum nähen, damit sich der Stoff nicht kräuselt.

Fertigstellung. Schließen Sie die Schulternähte und fassen die Armausschnitte und den äußeren Rand mit Stoffstreifen ein. Falls Sie Knöpfe wünschen, so ist es besser, Ösen dafür anzunähen als Knopflöcher einzuarbeiten.

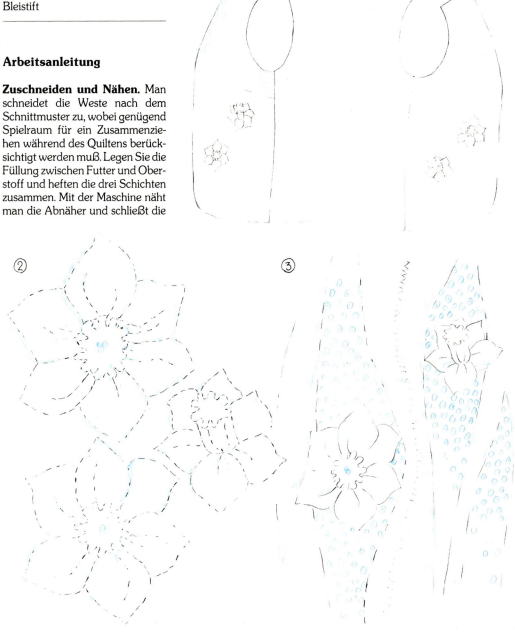

Seidenjacke mit Raffärmeln

Die originelle Verarbeitung läßt diese hübsche Seidenjacke so apart erscheinen. Die Ärmel sind in einem kräftigen Rosa abgefüttert, die Nähte wurden mit farbenfrohen Paspeln und Quasten verziert. Die Farbauswahl der Seiden, die zum Paspeln und für die Quasten verwendet werden, können Sie selbst treffen.

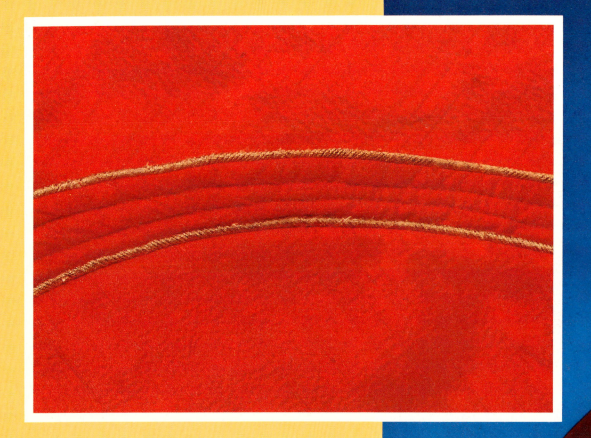

Vorder-und Rückenteil der Jacke werden in kräftigem Rot abgefüttert. Vor Arbeitsbeginn sollten Sie die Farbzusammenstellung wirklich sorgfältig überlegen, damit Sie später keine Enttäuschung erleben. Die Jacke auf dem Foto ist aus handgewebter indischer Seide. Bei Seide ist es besonders wichtig, daß sie nach Fadenlauf zugeschnitten wird, wie es auf den Schnittmusterteilen gekennzeichnet ist. Dies ist ein relativ schwieriges Modell, selbst für erfahrene Schneiderinnen.

Quilten

Seidenjacke mit Raffärmeln

Größe: für Oberweite 86–91 cm

Material

2,50 rote Rohseide, 90 cm breit

1 m rosa Futterseide für Ärmelfutter, 90 cm breit

2 m leichte Synthetikfüllung, 90 cm breit

50 cm Seidenstoffe in verschiedenen Farben für Quasten und Paspel

6 m feine Paspelschnur für äußeren Paspelbesatz

1,65 m sehr feine Paspelschnur für das Jackeninnere

Passendes Nähgarn

Schnittmusterpapier

Bleistift

Arbeitsanleitung

Zuschneiden. Vergrößern Sie die Schnittmusterteile von Abb. 1 auf graphisches Papier und schneiden Sie es aus. Aus dem Hauptmaterial, das man doppelt legt, schneidet man die Jacke zu, wobei das Vorderteil 4 ×, das seitliche Rückenteil 4 × und der Vorderbesatz 4 × zugeschnitten wird. Alle anderen Teile werden 2 × zugeschnitten. Der in den Schnittmustern eingezeichnete Pfeil muß mit dem Fadenverlauf übereinstimmen. An den Ärmelteilen markiert man sich exakt, wo die Ärmel später gerafft werden. Damit keine Verwechslung auftritt, Vorder- und rückwärtigen Ärmel kennzeichnen.
Eines der beiden mittleren Rückenteile schneidet man der Markierung auf dem Schnittmuster entsprechend als Futterteil zu. Eine Nahtzugabe von 1,5 cm ist bereits berücksichtigt. Alle Teile werden mit Zick-Zack-Stich eingefaßt, um ein Ausfransen zu verhindern.
Aus dem Füllmaterial wird das mittlere Rückenteil und der hintere Besatz 1 ×, alle anderen Teile 2 × zugeschnitten.

Der vordere und der hintere Ärmel werden aus der rosa Futterseide je 2 × zugeschnitten.

Vorbereitung der Quasten. Man schneidet die Quasten in einer selbstgewählten Anzahl aus verschiedenfarbigen Seidenstoffen zu, wobei man gegen die Hauptwebrichtung schneidet. Jeden Streifen faltet man der Länge nach zur Hälfte rechts auf rechts und näht ein Ende und die Längsseite zu. Die Nähte werden gestutzt, die Bänder gewendet und gebügelt.

Vorbereitung der Paspel. Die sehr feine Paspel fertigt man aus der feineren Schnur mit Schrägstreifen des Hauptmaterials, die 2,5 cm breit zugeschnitten werden. Die andere Paspelschnur wird mit Schrägstreifen aus farbiger Seide verarbeitet.

Nähen der Jacke. Die beiden geraden Seiten der vier Vorderteilstücke doppelt mit Kräuselstichen anreihen. Für das Futter werden zwei Teile zur Seite gelegt. Kräuseln Sie die längere Seite der beiden Vorderteile so weit ein, daß die Seiten in der Länge mit den Seiten der seitlichen Rückenteile übereinstimmen.
Auch an den Schulternähten der seitlichen Rückenteile werden zwei Reihen Kräuselstiche genäht. Legen Sie wieder 2 Teile für das Futter beiseite. Bei den aus dem Füllmaterial zugeschnittenen Vorderteilen näht man je drei Abnäher an die Seiten, so daß alle Stofflagen die gleiche Seitennahtlänge haben. Ebenso arbeitet man einen Abnäher beim Füllmaterial an der Schulter ein. Diese sollte dann 9 cm messen (Abb. 2). Auf die linke Seite der Vorder- und seitlichen Rückenteile

②

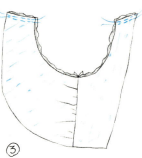
③

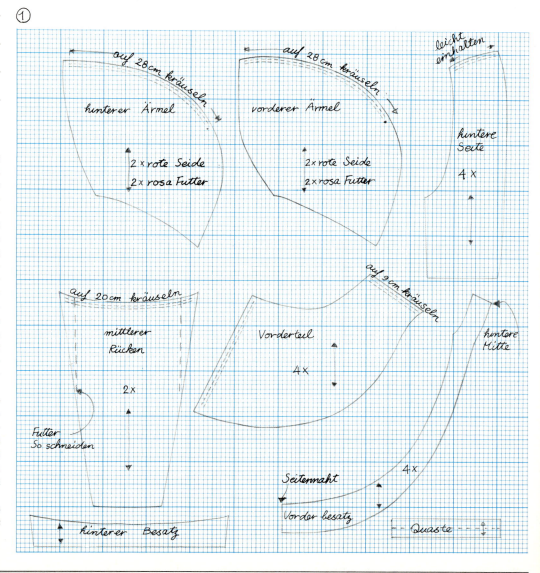
①

Modelle

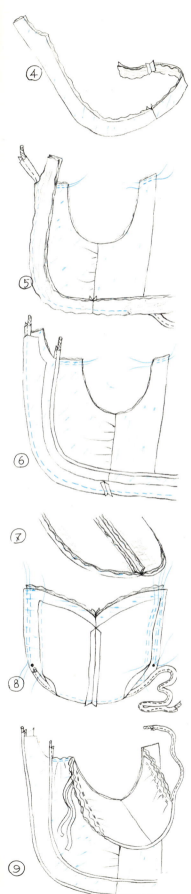

heftet man die Füllung – nur Schultern noch offenlassen. Beide Teile werden an den Seitennähten zusammengenäht (Abb. 3). Man bügelt die Naht vorsichtig aus. Auch bei den Besatzteilen heftet man die Füllung auf die linke Seite und näht sie an den Seitennähten zusammen (Abb. 4); danach die Nähte ausbügeln.

Jetzt wird eine bunte Paspel an die Außenkante der bereits zusammengenähten Vorder- und Rückenteile gearbeitet. Damit man später das mittlere Rückenteil sauber einarbeiten kann, näht man die Paspel nur bis 7,5 cm vor das Ende des seitlichen Rückenteils (Abb. 5). Die Nähte werden gestutzt, die Füllung bis nahe an die Naht zurückgeschnitten. Die als Futter gedachten Besatzteile näht man zusammen. Entlang der gesamten Außenkante des Besatzes heftet man eine bunte Paspel und darauf das Besatzfutterteil (Abb. 6). Mit der Maschine näht man rundherum nahe bis zur Paspel. Die Naht wird gestutzt und der Futterbesatz nach innen gewendet. Jetzt heftet man von der rechten Seite nahe der Paspel, damit diese den exakten Abschluß bildet, bügelt leicht und entfernt die Heftfäden.

Heften Sie auf die linke Seite der vier Ärmelteile die entsprechenden Teile aus dem Füllmaterial. Schließen Sie die Unterarmnähte des Ärmels und des Ärmelfutters (Abb. 7). Zwei Reihnähte werden an der oberen gekennzeichneten Seite der Ärmelteile genäht, wobei man die Füllung mitfaßt. Auch die Ärmelfutterteile werden eingekräuselt. Am Ärmelrand, der nicht gekräuselt wird, heftet man je eine 95 cm lange Paspel an, darauf das Ärmelfutter und näht nahe zur Paspel (Abb. 8). Man stutzt die Nähte, wendet die Ärmel, heftet am Rand entlang und bügelt.

Stecken Sie nun den Ärmel an den Armausschnitt (ohne Futter) und achten Sie darauf, daß Unterarmnaht und Seitennaht aufeinanderliegen (Abb. 9). Die Quastenteile, die in der Länge leicht unterschiedlich sein können, näht man nahe an die Naht in Richtung Schultern. Dann schneidet man die gebogenen Nähte ein und bügelt sie zum Ärmel hin.

Die vorderen Futterteile werden mit den seitlich rückwärtigen Futterteilen zusammengenäht, indem man eine rote Paspel in die Naht einarbeitet. Danach heftet und näht man die Kante des vorderen und seitlichen Futters mit der Kante des Futterbesatzes bis auf 7,5 cm zum Rücken hin zusammen. Das überschüssige Material wird zurückgeschnitten, die gebogenen Teile eingeschnitten und dann gebügelt. Das Ärmelfutter heftet und näht man rechts auf rechts an das Futter des Vorderteils und der seitlichen Rückenwand. Hier wiederum Nähte stutzen, einschneiden und Richtung Ärmel ausbügeln. Dann wendet man die Arbeit.

An der oberen Seite des mittleren Rückenteils und des Futters näht man 2 Kräuselstichreihen. Nur beim Hauptmaterial kräuselt man bis auf 20 cm an. Entsprechend werden Abnäher in dieses Teil aus dem Füllmaterial am oberen Rand (Abb. 10) gearbeitet. Dann wird es auf die linke Seite des Hauptteiles geheftet. Unter Einarbeitung von farbiger Paspel verbindet man das mittlere Rückenteil mit den seitlichen Rückenteilen und näht auch den Besatz entsprechend an. Die Nähte werden ausgebügelt. Anschließend das Rückenfutterteil und die Seitenteile zusammennähen und dabei eine rote Paspel einarbeiten. Den unteren Teil verbindet man mit dem Futterbesatz.

Der Ärmel (noch nicht das Futter) wird an den angegebenen Stellen auf 28 cm angekräuselt. Die Schultern von Vorder- und seitlichem Rückenteil werden auf 9 cm angekräuselt, ebenfalls ohne Futter (Abb. 11). Oberarmnaht und Schulternaht näht man unter Einarbeitung der verbleibenden Paspel zusammen (Abb. 12). Die Nahtinnenseite wird eingeschnitten und die Naht ausgebügelt.

Jetzt kräuselt man das Ärmelfutter und schließt die Naht.

Den Besatz näht man an den angekräuselten hinteren Halsausschnitt (Füllung wird mitgefaßt). Besatz und Besatzfutter werden in der Mitte zusammengenäht (Abb. 13). Wieder ausbügeln.

Jetzt kräuselt man das Futter an den Schultern, so daß es der Schulternaht angepaßt ist. Die Nahtzugabe schlägt man ein und arbeitet die rote Paspel in die von Hand geschlossene Naht. Das rückwärtige Mittelfutter wird gekräuselt, der Besatz eingeschlagen und auf die gekräuselte Kante genäht (Abb. 14). Den Besatz mit zwei Stepplinien verzieren.

Quilt-Regenmantel
Ärmellose Steppweste

Der gesteppte Regenmantel ist aus Ciré-Stoff gearbeitet, doch eignen sich auch Baumwollstoffe oder andere dicht gewebte Stoffe. Auch ein weiches, locker gewebtes Baumwollfutter und ein Dacronfüllmaterial können für dieses Modell verwendet werden. Das Diagramm auf Seite 248 (Abb. 1) zeigt Ihnen, wie der Mantel zugeschnitten wird. Die hübsche ärmellose Weste ist ein Kleidungsstück, das bequem und vielseitig zu tragen ist. Damit das Zick-Zack-Quiltmuster gut zur Geltung kommt, sollte der Oberstoff klein und gleichmäßig gemustert sein.

Quilt-Regenmantel

Größe: Für 12–14jährige

Größentabelle	12 Jahre	13 Jahre	14 Jahre
Brust	78 cm	82 cm	86 cm
Hintere Länge (Halsausschnitt–Saum)	94 cm	100 cm	106 cm
Ärmel (Halsausschnitt–Handgelenk)	58 cm	60 cm	64 cm

Material

Ciré-Stoff, 1,5 m breit	1,90 m	1,90 m	2 m
Futter, 90 cm breit	2,40 m	2,40 m	2,50 m
Füllung, 100 cm breit	3,20 m	3,20 m	3,30 m

6 passende Knöpfe, 2 Rollen Synthetik-Nähgarn

Schnittzeichenpapier und Filzstift

Arbeitsanleitung

Zuschneiden. Die Schnittmusterteile von Abb. 1 werden vergrößert. Aus allen Materialien schneidet man je ein Rückenteil, 2 Vorderteile, 2 Ärmel und 2 Taschen zu. Aus dem Hauptmaterial werden zusätzlich Besatzbänder für Vorderteile, Ärmel, Taschen, Saum und Halsausschnitt zugeschnitten. Aus der Füllung schneidet man diese Teile in der halben Breite zu. Die Nahtzugabe beträgt 1,5 cm, es sei denn, besondere Anleitungen werden gegeben.

Quilten. Da Nadeleinstiche in dem Ciré-Stoff Löcher hinterlassen, sollte man bei diesem Modell, außer direkt an den Rändern, die Verwendung von Stecknadeln vermeiden. Der Druck des Nähfußes wird etwas gelockert. Alle Quiltarbeiten näht man mit einem großen Geradstich auf der Nähmaschine.

Zunächst wird direkt an den Rändern die Füllung auf die linke Seite der Vorderteile gesteckt. Die erste Quiltnaht näht man 1 cm von der vorderen Kante entfernt vom Halsausschnitt zum Saum. Die nächste Quiltnaht hat zu der ersten einen Abstand von 6,5 cm; man mißt den Abstand während man näht oder verwendet einen Abstandhalter. Über den Rest der Vorderteile arbeitet man Quiltnähte jeweils im Abstand von 5 cm.

Jetzt steckt man Füllung und Ärmelteile an den Rändern zusammen und quiltet die erste Linie an der gekennzeichneten Mittellinie der Ärmel. Der Rest der Ärmel wird wiederum im Abstand von 5 cm gesteppt – stets von oben nach unten.

Beim Rückenteil quiltet man ebenfalls zunächst die Mittellinie und dann in Nähten mit 5 cm Abstand. Bei den Taschen gibt es nur 2 Quiltnähte, die jeweils 6 cm vom Rand und 5 cm voneinander entfernt sind. Die Taschenbesatzfüllung wird an den Taschenbesatz gesteppt.

Besatz. Jetzt legt man die Enden von Hals- und Vorderbesatz aufeinander und stutzt sie so zurück, daß sie exakt den gleichen Winkel ergeben.

Die entsprechenden Füllungsteile werden auf die linke Seite der Vorderbesatzteile 6 mm vom Rand entfernt mit der Maschine angenäht (Abb. 2), ebenso am Halsbesatz. Halsbesatzende und die Enden der Vorderbesatzteile werden entlang der Schrägung rechts auf rechts zusammengenäht, wobei man vor Beginn und am Ende jeweils 1,5 cm ungenäht läßt (Abb. 3). Die Spitze näht man doppelt und stutzt die Nahtzugabe. Dann werden die Besatzstreifen gewendet, so daß sie zur Hälfte links auf links gefaltet sind, und die Ecken gut nach außen gedrückt. An die Besatzstreifen für die Ärmel näht man die Füllung und schließt sie zu einem Ring.

Ärmel. Nähen Sie den Ärmel zusammen, bügeln die Naht nach vorne und steppen parallel zur Naht in 6 mm Abstand die Nahtzugabe ab.

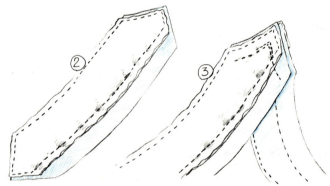

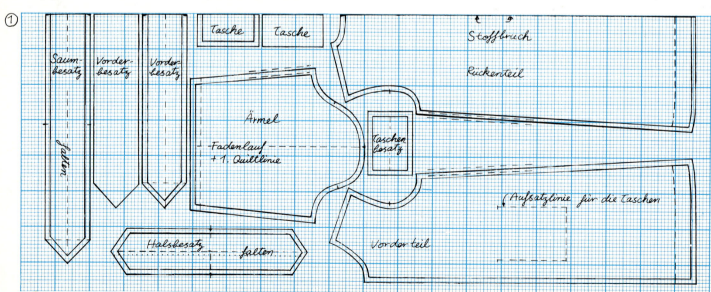

Modelle

Ärmellose Steppweste

Größe: für Oberweite 92 cm

Material

1,50 m kleingemusterter Baumwollstoff, 90 cm breit

1,50 m Futterstoff im Farbton zum Obermaterial passend, 90 cm breit

1,50 m Synthetikfüllung, 90 cm breit

Kleines Stück Aufbügelvlieseline

Passendes Nähgarn

Kontrastnähgarn

Kleine Schnalle

5 Druckverschlüsse

Schnittzeichenpapier

Bleistift

Arbeitsanleitung

Zuschneiden und Quilten. Die Schnittmusterteile von Abb. 1 werden vergrößert. Vorder- und Rückenteil schneidet man aus Oberstoff und Füllung zu. Dabei plant man rundherum 4 cm für eventuelles Zusammenziehen beim Quilten ein. Schneiden Sie das Futter etwas kleiner als das Schnittmuster zu. Obermaterial und Füllung der einzelnen Teile werden von der Mitte zur Seite zusammengeheftet. Dann quiltet man mit der Maschine das Zick-Zack-Muster mit dem Kontrastfaden. Nachdem man die erste Quiltnaht genäht hat, ist es ratsam, die weiteren mit Hilfe des Abstandshalters zu nähen. Die fertig gequilteten Teile werden mit dem Schnittmuster verglichen und, wo nötig, gestutzt.

Jetzt schneidet man die Gürtelteile zu und bügelt Vlieseline auf die linke Seite. Man faltet die Bänder rechts auf rechts und näht entlang einer Schmalseite und der Längsseite, wendet die Bänder und bügelt sie. Der Gürtel wird, wie abgebildet, auf das Rückenteil genäht (Abb. 2).

Die Schulternähte der gequilteten Teile werden geschlossen und die Füllung bis an die Naht zurückgeschnitten. Auch das Futter wird an den Schultern zusammengenäht. Jetzt Futter und gequilteten Teil rechts auf rechts zusammennähen, wobei man die Seitennähte bis auf 7,5 cm nach unten hin offenläßt (Abb. 3). Die Nähte werden gestutzt und die Weste gewendet.

Schließen Sie die Seitennähte ohne Futter und stutzen die Nähte (Abb. 4). Beim Futter wird die Nahtzugabe eingeschlagen und mit feinen Stichen zusammengenäht. Die Kanten der Weste steppt man einmal nahe zum Rand und dann im Abstand von 1 cm. Zum Schluß bringt man die 5 Druckverschlüsse nach Anweisung an.

Man schließt die Nähte beim Ärmelfutter, zieht dieses dann (linke Seite nach außen) in den Ärmel und steppt Ärmel und Ärmelfutter an der unteren Kante nahe zum Rand zusammen. Jetzt wird der Ärmelbesatz rechts auf rechts an die untere Ärmelkante genäht (Nähte müssen in einer Linie sein), dann zur Hälfte nach innen gefaltet und mit feinem Saumstich angenäht.

Taschen. Legen Sie das Taschenfutter auf die linke Seite der Taschen und steppen Sie es nahe zum Rand rundherum fest. Oben an die Taschen näht man rechts auf rechts den Taschenbesatz, klappt diesen dann zur Hälfte nach links und näht ihn dort mit kleinen unsichtbaren Stichen fest.

Fertigstellung. Verbinden Sie die Schulternähte von Rückenteil und Vorderteilen. Die Nahtzugabe wird zum Rücken hin gebügelt und evtl. steppfußbreit gesteppt. Auch beim Futter schließt man die Schulternähte und bügelt sie aus. Das Futter legt man mit der linken Seite auf die linke Seite des Mantels und steckt es am Halsausschnitt, Armausschnitt, Saum und linkem Vorderteil fest. Die beiden Ärmel werden eingenäht, wobei die mittlere gekennzeichnete Stelle der Ärmel mit der Schulternaht und die Unterarmnaht mit der Seitennaht zusammentreffen muß. Die Nahtzugabe wird zum Ärmel hin gebügelt. Das Ärmelfutter schlägt man am oberen Rand knapp ein und näht es von Hand mit kleinen Stichen an den Armausschnitt.

Als nächstes werden die Besatzstreifen an den Mantel angenäht. Man näht sie rechts auf rechts an Halsausschnitt, linkes Vorderteil und Saum und faltet sie zur Hälfte nach innen. Die Nahtzugaben werden zum Besatz hin gebügelt und dieser mit kleinen Stichen von Hand angenäht. Beim rechten Vorderteil näht man den Besatz an, bügelt die Naht jedoch nicht in eine Richtung, sondern flach. Auch wird hier das Futter nicht mitgefaßt. Der Besatz wird innen an die Naht von Hand angenäht. Das Futter wird auf der anderen Seite der Naht festgenäht. In die Naht vom rechten Vorderteil und Besatz arbeitet man die Knopflöcher ein. Entsprechend werden auf der linken Vorderseite die Knöpfe angenäht.

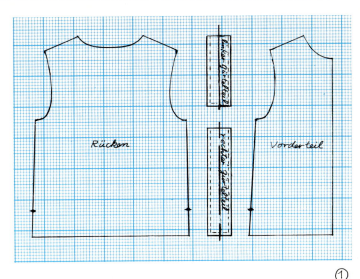

①

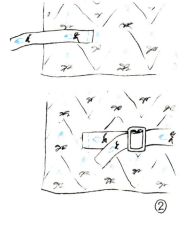

②

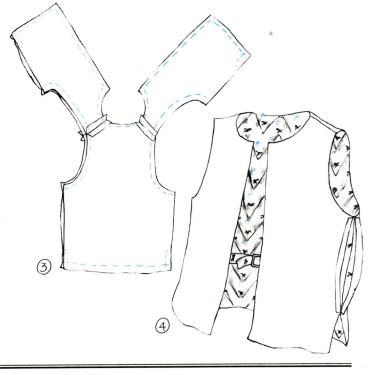

③ ④

Stiefel und Wandbehang für Kinder

Hier sind zwei bunte, lustige Modelle, an denen Kinder Spaß haben. Die Stiefel halten schön warm und sind ideal im Hause zu tragen. Sie werden aus Baumwolle mit einer Filzsohle genäht. Um den Stiefeln mehr Haltbarkeit zu geben, kann man die Sohlen in Abwandlung auch aus weichem Leder fertigen. Das Diagramm auf Seite 253 (Abb. 1) zeigt Ihnen das Schnittmuster. Zur Arbeitserleichterung wurden dort auch die Quiltlinien eingezeichnet.
Der Wandbehang bildet sicher einen bunten Farbklecks an der Wand eines Kinderzimmers. Die kleinen Fliegenpilze, die Grashalme und die Gänseblümchen sind im Raupenstich aufgestickt.

Quilten

Wandbehang »Aufgehende Sonne«

Größe: 57 × 72 cm

Material

1 m weißer Baumwollstoff, 120 cm breit

40 cm himmelblauer Baumwollstoff, 90 cm breit

50 cm grüner Satin, 90 cm breit

1,40 m mittelstarke Vlieseline, 90 cm breit

76 cm Synthetikfüllung

10 × 10 cm weißer Filz

Reste von rotem Baumwollstoff für Fliegenpilze

Reste von Baumwollstoffen für die Sonne in gelb, dottergelb, orange, rost, malvenfarbig, braun, rot und himmelblau

Sticktwist in rot, weiß, grün, gelb und blau

Nähgarn in weiß, himmelblau und braun

Schnittzeichenpapier

Schwarzer Filzstift und Bleistift

56 cm lange Rundholzstange

Arbeitsanleitung

Zuschneiden. Das Muster von Abb. 1 vergrößert man auf das graphische Papier und umreißt es mit schwarzem Filzstift. Aus der Vlieseline schneidet man ein Stück in der Größe 59 × 76 cm zu und legt es zum Abfüttern der Rückseite zur Seite. Auch die Wolken, die Sonnenteile, die Felder und die Pilze werden aus Vlieseline zugeschnitten. Sie werden dann als Schablonen für die Stoffe verwendet.
Schneiden Sie aus dem weißen Baumwollstoff 2 Teile in der Größe 59 × 76 cm und 4 Quadrate 10 × 10 cm zu.
Den himmelblauen Baumwollstoff schneidet man auf 40 × 52 cm zu. Mit Hilfe der Vlieselineschablonen schneidet man aus dem grünen Satin die Felderteile, wobei 1 cm Nahtzugabe eingeplant werden muß. Wolken, Pilze, Sonnenteile werden aus den entsprechenden Stoffen mit 6 mm Nahtzugabe zugeschnitten. Der Fadenlauf der Stoffe sollte bei allen Teilen auf das Schnittmuster bezogen senkrecht verlaufen. Die Pilzstiele und Punkte schneidet man aus dem weißen Filz zu.
Die notwendige Größe der Synthetikfüllung ist 59 × 76 cm.

Nähen des Bildes. Bei dem Himmelstück schlägt man den oberen Rand 1,5 cm ein und näht es auf eines der 59 × 76 cm großen Baumwollstoffteile.
Ca. 6 mm werden an den oberen Rundungen der Sonnenteile eingeschlagen. Man beginnt mit blau und näht dann nacheinander die verschiedenen Streifen an den unteren Rand des vorhergehenden Streifens. Danach wird die fertige Sonne auf den Himmel genäht.
Die entsprechenden Vlieselineteile heftet man auf die Rückseite der Wolken, steckt etwas Füllmaterial dazwischen, schlägt die Nahtzugabe um die Vlieseline und heftet die Wolken auf das Bild (Abb. 2). Die Ränder, die von anderen Teilen überlappt werden, braucht man nicht einschlagen. Die Wolken werden auf den Himmel genäht.
Schlagen Sie bei den Feldern 1,5 cm ein, mit Ausnahme an den geraden Seiten von A und B und dort, wo B, C und D sich überlappen. Man näht C, B, D und A auf den Hintergrund. Die Pilze wurden wie die Wolken gearbeitet. Nachdem sie angenäht sind, fügt man noch die weißen Stiele und Punkte hinzu. Zum Schluß stickt man noch mit zweifädigem Sticktwist die kleinen Pilze, das Gras und die Gänseblümchen in Raupen- und Plattstichen, wie es Abb. 3 zeigt.

Fertigstellung. Die Synthetikfüllung wird auf die Rückwand des Wandbehangs geheftet und mit versteckten Stichen an den Wolken, der Sonne und den Hügeln festgenäht.
Die vier weißen Baumwollquadrate faltet man und näht sie zu Schlaufen, wobei man 1 cm für die Naht einkalkuliert. Sie werden gewendet und flach gebügelt (Naht in die Mitte legen). Jetzt werden sie nochmal der Länge nach gefaltet und oben in gleichmäßigem Abstand auf die Rückseite des Wandbehangs geheftet.
Nähen Sie den Wandbehang mit dem Baumwollstoff rechts auf rechts zusammen, wobei die Vlieseline auf dem Baumwollstoff liegt. Mit einem Abstand von 1,5 cm zum Rand näht man diese Schichten zusammen, läßt jedoch 30 cm an einer Seite offen. Die Ecken zuschneiden, die Arbeit wenden und die Öffnung schließen.
Zum Schluß die Stange durch die Schlaufen schieben.

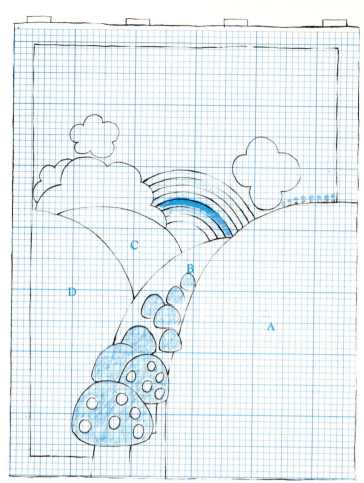

252

Kinderstiefel

Größe: für ein ca. 5jähriges Kind (16 cm Fußlänge)

Material

30 cm Baumwollstoff für die Stiefel, 90 cm breit

30 cm Baumwollstoff für das Futter, 90 cm breit

60 cm Baumwollstoff für die Schrägstreifen, 90 cm breit

22 × 40 cm Filz für die Sohlen

30 cm mitteldicke Synthetikfüllung, 90 cm breit

Nähgarn in der Farbe der Schrägstreifen

Schnittzeichenpapier

Arbeitsanleitung

Die Stiefel sind gequiltet und gefüttert, haben Schlaufen an der Rückseite und können mit auf- oder heruntergeklapptem Bund getragen werden. Die gequilteten Filzsohlen sind mit Schrägstreifen an das Stiefeloberteil genäht. Die hintere Öffnung, die oberen Kanten und die Schlaufe wurden ebenfalls mit diesem Schrägstreifen gearbeitet. Der für die Schrägstreifen verwendete Stoff sollte von guter Qualität und dicht gewebt sein, da er sich sonst zu leicht abträgt.

Zuschneiden. Man vergrößert das auf Abb. 1 gegebene Muster. Die Stiefel lassen sich jedoch für jede Fußgröße arbeiten, indem man den entsprechenden Fußumriß mit Spielraum aufzeichnet. Man kennzeichnet die Mittellinie und gibt eine Nahtzugabe (Abb. 2). Die Länge der Mittellinie wird auf ein zweites Blatt Papier übertragen. Im rechten Winkel dazu zeichnet man eine gleichlange Linie; dies ist die Naht des Stiefels und sollte der Stiefelhöhe entsprechen.

Die obere Kante zeichnet man wiederum im rechten Winkel, mißt den Beinumfang an dieser Höhe und nimmt die Hälfte dieses Maßes bis zum Spann. Den Vorfuß zeichnet man wie in Abb. 3, wobei an den Zehen gut abgerundet werden muß, weil die Stiefel sonst drücken würden.

Nahtzugaben müssen eingeplant werden, und, falls gewünscht auch ein Aufschlag. Die Materialmengen muß man nach der jeweiligen Größe abschätzen.

Schneiden Sie 4 Sohlenteile aus dem Filz. Aus dem Hauptmaterial und dem Futter werden 2 Paar der Stiefelteile zugeschnitten. Auch werden aus der Füllung 4 Stiefelteile sowie 2 Sohlen zugeschnitten. Den Baumwollstoff für die Schrägstreifen schneidet man in 4 cm breite Streifen zu, so daß man eine Gesamtlänge von 2,10 m hat (je nach Größe anpassen).

Nähen. Markieren Sie sich bei den 4 Stiefelteilen die Quiltlinien mit Schneiderkreide auf der rechten Stoffseite, legen die einzelnen Teile mit der linken Seite auf die Füllung und heften. Mit leichtem Nähfußdruck quiltet man entlang der gekennzeichneten Linien.

Für die Sohlen legt man die Füllung zwischen die Filzteile und heftet an den Kanten. Beginnend in der Fersenmitte wird, wie in Abb. 1 gezeigt, im Spiralmuster gequiltet.

Fertigstellung. Die vorderen Nähte der Stiefelteile werden geschlossen und ausgebügelt. Dann näht man im Zick-Zack-Stich über die Nahtlinie. Die Nahtzugaben werden in den Rundungen eingeschnitten, damit die Nähte flach liegen. In der gleichen Weise schließt man die rückwärtigen Mittelnähte.

Auch beim Futter näht man die Stiefelteile zusammen, wobei die Vordernaht zweimal genäht werden sollte. Die Nahtzugaben werden gestutzt.

Der gequiltete Stiefelteil und das Futter werden links auf links ineinandergesteckt und an den Kanten zusammengenäht. Jetzt näht man Oberteil und Sohle so zusammen, daß Vorder- und Rücknaht über der Mittellinie liegen. Diese Naht wird mit Schrägstreifen eingefaßt, wobei man den Streifen möglichst nicht dehnen sollte.

Aus den Schrägstreifen fertigt man die Schlaufen und näht sie an die hintere Naht. Jetzt faßt man die hintere Öffnung ein. Danach wird der obere Rand mit Schrägstreifen versäubert, wobei man an jedem Ende ein Stück für die Schlaufen überstehen läßt.

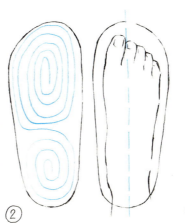
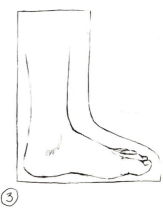

② ③

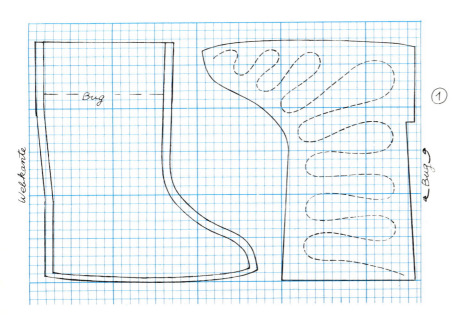

①

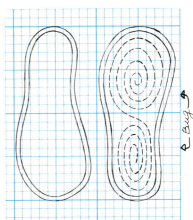

Wandbehang »Sommertraum«

Dieser extravagante, dekorative Wandbehang erfordert ein großes Ausmaß an sorgfältiger Arbeit und genauen Abmessungen. Er entstand aus kräftigfarbenen Satinstoffen in neun unterschiedlichen Schattierungen und mit Hilfe von Patchwork, Quilten, Stoffmalerei und Maschinenstickerei. Für Handarbeitskünstler wird dieses Unikat eine lohnende, anspruchsvolle Aufgabe sein.

Wandbehang »Sommertraum«

Größe: 122 × 152 cm

Material

25 cm weißer Satin, 90 cm breit (Farbe 1)

25 cm cremefarbener Satin, 90 cm breit (Farbe 2)

25 cm hellgelber Satin, 90 cm breit (Farbe 3)

75 cm kräftiggelber Satin, 90 cm breit (Farbe 4)

1,5 m goldgelber Satin, 90 cm breit (Farbe 5)

1 m roter Satin, 90 cm breit (Farbe 6)

75 cm smaragdgrüner Satin, 90 cm breit (Farbe 7)

1 m olivgrüner Satin, 90 cm breit (Farbe 8)

1,5 m flaschengrüner Satin, 90 cm breit (Farbe 9)

2,75 m leichte Synthetikfüllung, 90 cm breit

2,25 m Baumwollnesseltuch als Rückwand

Nähgarn, passend zum Satin

Grünes Nähgarn zum Quilten

Millimeterpapier

22 × 38 cm Karton

1 Lineal

entsprechende Farbstifte

1 Filzstift

1 Winkelmesser

Mittelgrüne waschechte Stoffarbe

1 Pinsel

Arbeitsanleitung

Vorbereitung des Musters. Der Bildrand ist insgesamt 20 cm breit. Das Mittelfeld mißt 82 × 112 cm. Man zeichnet das Muster in der Gesamtgröße auf Papier nach dem Plan von Abb. 1. Zur Arbeitserleichterung teilt man es in 30 × 15 cm große Quadrate ein und kennzeichnet den Farbcode mit einem Farbstift. Der Farbcode lautet: 1 = weiß, 2 = creme, 3 = hellgelb, 4 = grellgelb, 5 = goldgelb, 6 = rot, 7 = smaragdgrün, 8 = olivgrün,

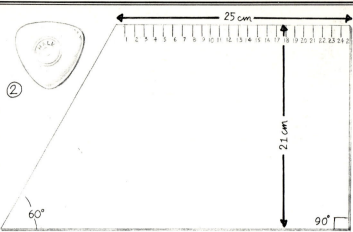

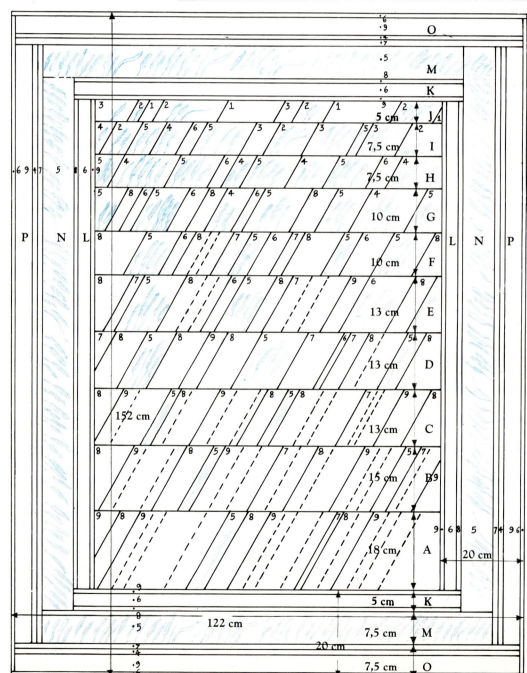

256

Modelle

9 = flaschengrün. Jetzt fertigt man sich die Schablone für die diagonalen Streifen im Mittelteil nach der Abb. 2.
Die Diagonalen verlaufen alle parallel im Winkel von 60°.

Vorbereitung der Rückwand und der Füllung. Nach dem Diagramm in Abb. 3 + 4 schneidet man das Baumwollnesseltuch in Streifen. Jeder Streifen wird beim Zuschneiden in den entsprechenden Buchstaben mit Filzstift markiert.
Die Füllung wird in Streifen nach Abb. 5 zugeschnitten. Jeden Streifen des Füllmaterials heftet man mit großen Stichen auf den entsprechenden Streifen des Baumwollstoffes. 2 cm Nahtzugabe werden unter der Füllung vorstehen (Abb. 6). Alle Streifen für Mittel- und Randteile werden so vorbereitet und zur Seite gelegt.

Vorbereitung des Satin-Bildrandes. Die Satinstreifen werden nach Abb. 1 mit einer Nahtzugabe von 1,2 cm zugeschnitten. Hinweise für die Randstreifen K und L werden in Abb. 7 gegeben.
Die Streifen M und N werden nur in der Farbe 5 zugeschnitten – Größe wie in Abb. 4.
Die Zusammensetzung der Streifen Q und P ist aus Abb. 8 ersichtlich.
Um die erforderliche Länge der Streifen zu bekommen, schneidet man sie in der Breite des Stoffes zu und verbindet sie mit einer geraden Naht. Die Nähte werden ausgebügelt. Die roten Satinstreifen für den äußeren Rand wie folgt zu-

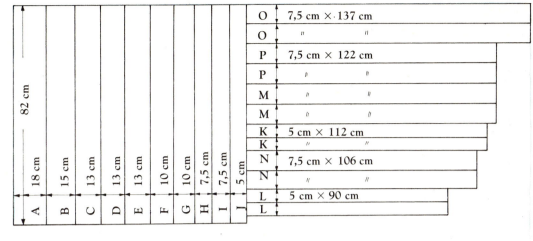

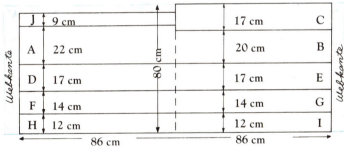

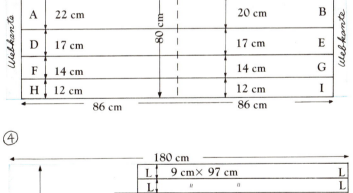

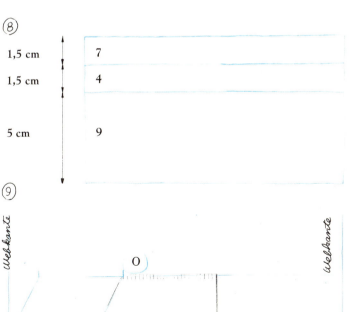

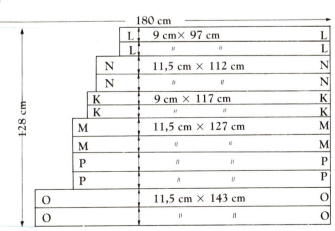

257

Quilten

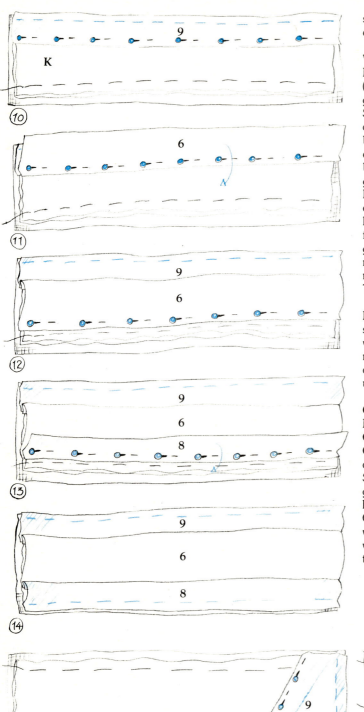

schneiden: je 2 Streifen 4 × 152 cm und je 2 Streifen 4 × 127 cm.

Vorbereitung des Mittelteils. Mit Hilfe der Kartonschablone (Abb. 2) und des Gesamtdiagramms (Abb. 1) schneidet man die Satinstreifen für den Mittelteil zu; dabei muß jeweils 2 cm Nahtzugabe eingeplant werden. Mit Schneiderkreide zeichnet man die Schablone auf und addiert die Nahtzugabe. Man schneidet alle Teile einer Farbe auf einmal aus, legt sie auf die vorbereiteten Rückwand-Füllungsstreifen und steckt sie dort fest. Das Weizenmotiv wird auf die gekennzeichneten Teile (Abb. 1) gemalt und durch Bügeln fixiert. Nun müssen Stoff und Farbe gut einen Tag trocknen.

Nähen der Ränder. Die Randstreifen K und L, O und P näht man, wie in Abb. 10 bis 14 gezeigt. Bevor man die Streifen M und N annäht, das Weizenmotiv malen, fixieren und trocknen lassen.

Quilten des Weizen-Designs. Mit dem Stopffuß, einem tiefen Greifer, dunkelgrünem Garn und Geradstich arbeitet man frei um das Design und quiltet alle drei Schichten zusammen. Um einen guten Stich an der Oberseite zu bekommen, kann es sein, daß die Oberspannung leicht gelockert werden muß. Die Fadenenden werden auf der Rückseite verknotet und abgeschnitten.

Nähen des Mittelteiles. Nach dem Arbeitsplan in Abb. 1 näht man die einzelnen Streifen, indem man mit Streifen A beginnt, diesen ganz fertigstellt, bevor man Streifen B näht. Man beginnt an der rechten Seite von Streifen A und arbeitet nach Abb. 15 – 18. Wenn alle Teile bis zur linken Seite angenäht sind, heftet man an den Kanten. Dann quiltet man die diagonalen Linien (gestrichelte Linien in Abb. 1) und arbeitet frei mit der Maschine um die Weizenmotive mit grünem Faden.
Auf diese Weise werden alle Streifen von A bis J genäht. Um den Mittelstreifen fertigzustellen, näht man die Streifen rechts auf rechts mit 2 cm Nahtzugabe zusammen und versäubert die Kanten im Zick-Zack-Stich.

Annähen der Ränder. Auf die gleiche Weise näht man die Seitenränder an das Mittelteil – als erstes die senkrechten L-Streifen, dann die K-Streifen oben und unten, dann die senkrechten N-Streifen, dann die waagerechten M-Streifen, dann die senkrechten P-Streifen und die waagerechten O-Streifen. Fassen Sie dann die Arbeit rundherum in rotem Satin ein, indem Sie zunächst die Seiten einfassen, dann die Ober- und Unterseite. Aus dem Futterstoff näht man drei Schlaufen, die im Abstand von 30 cm an dem oberen Rand angebracht werden. Durch die Schlaufen wird ein Holzstab geschoben.

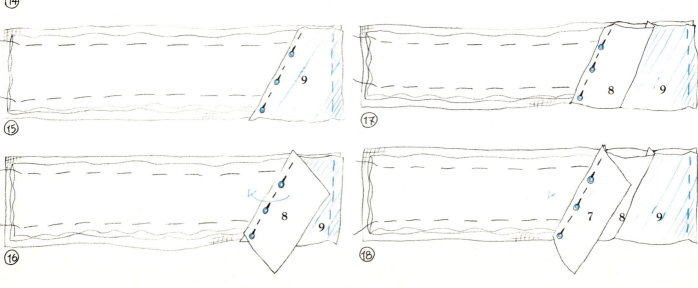

»Triangel«

Die leichte Arbeitsanleitung für diesen Wandbehang inspiriert Sie vielleicht, ein eigenes Design zu entwerfen. Bemerkenswert ist die Betonung des Patchworkmusters durch die Quiltlinien, die den einfarbigen Stoffen Struktur verleihen.

Quilten

Wandbehang »Triangel«

Größe: 120 × 227 cm

Material

1,5 m roter Stoff, 90 cm breit

1,9 m blauer Stoff, 90 cm breit

1,20 m grüner Stoff, 90 cm breit

1,50 m gelber Stoff, 90 cm breit

4 m Rückwandmaterial, 90 cm breit

46 cm grüner Stoff zum Einfassen, 90 cm breit

4,80 m Synthetikfüllung, 90 cm breit

Passendes Nähgarn in rot, blau, grün, gelb

Grünes Garn zum Quilten

Quiltrahmen, etwas breiter als 2,50 oder einen großen Quiltreifen

Bleistift, um helle Stoffe zu markieren

Heller Stift, um dunkle Stoffe zu markieren

Millimeterpapier

Pauspapier in großen Bögen

Langes Lineal

Arbeitsanleitung

Jeder der sieben Abschnitte des Schemas (Abb. 1) wird auf graphischem Papier vergrößert und numeriert. Es ist ratsam, jeden Abschnitt erst ganz fertigzustellen, bevor Sie mit dem nächsten beginnen. Wenn der 2. Abschnitt fertig ist, nähen Sie ihn an den ersten, ehe Sie den dritten in Angriff nehmen.

Nähen der Patchworkarbeit.

Allgemein gilt eine Nahtzugabe von 1 cm. Als Hilfe kann man sich eine Markierung an der Nähmaschine machen (Abb. 2). Schneiden Sie die einzelnen Teile plus Nahtzugabe nach der Vorlage aus und lassen dabei die Papiervorlage auf dem Stoff, bis dieser zum Nähen gebraucht wird. Die Teile, von denen 2 benötigt werden, müssen spiegelbildlich zugeschnitten werden.

Das Dreieck B näht man an den oberen Teil A und bügelt die Nähte nach oben. An jede Seite werden die C-Teile genäht, Nähte werden zur Seite gebügelt.

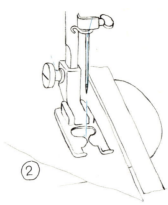

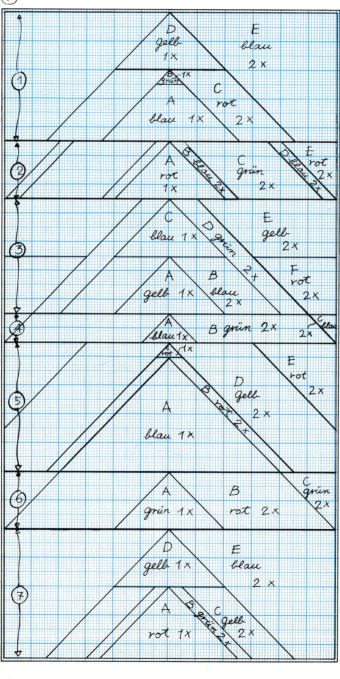

Anmerkung: Bei dieser Arbeit achtet man nicht auf die Kanten, sondern auf die Nähte. Dadurch werden die Teile leicht verschoben angenäht (Abb. 3).

Dreieck D wird oben an Teil CABC angenäht; die Nähte bügelt man nach oben.

Die großen E-Teile näht man an jede Seite von Dreieck CABCD – man bügelt die Nähte nach außen. Teil 1 wird zur Seite gelegt, und man arbeitet Teil 2 auf die gleiche Weise nach Abb. 1. Dann werden Abschnitt 1 und 2 zusammengenäht, die Naht wird nach oben gebügelt. So fertigt man Abschnitt nach Abschnitt und näht sie aneinander.

Quilten. Die Patchworkarbeit wird gebügelt. Dann markiert man sich auf der Oberseite mit den hellen und den dunklen Stiften die Quiltlinien in 3 mm Abstand zu den Nähten (Abb. 4). Zusätzlich kann man soviele Linien kennzeichnen, wie man möchte. Das Rückwandmaterial wird in 3 gleichgroße Teile geschnitten und zusammengenäht, so daß man ein 132 cm breites Stück mit 2 horizontalen Nähten erhält. Oben und unten schneidet man 12 cm ab. Die Füllung schneidet man in 2 Teile und näht sie in einer senkrecht verlaufenden Naht zusammen. 40 cm werden dann an einer Seite abgeschnitten.

Jetzt legt man Rückwand, Füllung und Patchworkteil aufeinander und heftet die Schichten von der Mitte her zusammen.

Dabei heftet man auch am äußeren Rand entlang.

Der Quilt wird in einen Rahmen oder Reifen gespannt. Man kann jedoch auch ohne Rahmen quilten, wenn man gut genug geheftet hat und die Arbeit dabei auf den Tisch legt.

Wiederum wird von der Mitte nach außen gequiltet. Wenn man ohne Rahmen arbeitet, muß man darauf achten, daß der Faden nicht zu fest angezogen wird. Man kann während der Arbeit die Heftfäden entfernen, die beim Quilten stören, jedoch nicht die am Rand. Wenn möglich, sollte man seinen Faden am Quiltrand vernähen. Um sauber zu arbeiten, kann man folgende Methode anwenden. Man mißt die Länge für den Quiltfaden und doppelt sie. Von der Spitze eines Dreiecks quiltet man mit der Hälfte

Modelle

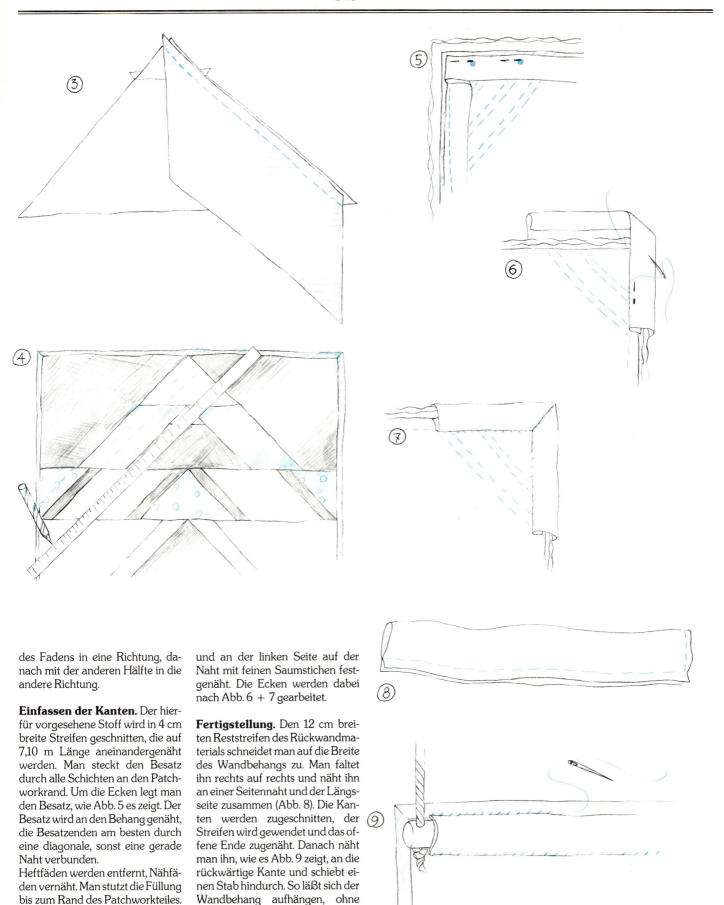

des Fadens in eine Richtung, danach mit der anderen Hälfte in die andere Richtung.

Einfassen der Kanten. Der hierfür vorgesehene Stoff wird in 4 cm breite Streifen geschnitten, die auf 7,10 m Länge aneinandergenäht werden. Man steckt den Besatz durch alle Schichten an den Patchworkrand. Um die Ecken legt man den Besatz, wie Abb. 5 es zeigt. Der Besatz wird an den Behang genäht, die Besatzenden am besten durch eine diagonale, sonst eine gerade Naht verbunden.
Heftfäden werden entfernt, Nähfäden vernäht. Man stutzt die Füllung bis zum Rand des Patchworkteiles. Danach wird der Besatz gefaltet und an der linken Seite auf der Naht mit feinen Saumstichen festgenäht. Die Ecken werden dabei nach Abb. 6 + 7 gearbeitet.

Fertigstellung. Den 12 cm breiten Reststreifen des Rückwandmaterials schneidet man auf die Breite des Wandbehangs zu. Man faltet ihn rechts auf rechts und näht ihn an einer Seitennaht und der Längsseite zusammen (Abb. 8). Die Kanten werden zugeschnitten, der Streifen wird gewendet und das offene Ende zugenäht. Danach näht man ihn, wie es Abb. 9 zeigt, an die rückwärtige Kante und schiebt einen Stab hindurch. So läßt sich der Wandbehang aufhängen, ohne daß der Stab sichtbar ist.

Wandbild „Waldszene"

Die Anleitung für diese hübsche Waldszene zeigt, wie mit Schichten von Filz, Füllung und Stoff ein dreidimensionales Bild entstehen kann. Das Zusammensetzen beansprucht zwar viel Zeit und Geduld, doch die Mühe lohnt sich.

Größe: 50 × 64 cm

Material

Vorhangstoffe aus rauhem Seidengewebe (z. B. Bourette-Seide), 90 cm breit

40 cm in 2 Grünschattierungen (Material A und B)

15 cm in 2 weiteren Grüntönen (Material C und D)

20 cm in Beige (Material G)

2 kleine Stücke grüner Samt (Material E und F)

2 m Synthetikfüllung, 90 cm breit

30 × 30 cm Filz

76 × 89 cm Baumwollnesseltuch

Stickwolle, -twist, Perlgarn in verschiedenen Grün- und Beigetönen

Quiltwolle oder dicke Strickwolle

Sticknadel

7 m Paspelschnur

1 Stück Holz 50 × 64 cm

Faden zum Aufziehen

Seidenpapier und Pauspapier

Arbeitsanleitung

Zuschneiden und Nähen. Man vergrößert die Vorlage von Abb. 1 auf die Originalgröße. Mit Seidenpapier kopiert man die Umrisse von Abb. 2, steckt das Papier auf Baumwollnesseltuch und heftet durch Papier und Stoff entlang der Designkonturen. Danach wird das Papier abgerissen – die Heftstiche zeigen die Umrisse.
Dann paust man den mittleren G-Teil auf Seidenpapier und gibt 2 cm zum Einschlagen dazu. Man legt das Papier auf das G-Material, heftet die Umrisse und entfernt das Papier. Dann schneidet man die Filzteile wie in Abb. 3 zu und heftet sie auf die Baumwollrückwand. Das G-Material wird auf die Rückwand gelegt, und man umreißt die Umrisse der Baumstämme und Baumkronen im Steppstich.
Verwenden Sie eine Nadel ohne Spitze (Sticknadel), mit der Sie Quiltwolle zwischen Filz und G-Material fädeln, um die Baumstämme plastisch hervorzuheben (siehe italienisches Quilten). Danach werden die Paspelschnurteile nach Abb. 4 angenäht und mit Perlgarn zusammengewebt (Abb. 5). Nach Abb. 6 zeichnet man die Umrisse des Laubwerks auf Pauspapier, wobei man wiederum 2 cm Nahtzugabe einplant. Danach schneidet man die Filzteile und näht sie auf den Hintergrund. Aus Stoff D wer-

Quilten

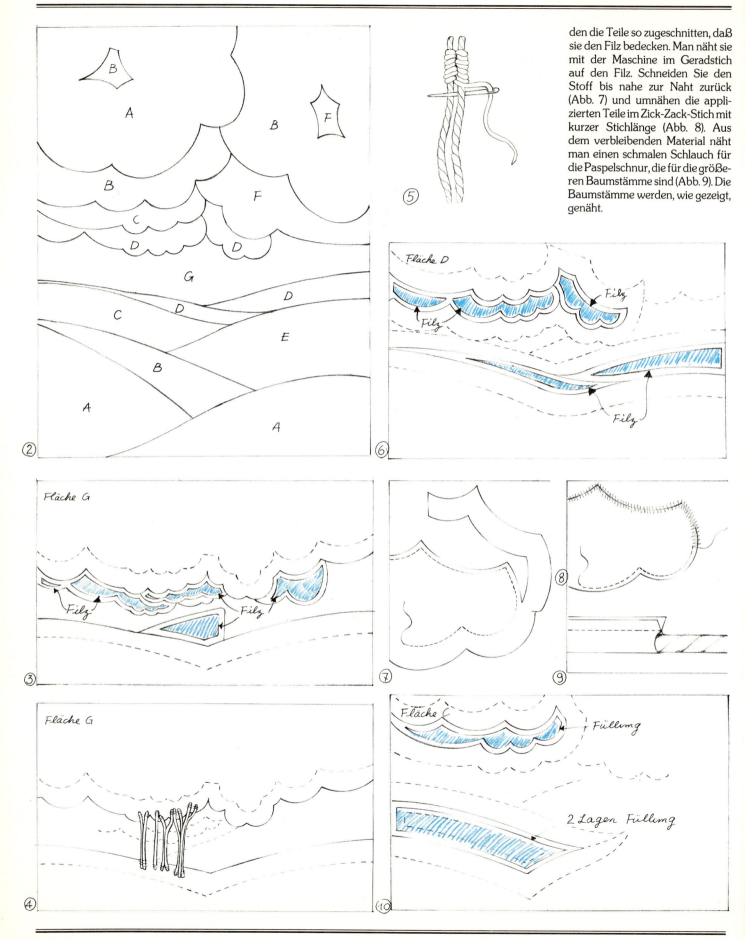

den die Teile so zugeschnitten, daß sie den Filz bedecken. Man näht sie mit der Maschine im Geradstich auf den Filz. Schneiden Sie den Stoff bis nahe zur Naht zurück (Abb. 7) und umnähen die applizierten Teile im Zick-Zack-Stich mit kurzer Stichlänge (Abb. 8). Aus dem verbleibenden Material näht man einen schmalen Schlauch für die Paspelschnur, die für die größeren Baumstämme sind (Abb. 9). Die Baumstämme werden, wie gezeigt, genäht.

Applizieren. Die Füllschichten werden, wie Abb. 10 es zeigt, dem Muster entsprechend appliziert. Wenn man mehr als eine Schicht Füllmaterial verwendet, näht man die kleineren Teile zuerst an. Nach diesem Muster schneidet man jetzt Stoff C zu. Die Stickerei am Abhang muß eingearbeitet werden, bevor das Teil angenäht wird. Die dazu verwendeten Stiche sind: französischer Knötchenstich mit Perlgarn und mit dreifädigem Sticktwist für die Blumen, Plattstich in Grüntönen für die Gräser. Man näht den Stoff wie zuvor an und fügt die Baumstämme aus bezogener Paspelschnur hinzu.

Nach dem Muster werden jetzt die Füllschichten, wie in Abb. 11 gezeigt, appliziert.

Die Anhöhe schneidet man aus Stoff E zu und näht sie mit der Maschine an. Dann arbeitet man die Baumstämme nach Abb. 1 ein, indem man die Schnur durch schmale, aus Stoff E genähte Stoffschläuche zieht und mit Perlgarn zusammenwebt. Einen Teil der Baumkrone und den Durchblick schneidet man aus Stoff F zu und näht sie an.

Man arbeitet Baumstämme wie bei Stoff E, läßt aber einen Teil der Schnur unbezogen und näht diesen Teil mit Wolle um den Durchblick.

Jetzt appliziert man die Füllmaterialschichten nach Abb. 12. Die ebenfalls zugeschnittenen Teile aus Stoff B und der bestickte Abhang wird über die Füllung genäht, wobei man auch den zweiten Durchblick einarbeitet, der wiederum mit Kordel eingefaßt und mit Wolle angenäht wird. Dann näht man Füllung nach Abb. 13 auf und bedeckt sie mit Stoff A. Die Kordeln für die verbleibenden Baumstämme zieht man durch die Anhöhe und arbeitet sie, wie zuvor beschrieben, mit Perlgarn auf das Bild.

Fertigstellung. Das Bild wird auf die Holzplatte gelegt und der überstehende Stoff nach hinten geschlagen. Mit feinem Faden hält man auf der Rückseite die jeweils gegenüberliegenden Seiten zusammen, so daß das Bild straff gespannt ist. Dann kann es gerahmt werden.

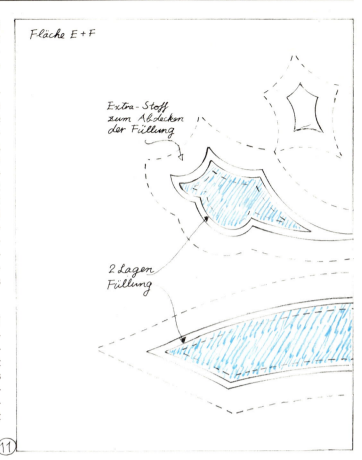

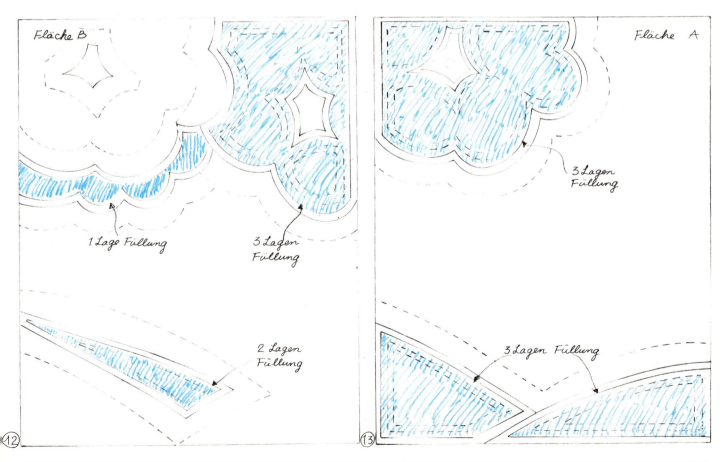

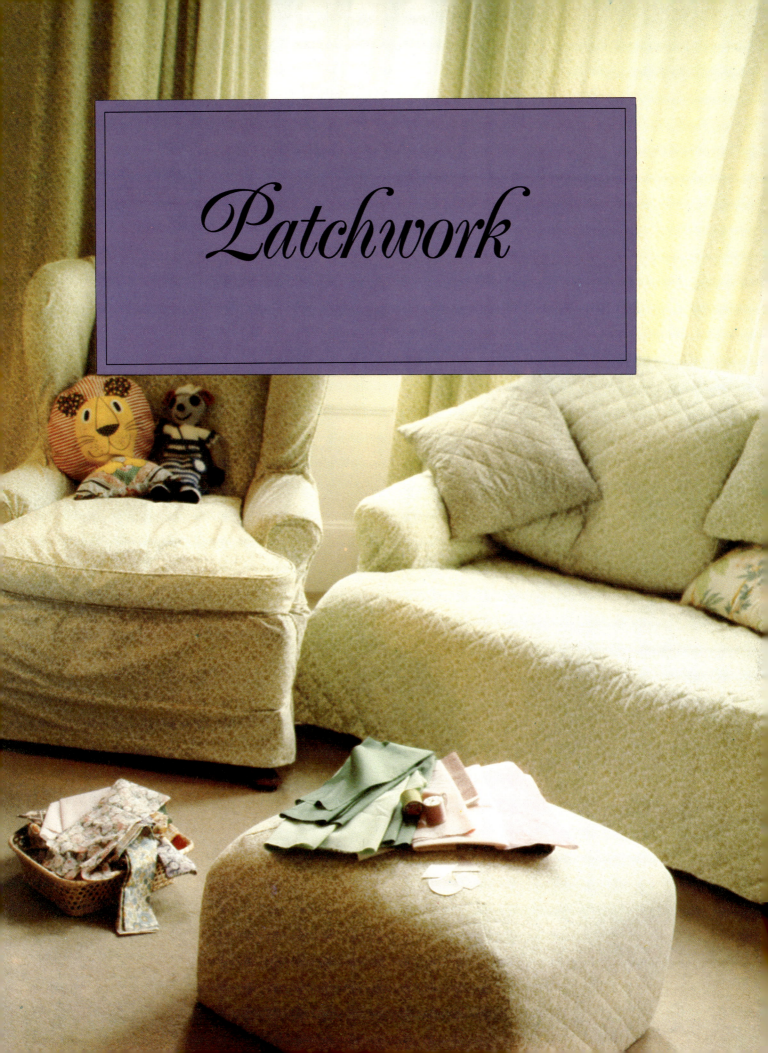

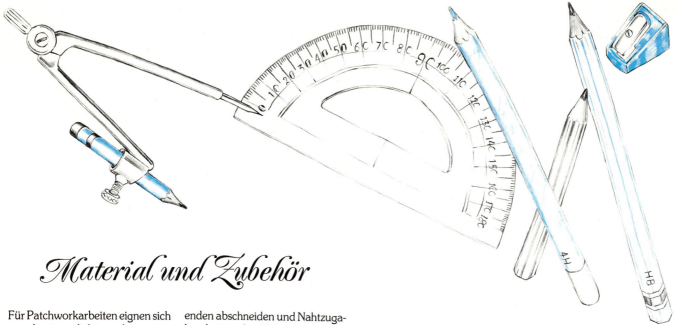

Material und Zubehör

Für Patchworkarbeiten eignen sich am besten dichtgewebte reine Baumwollstoffe, die nicht einlaufen und farbecht sind. Wichtig ist auch, nur Stoffe zusammen zu verarbeiten, die eine gemeinsame Reinigung vertragen. Eine Faustregel ist: Baumwolle mit Baumwolle, Seide mit Seide, usw.

Um optisch eine harmonische Wirkung zu erzielen und gleichmäßige Abnutzung zu gewährleisten, sollten nur Stoffe von gleichem Gewicht kombiniert werden. Ein Beispiel: Vermeiden Sie eine Kombination von Voile mit schwerem Popelin. Wenn ein neuer Stoff mit einem gut erhaltenen gebrauchten Stoff verarbeitet wird, muß das neue Material unbedingt vorher gewaschen werden, da es noch einlaufen könnte.

Strickstoffe sollten niemals mit gewebtem Material verarbeitet werden. Jersey ist ebenfalls nicht gut geeignet.

Aus Samt und Cordstoffen kann man sehr attraktive Patchworkarbeiten fertigen. Bei Verarbeitung von Samt muß man darauf achten, daß alle Flicken den gleichen Fadenlauf haben, da sich sonst unterschiedliche Farbschattierungen ergeben können. Man kann diesen Effekt jedoch auch optisch nutzen, indem man ihn bewußt in das Design einplant.

Neben den üblichen Nähutensilien sollte man drei Scheren haben: eine Schneiderschere, die ausschließlich zum Zuschneiden verwendet wird; eine Papierschere; eine Handarbeitsschere, mit der man Fadenenden abschneiden und Nahtzugaben bei runden Nähten einschneiden kann.

Näh- und Stecknadeln sollten so dünn wie möglich sein. Verwenden Sie deshalb nur die Größen 8, 9 oder 10.

Die Papiermuster heftet man mit Heftfaden auf den Stoff. Zum Nähen verwendet man Baumwoll- oder Synthetikgarn passend zum jeweiligen Stoff. Seide oder Samt sollten nur mit Nähseide verarbeitet werden.

Ein Fingerhut, der bequem auf den rechten Mittelfinger (bei Rechtshändern) paßt, ist wichtig.

Jedes Patchworkteil, das man nach der englischen Methode anfertigt, sollte gebügelt werden, bevor man es an das nächste annäht. Bei der amerikanischen Methode müssen die Nähte flach gebügelt werden. So sind Bügeleisen, Bügeltuch und Bügelbrett unerläßliche Utensilien. Falls Sie Stepparbeiten nach der Blockmethode anfertigen und gern mit der Nähmaschine nähen, ist eine Maschine mit Geradstich erforderlich. Eine Zierstichmaschine kann für einige Techniken verwendet werden, doch lassen sich fast alle Patchworkprojekte auch von Hand arbeiten.

Schablonen

Metall- und Plastikschablonen für Flickenpatchwork gibt es in vielen Größen und Formen. Es lohnt sich, gerade Schablonen in den kleineren Größen und mit herkömmlichen Mustern zu kaufen, da es schwierig ist, sie selbst exakt aus Pappe auszuschneiden, die sich zudem bei häufigem Gebrauch auch leicht abnutzen. Metallschablonen mit einer dazu passenden Plastikfensterschablone sind besonders nützlich. Sollten Sie die gewünschte Schablonengröße nicht erhalten, lassen sich Sechseckvorlagen und Rautenmuster für sechszackige Sterne leicht auf kariertem Papier aufzeichnen. Man kann sich Schablonen jedoch auch leicht mit Hilfe von Lineal, Zirkel und Winkelmesser anfertigen.

Die Schablonen müssen dann sehr exakt aus fester Pappe ausgeschnitten werden; Zeichenkarton ist nicht fest genug. Man benötigt ein scharfes Messer, ein Lineal mit Stahlkante und ein Schneidebrett. Das Muster wird mit einem harten Bleistift aufgezeichnet und dann ausgeschnitten. (Schablonen, deren Formen nur leicht verfälscht sind, verursachen bei der anschließenden Arbeit große Probleme.)

Das Sechseck

Für eine Sechseckvorlage zeichnet man einen Kreis mit dem Radius der gewünschten Kantenlänge. Mit gleichbleibendem Zirkelabstand sticht man den Zirkel auf dem Kreis ein und schlägt einen Bogen auf den Kreis, sticht an dieser Schnittstelle ein und schlägt wiederum einen Bogen auf den Kreis, usw. Die Schnittpunkte auf dem Kreis sind nun gleichmäßig voneinander entfernt. Man verbindet sie durch Geraden und erhält die Sechseckform.

Der sechszackige Stern

Um die Form der Raute für den sechszackigen Stern zu bekommen, zeichnet man einen Kreis mit dem Radius der gewünschten Kantenlänge. Man zeichnet das Sechseck, verbindet die Punkte A und B mit den gegenüberliegenden Punkten E und D. So erhält man 2 Rautenmuster sowie 2 entsprechende gleichseitige Dreiecke.

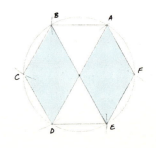

Material und Zubehör

Der achtzackige Stern

Die Rauten für den achtzackigen Stern sind ebenso leicht zu zeichnen. Man zeichnet eine Gerade A–B von der gewünschten Seitenlänge der Raute. Zu dieser Geraden zeichnet man im Winkel von 45° an Punkt A eine Gerade, auf die man mit dem Zirkel von Punkt A aus einen Bogen mit dem Abstand A–B schlägt. So erhält man Punkt C. Von Punkt C und B schlägt man einen Bogen mit dem Zirkelabstand A–B. Den Schnittpunkt verbindet man mit Punkt C und B und erhält die gewünschte Rautenform.

Das Fünfeck

Das Fünfeck läßt sich gut mit Hilfe eines Winkelmessers zeichnen. Man zeichnet eine Gerade A-B von der gewünschten Kantenlänge. Eine gleichlange Gerade wird an Punkt B im Winkel von 72° gezeichnet. Man erhält Punkt C und zeichnet wiederum im Winkel von 72° eine Gerade mit der Länge A–B, usw.

Bei gekauften Schablonen ist die Größe meistens durch die Seitenlänge ersichtlich. Zum Beispiel: eine 2,5 cm Schablone, gleich ob vier- oder sechseckig, hat Seitenlängen von dieser Abmessung.

Andere Formen

Sechsecke und Rauten sind die beim Patchwork am meisten verwendeten Schablonen, doch können auch andere Formen beim Design behilflich sein. Oft werden das Quadrat und das Dreieck (das Dreieck erhält man, indem man durch das Quadrat eine Diagonale zieht), ebenso das Achteck verwendet. Das Achteck verarbeitet man in Verbindung mit dem Quadrat. Diese Vorlagen und das lange Sechseck, das manchmal als Kirchenfenster bezeichnet wird, können Sie auf graphischem Papier entwerfen.

Eine Muschelschablone ist eine Pilzform, die man durch sich überschneidende Kreise zeichnen kann. Für eine »Domfenster« Patchworkarbeit benötigt man lediglich ein Papiermuster des Grundquadrates. Beim Log Cabin (Blockhaus)-Muster muß man auf exakte Abmessungen der Streifenbreiten und genaues Zuschneiden achten.

Spezielles Schnittmuster-Papier

Viele Patchworkdesigns lassen sich auf kariertem oder isometrischem (maßstabsgerechtem) Papier entwerfen. Zur Herstellung der Schablone vergrößert man das Muster auf feste Pappe.

Muster, die aus Quadraten und Rechtecken bestehen, kann man sofort auf kariertem Papier entwerfen und anschließend auf Pappe übertragen.

Meistens ist isometrisches Papier bereits steif genug, um als Schnittvorlage für Flickenarbeit auszureichen (siehe Englische Methode Seite 271). Das Design wird dann in voller Größe gezeichnet, ausgeschnitten und jedes Stück als Schnittschema benützt, während der unvergrößerte Schnitt als Vorlage dienen kann. Wenn der Schnitt angefertigt ist, tut man gut daran, den Miniaturschnitt und die einzelnen Teile an ein mit Stoff bezogenes Brett zu heften. Dies garantiert, daß kein Stoffteil verlorengeht und man eventuelle Fehler in der Farbabstimmung noch korrigieren kann.

Weiteres Zubehör

Für den Entwurf eines Musters benötigt man verschiedenfarbige Stifte. Da die Schablonenumrisse auf helle und dunkle Stoffe gezeichnet werden müssen, sollte man sich einen entsprechenden Vorrat an Stiften anlegen.

Papiermuster lassen sich, wie schon erwähnt, auf verschiedene Art herstellen. Wichtig ist nur, daß alle Schablonen und Papiermuster akkurat geschnitten sind, damit die Flickenarbeit nach dem Zusammennähen der einzelnen Teile flach und exakt wird.

Eine weitere unerläßliche Voraussetzung für hübsche Patchworkarbeiten sind Stoffreste, von denen man nicht genug Vorrat haben kann. Sollten die Reste für eine geplante Arbeit nicht ausreichen, so kann man natürlich auch ähnliche Stoffe kaufen und mit den Resten kombinieren. Wer sich mit Patchwork befaßt, sollte deshalb auch nie durch ein Stoffgeschäft oder Kaufhaus gehen, ohne Stoffreste zu kaufen und für eine hübsche Flickenarbeit aufzubewahren.

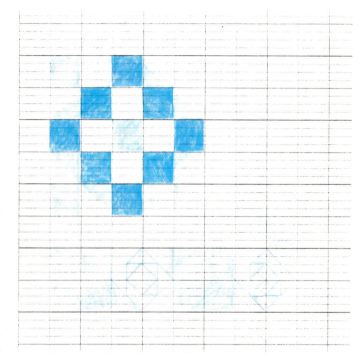

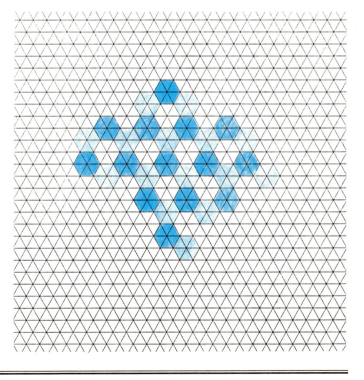

Patchwork

Diese aus Sechsecken gearbeitete Patchworkdecke entstand um 1830 in England. Sie zeigt die breite Palette hübsch bedruckter Baumwollstoffe, die damals in England hergestellt wurden. Das traditionelle Rosettenmotiv in Weiß harmoniert mit dem Blumendruck am äußeren Rand.

Technik

Das Zusammennähen verschiedener Stoffstücke zu einem neuen Muster nennt man »Patchwork«. Obwohl früher unter diesem Begriff im allgemeinen nur die Flickenarbeit verstanden wurde, zählt korrekterweise auch die Verzierung von Stoffen durch das Applizieren mit dazu.

Flickenpatchwork

Es gibt zwei Methoden für die Herstellung von Flickenpatchwork.
Bei der einen benötigt man eine Papiervorlage für jedes Teil. Der Stoff wird etwas größer als die Vorlage zugeschnitten, um diese geklappt und geheftet. Die Papiervorlage wird erst dann entfernt, wenn die Flicken zusammengenäht sind. Diese Methode kommt aus England. Sie wird immer dann angewandt, wenn man kleine Stoffteile zusammensetzt.
Bei der zweiten Methode kennzeichnet man die Nahtlinien auf der Rückseite des Stoffes mit Hilfe des Schablonenumrisses und schneidet mit Nahtzugabe zu. Die Teile werden dann an den gekennzeichneten Linien zuerst zusammengeheftet und dann zusammengenäht. Diese Methode hat eine lange Tradition in den USA und in einigen europäischen Ländern.

Die englische Methode

Die englische Patchwork-Methode ist sehr genau und ergibt ein strapazierfähiges Endprodukt. Am besten näht man hierbei von Hand. Die mit der Papiervorlage gehefteten Teile werden rechts auf rechts gelegt und mit kleinen Überwendlichstichen zusammengenäht, wobei das Papiermuster nach Möglichkeit nicht mitgefaßt werden soll. Die Flicken auf diese Art mit der Maschine zusammenzunähen, ist jedoch äußerst schwierig und das Ergebnis selten zufriedenstellend. Sollten Sie doch die Nähmaschine verwenden, dann ist es besser, die Teile auf ein Hintergrundmaterial aufzunähen und dann mit Zierstichen zu verbinden. Auf diese Weise lassen sich hübsche Effekte erzielen, die sich vom Charakter her jedoch stark von einer mit der Hand gemachten Patchworkarbeit unterscheiden.

Die amerikanische Methode

Die amerikanische Patchworkmethode geht, wenn sie von Hand genäht wird, viel schneller als die englische. Auch kann man hier gut mit der Maschine arbeiten. Blockmuster, die aus Dreiecken und Rechtecken aufgebaut sind, werden zunächst zu Streifen zusammengenäht, die dann untereinander verbunden werden. Gerade diese Routinearbeit läßt sich gut mit der Nähmaschine erledigen.
Manche Blockmuster sind aus Teilen mit ungeraden Seiten aufgebaut. Diese näht man, nachdem sie geheftet wurden, am besten von Hand zusammen, da ein exaktes Zusammennähen mit der Nähmaschine schwierig und auch unhandlicher ist.

Wahl einer Methode

Nachdem Sie beide Methoden, die englische und amerikanische, ausprobiert haben, werden Sie wahrscheinlich diejenige auswählen, die Ihnen am meisten liegt und die zu dem gewählten Design am besten paßt. Für Muster aus sehr kleinen Teilen oder mit ungeraden Nähten wird man die englische Methode wählen, da sie genauer ist. Wenn die Arbeit möglichst schnell beendet sein soll und die Flickenteile groß sind und gerade Nähte verlangen, empfiehlt es sich, die amerikanische Methode der englischen vorzuziehen.
Beide Methoden lernt man am besten kennen, indem man Probestücke arbeitet – ein Platzdeckchen nach der englischen und einen Topflappen nach der amerikanischen Methode. Obwohl die Arbeiten sehr unterschiedlich sind, kann man die gleichen Materialien verwenden: gute Baumwollstoffe. Für die erste Arbeit benötigt man mindestens zwei Farben, für den Topflappen vier. Die Farben sollten stets gut aufeinander abgestimmt sein.
Außerdem braucht man noch Heftfaden, das farblich passende Nähgarn und ein entsprechend großes Stück Füllmaterial, wie zum Beispiel Polyester, das in verschiedenen Stärken verkauft wird. Man kann für die Füllung aber auch ein anderes weiches, leicht zu faltendes Material wählen.

Phantasie, Farbempfinden und viele kunterbunte Stoffreste sind Voraussetzung für das Gelingen von Patchwork. Wenn Sie erst einmal begonnen haben, farbige Flicken und Formen aneinanderzureihen, kommt ganz von allein auch der Spaß an dieser Arbeit.

Englisches Patchwork

Für ein einfaches Platzdeckchen nach der englischen Patchwork-Methode zeichnet man eine Rosette aus sieben Sechsecken auf isometrisches Papier, wobei die Seitenlänge eines Sechsecks 5 cm betragen soll (Abb. 1). Die Rosette

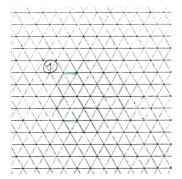

wird dann vorsichtig mit der Papierschere ausgeschnitten. Falls man kein graphisches Papier zur Hand hat, fertigt man sich eine Schablone (siehe dazu Seite 268) und schneidet danach die sieben Papiervorlagen (Abb. 2) zu. Versu-

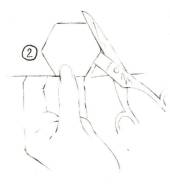

chen Sie nicht, sich die Arbeit für die Schablone zu sparen. Das bloße Vorzeichnen auf dem Stoff mit einem Bleistift ist nicht genau genug und erhöht die Fehlerquelle beim anschließenden Nähen. Man wählt zwei verschiedenfarbige Baumwollstoffe in der entsprechenden Größe, legt ein Schablonen-Sechseck auf einen der Stoffe und steckt es fest. Dabei muß eine Seite des Sechseckes mit dem Fadenverlauf übereinstimmen (Abb. 3). Rundherum muß eine Nahtzugabe von 6 mm eingeplant werden.

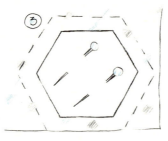

Die sechs weiteren Sechsecke werden auf die linke Seite des zweiten Stoffes gelegt, mit Stecknadeln festgesteckt (Abb. 4) und unter Berücksichtigung der Nahtzugabe zugeschnitten. Denken Sie dabei immer daran, die Nahtzugabe nicht zu gering zu bemessen. Mehr ist besser als zu wenig.

Jetzt nimmt man das erste Sechseck, faltet an einer Seite die Nahtzugabe auf die Rückseite und heftet so durch alle drei Schichten. Beim Falten muß darauf geachtet werden, daß der Stoff möglichst eng an der Papierkante anliegt (Abb. 5).

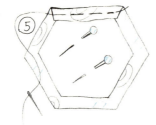

Wenn man die erste Seite bis zur Ecke geheftet hat, faltet man die nächste und heftet wieder (Abb. 6). Auf diese Weise werden alle sechs Seiten geheftet. Dementsprechend heftet man dann die Nahtzugaben bei den sechs weiteren Sechsecken

und entfernt zum Schluß die Stecknadeln.
Jetzt nimmt man das einzelne Sechseck und je eines von einer anderen Farbe und prüft, ob der Fadenlauf übereinstimmt, und legt sie rechts auf rechts zusammen, so daß Seite exakt über Seite liegt. Mit einem farblich gut abgestimmten Nähgarn wird eine Seite im Überwendlichstich von Ecke zu Ecke zusammengenäht, wobei die Stiche sehr klein sein sollen (Abb. 7). Im Idealfall faßt man beim Nähen ein oder zwei Fäden von beiden Flikken, ohne daß man durch die Papiervorlage sticht. Nachdem die beiden Sechsecke an einer Seite zusammengenäht sind, wird der Faden vernäht.

Jetzt klappt man die Sechsecke auseinander und begutachtet seine Arbeit. Die Stiche sollen fast nicht zu sehen sein (Abb. 8).

Die restlichen Sechsecke werden auf gleiche Weise an das mittlere Sechseck genäht (Abb. 9), wobei stets auf den Fadenlauf geachtet werden muß. Wenn die Rosette fertig ist, entfernt man Heftfäden und Papier aus dem mittleren

Sechseck. Das Papier kann, wenn die Kanten des Papiers nicht durchstochen wurden, wieder verwendet werden.
Die äußeren Sechsecke lassen sich nun gut auseinanderfalten, so daß die Seitenkanten genau übereinanderliegen. Man näht auch sie mit feinem Überwendlichstich zusammen, wobei darauf zu achten ist, daß zum mittleren Sechseck hin keine Lücke entsteht (Abb. 10). Alle äußeren Sechsecke auf diese Weise zusammennähen.

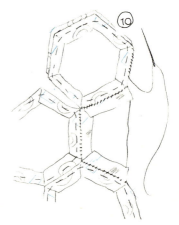

Jetzt arbeitet man eine passende zweite Rosette, wobei die Farben auch umgekehrt verarbeitet werden können. Alle Heftfäden und Papiervorlagen werden entfernt. Der Form entsprechend schneidet man ein Stück aus synthetischem oder anderem Füllmaterial zu, das rundherum 6 mm kleiner sein muß als die Stoffrosette. Man legt es auf die linke Seite der zweiten Rosette und näht es in groben Stichen fest. Danach werden die erste und zweite Rosette rechts auf rechts aufeinandergenäht und an den Kanten mit feinen Stichen zusammengenäht, wobei man eine kleine Öffnung läßt. Diese wird nach dem Wenden geschlossen (Abb. 11).

Technik

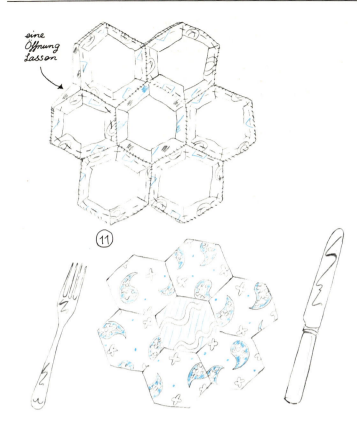

ausschneiden. Sie werden auf den Stoff gesteckt und mit Nahtzugabe ausgeschnitten.

Dann beginnt man am stumpfen Winkel, faltet die Nahtzugabe nach hinten und heftet (Abb. 13). Um eine saubere Verarbeitung der Winkelspitzen zu erreichen, gibt es zwei Möglichkeiten. Bei leichtem Stoff, der sich gut falten läßt, klappt man zunächst die Spitzen, dann die Seite um, wobei man darauf achten muß, daß der Stoff sauber an der Papierkante anliegt und die Papierspitze nicht geknickt wird (Abb. 14). Dann wird dementsprechend geheftet (Abb. 15).

Bei dickerem Material, das sich nicht so gut falten läßt, klappt man den überstehenden Stoff an der Spitze nicht ein, sondern läßt einen Zipfel stehen und heftet dann die nächste Seite. Beim Zusammennähen muß man dann darauf achten, daß der Zipfel nicht mitgefaßt wird (Abb. 16).

Nähen eines sechszackigen Sterns

Es ist eigentlich nicht schwierig, Rauten an Sechsecke zu nähen. Wenn man jedoch den Wunsch hat, Kanten zu einem sechszackigen Stern zusammenzunähen, erscheint es logisch, daß man eine Raute an die andere im Kreis zusammennäht. Doch würde man auf diese Weise eine unschöne Lücke in der Mitte erhalten.

Um dies zu vermeiden, verbindet man zwei Hälften von je drei Rauten und näht diese durch eine Gesamtnaht im Überwendlichstich (Abb. 17) zusammen.

Kombination aus Sechseck und Raute

Eine hübsche Variation des Rosettenplatzdeckchens ist die Sechseckform, bei der in die V-förmigen Lücken Rauten eingearbeitet werden (Abb. 12). Anstatt zwei gleiche Patchworkteile zu arbeiten, kann man für die Rückwand auch ein Sechseck aus einfarbigem Stoff verwenden.

So arbeitet man die Rautenformen

Wenn Sie die Ecken einer Rosette mit Rauten ausfüllen möchten, stehen Sie einem neuen Problem gegenüber. Die spitzen Winkel der Raute sind am Anfang ein wenig schwierig zu handhaben. Die Rautenform kann man entweder auf isometrischem Papier oder nach einer Schablone (siehe Seite 268)

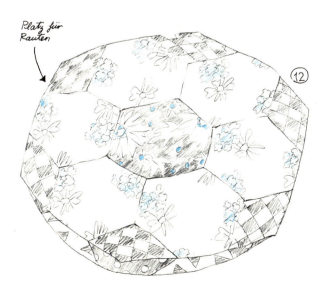

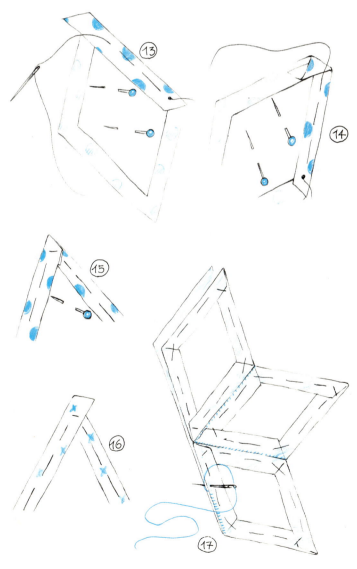

Patchwork

Anwendung von Fensterschablonen

Obwohl Patchworkarbeit haltbarer und in der Form beständiger ist, wenn alle Flickenteile die gleiche Fadenlaufrichtung haben, sollte man manchmal gegen den Fadenlauf arbeiten, um durch unterschiedliche Verarbeitung der Stoffmuster zusätzliche Effekte zu erzielen. Mit Hilfe einer handelsüblichen oder aus Pappe selbst zugeschnittenen Fensterschablone sucht man den gewünschten Musterausschnitt auf dem Stoff aus und schneidet ihn anschließend mit 6 mm Nahtzugabe aus.

Legen Sie die Fensterschablone an verschiedenen Stellen auf den Stoff und suchen Sie sich die Musterteile aus, die Ihnen am meisten zusagen. Dann legen Sie die Schablone genau in die Mitte des ausgewählten Motivs auf die rechte Stoffseite und zeichnen den äußeren Umriß auf den Stoff. Danach schneidet man ihn aus, legt auf die linke Seite eine entsprechende Papiervorlage, faltet die Nahtzugabe nach hinten und heftet.

Auf die gleiche Weise werden mehrere Flicken hergestellt und zu einem Motiv zusammengenäht. Einige Stoffe eignen sich besonders gut für die Verarbeitung mit der Fensterschablone, so z. B. großzügige Blumendrucke für Kissen etc. Wenn man Stoffteile sehr sorgfältig auswählt, lassen sich ganze Motive mit besonders schönen Farb- und Mustereffekten aus nur einem Stoff zusammenstellen.

Variationen mit der Rautenschablone

Eine sehr beliebte Variante ist die auf einem Sechseck basierende Rautenschablone im Bauklotz-Muster (Abb. 1). Hier werden drei Rauten zu einem Sechseck zusammengenäht.

Zusammengefügt wirken die Sechsecke wie eine dreidimensionale Würfelserie (Abb. 2). Obwohl man hierbei verschiedene Stoffe verwenden kann, sollte man die Grundtöne beibehalten, da sonst der Effekt verlorengeht.

Eine andere Variante ist die Kombination von Rauten mit einem zentralen Sechseck und einer entsprechenden Farbabstufung von hell bis dunkel (Abb. 3).

Der achtzackige Stern ist ein weiteres beliebtes Beispiel und bildet die Basis für das Muster »Stern von Bethlehem«. Er ist etwas schwieriger als der sechszackige Stern zu nähen, da die Zacken spitzer sind, doch sollte auch dies mit etwas Sorgfalt keine Schwierigkeiten machen. Man kann das ganze Modell als Stern arbeiten oder die Ecken mit Quadraten ausfüllen. Quadrate allein wirken selten interessant, doch kann die Arbeit, mit Achtecken kombiniert, sehr hübsch sein (Abb. 4).

Technik

Patchwork mit Bogennähten

Bisher haben Sie Muster gesehen, die Stoffteile mit geraden Seiten verlangen. Manchmal möchte man jedoch auch Patchwork mit ungeraden Teilen arbeiten, wie z.B. das Muster »Aufgehende Sonne« (Abb. 1).
Zuerst näht man die Strahlen zusammen, legt bei dem abgerundeten Teil eine Papiervorlage auf die linke Stoffseite und heftet die Nahtzugabe nach links, wobei an der abgerundeten Seite der Stoff in kleine Fältchen gelegt und mit kleinen Stichen genäht wird (Abb. 2). Jetzt legt man den ganzen Strahlenkranz und die Sonne aneinander und näht sie mit einem sehr feinen Leiterstich zusammen (Abb. 3). Es ist wichtig, daß die abgerundeten Kurven gut gelingen.

Amerikanisches Patchwork

Bei der amerikanischen Methode arbeitet man ohne Papiervorlagen. Sie läßt sich besonders gut für Muster anwenden, die auf Vier- und Dreiecke aufbauen.

Für einen Topflappen schneidet man sich eine quadratische Pappschablone mit der Seitenlänge 7,5 cm. Man arbeitet mit vier verschiedenfarbigen Baumwollstoffen (Abb. 1).

Dabei muß man darauf achten, daß die Schablone gemäß dem Fadenlauf auf dem Stoff liegt. Dann wird unter Berücksichtigung einer Nahtzugabe von 6 mm mit einem harten Bleistift der Quadratumriß gezeichnet (Abb. 2). Man benötigt je zwei Quadrate von drei Farben und drei von der vierten.

Die Quadrate legt man sich in der gewünschten Reihenfolge zusammen. Dann werden sie mit der entsprechenden Nahtzugabe ausgeschnitten.

Ein Quadrat der Hauptfarbe und ein weiteres Quadrat legt man rechts auf rechts und näht sie entlang der Bleistiftlinie zusammen (Abb. 3). Danach wird ein Quadrat der dritten Farbe angenäht (Abb. 4). Für den zweiten Streifen verbindet man Quadrate der Farben vier, eins und zwei, für den dritten Streifen Quadrate der Farben drei, vier und eins. Danach Nähte bügeln.

Jetzt verbindet man den ersten und zweiten Streifen (Abb. 5) und fügt dann den dritten Streifen hinzu, um ein Patchworkquadrat zu erhalten (Abb. 6). Die Rückwand kann man identisch arbeiten oder aus nur einem Material zuschneiden. Vorder- und Rückwand werden rechts auf rechts gelegt und mit feinen Stichen zusammengenäht, wobei man eine kleine Öffnung zum Wenden läßt. Man schneidet die Ecken zurück, wendet die Arbeit und stopft sie mit leichter Füllung aus, bevor man die Öffnung schließt. Damit die Füllung nicht verrutscht, sollte man entlang der Nahtlinien oder innerhalb der Quadrate steppen.

Dabei ist es wichtig, daß der Heftstich gleichmäßig und in kleinen Stichen gearbeitet wird.

Der Steppblock

Der Topflappen verdeutlicht bereits die einfachste Form des amerikanischen Steppblockmusters, das auf Vier- und Dreiecken aufbaut.

Das hier abgebildete Muster »Sister's choice« ist ein weiteres typisches Beispiel des amerikanischen Patchwork (Abb. 7).

Für ein Musterquadrat von 37,5 cm Seitenlänge, das man später als Kissen oder Teil einer Patchworkdecke verwenden kann, benötigt man eine quadratische Schablone mit einer Seitenlänge von 7,5 cm und eine Dreiecksschablone. Für diese wird das Quadrat diagonal geteilt.

Am besten verwendet man zwei in Farbe und Muster kontrastierende Stoffe. Mit Hilfe der Schablone schneidet man neun helle und neun dunkle Quadrate aus sowie acht helle und acht dunkle Dreiecke. Je ein helles und dunkles Dreieck wird entlang der Diagonale zu insgesamt acht Quadraten zusammengenäht (Abb. 8).

Anschließend verbindet man gemäß unten stehender Abbildung je fünf Quadrate zu fünf Streifen. Nach dem Zusammennähen der einzelnen Streifen werden die Nähte versäubert und gebügelt.

Diese Patchworkarbeit läßt sich sehr gut mit der Nähmaschine anfertigen.

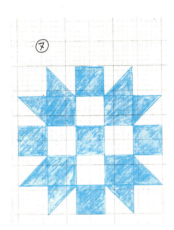

Patchwork-Decken

Das Zusammennähen von Patchwork

Häufig näht man Patchworkblocks durch gleich breite Stoffstreifen zusammen, die jeden Block von dem anderen trennen. Die Streifen können ruhig von unterschiedlicher Farbe sein, solange sie im Design mit den Blocks harmonieren. Man kann an den Kreuzstellen der Streifen auch noch andersfarbige Quadrate einsetzen.
Zunächst schneidet man Stoffstreifen von der Länge der Musterquadrate zu und näht einen Blockstreifen (Abb. 1). Mit Hilfe von langen Zwischenstreifen werden auf diese Weise die einzelnen Patchworkquadrate verbunden (Abb. 2).
Falls noch mit den Verbindungsstreifen in Kontrast stehende Quadrate eingearbeitet werden, muß man alle Teile sehr exakt abmessen und sorgfältig zusammennähen, da das Muster millimetergenau stimmen muß.
Man kann Musterquadrate für Patchwork-Decken auch diagonal verbinden. Dies ist besonders wirkungsvoll, wenn ein Quadrat schlicht, das andere gemustert ist. Dafür benötigt man drei Schablonen: eine für das Quadrat, eine Dreieckschablone aus der Hälfte des Quadrates und eine Dreieckschablone als Viertel des Quadrates (Abb. 3).

Das Füllen und Abfüttern von Patchwork-Decken

Patchworkdecken müssen eine Stoffrückwand und, um genügend zu wärmen, eine Füllung haben. Als Füllung verwendet man Wolle oder Baumwolle, doch gibt es heute Synthetikmaterial, das die Form besser bewahrt und sich leichter reinigen läßt.
Für die Rückwand sollte man einen leichten Stoff verwenden, der in der Materialzusammensetzung dem im Deckenoberteil verarbeiteten Stoff gleicht. Bei einer sehr großen Patchwork-Decke wird man für die Rückwand mehrere Stoffbreiten zusammennähen müssen. Auch hier ist es ratsam, die Nähte so zu planen, daß sie ein Muster bilden, als sie einfach willkürlich zusammenzunähen.
Wenn die Decke eingefaßt wird, sollte der Stoff für die Rückwand rundherum etwas größer als die Oberseite sein und erst nach dem Steppen mit allen Schichten gleichmäßig zurückgeschnitten werden. Faßt man die Decke mit der Rückwand ein, so muß diese an jeder Seite 2,5 cm über die Füllung und Deckenoberseite überstehen.
Man legt die Rückwand mit der rechten Seite nach unten auf den Fußboden oder eine andere große Fläche, darauf die Füllung und darauf das sorgfältig gebügelte Patchwork.
Von der Mitte her heftet man nun die drei Schichten gleichmäßig in diagonalen Linien zu den Ecken hin zusammen. Dann heftet man wieder von der Mitte her in Rechtecken um den Mittelpunkt, wobei die Heftnaht die Seiten exakt zusammenhält.
Es lohnt sich, bei diesem Arbeitsgang sehr sorgfältig vorzugehen, da man die Arbeit dann um so problemloser beenden kann.

Der Entwurf der Patchwork-Kante

Jede Patchworkarbeit sollte eine abschließende Kante haben. Dies kann ein Stoffstreifen, ähnlich dem Verbindungsstreifen sein, aber auch eine einfache eingefaßte Kante oder ein speziell für die Arbeit entworfenes Kantenmuster. Für weit herunterhängende Decken sollten die Ecken abgeschrägt sein, damit sie den Boden nicht berühren (Abb. 4). Der heruntrhängende Teil wird häufig als Einfassung gearbeitet, in der sich Formen und Farben der Patchwork-Quadrate wiederholen.

Die Verwendung eines Quiltrahmens

Im Idealfall wird die Patchwork-Decke jetzt in einen Quiltrahmen gespannt, der jedoch in den seltensten Fällen vorhanden sein dürfte. Schlagen Sie dazu auch das Kapitel »Quilten«, Seite 204, auf. Man kann ebenso gut mit einem runden Holzrahmen von ca. 58 cm Durchmesser arbeiten. Der Vorteil eines solchen Rahmens liegt darin, daß er nicht soviel Platz einnimmt. Man kann den runden Rahmen auf einem Untersatz befestigen oder an einen Tisch oder Stuhl anlehnen. Die gehefteten Schichten sollten straff in dem Rahmen liegen. Man beginnt mit einer feinen Nadel und einem ca. 40 cm langen Baumwollfaden zu steppen. Der Knoten am Fadenende bleibt auf der Oberseite. Man sticht ca. 2,5 cm durch das Füllmaterial und beginnt mit einem Hinterstich – der Knoten wird dann weggeschnitten, und das Fadenende verschwindet im Innern der Decke. Gesteppt wird mit kleinen Vorwärtsstichen durch alle drei Schichten. Das Fadenende vernäht man mit einem Hinterstich. Wenn man die Schichten, wie beschrieben, vorbereitet hat, kann man auch mit der Maschine steppen. Dabei muß man darauf achten, daß sich an den Stellen, wo sich die Nähte kreuzen, keine Falten bilden. Auch hier arbeitet man stets von der Mitte zur Seite.
Das Steppmuster kann ebenso wirkungsvoll wie das Patchworkmuster sein. Besonders schön ist es, wenn man das Steppmuster dem Patchworkdesign anpaßt. Die Stepplinien markiert man auf der Oberseite mit einem Bleistift und einem Lineal oder einer gekrümmten Schablone (die Bleistiftlinien verschwinden beim Waschen).
Nach der Stepparbeit wird die Decke eingefaßt. Dazu kann man entweder die größer zugeschnittene Rückwand nach vorne klappen und säumen oder aber die gesamte Decke mit einem separaten Material einfassen (siehe Seite 281, »Fertigstellung von Patchwork«).

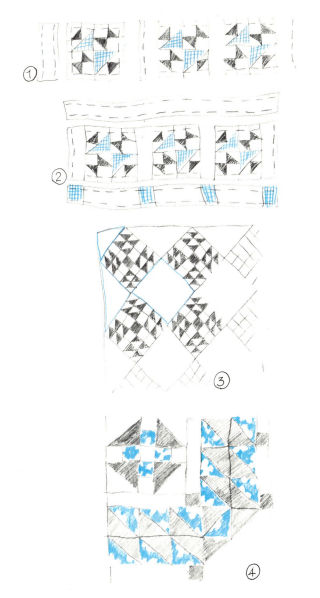

Weitere Patchworkarten

Bisher ging es nur um die zusammengesetzte Patchworkarbeit. Eine andere, sehr wesentliche Richtung ist appliziertes Patchwork.

»Crazy Patchwork«

Das einfachste Beispiel für eine applizierte Arbeit ist »Crazy Patchwork«. Dies kann entweder ein wirres Mischmasch von Stoffen oder eine sorgfältig geplante Collage sein, je nachdem, welche Materialien zur Verfügung stehen und wieviel Erfahrung man schon gesammelt hat. Für ein modernes »Crazy-Patchwork« benötigt man eine Rückwand, Füllmaterial und Stoffreste. Dabei es es egal, ob man von Hand oder mit der Nähmaschine arbeitet.
Man entscheidet zunächst, wie groß das geplante Modell werden soll – ein Kissen zum Beispiel wäre als Probestück gut geeignet – und schneidet die Rückwand und die Füllung zu. Die Füllung wird auf die Rückwand geheftet (Abb. 1). In einer Ecke beginnend, wird das erste Stoffstück aufgesteckt (Abb. 2). Den zweiten Flicken legt man rechts auf rechts auf den ersten, so daß die nach innen zeigenden Seiten exakt aufeinanderliegen. Man näht beide Stoffstücke durch alle drei Schichten zusammen und klappt das zweite zurück (Abb. 3a, 3b). Auf diese Weise wird Flicken an Flicken genäht, bis der gesamte Hintergrund bedeckt ist.
Bei dieser Arbeit können kleine Probleme auftreten. So müssen z.B. bei einem hellen Stoff, der einen dunklen überschneidet, die Nahtzugaben breit genug sein, damit der dunkle Stoff nicht durchscheinen kann. Rechte Winkel können ebenfalls Schwierigkeiten verursachen (Abb. 4a). Man kann diese Lücke durch ein abgerundetes Stück ausfüllen (Abb. 4b), das man flachbügelt und dann mit Stickerei verziert.
Man kann auch eine gerade Naht über die problematische Stelle nähen; dann muß allerdings der bereits applizierte Stoffteil zurückgeschnitten werden (Abb. 4c).
Die beste Lösung in diesem Fall ist jedoch, daß man eine Seite wie üblich annäht (Abb. 5a), die andere Seite bereits einschlägt und feststeckt und sie später durch einen Zierstich festnäht (Abb. 5b).
Traditionsgemäß wird »Crazy-Patchwork« durch einen Zierstich abgeschlossen, der gleichzeitig zum Steppen dient. Man kann den Zierstich mit der Maschine nähen, doch ist ein von Hand gearbeiteter wesentlich wirkungsvoller. Hierfür eignet sich besonders gut der Schling- oder Zangettenstich (Abb. 6a), der Hexenstich (Abb. 6b) und der Fischgrätstich (Abb. 6c), doch können selbstverständlich auch andere Stiche verwendet werden.
Das traditionelle Blockmuster »Großmutters Fächer« wurde aus dieser Technik entwickelt. Ein Beispiel wird auf Seite 287 gezeigt. Die einzelnen Fächerteile werden auf einen Block appliziert, der aus einem sehr hübschen Stoff sein sollte, da er nicht völlig verdeckt wird. Die Fächerteile werden wie beim »Crazy-Patchwork« appliziert. Man muß jedoch darauf achten, daß alle Teile gleich sind. Am unteren und oberen Rand des Fächers schlägt man den Stoff leicht ein und appliziert mit fast unsichtbaren Stichen.

Muschel-Patchwork

Dieses Muster entsteht durch das Zusammensetzen von Stoffteilen mit Hilfe einer Papiervorlage und der Appliziertechnik. Man schneidet sich eine Muschelvorlage aus Karton aus. Diese steckt man auf die rechte Stoffseite (Abb. 7) und schneidet mit entsprechender Nahtzugabe zu. Der Stoff wird mit der linken Seite auf die Schablone gelegt, so daß die Schablone unten liegt. Mit kleinen Stichen heftet man die Nahtzugabe um. Dabei muß sorgfältig darauf geachtet werden, daß die Form der Vorlage exakt eingehalten wird (Abb. 8a). Bei den inneren Kurven wird die Nahtzugabe nicht eingeklappt – man markiert lediglich die Nahtlinien durch Heftstiche. Danach wird die Schablone entfernt. Die vorbereitete Muschel sollte wie Abb. 8b aussehen.
Beim Zusammensetzen der Muschel ist es hilfreich, ein Gummiband über ein mit Stoff bespanntes Brett zu spannen (Abb. 9). Beim Aufstecken der Muscheln auf den Stoff gewährleistet das Gummiband eine gerade Linie. In der zweiten Reihe legt man die Muscheln so, daß die obere Rundung mit den gekennzeichneten unteren Nahtlinien der ersten Reihe abschließt. Dabei wird das Gummiband für jede neue Reihe versetzt.
Muschelflicken kann man entweder an die vorhergehende Reihe annähen oder aber mit Rückwand und Füllung zusammen an die Nahtlinien steppen, je nach vorgesehenem Verwendungszweck. Sie können auch unterschiedlich angeordnet werden, wodurch sich neue Muster ergeben (Abb. 10a und 10b).

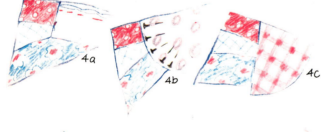

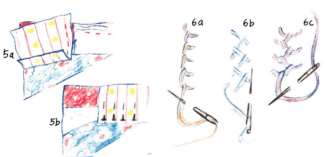

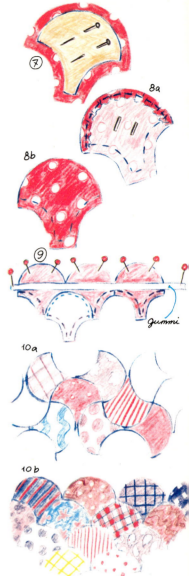

Blockhaus-Muster

Eine besonders beliebte Patchworkart ist das applizierte Blockhausmuster, das entweder von Hand oder mit der Maschine gearbeitet werden kann.
Für das Nähen des Grundquadrates gibt es drei Methoden:
Bei der ersten schneidet man ein Rückwandquadrat von der endgültigen Blockgröße plus Nahtzugabe zu, wobei man Hilfslinien entlang den Diagonalen heftet (Abb. 11a). Aus einem Stoff, der in Kontrast zu den sonst verwendeten Materialien steht, wird ein Quadrat von 4 cm Seitenlänge zugeschnitten. Aus den anderen Stoffen (z.B. zwei Rosé- und zwei Blautöne) schneidet man nach dem Fadenlauf 2,5 cm breite Streifen.

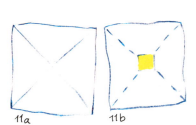

Das kleine Quadrat wird auf die Mitte des Rückwandquadrates geheftet (Abb. 11b). An eine Seite des Quadrates näht man einen hellrosé Streifen (Abb. 12a), wendet und bügelt (Abb. 12b). Aus dem zweiten

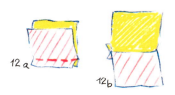

Roséton wird an die nächste Seite ein Streifen genäht (Abb. 13a, 13b). Alle Ecken müssen einen exakten rechten Winkel bilden, die Nahtzugabe soll stets 6 mm betragen. Alle Abmessungen dieser Arbeit erfordern große Genauigkeit.

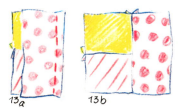

Blockhaus-Muster mit Raster

Eine zweite, schnellere Methode, dieses Muster exakt zu arbeiten ist, sich dafür ein Raster anzufertigen. Man braucht dazu graphisches Papier und Schneiderkreide. Erst zeichnet man die Einteilung auf das Papier und überträgt sie mit dessen Hilfe auf das Rückwandquadrat. Dieser Raster dient dann als Richtlinie für das Ansetzen der weiteren Streifen (Abb. 14a, 14b).

Blockhaus-Muster mit der Nähmaschine

Bei der dritten Möglichkeit, das Muster zu arbeiten, wird auf die Rückwand verzichtet. Sehr genau müssen die 2,5 cm breiten Streifen zugeschnitten werden. Man näht den ersten, zweiten, dritten und vierten Streifen mit der Nähmaschine an das mittlere Quadrat und bügelt (Abb. 15a, 15b, 15c). Von da an näht man den nächsten Streifen stets im Abstand von 1,5 cm zur vorherigen Naht. So erhält man auf sehr viel leichtere Art ein exakt genähtes Quadrat (Abb. 16a, 16b).
Es gibt also, wie gezeigt, eine Vielzahl von Methoden, das Blockhaus-Muster zu nähen; doch sind damit die Möglichkeiten für die endgültige Zusammenstellung der einzelnen Blöcke zu einem Kissen oder einer Decke noch längst nicht erschöpft.

Applizierte Blocktechnik

Beispiele für diese Technik findet man heute nur noch selten, im letzten Jahrhundert jedoch erfreute sich diese Patchworkrichtung großer Beliebtheit. So zeigen Beispiele aus dieser Zeit ein hohes Niveau in Design und Technik. Ein sehr beliebtes Muster war die »Prärieblume« (Abb. 17). Diese reich verzierte Decke bestand aus großen und kleinen Quadraten, die durch Stoffstreifen aus dem Rückwandmaterial verbunden waren.
Die größeren Quadrate wurden, wie unten gezeigt, appliziert. Für die einzelnen Formen von Blumen, Knospe und Blatt fertigte man sich individuelle Schablonen (Abb. 18). Die Stiele wurden mit Schrägstreifen gearbeitet (Abb. 19a, 19b).
Die Blätter sind wie die auf der vorherigen Seite vorgestellten Muschelteile gearbeitet. Bei den Blütenformen müssen die inneren Spitzen eingeschnitten werden, bevor man die Nahtzugabe zurückklappen kann (Abb. 20). Die Musterteile werden auf den Block gesteckt und mit kleinen, fast unsichtbaren Stichen angenäht.
Bei den modernen applizierten Patchwork-Decken werden vorwiegend Muster wie das Alphabet (Seite 316), Tier- oder andere dekorative Motive als Vorlagen verwendet.

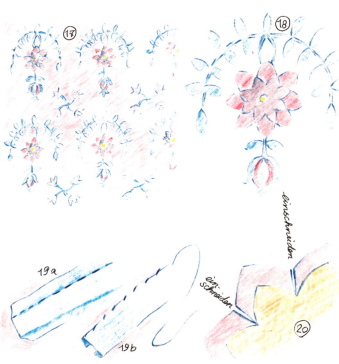

Patchwork

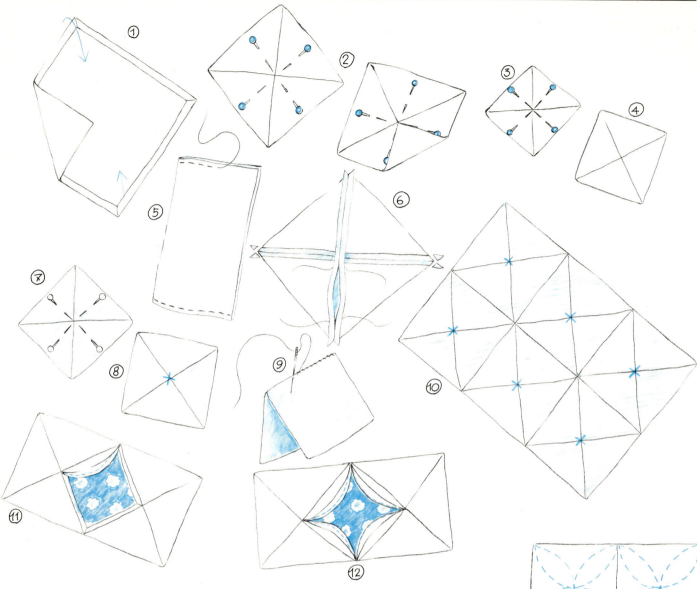

»Domfenster«-Patchwork

Das »Domfenster«, eine weitere schöne Variante des Patchwork, steht etwas außerhalb aller bisher erwähnten Muster. Dafür werden Stoffquadrate gefaltet und mit kontrastierenden Stoff-Flicken dekoriert. Eine so gearbeitete Patchwork-Decke benötigt keine Rückwand, und die Stepparbeit ist ein Teil des Patchworkmusters. Es gibt zwei mögliche Methoden für die vorbereitende Arbeitsphase. Die traditionelle Arbeitsweise verlangt ein sorgfältiges Falten und Stekken, während die neuere Methode sehr schnell mit der Maschine oder von Hand im Vorstich gearbeitet werden kann.

Erste Methode
Man schneidet die benötigte Anzahl von Quadraten mit 15 cm Seitenlänge zu, schlägt rundherum 3 mm ein und bügelt (Abb. 1). Die Ecken klappt man zur Mitte und steckt sie mit Nadeln fest (Abb. 2). Dann werden die Ecken noch einmal zur Mitte gefaltet (Abb. 3) und dort mit einem Zierkreuzstich festgehalten (Abb. 4). Danach entfernt man die Stecknadeln.

Zweite Methode
Falten Sie das Quadrat mit der rechten Seite nach innen zur Hälfte um, und nähen die Schmalseiten von Hand oder mit der Maschine 3 mm vom Rand entfernt zusammen (Abb. 5). Bügeln Sie die Naht aus und falten jetzt so, daß die beiden anderen Seiten zusammengenäht werden können, wobei eine kleine Öffnung zum Wenden gelassen wird. Das überschüssige Material an den Ecken stutzen und wenden (Abb. 6). Die Ecken des Quadrates zur Mitte hin einklappen (Abb. 7) und mit einem Zierstich festhalten (Abb. 8).

Bei beiden Methoden wird von jetzt an auf die gleiche Weise weitergearbeitet. Zwei Quadrate werden rechts auf rechts an einer Seite mit feinen Überwendlichstichen zusammengenäht (Abb. 9). Auf diese Weise näht man so viele Quadrate aneinander, wie man sie für die geplante Patchworkdecke benötigt (Abb. 10).

Jetzt schneidet man aus hübschen Stoffresten Quadrate mit 2,5 cm Seitenlänge zu, legt sie auf die Verbindungsnaht zweier Quadrate und steckt sie dort fest. Die Seiten der Rückwandquadrate werden über das bunte Quadrat geklappt (Abb. 11) und mit einem zum Hintergrundmaterial passenden Nähfaden durch alle Schichten hindurch festgesteppt (Abb. 12).

Sie werden nun feststellen, daß durch das Steppen auf der Rückseite ein dekoratives Muster von ineinandergreifenden Kreisen, das sogenannte »Domfenster«, entstanden ist (Abb. 13).

Technik

Fertigstellung von Patchwork

Einfassen der Kanten und Ecken

Viele der in diesem Kapitel beschriebenen Patchworkmodelle verlangen ein abschließendes Einfassen der Kanten und Ecken. Die folgenden Nähanleitungen beinhalten das Einfassen von Kanten und Ecken in einem Arbeitsgang.

Vorbereitung der Einfassung

Zum Einfassen schneidet man sich aus einem passenden Material Streifen nach dem Fadenlauf (Schrägband nur für abgerundete Teile verwenden). Je nach gewünschter Breite werden die Streifen 4 oder 6 × so breit zugeschnitten. Durch Diagonalnähte verbindet man sie zu einem Band, das 15 cm länger als der Umfang der Arbeit sein soll. Wenn man ein breites Einfaßband verwenden möchte, faltet und bügelt man dieses zur Hälfte (mit der Stoffrückseite nach innen).

Annähen der Einfassung

An einer Seite in der Mitte beginnend wird das Band rechts auf rechts durch alle Schichten an den Rand der Arbeit gesteckt. Um eine saubere Verarbeitung der Ecken zu gewährleisten, klappt man das Band in einem Winkel von 90° um und legt es so, daß eine diagonale Falte entsteht (Abb. 1). Man heftet durch alle Schichten bis zur Ecke der Falte und näht das Band entsprechend 6 mm vom Rand entfernt mit der Maschine an (Abb. 2). Von der Diagonalfalte legt man das Band bis zum Rand und klappt es zurück, so daß es an der nächsten Kante anliegt (Abb. 3). Auf diese Weise wird es nun rundherum angenäht, überstehende Füllung und Rückwand werden zugeschnitten. Jetzt wendet man die Arbeit nach links, faltet das Einfaßband nach hinten, so daß es mit der Maschinennaht abschließt und steckt es mit Stecknadeln fest. Die Ecken werden, wie auf Abb. 4 und 5 zu sehen ist, gefaltet. Zum Schluß wird das Band an die Rückwand gesäumt und die diagonalen Nähte der Ecken mit feinen Stichen geschlossen (Abb. 5).

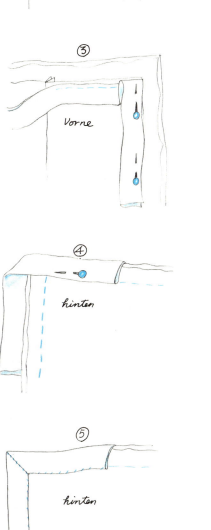

Verknoten von Patchwork

Das Steppen soll zum einen die verschiedenen Stoffschichten zusammenhalten, zum anderen als Dekoration dienen. Da die heute verwendeten Synthetikfüllungen nicht mehr so leicht verrutschen wie die früher verwendeten Materialien, kann man die Stofflagen auch durch Verknoten miteinander verbinden. Dies ist eine besonders gute Methode, z. B. wenn eine Patchwork-Decke so dick ist, daß das Steppen Schwierigkeiten bereitet.
Es ist dabei ratsam, die Knoten entlang der Patchworknähte (siehe Abbildung unten) anzubringen.

Zum Verknoten sollte man ein starkes Garn aus Naturfasern verwenden, da Synthetikgarne den Knoten auf Dauer nicht halten. Man sticht durch alle Schichten von oben nach unten, wobei man das Fadenende oben festhält, und kommt dicht neben dem ersten Einstich wieder zurück. Die beiden Fadenenden verknotet man mit einem festen Kreuzknoten und schneidet sie dann auf 1 cm zurück oder vernäht sie in den Schichten. Es sieht sehr dekorativ aus, wenn man für diese Arbeit den französischen Knoten anwendet oder farbige Perlen und Knöpfe zusätzlich an den verknoteten Stellen anbringt.

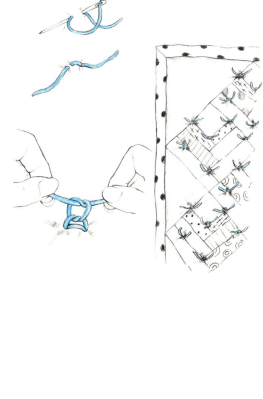

Muster

Die Möglichkeiten, Patchworkmuster zu gestalten, sind nahezu unbegrenzt. Dekorative Anhaltspunkte finden sich überall; sie reichen vom römischen Pflasterdesign bis zur Kunstrichtung des Kubismus. Bleistift, Lineal und graphisches Papier sind die einzigen Utensilien, die man benötigt, um eigene originelle Entwürfe für verschiedene Patchworkmuster anzufertigen. Wichtig ist nur, beim Entwerfen und Übertragen des Musters einige Grundregeln zu beachten.

Der richtige Maßstab

Beim Entwurf einer Patchwork-Decke ist das richtige Größenverhältnis der Musterkomponenten entscheidend. Man kann z.B. eine Decke aus Sechsecken mit 2,5 cm Seitenlänge arbeiten, doch wird dieses mühevolle Unterfangen nur dann die erhoffte Wirkung zeigen, wenn die Sechsecke zusammengesetzt ein Muster ergeben, das optisch harmonisch über die Gesamtfläche der Decke verläuft.
Wenn man nicht gerade Miniatur-Patchwork, wie z.B. Puppen und Puppenhauszubehör plant, sollten die Schablonen, um praktikabel zu sein, im allgemeinen eine Seitenlänge von nicht weniger als 13 mm haben. Die oberste Grenze für hübsche Kombinationsmöglichkeiten liegt bei ca. 6 cm.
Blockmuster dagegen bilden eine Ausnahme. Man kann durchaus einen Block so vergrößern, daß er eine ganze Decke bildet, wie das bereits im 17. Jahrhundert modern war. Sehr gut eignen würde sich dieses Design z.B. für eine Duvetinedecke, da bei dieser Stoffbeschaffenheit jedes detaillierte Muster ohnehin verlorenginge.

Die harmonische Farbkombination

Wenn Sie eine Patchworkarbeit planen, sollten Sie sich als erstes die Farbenkombinationen sehr gründlich überlegen. Ein schön gearbeitetes Kissen oder eine Decke können zwar für sich ein Kunstwerk darstellen, aber völlig fehl am Platz sein, wenn sie mit den Farben der Einrichtung des Raumes nicht harmonieren.
Die meisten von uns kennen die Farbenlehre noch von der Schule her. Man sollte sich an diese Regel erinnern, die besagt, daß Farbschattierungen von einer Seite des Farbkreises mit den direkt gegenüberliegenden kombiniert werden sollten, wie z.B. Orangetöne mit etwas blau, Lavendeltöne mit gold. Sehr vorsichtig muß man dagegen bei der Kombination von benachbarten Farben vorgehen.
Es mag vielleicht verführerisch sein, Stoffe zu verwenden, die zwar verschiedene Muster aufweisen, jedoch die gleiche Grundfarbe haben. Ein solches Patchwork würde sehr langweilig wirken. Um ein lebendiges Muster zu erhalten, ist eine Kontrastfarbe unbedingt notwendig.

Die passende Farbe zur Einrichtung

Kissen sollten für das Zimmer entworfen werden, in dem sie später auch ihren ständigen Platz haben. Sie können dazu eine Farbrichtung aus dem Zimmer aufnehmen – was jedoch gelegentlich fade wirken kann –, oder durch eine passende Kontrastfarbe einen effektvollen Akzent setzen. Zu einem Zimmer, das in Creme- und Brauntönen gehalten ist, würden z.B. gut Kissen in Orange oder Gold passen.

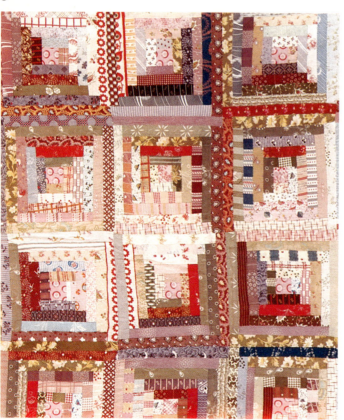

Blockhaus-Patchwork, das aus gut abgestimmten Baumwollstoffen gearbeitet wurde.

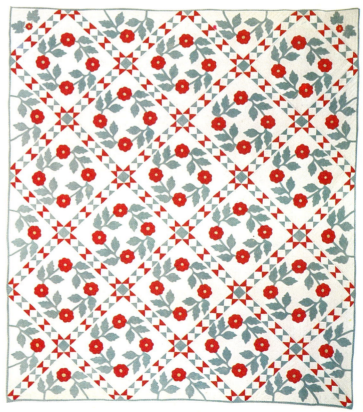

Wirkungsvolle Farbkombination von rot und grün gegen einen weißen Hintergrund.

Muster

Eine weitere Möglichkeit wäre, die Farbe der Vorhänge irgendwo im Raum zu wiederholen. Bei einfarbigen Stoffen ist die Lösung einfach, bei großgeblümten kann sie etwas problematisch sein. In diesem Fall fertigt man sich eine Fensterschablone, mit deren Hilfe man Farbbereiche aus dem Vorhangstoff auswählt und zu einem Muster zusammensetzt. Auch könnte man diese Stoffteile mit einem neutralen Stoff kombinieren.

Beim Entwerfen eines Sets von Kissen oder Quadraten für eine Decke sollte man in Erwägung ziehen, gleiche Muster-Schablonen und gleiche Stoffe zu verwenden. Durch eine unterschiedliche Reihenfolge in der Verarbeitung der Muster lassen sich ganz unterschiedliche Effekte erzielen.

Irische Flicken- und Appliquédecke, die Mitte des 19. Jahrhunderts gearbeitet wurde.

Traditionelle Patchworkmuster

Rechts: »Schulhäuser« war ein beliebtes Muster in der zweiten Hälfte des 19. Jahrhunderts, das meistens aus roten Baumwollstoffen gearbeitet wurde. Der Entwurf stammt wahrscheinlich aus New Jersey, war jedoch überall in den Neu-England-Staaten beliebt.

Unten links: *Diese einfache Patchworkarbeit aus Irland (19. Jahrhundert) zeigt, daß auch eine einfache Kombination von Form und Farbe keineswegs zu verachten ist.*

Unten rechts: *Eine Patchworkarbeit des 20. Jahrhunderts aus Hawaii in roter und weißer Baumwolle mit dem Design des Fächers der Königin Kapiolani. Gesteppt wurde entlang der applizierten Umrisse in Linien mit 2,5 cm Abstand. Die Motive der in Hawaii entstandenen Quilts hatten symbolischen Charakter.*

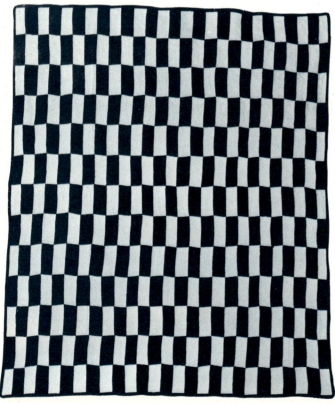

Muster

Rechts: *Eine applizierte Mosaikdecke, aufgebaut aus verschiedenen Streifen von Flickenarbeit. Sie umgeben einen großen Block in der Mitte; gedruckte Motive wurden ausgeschnitten und auf einen einfarbigen Hintergrund appliziert.*

Unten rechts: *Diese einfache Pennsylvanian-Amische Arbeit wurde aus feinen Wollstoffen gearbeitet. Die »Schranke«, so ihr Name, zeigt ein Rautenmuster; der Rand ist im Federmuster durch kunstvolle Stepperei verziert.*

Unten links: *Diese Patchworkarbeit basiert auf einem achtzackigen Stern. Das Muster heißt »Stern von Bethlehem«.*

Patchwork

Der applizierte Quilt »Braut von Baltimore« aus der Mitte des 19. Jahrhunderts. Es wird angenommen, daß die einzelnen Quadrate von Freunden der Braut gearbeitet und dann als Hochzeitsgeschenk für sie zusammengesetzt wurden.

Muster

Das Muster dieser Patchwork-Decke basiert auf einem achtzackigen Stern. Die Decke wurde vermutlich durch Flicken und applizierte Streifen für ein Doppelbett vergrößert. Der zweite Streifen von außen scheint nicht so recht gelungen; offensichtlich war nicht genügend Stoff vorhanden, um das Muster gleichmäßig zu beenden.

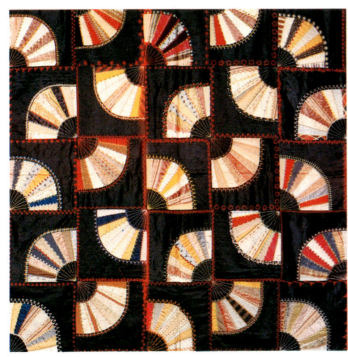

Diese Steppdecke heißt »Fannys Fächer« und ist eine Variation des Muster »Großmutters Fächer«, das auf Seite 278 erklärt wird. Sie wurde aus Bändern, Seide und Brokatstoffen zusammengesetzt, auf schwarzen Satin appliziert und durch Stickerei verziert. Man fand die Decke in der Mitgifttruhe einer unverheirateten Frau, die aus religiösen Gründen den Mann ihrer Wahl nicht heiraten durfte.

Patchwork

Die Papierfalttechnik

Amerikanische Patchworkblocks für Decken wurden nicht mit Schablonen und durch genaues Abmessen, sondern traditionsgemäß mit Hilfe von gefaltetem Papier entworfen. Dazu wurde ein Papierstück von der gewünschten Blockgröße gefaltet, das, noch einmal gefaltet, die Grundlage für den »4-Flicken-Block« bildete, bei dem man das Muster durch weiteres Falten beliebig verändern konnte (oberste Reihe). Einen dreifach gefalteten Block nannte man entsprechend 3-Flicken- oder 9-Flicken-Block. Auch hier wurden die Muster durch weiteres Falten verfeinert (3. und 4. Reihe).

Die 2. Reihe zeigt den 5-Flicken-Block, auf dem viele traditionelle amerikanische Muster basieren.

Den einzelnen Mustern hat man ganz bestimmte Namen gegeben, die von einem Teil des Landes zum anderen unterschiedlich waren.

Im allgemeinen wurden Patchworkdecken in einem Muster aus verschiedenfarbigen bedruckten oder einfarbigen Stoffen gearbeitet. Doch hat man durchaus auch verschiedene Muster in einer Steppdecke kombiniert, wobei Farben und Stoffe besonders gut aufeinander abgestimmt wurden.

Wippe

Windmühle

Yankee Puzzle

Geduldsecke

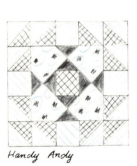
Handy Andy

Paradiesgarten

Entenflosse

Propeller

Wasserrad

Königin der Prärie

Jakobsleiter

Altarstufen

9-Flicken-Block

Stern von Ohio

Schraubenschlüssel

Palmenblatt

Muster

Der applizierte Block

Applizierte Arbeiten weisen sowohl einfache Blumen- und Blattmotive auf, wie sie auf dem Quilt »Braut von Baltimore« zu sehen sind, aber auch Muster wie jene aus Hawaii. Bei sehr feinen, stark verzweigten Mustern sind diese mit einem feinen Knopflochstich auf den Block aufgenäht. Diese Arbeit ist zwar wesentlich zeitraubender als das Säumen, dafür aber auch haltbarer und dekorativer.

Eichenblatt

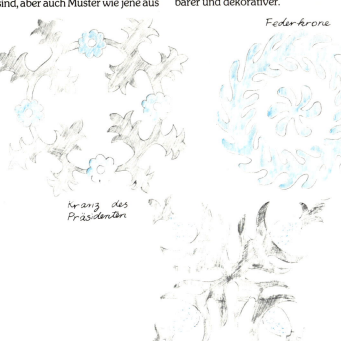
Kranz des Präsidenten — Federkrone

Kirschkranz — Prinzessinnenfeder

Ananas

Das Blockhaus-Muster

Mit diesem Muster kann man sehr unterschiedliche Effekte erreichen, je nachdem, wie die einzelnen Quadrate zusammengesetzt werden. Die unterschiedliche Anordnung von hell und dunkel gibt dem Patchwork von Fall zu Fall ein vollkommen anderes Erscheinungsbild, wie die Fotos auf dieser Seite beweisen.

289

Modelle

Auf den folgenden Seiten werden hübsche Patchworkmodelle gezeigt, die auf traditionellen Mustern basieren.

Duschhaube
Teewärmer aus Sechsecken

Patchwork

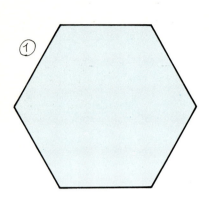
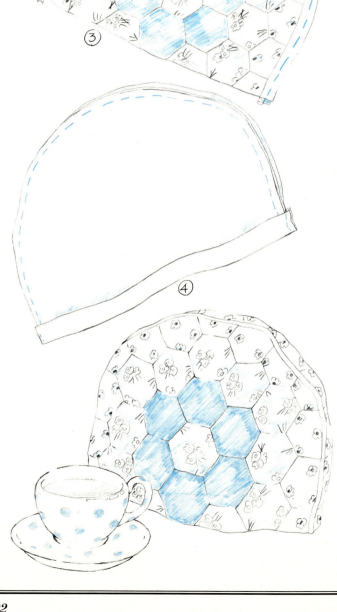

Teewärmer

Größe: 30 × 23 cm

Material

15 × 45 cm dunkler Baumwollstoff

23 × 90 cm Baumwollstoff von mittlerer Farbe

23 × 90 cm heller Baumwollstoff

45 × 90 cm Baumwollstoff für Futter

45 × 90 cm Synthetikfüllung

76 cm Paspelschnur

Arbeitsanleitung

Schablone. Man kopiert das Sechseck von Abb. 1 auf Pappe und schneidet es mit einem scharfen Messer exakt aus. Selbstverständlich kann man auch eine gekaufte Schablone von derselben Größe verwenden. Mit Hilfe dieser Pappschablone werden 62 Papiervorlagen ausgeschnitten (siehe Seite 268).

Zuschneiden und Nähen. Die Papierschablonen werden auf die linke Seite der Stoffe gesteckt, wobei man je 6 mm Nahtzugabe einplanen muß. Man schneidet 12 Sechsecke aus dem dunklen Stoff, 24 aus dem mittleren und 26 aus dem hellen Stoff. Die Nahtzugabe wird eingeschlagen und geheftet.
Für die beiden Seiten des Teewärmers setzt man die Sechsecke nach Abb. 2 zusammen, entfernt die Papierschablonen und bügelt das Patchwork.
Dann beschneidet man beide Teile nach der auf Abb. 2 zu sehenden Markierung. Entsprechend werden Füllung und Futter zugeschnitten. Aus dem verbleibenden Futterstoff schneidet man einen 4 cm breiten und 70 cm langen Schrägstreifen und faltet ihn der Länge nach zur Hälfte (linke Stoffseite nach innen). Man legt die Paspelschnur in den Streifen, steckt die Paspel rechts auf rechts an den Rand eines Patchworkteiles (Abb. 3) und heftet.

Fertigstellung. Die Füllung wird auf die linke Seite der Patchworkteile gesteckt. Man legt beide Hälften rechts auf rechts, näht sie an der Heftlinie für die Paspel zusammen und wendet die Arbeit. An der unteren Kante einen Saum nach innenschlagen und heften. Mit 13 mm Nahtzugabe näht man die Futterteile zusammen, schlägt unten ebenfalls einen Saum ein und bügelt (Abb. 4). Das Futter wird in den Teewärmer gesteckt und beide Teile werden am unteren Rand mit feinen Stichen zusammengenäht.

Duschhaube

Beliebige Größe

Material

ca. 1 m × 90 cm Flicken von bedruckten Baumwollstoffen

50 × 50 cm Plastik als Futter

75 cm schmales Gummiband

2 m Nylonspitze

Arbeitsanleitung

Zuschneiden und Nähen. Aus den bedruckten Stoffresten schneidet man 25 Quadrate von je 12 × 12 cm zu.
Nachdem man 6 mm Nahtzugabe eingeschlagen hat, verbindet man je 5 Quadrate zu 5 Reihen (Abb. 1), bügelt die Nähte aus und verbindet nun die 5 Reihen zu einem großen Quadrat. Wieder die Nähte ausbügeln.

Fertigstellung. Man fertigt ein Kreispapiermuster von 49 cm Durchmesser an, legt es auf die Mitte des Patchworkquadrates (Abb. 2) und schneidet entsprechend zu. Rundherum wird ein 3 mm breiter Saum genäht. Den Patchworkteil legt man mit der rechten Seite nach oben auf das Plastikfutter, heftet die Spitze zwischen Futter und Patchworkteil (Abb. 3) und näht durch alle 3 Schichten so nahe zum Rand wie möglich.
Das Plastikfutter wird zurückgeschnitten. Dann mißt man das Gummiband so ab, daß es bequem um den Kopf paßt, und näht es 2,5 cm vom Rand entfernt mit dem größten Stich der Nähmaschine auf die linke Seite. Dabei wird der Stoff gekräuselt (Abb. 4). Die Fadenenden werden gut vernäht.

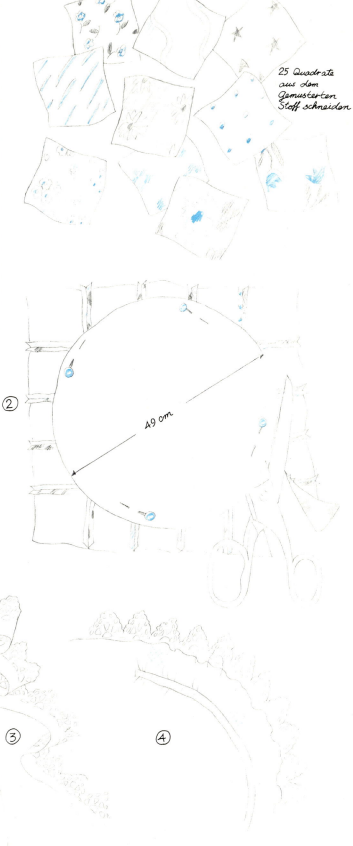

Taschen in allen Größen

Patchwork

Umhänge-täschchen

Größe: 16,5 × 13,5 cm

Material

Je 5,5 × 43 cm bedruckter Baumwollstoff in 3 Farben

15 × 43 cm einfarbiger Baumwollstoff für das Futter

2 m Schrägband, 1 Knopf

15 × 43 cm Synthetikfüllung

Arbeitsanleitung

Patchwork. Man näht die 3 Baumwollstreifen der Länge nach mit 6 mm Nahtzugabe zusammen (Abb. 1) und bügelt die Nähte auseinander.

Steppen. Die Füllung wird auf den Futterstoff gelegt, darauf der Patchworkteil, und alle 3 Schichten werden am Rand entlang zusammengeheftet. Nun steppt man von Hand oder mit der Nähmaschine entlang der Nahtlinien und am Rand (Abb. 2) und schneidet das überschüssige Füllmaterial und den Futterstoff bis zum Rand zurück.

Fertigstellung. Eine Schmalseite faßt man mit Schrägband ein (Abb. 3). Aus einem 12 cm langen Schrägbandstreifen wird die Öse für den Knebelknopf genäht. Jetzt faltet man die Tasche so, daß 9 cm für die Klappe bleiben (Abb. 4), schließt die Seiten, näht dann auch um die Klappe mit abgerundeten Ecken, wobei man in der Mitte der Lasche die Öse mitfaßt (Abb. 4). Jetzt wird der Stoff nahe zur Naht zurückgeschnitten und die Tasche mit Schrägband eingefaßt. Das Trageband wird aus 76 cm Schrägband, das man der Länge nach faltet und zusammennäht, an jeder Seite hinter der Taschenklappe angenäht. Zum Schluß näht man einen Knebelknopf an (Abb. 5).

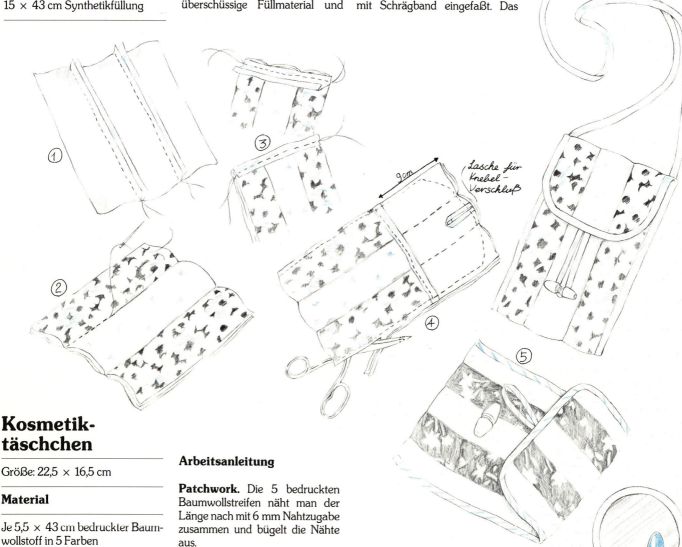

Kosmetiktäschchen

Größe: 22,5 × 16,5 cm

Material

Je 5,5 × 43 cm bedruckter Baumwollstoff in 5 Farben

23,5 × 43 cm Plastik als Futter

1,5 m Schrägband

23,5 × 43 cm Synthetikfüllung

1 Knebelknopf

Arbeitsanleitung

Patchwork. Die 5 bedruckten Baumwollstreifen näht man der Länge nach mit 6 mm Nahtzugabe zusammen und bügelt die Nähte aus.

Steppen. Den Patchworkteil steckt man nun mit der rechten Seite nach oben auf die Füllung und steppt mit der Hand oder Nähmaschine entlang der Nahtlinien und am Rand. Nun wird der gesteppte Teil mit der rechten Seite nach oben auf das Plastikfutter gelegt und alle Schichten am Rand entlang zusammengenäht

Fertigstellung. Überschüssiges Plastik schneidet man zurück und arbeitet jetzt wie beim Umhängetäschchen weiter, wobei hier das Trageband wegfällt.

Einkaufstasche

Größe: 46 × 22,5 × 15,5 cm

Material

11 Baumwollstoffstreifen 5,5 × 89 cm

10 Baumwollstoffstreifen 5,5 × 30 cm

46 × 67 cm bedruckter Baumwollstoff für die Riemen

100 × 90 cm einfarbiger Baumwollstoff für das Futter

2 m Nahtband

100 × 90 cm Synthetikfüllung

46 cm langer Reißverschluß

Arbeitsanleitung

Patchwork. Für den Taschenkörper werden die 11 längeren Streifen der Länge nach mit 6 mm Nahtzugabe zusammengenäht und die Nähte ausgebügelt (Abb. 1). Für die beiden Seitenteile der Tasche näht man mit Nahtzugabe je 5 der kürzeren Streifen der Länge nach zusammen und bügelt die Nähte aus.

Steppen. Legen Sie die Füllung auf die linke Seite des Futterstoffs, darauf die Patchworkteile mit der rechten Seite nach oben. Die Schichten werden zusammengesteckt und Füllung und Futter nach den Patchworkteilen zugeschnitten. Dann steppt man durch alle drei Schichten entlang der Nahtlinien und am Rand. Dies kann von Hand oder mit der Nähmaschine geschehen. Aus Papier fertigt man ein rechteckiges Muster 28 × 18 cm und rundet die Ecken ab. Die Vorlage legt man auf die Seitenteile, kennzeichnet den Umriß mit einem Bleistift und näht mit der Maschine entlang der Linie (Abb. 2). Dann den überstehenden Stoff bis nahe zur Naht zurückschneiden.

Fertigstellung. Für die Riemen schneidet man 12 cm breite Streifen zu und näht sie zu einem 254 cm langen Band zusammen. An jeder Seite schlägt man 6 mm ein und bügelt dann das Band. Dann wird das Band zur Hälfte gefaltet und wieder gebügelt. Das verbleibende Füllmaterial schneidet man in 4,5 cm breite Streifen und näht es zu einem Band zusammen. Man schiebt diesen Streifen in den vorbereiteten Baumwollstreifen und heftet die offene Seite zusammen (Abb. 3). Jetzt wird 3 mm vom Rand entfernt mit der Maschine gesteppt. Man kennzeichnet die mittlere Linie der Tasche und des Streifens (Abb. 4). Den Streifen legt man jeweils auf den 4. Patchworkstreifen vom Rand, wobei die Mittellinien übereinstimmen müssen. Der Riemen wird dann an die Tasche genäht (Abb. 4); bis zum Taschenrand müssen 18 cm verbleiben. An den beiden Schmalseiten schlägt man 2 cm ein. Dann steckt man Tasche (Längsseite) und Seitenteile rechts auf rechts zusammen (Abb. 5), schließt die Nähte und faßt sie dann mit Nahtband ein. Zuletzt wird die Tasche gewendet und der Reißverschluß in die Öffnung genäht (Abb. 6).

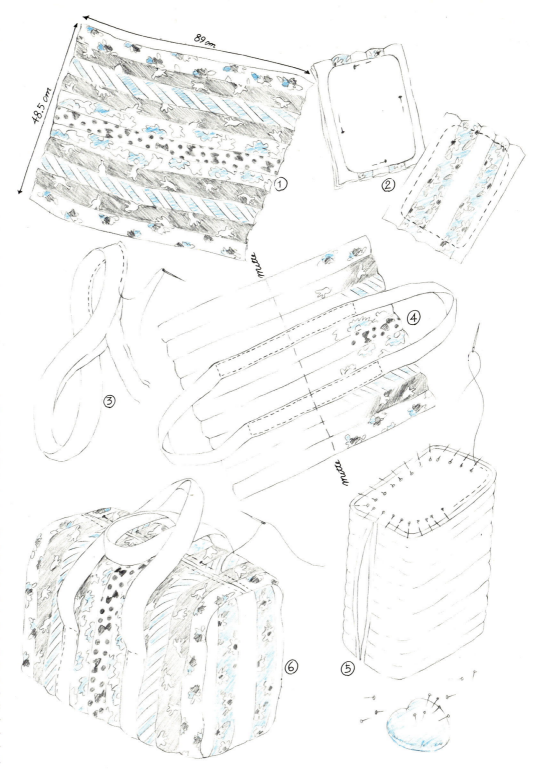

297

Kosmetiktäschchen
Tasche mit Holzgriffen

Für das Domfenster-Muster des Kosmetiktäschchens gibt es zwei Arbeitsmöglichkeiten. Beide Methoden, die traditionelle und die neue, etwas schnellere, sind auf Seite 280 beschrieben.

Auch die Tasche mit Holzgriffen ist in einem leichten Muster, das auch Anfänger machen können, gearbeitet. Sie besteht aus Dreiecken, die zu Streifen zusammengenäht wurden. Die Tasche läßt sich gut für Handarbeitszubehör und ähnliche Utensilien verwenden.

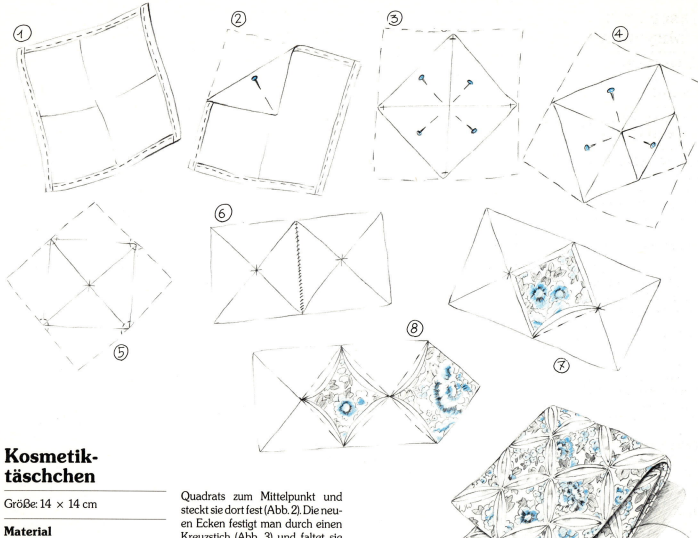

Kosmetiktäschchen

Größe: 14 × 14 cm

Material

30 × 90 cm cremefarbener Baumwollstoff

18 × 36 cm bedruckter Baumwollstoff

17 × 43 cm Baumwollstoff für Futter

Arbeitsanleitung

Zuschneiden. Aus dem cremefarbenen Stoff schneidet man zwölf Quadrate mit 15 cm Seitenlänge zu, aus dem bedruckten Stoff zweiunddreißig Quadrate mit 4,5 cm Seitenlänge.

Patchwork. Durch zweimaliges Falten stellt man den Mittelpunkt eines cremefarbenen Quadrats fest (Abb. 1). Schlagen Sie dann an allen Seiten 6 mm ein und heften einen Saum. Man faltet jede Ecke des Quadrats zum Mittelpunkt und steckt sie dort fest (Abb. 2). Die neuen Ecken festigt man durch einen Kreuzstich (Abb. 3) und faltet sie wiederum zum Mittelpunkt, nimmt die Stecknadeln heraus und steckt diese Ecken fest (Abb. 4). Man festigt die äußeren Ecken und näht in die Mitte ein Kreuz (Abb. 5). Die restlichen elf Quadrate werden ebenso vorbereitet. Dann näht man jeweils zwei Quadrate an einer Seite zusammen (Abb. 6) und verbindet die restlichen Quadrate zu einem Rechteck. Nun hat man ein Rechteck aus 6 × 2 nebeneinanderliegenden Quadraten. Jetzt wird ein buntes Quadrat auf die Naht eines Quadratpaares gelegt, der cremefarbene Stoff leicht darübergeklappt. Dann wird an allen vier Seiten gesäumt (Abb. 7), die verbleibenden bunten Quadrate legt man an den Rand, wie in Abb. 8 gezeigt. Hier faltet man den cremefarbenen Stoff nur jeweils von zwei Seiten über und säumt. Die überstehende Hälfte des bunten Quadrats klappt man auf die Rückseite und näht sie dort fest.

Fertigstellung. Schneiden Sie das Futter nach dem Patchworkteil mit 13 mm Nahtzugabe zu. Die Nahtzugabe schlägt man ein und bügelt sie. Nun werden beide Teile links auf links zusammengenäht. Dann faltet man die Tasche und schließt die Seiten mit einem Überwendlichstich (Abb. 9).

Weitere Variationen für dieses Muster

Kissenhülle
Eine 40 × 40 cm große Kissenhülle kann aus 36 Quadraten (gleiche Größe wie bei der Tasche) gearbeitet werden, wobei man für die Rückwand einfarbiges Material verwendet.

Tagesdecke
Bei Verwendung des Domfenster-Patchwork für eine Tagesdecke braucht diese nicht unbedingt abgefüttert zu werden. In diesem Fall faltet man die bunten Quadrate am Rand diagonal und arbeitet sie so ein. Dies verleiht der Rückseite ein sauberes Aussehen.

Tasche mit Holzgriffen

Größe: 40 × 25 cm

Material

Je 10 × 90 cm bedruckter Baumwollstoff in 4 Farben

40 × 56 cm Baumwollstoff als Futter

2 × 30 cm lange Holzgriffe

Arbeitsanleitung

Die Umrisse von Abb. 1 werden auf Pappe übertragen und mit Hilfe eines Lineals und eines scharfen Messers ausgeschnitten.

Zuschneiden. Mit Hilfe der Schablone kennzeichnet und schneidet man 70 Dreiecke aus den Baumwolldruckstoffen, wobei man 6 mm Nahtzugabe zugibt. Abb. 2 zeigt, wie man den Stoff wirtschaftlich zuschneiden kann.

Patchwork. Jetzt näht man jeweils 2 Dreiecke zu einem Quadrat zusammen (Abb. 3) und bügelt die Naht nach einer Seite. Je 5 Quadrate werden zu einem Streifen zusammengenäht, wobei die Diagonalnähte in die gleiche Richtung laufen müssen (Abb. 4). Die senkrechten Nähte werden ausgebügelt. Jetzt steckt man die Streifenreihen aneinander (Abb. 5), näht sie dann exakt zusammen und bügelt die Nähte aus.

Fertigstellung. Das Futter wird nach dem Patchworkteil zugeschnitten. Man legt die Stoffe rechts auf rechts und näht sie an drei Seiten zusammen. Die Tasche wird gewendet und dann die 4. Seite zugenäht. Man führt die Schmalseiten um die hölzernen Griffe und näht sie von der linken Seite nahe zum Griff fest (Abb. 6, 7, 8). Danach faltet man die Tasche zur Hälfte rechts auf rechts und näht die Seiten bis auf 10 cm in Richtung der Griffe zusammen. Die Tasche wenden (Abb. 9).

Anmerkung. Noch stabiler wird die Tasche, wenn Sie eine Füllung einarbeiten und die Tasche anschließend absteppen.

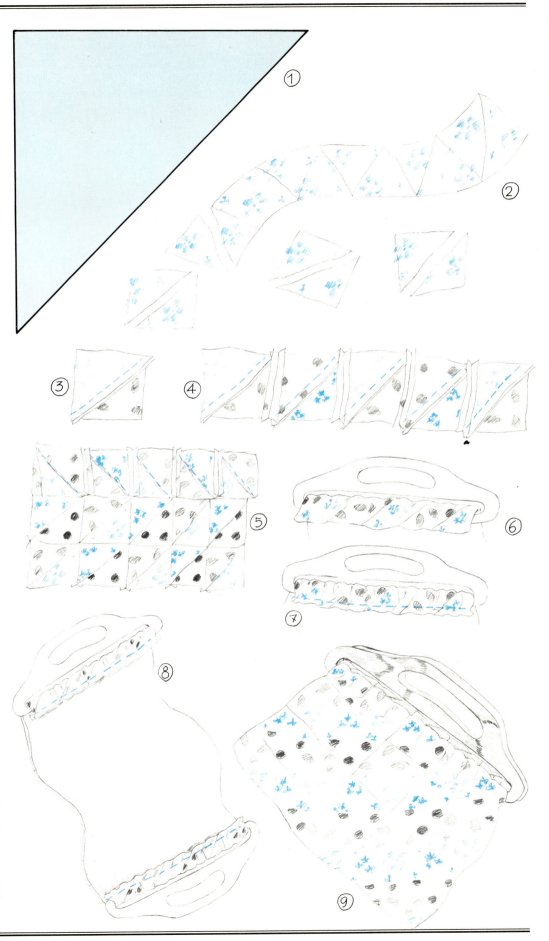

Nähutensilien
Muschelkissenbezug

Die Farben für diese drei Patchwork-Handarbeiten müssen sorgfältig ausgewählt werden. Für das auf dem Foto abgebildete Nadelkissen benötigen Sie eine Fensterschablone. Wie diese gemacht wird, steht auf Seite 268.
Die Wirkung des Muschelkissenbezuges hängt ebenfalls von einer geschmackvollen Farbwahl ab. Nähere Anleitungen für das Muschelmuster werden auf Seite 278 gegeben.

Patchwork

Nähtasche

Größe: 15 × 40 cm

Material

18 × 90 cm dunkler Baumwollstoff oder Seidenstoff

14 × 90 cm Baumwoll- oder Seidenstoff mittlerer Farbe

55 × 90 cm heller Baumwoll- oder Seidenstoff

40 × 90 cm Baumwollnesseltuch als Futter

16 × 42 cm dünner Schaumstoff

80 cm schmales Band

4 Druckknöpfe

Arbeitsanleitung

Die Umrisse von Abb. 1 auf Pappe übertragen und danach die Schablonen fertigen, mit deren Hilfe Papiervorlagen in der angegebenen Anzahl ausgeschnitten werden.

Zuschneiden. Die Papiervorlagen steckt man auf die linke Stoffseite und schneidet mit 6 mm Nahtzugabe zu. Man schneidet 27 Rauten aus dunklem Stoff, 27 aus hellem und 27 aus dem Stoff mittlerer Farbe. Aus der restlichen Farbe werden die anderen Teile zugeschnitten. Man schlägt die Nahtzugabe über die Papiervorlage, heftet und bügelt sie.

Patchwork. Jetzt werden die Teile, wie auf Abb. 2 gezeigt, zusammengenäht. Danach entfernt man das Papier und die Heftfäden.

Fertigstellung. Nach der Anleitung in Abb. 3 fertigen Sie man sich Papiermuster und schneiden jedes Teil aus hellem Stoff und Futterstoff zu. Aus dem Futter schneidet man auch ein Rechteck 19 × 45 cm zu. Jetzt werden die zusammengehörenden Teile von hellem Stoff und Futter rechts auf rechts zusammengenäht, wie abgebildet. Am Ende jeder Naht schneidet man, wie gezeigt, den Stoff ein. Dann wendet man die Teile und bügelt. An den offenen Seiten gegenüber den abgerundeten Seiten schlägt man 15 mm ein und säumt (Abb. 4). Eine Seite des nun 11 cm langen Teiles wird ebenso gesäumt. Die Druckknöpfe werden, wie auf Abb. 3 gezeigt, angebracht. Die Taschenvorderseiten näht man auf das Futterrechteck, die Taschenklappen nach unten. Das Band wird zur Hälfte gefaltet und an den Taschenstreifen angenäht. Den Schaumstoff heftet man auf die linke Patchworkseite. Taschen und Patchworkteil näht man rechts auf rechts mit 15 mm Nahtzugabe an drei Seiten zusammen, wendet und näht die obere Seite zu. Dann wird die Tasche aufgerollt und mit dem Band gebunden.

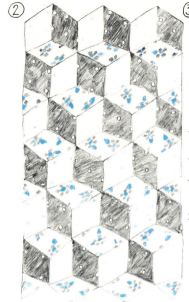

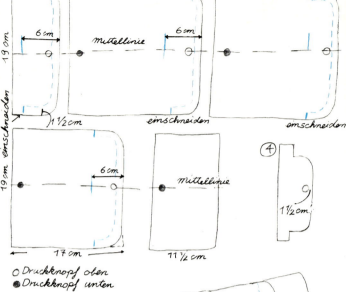

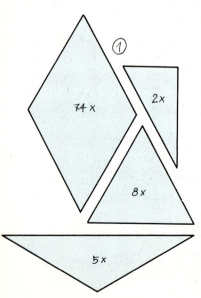

Nadelkissen

Größe: 10 × 11,5 cm

Material

Bedruckte Baumwollstoffreste

Steifer Karton

Synthetikfüllung

Arbeitsanleitung

Fertigen Sie nach Abb. 1 Pappschablonen, die Sie auf Papier übertragen. Aus jeder Vorlage 6 Papiermuster zuschneiden.

Zuschneiden. Die Papiermuster legt man auf die linke Seite der Stoffreste und schneidet mit 6 mm Nahtzugabe die einzelnen Teile zu. Die Nahtzugaben über die Papiermuster einschlagen und heften.

304

Modelle

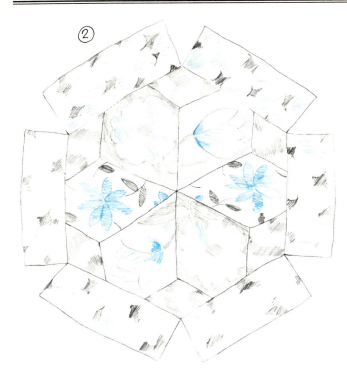

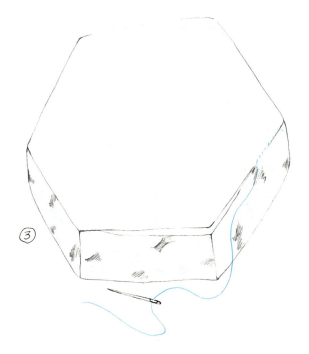

Muschel-kissenbezug

Größe: 35 × 35 cm

Material

Je 50 × 90 cm einfarbiger Baumwollstoff in 4 Schattierungen einer Farbe

50 × 90 cm einfarbiger Baumwollstoff in dunklerem Ton für die Rückwand

23 cm langer Reißverschluß

Kissenfüllung

Arbeitsanleitung

Fertigen Sie sich eine Schablone nach Abb. 1. (diese Vorlage kann man auch kaufen). Mit Hilfe von Lineal und Messer schneidet man 100 Papiervorlagen der gleichen Größe zu.
Die Papiervorlagen steckt man auf die linke Seite der Stoffe und schneidet sie mit 6 mm Nahtzugabe zu. Die Nahtzugabe der oberen Rundung wird eingeschlagen und anschließend geheftet. So bereitet man 20 Teile aus dem dunklen Stoff, 32 aus dem mittleren, 28 aus dem fast hellen und 20 aus dem hellen Stoff vor.

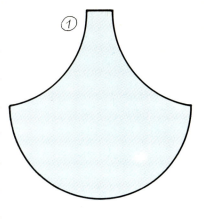

Patchwork. Alle Teile näht man nach Abb. 2 zusammen (siehe auch Seite 278). Papiermuster und Heftfäden werden entfernt und die Arbeit gebügelt.

Fertigstellung. Aus dem Rückwandstoff schneidet man zwei Rechtecke, die halb so groß wie der Patchworkteil sind, und gibt an einer Seite eine Nahtzugabe von 13 mm zu. Man schließt die mittlere Naht, läßt dabei aber in der Mitte 23 cm offen.
Die Naht wird ausgebügelt und der Reißverschluß an der offenen Stelle eingenäht. Jetzt legt man Rückwand und Patchworkteil rechts auf rechts, näht beide Schichten zusammen. Dann wird der Reißverschluß geöffnet und der Kissenbezug gewendet.

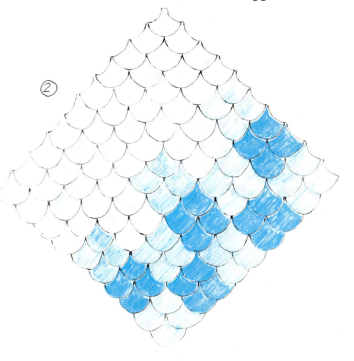

Patchwork. Die Flicken nach Abb. 2 zusammennähen. Als erstes verbindet man die Fünfecke. Dann näht man die Rauten an und danach die Rechtecke. Papier und Heftfäden entfernen, die Seiten der Rechtecke zusammennähen.

Fertigstellung. Auf steife Pappe zeichnet man ein Sechseck mit 5,5 cm Seitenlänge und schneidet es aus. Man bezieht die Pappe mit Stoff, den man auf der Rückseite mit Stichen von Ecke zu Ecke festhält, und näht den Patchworkteil an. Zwei Seiten werden für die Füllung offengelassen (Abb. 3). Nachdem das Kissen ausgestopft ist, schließt man die Öffnungen durch feine Stiche.

Patchwork

Kissenhülle mit Sternpatchwork

Größe: 46 × 46 cm

Material

20 × 30 cm bedruckter Baumwollstoff für den Stern

Je 10 × 90 cm bedruckter Baumwollstoff in 5 Farben

50 × 50 cm Synthetikfüllung

50 × 50 cm Baumwollstoff für das Zwischenfutter

50 × 60 cm Baumwollstoff für die Rückwand

20 × 90 cm bedruckter Baumwollstoff für Einfassung

40 cm langer Reißverschluß

Arbeitsanleitung

Die Formen von Abb. 1 überträgt man auf Karton, berücksichtigt rundherum 1 cm Nahtzugabe und schneidet sich die Schablonen mit Hilfe von Lineal und einem scharfen Messer aus.

Zuschneiden. Aus dem Sternstoff schneidet man einen Teil nach Schablone A und acht Teile nach Schablone B zu. Aus einem Kontraststoff werden vier B-Teile, vier C-Teile und vier D-Teile zuge-

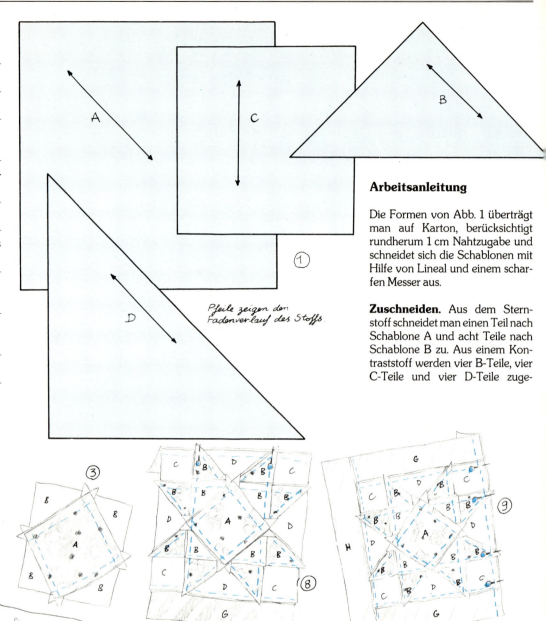

308

Modelle

schnitten. Die restlichen bedruckten Baumwollstoffe (Besatzstoff ausgenommen) schneidet man in 5 cm breite Streifen.

Patchwork. Mit 1 cm Nahtzugabe näht man die vier B-Dreiecke des Kontraststoffes an das Teil A (Abb. 2, 3). Alle Nähte werden nach außen gebügelt. Jetzt näht man kleine Dreiecke an große und erhält 4 Rechteckteile (Abb. 4). Zwei Rechtecke werden gegenüberliegend an das Mittelquadrat genäht (Abb. 5). Bei den beiden anderen Rechtecken näht man an jedes Ende ein C-Teil (Abb. 6) und näht die Streifen für den fertigen Stern an (Abb. 7). Um dieses Mittelquadrat werden zunächst oben und unten, dann rechts und links 5 cm breite Streifen eines bedruckten Baumwollstoffes genäht (Abb. 8, 9). Diese Arbeit wiederholt man noch mit 3 weiteren Stoffen und bügelt die Nähte dann nach außen.
Füllung und Zwischenfutter werden etwas größer als der Patchworkteil zugeschnitten. Man legt die Füllung zwischen den Patchworkteil und den Zwischenfutterstoff und heftet die 3 Schichten von der Mitte her und am Rand sorgfältig zusammen. Von der Mitte nach außen werden nun Linien gesteppt, wie es auf Abb. 10 zu sehen ist.

Fertigstellung. Für die Rückwand schneidet man zwei Rechtecke von der halben Größe des Patchworkteils und gibt an einer Seite 13 mm Nahtzugabe zu. Beide Teile werden zusammengenäht, wobei 40 cm in der Mitte offenbleiben (Abb. 11). Die Naht wird ausgebügelt und der Reißverschluß in die Öffnung eingenäht (Abb. 12).
Für die Einfassung werden 6 cm breite Streifen zugeschnitten, die zu einem langen Streifen von der Länge des Kissenumfangs zusammengenäht werden. Man faltet den Streifen der Länge nach zur Hälfte links auf links und bügelt ihn. Dann werden Rückwand und Patchworkteil links auf links zusammengesteckt, anschließend der Besatz rechts auf rechts auf das Patchworkteil. Man näht rundherum durch alle Schichten, faltet den Besatz nach hinten und säumt die Ecken, wie auf Seite 281 beschrieben.

Kissenhülle mit Quadratmuster

Größe: 46 × 46 cm

Material

30 × 30 cm bedruckter Baumwollstoff für mittleres Quadrat (A)

Je 10 × 90 cm bedruckter Baumwollstoff in 4 verschiedenen Farben (B, C, D, E)

20 × 90 cm Baumwollstoff zum Einfassen

50 × 50 cm Baumwollstoff für Zwischenfutter

50 × 60 cm Baumwollstoff für Rückwand

50 × 50 cm Synthetikfüllung

40 cm langer Reißverschluß

Arbeitsanleitung:

Zuschneiden. Aus Stoff A schneidet man ein Quadrat mit 22 cm und vier 5-cm-Quadrate zu; aus Stoff B vier Streifen je 5 cm breit und 22 cm lang sowie vier 5-cm-Quadrate; aus Stoff C vier Streifen je 5 cm breit und 28 cm lang sowie vier 5-cm-Quadrate; aus Stoff D vier Streifen je 5 cm breit und 34 cm lang sowie vier 5-cm-Quadrate; aus Stoff E vier Streifen je 5 cm breit und 40 cm lang.

Patchwork. Die Nahtzugabe beträgt 1 cm. Nähen Sie an den gegenüberliegenden Seiten des großen Quadrates je einen B-Streifen an (Abb. 1). Dann bügelt man die Nähte nach außen. An die beiden anderen B-Streifen näht man an jedes Ende kleine A-Quadrate (Abb. 2) und näht den Streifen dann an das Quadrat (Abb. 3). Die Nähte werden wieder nach außen gebügelt. Danach näht man C-Streifen an die gegenüberliegenden Seiten, näht an die beiden anderen C-Streifen je zwei B-Quadrate und den letzten Streifen an (Abb. 4). Die restlichen Streifen und Quadrate werden auf die gleiche Weise angenäht (Abb. 5). Nun wird der Patchworkteil gebügelt.

Fertigstellung. Der Kissenbezug wird, wie beim vorherigen Modell beschrieben, fertiggestellt. Beim Absteppen folgt man den Linien der Abb. 5

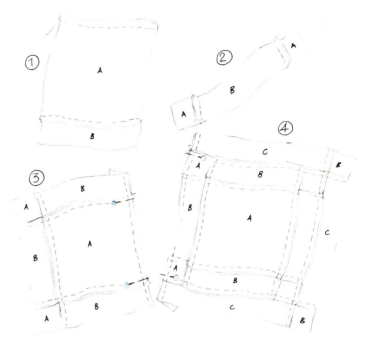

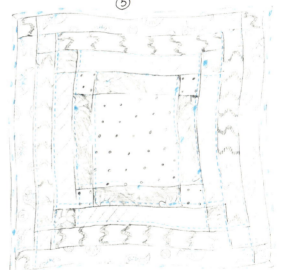

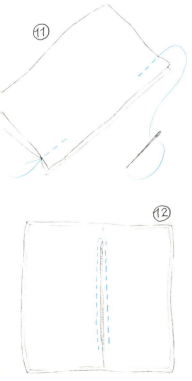

Kissen mit Obstkorb
»Michele's Quilt«

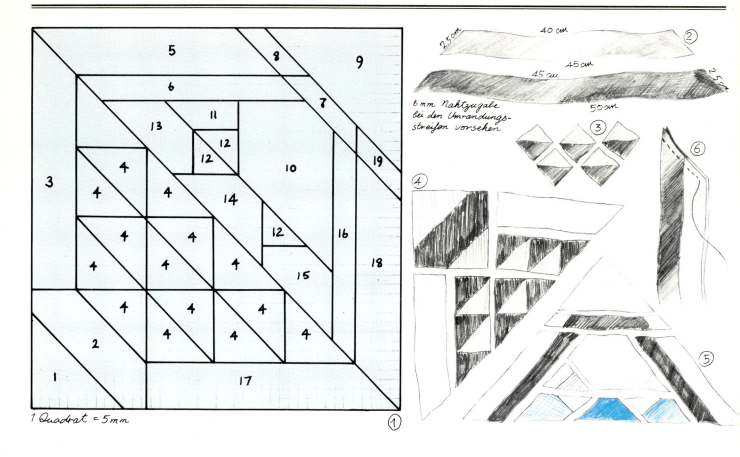

Kissenhülle »Obstkorb«

Größe: 50 × 50 cm

Material

60 × 90 cm einfarbiger Baumwollstoff in einer Hauptfarbe

Je 30 × 90 cm einfarbiger Baumwollstoff in 4 Farben

Baumwollreste in Obstfarben

60 × 60 cm Baumwollstoff für Zwischenfutter

60 × 60 cm Synthetikfüllung

40 cm langer Reißverschluß

Arbeitsanleitung

Man überträgt das Design von Abb. 1 in voller Größe auf Karopapier (1 Quadrat = 5 mm), schneidet je eins der numerierten Felder aus, fertigt sich aus Karton Schablonen und kennzeichnet diese.

Zuschneiden. Für jeden Obstkorb braucht man 9 Teile von Schablone 4, je ein Teil von Schablone 2, 6, 7 und 16 (alle aus der gleichen Farbe). Dazu kommen 6 Teile von Schablone 4 in einer Kontrastfarbe zum Korb. Für den Hintergrund schneidet man aus einem Stoff je einen Teil von Schablone 1, 3, 5, 8, 9, 10, 11, 17, 18, 19 und zwei Teile von Schablone 12. Aus den Stoffresten in Obstfarben schneidet man ein Teil von Schablone 13, 14 und 15 und ein Teil von Schablone 12 für das Blatt. Die Farben von Block zu Block entsprechend wechseln und genügend Einzelteile, ausreichend für vier Quadrate, zuschneiden. Außerdem nach Abb. 2 vier Randstreifen in der Hauptfarbe und vier Streifen für den inneren Rand in einer Kontrastfarbe zuschneiden (6 mm Nahtzugabe vorsehen).

Patchwork. Für jeden Block näht man aus einem Dreieckpaar in Kontrastfarben fünf Quadrate (Abb. 3). Während der Arbeit die Nähte stets bügeln. Den unteren Blockteil arbeitet man dann nach Abb. 4, den oberen nach Abb. 5 und verbindet sie dann. Auf die gleiche Weise arbeitet man die restlichen 3 Quadrate und setzt dann alle 4 zu einem großen Quadrat zusammen. Anschließend werden die inneren und äußeren Randstreifen zusammengenäht und auch an den Ecken bis auf 6 mm zum inneren Rand verbunden (Abb. 6). Dann setzt man den Patchworkteil in die Umrandung ein.

Steppen. Füllung und Zwischenfutter schneidet man etwas größer als den Patchworkteil zu, legt die Schichten aufeinander und heftet alle Schichten sorgfältig von der Mitte her und am Rand zusammen. Dann steppt man das Kissenoberteil entsprechend den Patchworknähten und schneidet schließlich die überstehende Füllung und das Futter zurück.

Fertigstellung. Die Rückwand wird aus der Hauptfarbe zugeschnitten und an 3 Seiten rechts auf rechts mit dem gesteppten Patchworkteil zusammengenäht. Man wendet die Hülle und arbeitet in die vierte, offengelassene Seite den Reißverschluß ein.

»Michele's Quilt«

Größe: 2,36 × 1,78 m

Material

2 m × 90 cm heller Baumwollstoff (A)

2 m × 90 cm heller Baumwollstoff (B)

4 m × 90 cm dunkler Baumwollstoff (C)

4 m × 90 cm dunkler Baumwollstoff (D)

6 m × 90 cm Baumwollstoff als Futter

Arbeitsanleitung

Zuschneiden. Die Umrisse von Abb. 1 (nächste Seite) auf Karton übertragen, Schablonen ausschneiden, die man entsprechend markiert. Für jeden Hauptblock benötigt man vier Teile von Schablone 1 (zwei von Stoff C und zwei von Stoff D), vier Teile von Schablone 2

Modelle

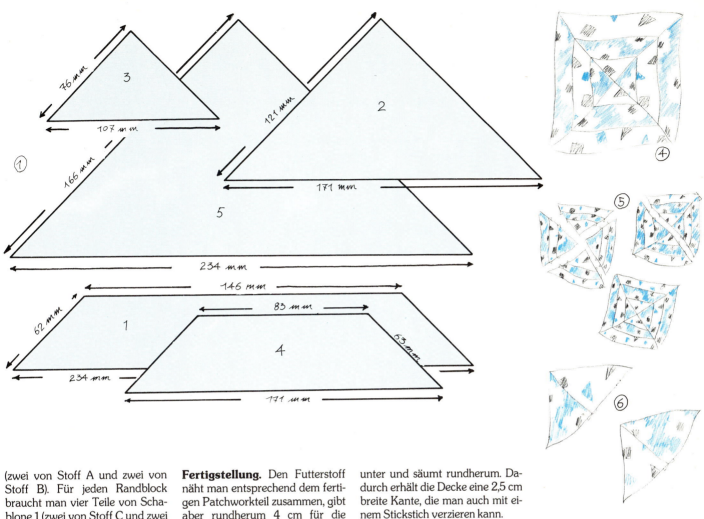

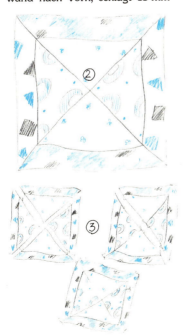

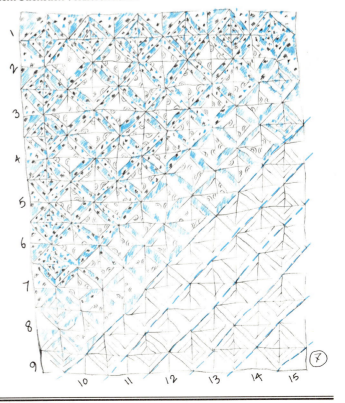

(zwei von Stoff A und zwei von Stoff B). Für jeden Randblock braucht man vier Teile von Schablone 1 (zwei von Stoff C und zwei von Stoff D), vier Teile von Schablone 3 (zwei von Stoff C und zwei von Stoff D), vier Teile von Schablone 4 (zwei von Stoff C und zwei von Stoff D). Alle Teile mit 6 mm Nahtzugabe zuschneiden für insgesamt 59 Hauptquadrate und 24 Randquadrate (Abb. 7). Nach Schablone 5 schneidet man noch 26 Teile aus Stoff C und 26 aus Stoff D zu.

Patchwork. Die Zusammenstellung von einem Hauptblock wird in Abb. 2 gezeigt. Die Nahtzugabe von 6 mm wird umgeschlagen, dann werden die Teile nach Abb. 3 zusammengenäht. Bei dieser Arbeit bügelt man die Diagonalnähte auseinander und die anderen möglichst zum dunklen Flicken hin. Der Randblock wird in seiner Zusammenstellung in Abb. 4 gezeigt, nach Abb. 5 wird er gearbeitet. Die Dreiecke des Teils 5 näht man zu Paaren zusammen (Abb. 6); vier einzelne für die Ecken der Decke aufheben. Die fertigen Quadrate nach Abb. 7 zusammensetzen.

Fertigstellung. Den Futterstoff näht man entsprechend dem fertigen Patchworkteil zusammen, gibt aber rundherum 4 cm für die Randeinfassung zu. Man heftet die beiden Schichten zusammen, klappt die überstehende Rückwand nach vorn, schlägt 13 mm unter und säumt rundherum. Dadurch erhält die Decke eine 2,5 cm breite Kante, die man auch mit einem Stickstich verzieren kann.

313

ABC- und Zahlen-Decke

Eine mollige Steppdecke für Kinder: Die Buchstaben und Zahlen werden von Hand appliziert. Um eine plastische Wirkung zu erzielen, werden alle Applikationen gesteppt. Die Quadrate sind durch feine Streifen verbunden und mit einem passenden Besatz eingefaßt. Die auf Seite 316 vorgezeichneten Buchstaben und Zahlen werden entsprechend vergrößert und maßstabsgerecht auf Millimeterpapier übertragen (ein Kästchen entspricht 13 mm).

ABCDEF
GHIJKL
MNOPQ
RSTUVW
XYZ123
456789

1 Quadrat = 13 mm

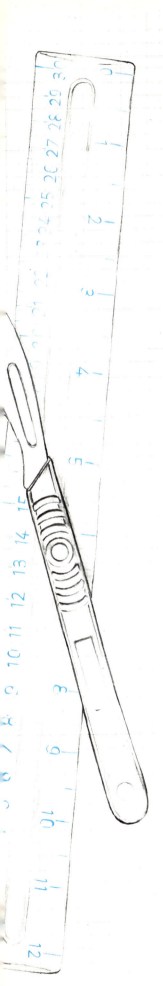

Modelle

ABC- und Zahlen-Decke

Größe: 1,13 m × 81 cm

Material

1,4 m × 90 cm einfarbiger Baumwollstoff

ca. 1,4 m × 90 cm bedruckte Baumwollstoffreste

1,3 m × 90 cm Baumwollstoff für das Futter

70 × 90 cm Baumwollstoff für Streifen und Besatz

1,3 m × 90 cm Synthetikfüllung

Arbeitsanleitung

Die Buchstaben und Zahlen von Abb. 1 maßstabsgerecht auf Karopapier zeichnen und ausschneiden; auf Karton übertragen und Schablonen fertigen.

Zuschneiden. Aus dem einfarbigen Baumwollstoff werden 35 Quadrate mit 17 cm Seitenlänge zugeschnitten.
Man legt die Vorlagen für die Buchstaben und Zahlen mit der linken Seite nach oben auf die linke Seite des bunten Baumwollstoffs und zeichnet den Umriß mit einem weichen Bleistift nach. Anschließend wird mit der Maschine entlang dieser Konturen genäht. Dann schneidet man die Motive mit 6 mm Nahtzugabe aus, wobei alle Kurven und Ecken eingeschnitten werden (Abb. 2). Als Verbindungsstreifen schneidet man 6 Streifen je 3 cm breit und 82 cm lang zu, und 28 Streifen je 3 cm breit und 17 cm lang.

Applizieren und Nähen. Bei jedem Motiv schlägt man die Nahtzugabe von 6 mm ein (Abb. 3) heftet und bügelt. Auf die einfarbigen Quadrate legt man je ein Motiv und säumt es mit feinen Stichen an.
Nach Abb. 4 werden nun 5 Quadrate (1 cm Nahtzugabe) in einer Reihe durch 4 kurze Streifen verbunden. Man erhält 7 Reihen, die man dann durch 6 lange Streifen verbindet. Die Nähte werden ausgebügelt.

Steppen. Füllung und Futter schneidet man etwas größer als den Patchworkteil zu, legt die Schichten aufeinander und heftet sie von der Mitte her und am Rand zusammen. Man beginnt mit dem Steppen beim »R« in der Mitte, wobei zuerst die Umrisse des Quadrats, dann die des Motivs (Abb. 4) gesteppt werden.

Fertigstellung. Den Stoff für den Besatz schneidet man 6 cm breit zu und näht ein Band von der Umfanglänge der Decke. Man faltet es zur Hälfte, bügelt und näht es rechts auf rechts zum Patchworkteil an den Rand. Die Ecken werden, wie auf Seite 281 beschrieben, gearbeitet. Überschüssiges Füllmaterial und Futter wird zurückgeschnitten, der Besatz nach hinten geklappt und gesäumt.

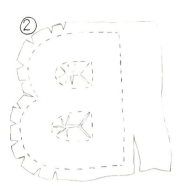

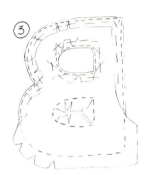

Kinderdecke mit Häusern
Bunter Babyquilt

Kinder lieben's kunterbunt. Die beiden Patchworkdecken eignen sich nicht nur zum Zudecken, sondern auch als Krabbeldecke oder Spielwiese.

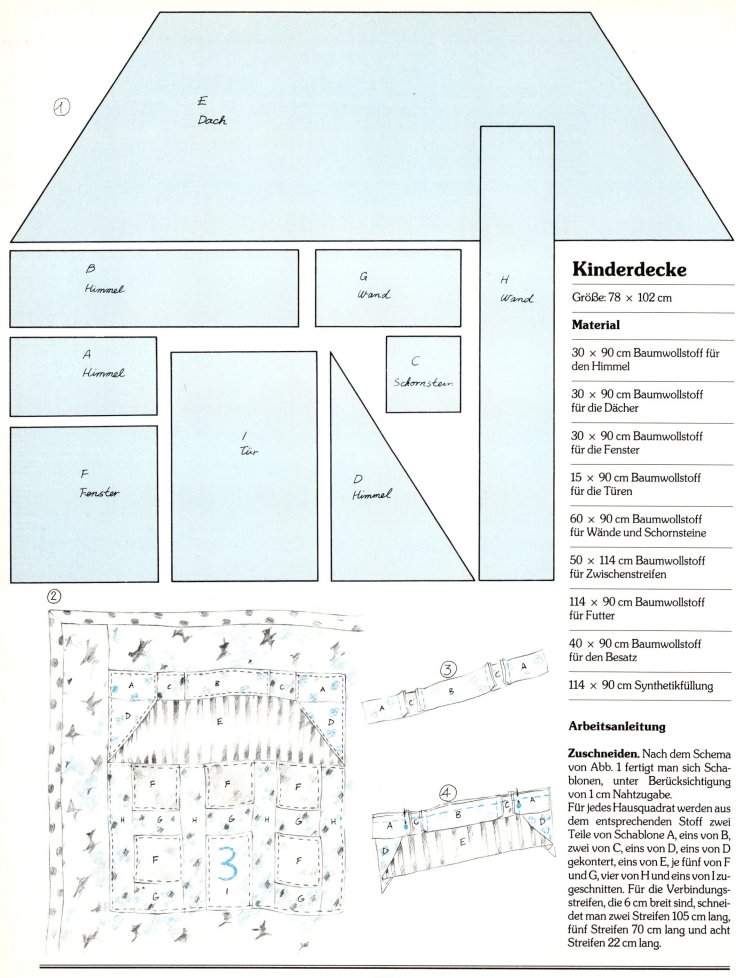

Kinderdecke

Größe: 78 × 102 cm

Material

30 × 90 cm Baumwollstoff für den Himmel

30 × 90 cm Baumwollstoff für die Dächer

30 × 90 cm Baumwollstoff für die Fenster

15 × 90 cm Baumwollstoff für die Türen

60 × 90 cm Baumwollstoff für Wände und Schornsteine

50 × 114 cm Baumwollstoff für Zwischenstreifen

114 × 90 cm Baumwollstoff für Futter

40 × 90 cm Baumwollstoff für den Besatz

114 × 90 cm Synthetikfüllung

Arbeitsanleitung

Zuschneiden. Nach dem Schema von Abb. 1 fertigt man sich Schablonen, unter Berücksichtigung von 1 cm Nahtzugabe.
Für jedes Hausquadrat werden aus dem entsprechenden Stoff zwei Teile von Schablone A, eins von B, zwei von C, eins von D, eins von D gekontert, eins von E, je fünf von F und G, vier von H und eins von I zugeschnitten. Für die Verbindungsstreifen, die 6 cm breit sind, schneidet man zwei Streifen 105 cm lang, fünf Streifen 70 cm lang und acht Streifen 22 cm lang.

Modelle

Bunter Babyquilt

Größe: 62 × 53 cm

Material

ca. 30 × 90 cm bedruckte Baumwollbatistreste in hellen Farben

ca. 30 × 90 cm bedruckte Baumwollbatistreste in mittleren Farben

ca. 30 × 90 cm bedruckte Baumwollbatistreste in dunklen Farben

60 × 90 cm Baumwollstoff für Futter

60 × 90 cm weißer Baumwollbatist für Zwischenfutter

20 × 90 cm Baumwollstoff für Besatz

60 × 90 cm Synthetikfüllung

Arbeitsanleitung

Zuschneiden. Man fertigt sich eine quadratische Schablone mit 6,3 cm Seitenlänge (Nahtzugabe von 6 mm ist bereits berücksichtigt). Mit Hilfe der Schablone werden 143 Quadrate zugeschnitten, wobei Sie darauf achten, daß jeder der drei Farbbereiche ein Drittel ausmacht.

Patchwork. Die Quadrate probeweise in 13 Reihen zu je 11 Quadraten arrangieren, so daß eine hübsche Farbabstufung entsteht (Abb. 1). Für jede Reihe näht man die Quadrate rechts auf rechts paarweise zusammen, die Quadrate am Ende mit denen darunter; dann bügelt man die Nähte aus. Jedes Paar wird jetzt mit dem darunterliegenden Paar zusammengenäht (Abb. 2) und gebügelt. Die so entstandenen großen Quadrate (Abb. 3) verbindet man zum Deckenoberteil.

Steppen. Futter und Füllung werden ein wenig größer als der Patchworkteil zugeschnitten. Auf die linke Futterseite legt man die Füllung, darauf das Zwischenfutter, darauf den Patchworkteil mit der rechten Seite nach oben. Man steckt und heftet die Schichten zusammen und steppt auf der Maschine oder von Hand durch alle vier Lagen entlang der Linien gemäß Abb. 1. Das überstehende Material wird zurückgeschnitten.

Fertigstellung. Den Stoff für die Besatzstreifen schneidet man 6,5 cm breit zu und fertigt ein langes Band vom Umfang des Quilts. Das Band wird links auf links zur Hälfte gefaltet, gebügelt, rechts auf rechts an den Rand des Patchworkteiles gesteckt und durch alle Schichten hindurch angenäht. Die Ecken versäubert man, wie auf Seite 281 beschrieben. Zum Schluß wird der Besatz nach hinten geklappt und gesäumt.

Patchwork. Ein Hausblock wird, wie auf Abb. 2 zu sehen ist, gefertigt, wobei 1 cm Nahtzugabe berücksichtigt ist. Zunächst verbindet man A-, B- und C-Teile (Abb. 3) und bügelt die Nähte Richtung C. An jede Seite von E näht man ein D-Teil und bügelt zum Dach (Abb. 4). F- und G-Teile verbindet man zu Streifen und bügelt Richtung Wand. An jede Seite dieser Streifen näht man H-Teile (Abb. 5) und verbindet

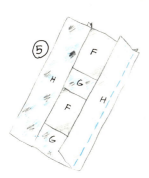

noch F, G und I. Die Häuserseiten werden an den Türstreifen genäht und nach H gebügelt. Jetzt näht man das Dach an das Haus und bügelt zum Dach. Auf diese Weise werden noch 11 Quadrate genäht. Auf jede Haustür stickt man eine Nummer.
Je 3 Quadrate verbindet man durch die 22 cm langen Streifen. Diese werden wiederum durch die 70 cm langen Streifen zusammengenäht. Auch oben und unten wird ein solcher Streifen angenäht An jede Seite näht man einen 105 cm langen Streifen und bügelt alle Nähte nach außen.

Steppen. Futter und Füllung schneidet man etwas größer als den Patchworkteil zu, legt die Schichten aufeinander und heftet sie von der Mitte her und am Rand zusammen. Man steppt gemäß Abb. 2 entlang der gestrichelten Linien von innen nach außen.

Fertigstellung. Den Besatz schneidet man 6 cm breit zu, verbindet ihn zu einem der Decke entsprechend langen Band, faltet ihn zur Hälfte links auf links und bügelt. Das Band wird rechts auf rechts an den Patchworkrand gesteckt und durch alle Schichten festgenäht. Die Ecken arbeitet man wie auf Seite 281 beschrieben. Füllung und Futter werden zurückgeschnitten, der Besatz nach hinten geklappt und gesäumt.

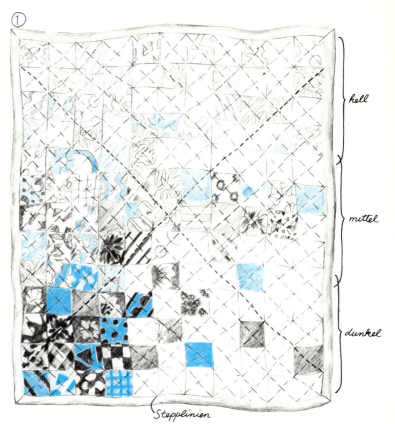

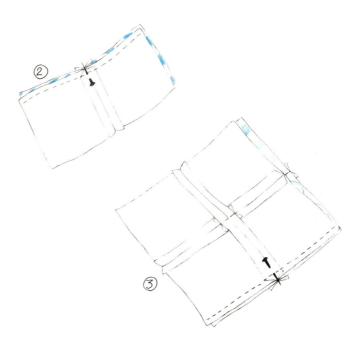

Traditionelle Patchworkdecken

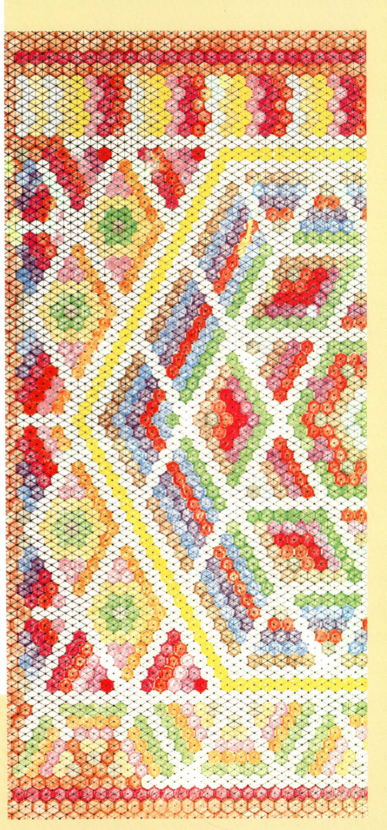

Patchwork

Sechseckdecke

Größe: 2,54 × 2,44 m

Material

8 m × 90 cm einfarbiger Baumwollstoff für Hintergrundfarbe (O)

Je 50 × 90 cm bedruckte Baumwollstoffe in 3 Farben (A, B, F)

Je 1 m × 90 cm bedruckte Baumwollstoffe in 3 Farben (E, H, N)

Je 1,20 m × 90 cm bedruckte Baumwollstoffe in 5 Farben (C, G, J, K, L)

Je 1,85 m × 90 cm bedruckte Baumwollstoffe in 3 Farben (D, I, M)

8 m × 90 cm einfarbiger Baumwollstoff als Futter

Arbeitsanleitung

Zuschneiden. Man fertigt sich eine Sechseckschablone mit 2,5 cm Seitenlänge, oder verwendet eine gekaufte, und schneidet mit Hilfe der Schablone 3564 Papiervorlagen aus. Es ist weniger mühsam, sie nach und nach auszuschneiden, als gleich alle auf einmal.

Zum Zuschneiden der Stoffe legt man diese mit der rechten Seite nach unten und steckt die Papiervorlagen auf die linke Seite. Man schneidet mit 6 mm Nahtzugabe zu, schlägt diese über die Papiervorlagen und heftet die Sechsecke. Aus den verschiedenen Stoffen bereitet man folgende Anzahl von Sechsecken vor: A – 64, B – 74, C – 190, D – 266, E – 103, F – 38, G – 184, H – 128, I – 227, J – 177, K – 176, L – 172, M – 295, N - 156, O – 1414.

Patchwork. Die Sechsecke werden von der Mitte nach außen hin (siehe dazu Seite 272) nach dem Diagramm auf Seite 323 zusammengenäht. Dabei ist es hilfreich, die Deckenfläche in überschaubare Partien einzuteilen und systematisch Reihe für Reihe zu verbinden. Nach Fertigstellung werden Papiervorlagen und Heftfäden entfernt und die Arbeit gebügelt.

Fertigstellung. Die Seiten des Patchworkteiles schlägt man ein und heftet. Das Futter wird in Streifen zusammengenäht und an jeder Seite 8 cm größer als die Deckenoberseite zugeschnitten. Man heftet beide Schichten links auf links zusammen, schlägt die Saumzugabe des Futters ein und steppt in drei parallelen Nähten so nahe wie möglich am Rand beide Teile zusammen. Über die ganze Decke verteilt steppt man Nähte um einige Sechseckmotive.

Blockhausdecke

Größe: 2,62 × 2,40 m

Material

6,5 m × 114 cm leichter heller Baumwollstoff für Rückwandquadrate

80 × 90 cm dunkler Baumwollstoff

1,9 m × 90 cm einfarbiger Baumwollstoff

ca. 12 m × 90 cm Baumwollstoffreste in verschiedenen Farben und Drucken

9 m × 90 cm Baumwollstoff als Futter

9 m × 90 cm Synthetikfüllung

Arbeitsanleitung

Zuschneiden. Man überträgt das Schema von Abb. 1 in voller Größe auf graphisches Papier und fertigt sich Pappschablonen (Nahtzugabe ist bereits berücksichtigt).
Nach Schablone A schneidet man 199 Rückwandquadrate aus dem hellen Stoff, nach Schablone B 199 Quadrate aus einfarbigem Stoff, nach Schablone C 34 kleine Dreiecke aus einfarbigem Stoff, nach Schablone D 2 Quadrate aus einfarbigem Stoff. Die Stoffreste werden in Streifen zwischen 2,5 und 5 cm Breite geschnitten.

Patchwork. Stecken Sie ein dunkles Quadrat an eine Ecke eines Grundquadrates (Abb. 2). Ein Streifen wird rechts auf rechts an das kleine Quadrat gesteckt und dann am Rand abgeschnitten (Abb. 3).

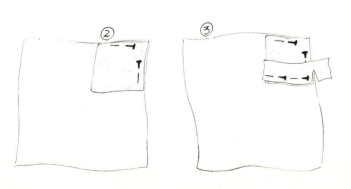

Modelle

Der Streifen wird mit 6 mm Nahtzugabe angenäht (Abb. 4). Man bügelt den Streifen flach, (Abb. 5), näht einen zweiten aus dem gleichen Stoff und von derselben Breite an die andere Seite (Abb. 6) und bügelt. Diese Arbeit wiederholt man mit weiteren Streifen von unterschiedlicher Farbe und Breite, bis das Grundquadrat bedeckt ist (Abb. 7). Auf diese Weise werden die weiteren 198 Quadrate genäht. Nach Abb. 8 verbindet man die kleinen Dreiecke und die fertigen Quadrate mit 1 cm Nahtzugabe zu Reihen. Danach werden die einzelnen Reihen verbunden (Abb. 9, 10) – zunächst Reihe 1–9, dann die Reihen 11 – 19, danach verbindet man beide Teile durch Reihe 10. Die großen Dreiecke werden an die beiden oberen Ecken genäht (Abb. 11). Alle Nähte werden nach außen gebügelt.

Fertigstellung. Man bereitet Futter und Füllung in der Größe des Patchworkteiles vor, legt die Schichten aufeinander und heftet von der Mitte her. In bestimmten Abständen verknotet man die Deckenschichten an den Nähten zusammen. Wie das gemacht wird, sehen Sie auf Seite 281. Der Stoff wird für den Besatz in 4 cm breite Streifen geschnitten, die anschließend zu einem Band in der Länge des Deckenumfangs zusammengenäht werden. Man näht den Besatz rechts auf rechts auf die Patchworkseite durch alle Schichten, klappt ihn zur Rückseite und säumt. Wie die Ecken verarbeitet werden, sehen Sie auf Seite 281.

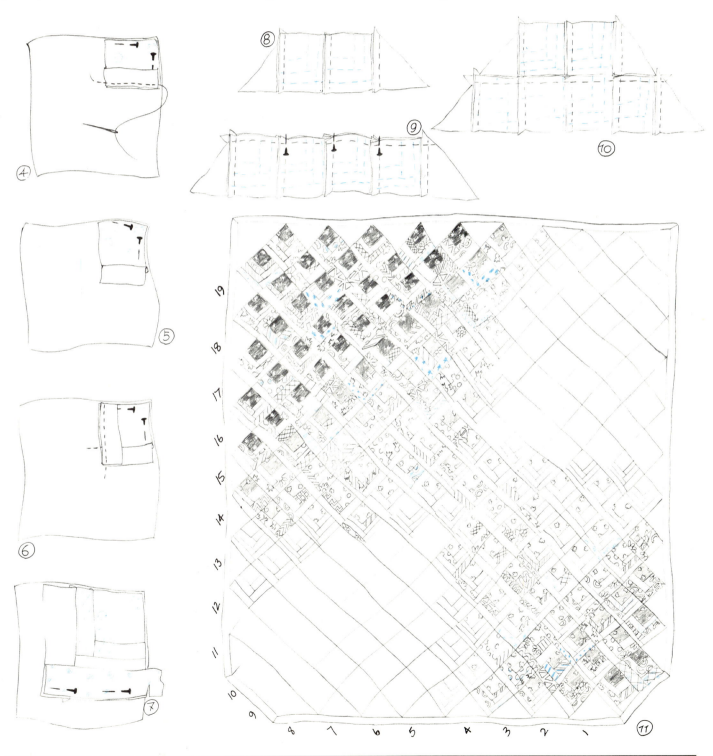

Windmühlen- und Schachtelmuster

Decke mit Windmühlen

Größe: 3,18 × 2,58 m

Material

5 m × 90 cm dunkler bedruckter Baumwollstoff

5 m × 90 cm heller Baumwollstoff

Bedruckte Baumwollstoffreste in verschiedenen Farben

9 m × 90 cm einfarbiger Baumwollstoff für das Futter

9 m × 90 cm Synthetikfüllung

Arbeitsanleitung

Zuschneiden. Nach Abb. 1 fertigt man sich die entsprechenden Schablonen.
Die Steppdecke wird aus 63 Blockteilen zusammengesetzt. Für jeden Block benötigt man 16 kleine Dreiecke aus dunklem Stoff, 8 große Dreiecke aus hellem Stoff, je 4 große und 4 kleine Quadrate aus den bunten Stoffresten. Man schneidet die Teile mit 6 mm Nahtzugabe zu. Für den Rand schneidet man 272 große Dreiecke aus hellem und 272 große Dreiecke aus dunklem Stoff zu. Der Rest des dunklen Materials wird in 6 cm breite Streifen geschnitten.

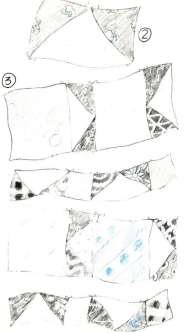

Patchwork. Nähen Sie die kleinen Dreiecke an die großen (Abb. 2) und verbinden diese Teile mit den großen und kleinen Quadraten nach Abb. 3. Die vier Reihen verbindet man zu einem Block. Auf diese Weise arbeitet man die restlichen Musterquadrate, die in 9 Reihen zu je 7 Quadraten zusammengenäht werden.
Für den Rand näht man die hellen und dunklen Dreiecke in Paare zusammen, so daß sie Quadrate ergeben (Abb. 4). Dann näht man je 4 Quadrate zu einem Windmühleneffekt zusammen (Abb. 5). Für den oberen und unteren Rand verbindet man je 15 Windmühlen, für die seitlichen Ränder je 19, wobei noch 4 Quadrate für die Ecken übrigbleiben. Die 6 cm breiten Streifen werden zu vier 211 cm langen, vier 271 cm langen und acht 15 cm langen Streifen zusammengenäht. Je einen 15 cm langen Streifen näht man an den gegenüberliegenden Seiten der 4 Eckquadrate (Abb. 6) an. Dann werden die Ecken an die Umrandungsenden genäht. Die langen Streifen werden an jede Seite der längeren Umrandungsstreifen angenäht, die restlichen an jede Seite des oberen und unteren Umrandungsstreifens. Den oberen und unteren Rand näht man an das Patchworkteil, danach die Seitenränder (Abb. 7); zuletzt alle Nähte ausbügeln.

Fertigstellung und Steppen. Auf die linke Seite des Patchworkteils legt man nun die Synthetikfüllung, die rundherum 13 mm kleiner zugeschnitten sein soll als das Deckenoberteil. Man heftet beide Schichten zusammen. Nun säumt man diesen Teil rechts auf rechts an drei Seiten mit dem Futterstoff zusammen, wendet die Arbeit und schließt die letzte Seite mit feinen Stichen.
Zum Schluß wird die Decke von Hand oder auf der Nähmaschine entlang der auf Abb. 8 vorgegebenen Linien durch alle Schichten gesteppt.

Modelle

Decke mit Schachtelmuster

Größe: 2,97 m × 2,49 m

Material

6 m × 90 cm Stoffreste in dunklen Baumwolldrucken

6 m × 90 cm Stoffreste in hellen Baumwolldrucken

9 m × 90 cm Baumwollstoff als Futter

9 m × 90 cm Synthetikfüllung

Arbeitsanleitung

Zuschneiden. Nach den Vorlagen von Abb. 1 und 2 (Umrandung) fertigt man sich Schablonen. Der Quilt besteht aus 99 Blocks. Für jeden Block benötigt man 16 Teile – 4 von jeder Schablone nach Abb. 1. Für 25 Musterquadrate schneidet man die Teile nur aus hellem Stoff zu, für 24 nur aus dunklem Stoff, für die verbleibenden 50 die Hälfte aus hellem, die andere Hälfte aus dunklem Stoff. Die Randteile (Abb. 2) werden aus hellem und dunklem Stoff in entsprechender Anzahl der Deckenmaße zugeschnitten. Beim Zuschneiden des Stoffs gibt man bei allen Teilen 6 mm Nahtzugabe zu.

Patchwork. Man näht einen Block nach Abb. 3, indem man mit dem Mittelquadrat beginnt und nach außen arbeitet. Die Nähte werden stets zu den dunklen Flächen hin gebügelt. Insgesamt näht man 25 helle Quadrate, 24 dunkle und 50 kombinierte, die man nach Abb. 4 in 11 Reihen zum Deckenoberteil zusammensetzt. Die Randdreiecke verbindet man zu einem so langen Streifen, daß er rund um das Mittelteil paßt. Den restlichen dunklen Stoff schneidet man in 6 cm breite Streifen und näht diese an jede Seite des Dreieckstreifens (Abb. 5). Den Rand näht man an das Patchwork-Hauptteil, wobei die Ecken, wie auf Seite 281 beschrieben, eingesäumt werden.

Fertigstellung und Steppen. Auf die linke Seite des Patchworkoberteils legt man die Füllung und schneidet sie rundherum 13 mm kleiner zu. Anschließend die beiden Schichten von innen nach außen zusammenheften.

Der Futterstoff und das Oberteil werden an drei Seiten rechts auf rechts zusammengenäht. Die Arbeit wird gewendet und die vierte, noch offene Seite mit feinen Stichen geschlossen. Von Hand näht man in regelmäßigen Abständen einen Kreuzstich durch alle drei Schichten, damit die Füllung der Decke beim Gebrauch nicht verrutschen kann.

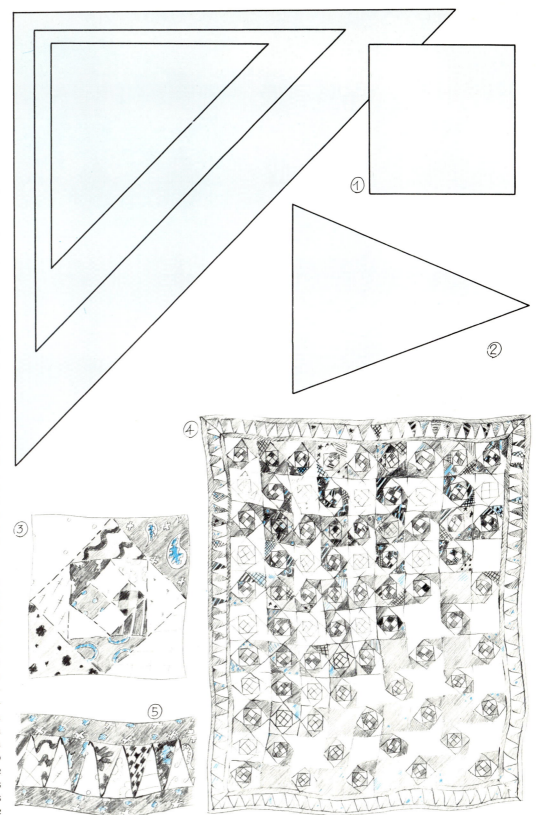

329

Wandbehang

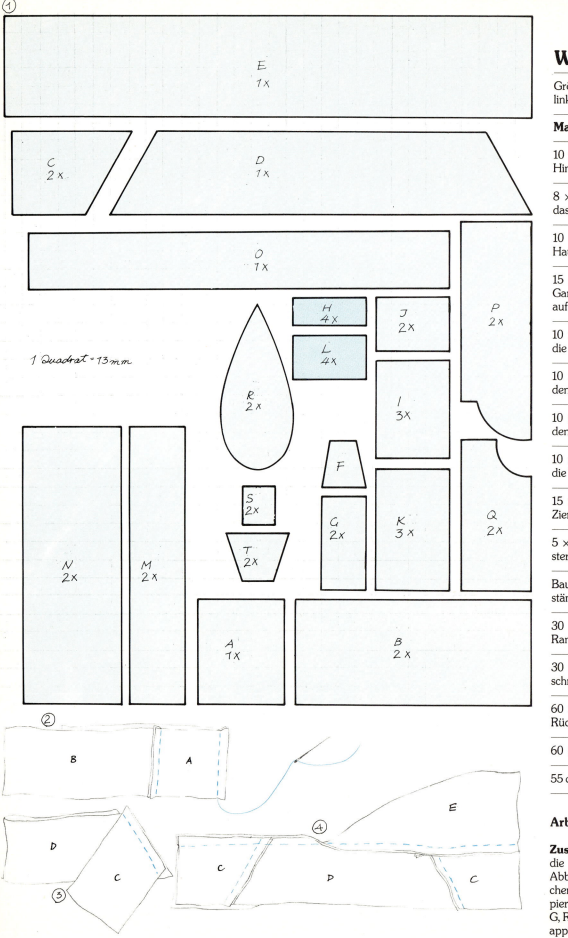

Wandbehang

Größe: 51 × 51 cm (Wandbehang links auf Seite 330)

Material

10 × 90 cm Baumwollstoff für den Himmel

8 × 35 cm Baumwollstoff für das Dach

10 × 90 cm Baumwollstoff für Hauswände und Schornsteine

15 × 90 cm Baumwollstoff für Gartenmauer und Schornsteinaufsätze

10 × 40 cm Baumwollstoff für die Fenster

10 × 40 cm Baumwollstoff für den Garten

10 × 10 cm Baumwollstoff für den Weg

10 × 10 cm Baumwollstoff für die Tür

15 × 15 cm Baumwollstoff für Zierbäumchen

5 × 90 cm Baumwollstoff für Fensterbänke und Dekorationen

Baumwollstoffreste für Baumstämmchen, Kübel und Stufe

30 × 90 cm Baumwollstoff für Randeinfassung

30 × 90 cm Baumwollstoff für schmalen Rand und Schlaufen

60 × 60 cm Baumwollstoff für Rückwand

60 × 60 cm dünne Füllung

55 cm langer Bambusstab

Arbeitsanleitung

Zuschneiden. Man vergrößert die Umrisse der Vorlagen von Abb. 1 auf Millimeterpapier (1 Kästchen = 13 mm) und fertigt sich Papierschablonen. Die Schablonen F, G, R, S und T sind Vorlagen für zu applizierende Teile, die restlichen

Modelle

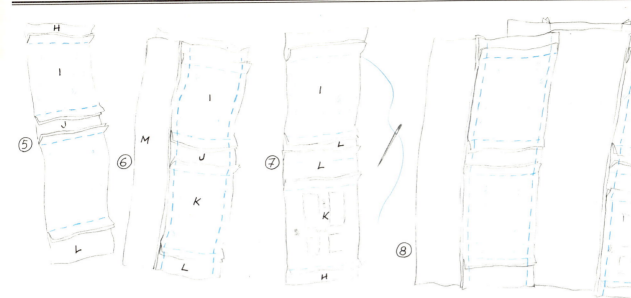

für die Patchworkteile. Mit Hilfe der Schablonen werden nun alle erforderlichen Teile aus den entsprechenden Stoffen zugeschnitten. Den Fensterbankstoff schneidet man in 2 cm breite Streifen.

Patchwork. Gehen Sie beim Zusammenstellen der Patchworkteile nach dem Plan von Seite 331 vor. Mit 6 mm Nahtzugabe näht man die Teile B an jede Seite von A (Abb. 2) und bügelt nach B. C-Teile näht man an jede Seite von D (Abb. 3) und bügelt nach D. E wird an diesen Teil angenäht (Abb. 4); man bügelt nach D. Für die Fensterteile verbindet man H, I, J, K und L (Abb. 5) und bügelt zur Wand. An jeder Seite der Fensterteile näht man M und N (Abb. 6). Für den mittleren Türteil werden H, I, L, L, K und H verbunden (Abb. 7). Nun werden Fenster- und Türteil (Abb. 8) verbunden und Teil O an den oberen Rand genäht (nach O bügeln). Die gebogenen Ränder der Gartenmauer werden eingeschnitten, dann nach innen geschlagen und auf den Himmelteil P genäht. Beide Streifen werden seitlich an das Haus genäht und ausgebügelt. Oben näht man das vorbereitete Dachteil C, D, E – unten den Garten B und A an.

Applizieren. Die Ränder der Fensterbankstreifen schlägt man ein, heftet und bügelt; ebenso geht man bei den Schornsteinen und Schornsteinaufsätzen vor (Abb. 9). Anschließend werden diese beiden Teile verbunden, der untere Rand der Schornsteine wird eingeschlagen. Dann legt man sie gemäß Ab-

bildung auf das Dach und näht sie an. Vom Fensterbankstreifen schneidet man 2 × 4,5 cm Stoff ab, schlägt die Seiten ein und näht sie oben an die Schornsteine. Auf die gleiche Weise werden 6,5 cm lange Streifen unter die Fenster appliziert. Je ein 11 cm langer Fensterbankstreifen wird an jede Seite der Tür appliziert, je ein 7,5 cm langer Streifen unter und über das darüberliegende Gitterfenster (Abb. 10). Ein 30,5 cm langer Streifen wird an jeder Seite von Teil O aufgenäht (Abb. 11). Die abgerundeten Ränder der Zierbäumchen knipst man ein, schlägt die Ecken nach innen und heftet; auf die gleiche Weise werden die Kübel und Baumstämme gearbeitet. Nun werden diese drei Teile verbunden und an jede Seite neben der Tür genäht. Auf die Tür stickt man mit Garn Beschläge, Hausnummer, Türgriff und Briefkasten (Abb. 12).

Umrandung. Für die schmale Innenkante, die das Bild direkt umrahmt, schneidet man 2,5 cm breite Streifen, zwei Streifen mit 37 cm Länge und zwei mit 39 cm Länge. Die kürzeren Streifen näht man an den oberen und unteren Patchworkteil, die langen an die linke und rechte Seite. Anschließend zum Rand bügeln. Für den breiten äußeren Rand schneidet man 7,5 cm breite Streifen – zwei mit 39 cm Länge und zwei mit 52 cm Länge, die nun ebenfalls entsprechend angenäht werden. Die Säume bügelt man nach außen.

Steppen. Nun legt man die Füllung zwischen den Rückwandstoff

und das Bild (links auf links). Dann werden alle drei Schichten mit Nadeln festgesteckt, ehe man, von innen nach außen vorgehend, durch alle drei Lagen heftet. Nun werden alle Konturen, ebenfalls von innen nach außen, abgesteppt.

Fertigstellung. Für die Schlaufen schneidet man einen Stoffstreifen von 4 cm Breite und 56 cm Länge zu, der anschließend rechts auf rechts zur Hälfte gefaltet wird. Mit einer Nahtzugabe von 6 mm näht man daraus einen Schlauch, wendet und bügelt ihn. Dieser Streifen wird nun in sieben 8 cm lange Teile geschnitten, die man wieder zur Hälfte faltet. Für den äußeren Besatz des Bildes schneidet man 6 cm breite Stoffstreifen zurecht, die aneinandergenäht und dann um das Bild genäht werden. Dazu faltet man den Streifen der Länge nach links auf links, bügelt ihn aus und näht ihn rechts auf rechts an die Bildkante. Die Ecken dabei, wie auf Seite 281 beschrieben, einhalten. Überschüssiges Füllmaterial und Futter zurückschneiden. Die 7 Schlaufen werden, gleichmäßig verteilt, auf die Rückseite an den oberen Rand des Bildes genäht (Abb. 13). Zum Schluß klappt man den äußeren Besatz nach hinten und säumt rundherum. Die Bambusstange durch die Schlaufen stecken.

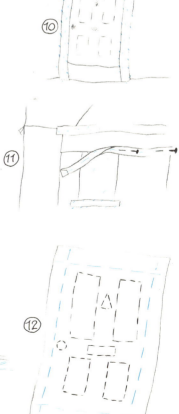

333

Register

Häkeln

Abketten 17
Abkürzungen 10, 28
Abnehmen 18
Abnehmen von ein oder zwei Maschen 20
Abnehmen von mehr als zwei Maschen 19
Acetatstreifen 8
Ahle 8
Alaun 9
Amandas Pilze 35, 36
Ananasmuster 25
Anfangsmasche 10
Ansetzen eines neuen Garnknäuels 17
Arbeiten nach Mustervorlagen 28
Arbeitsanleitung 28, 29
Arbeitsrichtung 10
Aufhäkeln 26

Bänder 8
Baumwolle 31
Baumwollspitze, flachgehäkelte 31
Beginn einer Häkelarbeit 28–29
Bettjäckchen 58, 61
Blumenmotiv für Schürze und Kinderkleid 45
Bordüren, dekorative 43
Bordüren für Damenschürze 44
Bordüren für Kinderkleid 44
Bügeln 31
Bügeltuch 31
Bügelverbot 31
Büschelmasche 10, 23, 25

Damenschürze, Bordüren 44
Diagramm 28
Doppelstäbchen 10, 12
Dreifachstäbchen 10, 12, 13

Fachbegriffe 28
Fadenmarkierungen 10
Färbemittel, natürliche 8
Farbstoff-Beiz-Kombination 9
Fehler 29
Fertigstellung einer Häkelarbeit 31–33
Feste Masche 10, 12
Filethäkelei 25, 54
Filethäkelschrift 29
Filetmuster 25
Filetvorhang 47, 48
Fingerhut 8
Formen, rundgehäkelte 22

Fransen 33
Freigehäkelte Weste 52

Gabelhäkeln 27
Garn 8, 28
Garnauswahl 8, 29
Garnende, Vernähen 31
Garnmenge 29
Garnqualität 8
Garnreste 29
Gittermuster 25
Grundmaschen 10–17
Grundmaschenübersicht 12
Gummibänder 8

Häkelborten 38, 40
Häkelgabel 8, 9
Häkelgarn 8
Häkelkreise 21
Häkelmuster 29
Häkelmuster, durchbrochenes 25
Häkelmuster mit Webeffekt 15
Häkelmuster, Wahl 29
Häkelmütze 47
Häkeln, freies 29
Häkeln für Linkshänder 10
Häkeln in Reihen 13
Häkeln nach eigenen Entwürfen 29
Häkelnadel 8, 9
Häkelnadel, tunesische 8, 9
Häkelnadel, Wahl 29
Häkelovale 21
Häkelsachen, waschen 33
Häkelschrift 28
Häkelsöckchen 43, 45
Häkelspiralen 21
Häkelspitzen 54, 57
Häkelsprache 10
Häkelumrandungen 32
Häkelvorlagen 29
Halbe Stäbchen 10, 13

Jacke im Blazerstil 63, 64
Jacke, tunesisch gehäkelt 51, 53
Jacquard-Weste 58, 60

Kabeldraht 8
Kettmasche 10, 11
Kinderkleid, Bordüren 44
Kindermützen 48
Knöpfe 32
Knopflöcher 33
Knotengardine 35, 37
Kordel, gedrehte 33

Korkenzieher 33
Krebsmaschen 32
Kuschelpuppe 47

Leder 8
Linke Seite einer Häkelarbeit 17
Linkshänder, Häkeln 10
Luftmasche 10, 11
Luftmaschenanschlag 13
Luftmaschenbögen 25

Maschen, tiefgestochene 24
Maschenanschlag, doppelter 13
Maschenhalter 8
Maschenprobe 28, 29
Maschentabelle 10
Maße 28
Material und Zubehör 8–9
Modelle 35–69
Mohair 31
Mohaircardigan 51, 52
Muschel 10
Muschelmuster, dichtes 23
Mütze 47

Nadelstärke 28
Naturfarben 8
Netzmuster 25
Noppen 24
Nylon 31

Papierstreifen 8
Pflanzenfarben 9
Pflegeanleitung bei Markengarnen 31
Picotumrandung 32
Plastikschläuche 8
Puppe »Gretchen« 48

Quasten 33

Raphiabast 8
Rechte Seite einer Häkelarbeit 17
Reihenanordnung 22
Reihenenden 10
Reihenrichtung 10
Reihenzahl 10
Reliefstäbchen 23
Reliefstäbchen, hinten eingestochen 10
Reliefstäbchen, vorn eingestochen 10
Rundhäkeln 20

Salomonischer Knoten 10, 25

Schlingen 24
Schnittmuster 29
Schnürsenkel 8
Seil 8
Sicherheitsnadeln 8
Spannen 31
Spinnen von Hand 9
Spinnrad 9
Spinnvorgang, maschineller 9
Spitzenkragen 38, 41
Stäbchen 10, 12
Stäbchen, gekreuzte 25
Stecknadeln, rostfreie 8
Strandbolero 35, 36
Strandtasche 38, 41
Stroh 8
Symbole 28
Synthetikfarben 8
Synthetikgarn 8

Tagesdecke für ein französisches Bett 67, 68
Tagesdecke mit Blumenkörben 67, 68
Taschentuchbehälter 54, 56
Taschentuchumrandungen 54
Technik 18–27
Teppichgarn 8
Tunesische Häkelei 14, 26
Tunesische Jacke 51, 53

Verbinden von Häkelteilen 31
Vierfachstäbchen 10, 12, 13
Viktorianischer Taschentuchbehälter 54, 56

Waschen von Häkelsachen 33
Webeffekte 27
Webgarn 8
Webmuster 23
Wendeluftmasche 16
Weste 51
Weste, freigehäkelte 52
Wickelmaschen 10, 24
Wildleder 8
Wolle 8, 31
Wolle, selber färben 8–9

Zubehör und Material 8–9
Zunehmen 18
Zunehmen von einer Masche 18
Zunehmen von mehr als zwei Maschen 18
Zunehmen von zwei Maschen 18
Zusammenhäkeln 32

Register

Stricken

Abfüttern von Wollsachen 101
Abketten 76
– von linken Maschen 76
– von rechten Maschen 76
– von Rippenmustern 76
Abkürzungen 85
Abnehmen 77
Ajourmuster 97
Ajour-Zacken 97
Angorawolle 72
Ansetzen von Garnen 77
Aron-Pullover 119
Aufbewahrung von Stricksachen 100
Aufnehmen von neuen Maschen 81
Auftrennen von linken Maschen 76
– von rechten Maschen 76
Ausbessern von Wollsachen 101
Aus einer Masche zwei arbeiten 78

Babykleidung 92
Babywäsche 72
Baummuster 97
Baumwollgarn 73
Beginn einer Arbeit 84, 85
Bettüberwürfe 92
Blattmuster 93
Blumenbordüre 127
Brombeermuster 87
Bügeln von Stricksachen 100
Bündchen, gerippte 100

Chemische Reinigung 100

Damenpullover 109
Damenpullover, gesmokter 116
Dämpfen von Stricksachen 98, 100
Decken 103, 104, 123–125

Einstrickmuster 83
Einweben in rechte und linke Maschen 83

Fair Isle-Accessoires 112
Fair Isle-Muster 90
Fangmuster 94
Farbbäder 72
Farbmuster, einfache 90
Farbmuster mit Hebemaschen 94
Farbprobe 100
Farbwechsel 82, 83
Fäustlinge 112
Fehler, ausbessern 76
Fertigstellung einer Strickarbeit 98–99
Fingerhandschuhe 113
Flechtmuster 80, 92
Flechtzopf 89
Flecken 100
Florentiner-Muster 95

»**F**ries«-Muster 91
Futterstoff 101

Garne 72–73
–, gemischte 72
–, synthetische 73
Gekreuzte Maschen 80
Gittermuster 93
Grundmaschen 74–75

Handarbeiten aus Baumwolle 100
Herrenpullover 108
Hilfsnadel 80
Hochhäkeln von linken Maschen 76
– von rechten Maschen 76
Honigwaben 89

Irisches Muster 88, 119

Jaquard-Muster 82

Kamelhaarwolle 72
Karomuster 91
Kaschmirwolle 72
Kerzenmuster 92
Kettenrand, Nahtverbindung 99
Kinderkleidung 92
Kinderpullover 108
–, flauschiger 119
–, gesmokter 116
Kissenbezüge 92
Knopflöcher 81, 101
–, runde 81
–, senkrechte 81
–, waagerechte 81
Knopflochstich 101
Knötchenrand 99
Kombinationen aus rechten und linken Maschen 86
Konfektionsgröße 84
Korbmuster 87

Lambswool 72
Lilienmuster 90
Linke Maschen 75
Lochmuster 92, 93
Lurexgarn 73

Mäander-Muster 95
Maschen, fallengelassene 76
–, gekreuzte 80
Maschenanschlag 74
Maschenprobe 84, 85
Maschenraffer 73
Material und Zubehör 72–73
Mitführen einer zweiten Farbe 83
Modelle 84, 85, 103–129
Mohairwolle 72
Muster 86–97
–, einfache 80
–, irische 88

Musterprobe 84
Musterstricken mit Wollresten 84
Musterzeichnung 85
Mütze 112

Nadelspiel 73
Nadelstärke 72
Nähte 99
Nahtband 100, 101
Nahtverbindung bei Kettenrand 99
– bei Knötchenrand 99
– mit der Häkelnadel 100
– mit der Nähmaschine 100
Noppenmuster 80, 88
Norwegermuster 82, 85, 90
Nylon 72, 73

Orlon 73

Perlmuster 87
–, großes 86
Pflegeanleitung für Wolle 72
Pflegen von Stricksachen 100
Plastiknadeln 73
Pullover (für die ganze Familie) 106–109
–, gesmokte 114–116
– mit Irischem Muster 120

Randmaschen 75
Rauten, durchbrochene 92, 96
Rauten-Flechtmuster 96
Rautenkante 97
Rautenmuster 90, 95
Rechte Maschen 75
Reihen- und Maschenzähler 73
Reißverschluß, einnähen 100, 101
Reliefmuster 100
Rhombenmuster 88
Rippenmuster 86
Rippenbündchen 99
Röcke 101
Rundstricknadeln 73

Sägezähne 91
Säumen von Wollsachen 101
Schafwolle 72
Schals 105
Schemaschnitt 98
Schemazeichnung 84
Schnellstricknadeln 73
Schnitt, originalgroßer 84, 98
Schnittberechnung 84, 85
Schrägband 101
Seemanns-Rippe 87
Seide 72
Socken 112
Spannen 98
Spitzenmuster 96, 127
Spitzenpullover mit Rock 126–129
Stola in warmen Brauntönen 105

Streifenmuster 82
Stricken mit verschiedenen Farben 82
Strickmuster 85
– für Einfassungen 96
– für Ränder 96
Stricknadeln 73
Strickrock 129
Stricksachen, mehrfarbige 82
Strickschrift 85
Sykomose (Muster) 89
Symbole für Strickschriften 85

Tagesdecke mit ausgefallenen Mustern 123–125
– mit irischen Mustern 124
–, pflegeleichte 124
Technik 76–83
Tips 100, 101
Trägerrock mit Smokstickerei 117
Treppenmuster 91
Trocknen von Stricksachen 100

Umschlag bei linken Maschen 79
– bei rechten Maschen 79

Vernähen der Fäden 98

Wabenmuster 80, 88
Wahl des Modells 84
Warme Sachen mit Fair Isle-Muster 110–113
Waschen von Stricksachen 72, 100
Wollarten, verschiedene 72–73
Wolletiketten 100
Wollfarbpartien, Nummern 72
Wollfasern 72, 100
Wollnadel 73
Wollwaschmittel 100

Zickzack-Bordüre 95
Zickzackmuster 93
Zopf, links gedreht 80
–, rechts gedreht 80
–, vierfacher 89
Zopfmuster 80, 88
Zopfmusternadel 80
Zubehör und Material 72–73
Zunehmen 78–79
– bei linken Maschen 78
– bei rechten Maschen 78
– durch Aufstricken 78
– durch Hochziehen 78
– durch Umschlag 79
Zusammennähen 98, 99
Zwei Maschen überziehen bzw. zusammenstricken 77

Wollberatung für Strickmodelle:
Der Woll-Modeladen,
Ismaningerstr. 114
8000 München 80

Register

Sticken auf Stramin

Abendtasche mit Stiefmütterchen-
motiv 173, 174
Arbeitsbeginn 150–151
Arbeitsplatz 133
Aufhängevorrichtungen für einen
Wandbehang 153
Aufziehen einer Stickarbeit
152–153

Bargello 139, 146
Baumwollstickgarn 133
Blumenminiaturen 186, 189
Blumenmuster, stilisiertes 138
Blumenschale 145, 173, 177
Borte 145

Design, Aufbau 145
Diagonales Mosaik 138
Diagonalstich 138
Diagramm 150
Doppelgitterstramin 132

Einkauf von Stramin 132
Einrahmen einer Stickarbeit
152–153
Ente auf Gitter 196
Ente auf Landschaftshintergrund
197
Entenbild, gesticktes 146
Entwurf 144, 145, 146
Entwurf, Abweichungen 148
Entwurf, Feinarbeiten 146

Farben 146
Feinarbeiten am Entwurf 146
Flachstich 138
Florentiner Flamme 139
Florentiner Stich 139

Gänseblümchen-Stickbild 145,
191, 193
Geradstich 135
Gittermuster 140
Gobelinstich 134
Gobelinstich, senkrechter 136
Gobelinstich, verlängerter 136
Gros point 134
Gürtel mit geometrischem Muster
160

Gürtel mit Landschaftsmotiv 159–
160

Hintergrund der Stickarbeit 148
Hintergrundstich 136, 137
Hinterstich 151

Kelimstich 139, 149
Kissen 145, 182–185
Kissen mit Blumen- und Gittermu-
ster 184
Kissen mit florentinischem Muster
184
Kissen mit Katze 179, 180
Kombinieren der Farbtöne 149
Kreuzstich 137, 144, 146
Kreuzstich, gerader 137

Landschaftsdarstellung 149
Lichtverhältnisse am Arbeitsplatz
133

Material und Zubehör 132–133
Mischen von Farben 146
Möbelbezüge 134, 136, 137, 144,
145
Mosaik, quadratisches 138, 146
Motivwahl 144
Muster, Übertragen auf Karopa-
pier 150
Muster, Übertragen auf Stramin
150
Muster, Übertragung durch Ab-
pausen 150
Musterentwurf 134
Mustergestaltung 143–149
Musterkissen 154, 157
Mustervorlage 134
Netzmuster, schwankendes 141

Perlgarn 133
Perlstich 134, 138, 144, 146,
148
Perlstich, diagonaler 135
Perlstich, waagrechter 135
Perlstichbild 154, 156
Persische Teppiche 145
Petit point 134
Phantasiemuster 135

Planung eines eigenen Entwurfs
144
Plattstich 137, 140, 149

Rahmen 152–153

Rahmen, Auswahl 153
Rahmen mit Landschaftsmotiv
166
Rahmen mit Tiermotiven 169
Rückwand eines bestickten Wand-
behanges 153

Satinstich 137, 146
Schablone 144
Schmuckschatulle 179, 181
Schottenmuster 141
Schottenstich 134
Seidenstickgarn 133
Sitzbezug 144
Spannen der fertigen Stickarbeit
133, 151
Spannen während des Stickens
150
Spezialrahmen für Straminsticke-
rei 133
Spiegelrahmen 166
Sticharten 134–141
Stichkombinationen 134
Stichmuster 149
Stichvariante mit Schattierungsef-
fekt 136
Stickarbeiten 154–197
Stickarbeit, Farbwahl 144
Stickarbeit, Stilrichtung 144
Stickbild »Englisches Reihenhaus«
162, 165
Stickbild »Frühlingsgarten« 144
Stickbild »Garten im Frühling« 186,
188
Stickbild mit Schafen 143
Stickdesign, Aufbau 145
Sticken eines Mustertuchs 144
Sticken nach Diagramm 150
Sticken von Rundungen 134
Stickgarne 132–133, 151
Stickgarn mit Metalleffekt 133
Stickmuster 150
Stickmuster, Übertragung 133

Stickmuster, Vorbereitung 133
Sticknadeln 133
Stickrahmen 132, 133
Stickrahmen, selbstgebaute 133
Stickstiche 149
Stickvorbereitung 150
Stickvorlagen 146
Stickwolle 132, 133
Stickwolle, spaltbare 133
Stiefmütterchenmotiv 173, 174
Stramin 132–134, 136, 139, 145,
150–152
Stramin, Ausbessern 151
Stramin, einfädiger 132
Stramin, Einkauf 132
Stramin, Vorbereitung 133, 150
Stramin, Zusammennähen 151
Stramin, zweifädiger 132
Straminstickerei, geeignete Muster
134
Straminstickerei, Grundstiche 134
Straminstickerei, Spezialrahmen
133
Straminwahl, richtige 132
Strickstich 139
Stuhlbezug 171

Teppiche 134, 144
Teppich mit Tulpenmotiven 144
Teppichumrandung, Gestaltung
145
Tips für Anfänger 149
Traméstich 134, 136

Übertragen des Stickmusters 133
Übertragung einer Vorlage 143
Umrandungen von Stickarbeiten
145

Verbessern von Fehlern 151
Vorbereiten des Stramins 133
Vorbereitung des Stickmusters 133

Wandbehang 144, 153
Wandbehang mit Landschaft 146
Webdichte 132
Webmuster 141

Ziegelstich 136, 151
Zubehör und Material 132–133

Quilten

Abpausen 213
Acrylfaser 201
Alcantara 200
Angerauhte Nylonstoffe 201
Appliquéarbeit 226
Appliquéquilten 200, 207
Appliqué-Trapunto-Quilten 201
Appliziertes Bild 226, 229
Auswahl von geeignetem Material 200
Autosprühfarbe 210

Babyjacke 231, 232
Batist 201
Baumwolldruckstoffe 201
Baumwolle 201, 212, 213
Baumwollgarn 201
Baumwollmischgewebe 201
Baumwollnessel 201
Baumwollsatin 201
Baumwollstoff, langfloriger 201
Baumwollwatte 201
Befestigung der Quiltarbeit 204
Biesennadel 208
Bild, appliziertes 226, 229
Bilderrahmen 205
Binden eines Quilts 205
Blattmuster 238
Blattschablone 220, 221
Blende 212
Blumenmotiv 221
Blütenblattschablone 221
Bortenmuster 220, 221

Chemiefasern 200, 201
Chiffon 201, 210
Chinaseide 200, 201
Chintz 201
Courtelle-(Polyacryl-)Füllungen 201
Crêpe 201, 208, 213
Crêpe-Georgette 200

Dacronfüllung 201
Damenweste 238, 241
Decken, alte 201
Denimstoffe 201
Doppelnadel 208
Duchesse-Satin 200

Einfassung 212
Englisches Quilten 200, 201, 203–206, 218
Entwerfen eines Musters 218

Fächermotiv 221
Federschablone 221
Fertigstellung der Quiltarbeit 212

Filz 200, 201
Flachquilten 200, 201, 208
Flanell 200, 201
Freies Quilten mit der Maschine 205
Füllmuster 220, 221
Füllungen 200
Füllungen, Vorschläge 200, 201
Futterstoffe 201

Garne, geeignete 201
Geburtstagskissen 226, 228
Georgette 201, 210
Geradstich 205
Gingan 201
Grundtechniken 203

Handschuhleder 200, 201
Heften 203, 206
Heftstich 204
Herrenweste 238, 240

Italienisches Quilten 200, 201, 203–205, 207, 210, 218
Italienisches Quilten mit der Nähmaschine 208

Jersey 201, 208

Kapok 200
Kaschmir 201
Kattun 201, 213
Kettenstich 204
Kinderstiefel 250, 253
Knopflochseide 201
Knötchenstich, französischer 238
Krepp 200
Kunstwildleder 200

Leder 200
Ledernadeln 205
Leinen 201, 212
Leinwandrahmen 205

Maschinenstickerei 255
Material und Zubehör 200–202
Modelle 216, 217, 222–265
Muster 218–221
Muster, Entwerfen 218
Muster, Übertragung 209
Musterschablonen 220

Nähmaschinen-Mustersätze 205
Nähnadeln 204, 205
Nähseide 201
Nylon 201
Nylonstoffe, angerauhte 201

Organdy 201, 210

Paspel 212
Patchwork 255
Patchworkdecke 209
Patchwork, gequiltetes 209
Perlgarn 201
Polyesterfüllungen 201
Popelin 201

Quiltarbeit, Vorbereitung 205
Quilten bei Patchworkarbeiten 201
Quilten, italienisches 200
Quilten mit der Nähmaschine 205
Quilten mit durchsichtigen Materialien 201, 203
Quilten mit gemusterten Stoffen 201, 209
Quilten mit Sprühtechnik 201
Quilten von Hand 204
Quiltfüllungen 203–205
Quiltkissen 217
Quiltmuster 205
Quiltoberseite 205
Quiltrahmen 204, 205
Quiltränder 212
Quiltregenmantel 247, 248
Quiltrückwand 201, 204, 205
Quiltstiche 204
Quilttechniken 203–213
Quilttop 201, 204
Quiltvorderseite, geeignete Stoffe 201
Quiltwolle 200, 207, 208

Rahmen für kleinere Arbeiten 205
Rahmen, runde 205
Reyon 201
Rohseide 200, 201
Rückstich 204
Rückwärtskettenstich 204

Samt 201
Satin 200, 201, 213
Satinkissen 222
Satinkissen mit Blattmotiv 224
Satinkissen mit Quadraten 224
Schafsvlies 201
Schappeseide 200, 201
Schattenquilten 201, 203, 210
Schmiedeeiserne Arbeiten als Mustervorlage 219
Schneiderkopierpapier 213
Schnittmuster 203
Seide 200, 212
Seidenjacke mit Raffärmeln 242, 244
Shantungseide 200

Sprühfarbe 210, 234
Sprühquilten 210
Steppstich 204
Stepptasche 216
Steppweste, ärmellose 247, 249
Stickgarn 201
Sticknadeln 204
Stickrahmen 205
Sticktwist 201
Stoffe für die Quiltvorderseite 201
Stoffe für Quiltarbeiten 200
Stoffarbe 210
Stoffmalerei 255
Streifendecke 231, 233
Strickstoffe 200
Stuhlbezug 234, 237
Suffolkpuff-Flicken 234
Surahseide 201
Synthetikfüllung 200, 201
Synthetikgarn 201

Taft 201
Täschchen, gequiltetes 217
Taufquilt 234, 236
Transparentquilten 210
Trapuntoquilten 200, 201, 203–207
Trapuntotechnik 210, 218
Tricel 201
Tricelfüllung 201

Übertragung eines Musters 212
Utensilienkorb 216

Verschiedene Muster aus einem Entwurf 218
Viyella 201
Voile 201
Vorbereitung für die Quiltarbeit 205
Vorschläge für Füllungen 200, 201
Vorwärtsstich 204

Wandbehang für Kinder »Aufgehende Sonne« 250, 252
Wandbehang »Sommertraum« 255, 256
Westen 238–241
Wildleder 200, 201
Wolle 201
Wollstoffe 201

Zellulose-Triacetat 201
Zellulose-Triacetat-Füllung 201
Zickzackstich 204, 205
Ziegenvelourleder 200
Zubehör und Material 200–202
Zweigmuster 221

Patchwork

ABC- und Zahlendecke 314–317
Abfüttern von Decken 277
Achteck 269
Appliziertechnik 278
Appliziertes Patchwork 278

Babyquilt, bunter 318, 321
Bauklotzmuster 274
Baumwolle 268
Baumwollstoffe 272
Block, applizierter 289
Blockhausdecke 324
Blockhausmuster 269, 279, 282, 289
Blockhausmuster mit der Nähmaschine 279
Blockhausmuster mit Raster 279
Blockmethode 268
Blockmuster 271
Blumendruckarbeit 274
Bogennähte 275
Breite der Streifen 269

Cord 268

Decken 270, 277, 279, 280, 282, 287, 288
Decke mit Schachtelmuster 329
Decke mit Windmühlen 328
Dreieck 269, 271
Dreiecksschablone 276, 277
Duschhaube 291, 293
Duvetinedecke 282

Einfaßband 281
Einfassen der Ecken 281
Einfassen der Kanten 281
Einfassung, Annähen 281
Einfassung, Vorbereitung 281
Einkaufstasche 297

Farbkombination, harmonische 282
Fensterschablone 274, 283
Fertigstellung einer Patchworkarbeit 281
Fischgrätstich 278
Flickenblocks 288
Flickenpatchwork 271
Flicken- und Applizierdecke, irische 283

Füllen von Decken 277
Füllmaterial 271, 277, 278
Füllung 278
Fünfeck 269

»Hawaii-Quilt« 284
Hintergrundmaterial 271
Hinterstich 277

Jersey 268

Kantenmuster 277
Kinderdecke mit Häusern 318, 320
Kissen 274, 278, 279, 283
Kissen mit Obstkorb 310, 312
Kissenhüllen 300, 306–309
Kissenhülle mit Quadratmuster 309
Kissenhülle mit Sternpatchwork 308
Kissenhülle »Obstkorb« 312
Knopflochstich 289
Knoten, französischer 281
Kosmetiktäschchen 296, 299, 300
Kreuzknoten 281

Leiterstich 275
Log Cabinmuster 269

Maßstab, richtiger 282
Material und Zubehör 268–270
Metallschablone 268
Methode, Wahl 271
»Michele's« Quilt 310, 312
Miniaturpatchwork 282
Miniaturschnitt 269
Modelle 290–333
Mosaikdecke, applizierte 285
Muschelkissenbezug 303, 305
Muschelmuster 278
Muschelschablone 269
Muschelvorlage 278
Muster »Aufgehende Sonne« 275
Muster »Crazy Patchwork« 278
Muster »Fannys Fächer« 287
Muster »Großmutters Fächer« 278
Muster »Prärieblume« 279
Muster »Schulhäuser« 284

Muster »Sisters Choice« 276
Muster »Stern von Bethlehem« 274, 285
Muster, traditionelle 284

Nadelkissen 304
Nähtasche 304
Nahtzugabe 272
Nähutensilien 303–305

Papierfalttechnik 288
Pappschablone 268, 276
Patchwork 269–333
Patchwork, amerikanisches 268, 271, 276
Patchwork »Domfenster« 269, 280
Patchwork, englisches 268, 271, 272
Patchworkarbeit, handgemachte 271
Patchworkarten, verschiedene 278–280
Patchworkblocks, amerikanische 288
Patchworkdecken, traditionelle 322–325
Patchworkformen, verschiedene 269
Patchworkmuster 282–289
Plastikfensterschablone 268
Plastikschablone 268
Polyester 271
Popelin 268

Quadrat 269, 274, 279
Quadratschablone 276
Quiltmuster »Braut von Baltimore« 286, 289
Quiltrahmen 277

Rautenformen 273
Rautenmuster 268
Rautenschablone, Variationen 274
Rechteck 271
Römisches Pflasterdesign 282
Rosette 272
Rosettenplatzdeckchen 272

Samt 268
Schablone 268, 269, 273
Schablone für Sechsecke 272

Schachtelmuster 326
Schlingstich 278
Schnittmusterpapier, spezielles 269
Schnittschema 269
Schnittvorlage 269
Sechseck 268, 272
Sechseck, langes 269
Sechseckdecke 324
Sechseckrosette 272
Sechseck- und Rautenkombination 273
Sechseckvorlage 268
Seide 268
Steppblock 276
Steppdecke 288
Steppmuster 277
Stern, achtzackiger 269, 287
Stern, sechszackiger 268, 273
Stickerei auf Patchwork 278
Stoffapplikation 271
Stoffe, geeignete 268
Stoffreste 269, 278
Stoffrückwand 277
Streifenbreite 269
Strickstoffe 268
Synthetikfüllmaterial 272

Tagesdecke 300
Tasche mit Holzgriffen 299, 301
Taschen in allen Größen 294–297
Technik 271–281
Teewärmer aus Sechsecken 291, 292
Topflappen 276

Überwendlichstich 272, 273, 280
Umhängetäschchen 296

Verknoten von Patchwork 281
Voile 268

Wahl einer Methode 271
Wandbehang 330–333
Windmühlenmuster 326

Zangettenstich 278
Zierkreuzstich 280
Zierstich 278
Zierstichmaschine 268
Zubehör und Material 268–270

»**Sicherlich eines der schönsten Bücher, das zum Thema Kräuter**

augenblicklich auf dem Markt ist. Bestechend ist schon auf den ersten Blick die schöne graphische Aufmachung des Buches. Die Tips für den Kräuteranbau sind fundiert und auch für Laien leicht nachzuvollziehen. Aber auch für die Schönheitspflege und Krankheitsfälle gibt es eine Fülle von grundsoliden Ratschlägen. Einen großen Teil des Buches nimmt das Kochen mit Kräutern ein. Und die Rezepte sind auch für Diejenigen, die noch nicht soviel Küchen-Erfahrung haben, reizvoll und nicht schwierig. Ideal ist bei diesem Buch auch der Preis.«

Frankfurter Rundschau
vom 3. Juli 1982

224 Seiten mit 125 Farbfotos
und 100 Farbillustrationen
Großformat

Autoren der englischen Originalausgabe:
James Walters & Sylvia Cosh, Sarah Windrum,
Helen Fairfield, Moyra McNeill, Diana Walker
Fotografen und Illustratoren: Studio Briggs, Margaret
Colvin, Sonia Fancett, Coral Mula, Charlie Stebbings,
Lucy Su, Elsa Willson
Aus dem Englischen übersetzt von Ursula Vaughan
Fachliche Beratung: Veronika Marx
Einbandgestaltung: Angelika Spichtinger
Einbandfoto: Gerhard Beyer, München
Layout der deutschen Ausgabe: Paul Wollweber
Redaktion: Heidrun Schaaf

© 1980 Octopus Books Limited, 59, Grosvenor Street, London
Alle Rechte der deutschsprachigen Ausgabe bei
© 1982 Mosaik Verlag GmbH, München
Druck: Körner Rotationsdruck, Sindelfingen
Bindung: Großbuchbinderei Georg Gebhardt, Ansbach
Printed in Germany · ISBN 3-570-06938-9